역주 조계산송광사사고
인물부

조명제 · 김탁 · 정용범 · 원경(이상섭) 역주

혜안

역주 |

조명제(趙明濟) | 송광사 성보박물관 선임연구원. 부산대학교 사학과 박사과정 수료(문학박사). 전공은
한국사상사, 동아시아불교문화사이며, 논저로는 『고려후기 간화선 연구』 등 다수

김 탁(金 鐸) | 송광사 성보박물관 선임연구원. 한국학중앙연구원 한국학대학원 박사과정 수료(철학박
사). 전공은 종교학이며, 논저로 『한국의 관제신앙』 등 다수

정용범(鄭龍範) | 송광사 성보박물관 선임연구원. 부산대학교 사학과 박사과정 수료. 전공은 한국중세
사이며, 논저로 「고려시대 사원의 상업활동」 등 다수

원 경(元 鏡) | 이상섭(李相燮). 송광사 전통강원 교수사. 동국대학교 불교학과 박사과정 수료(철학박
사). 전공은 불교철학이며, 역저서로는 『대승지관법문』 등 다수

역주 조계산송광사사고 인물부

조명제 · 김탁 · 정용범 · 원경(이상섭) 역주

2007년 3월 29일 초판 1쇄 발행

펴낸이 · 오일주
펴낸곳 · 도서출판 혜안
등록번호 · 제22-471호
등록일자 · 1993년 7월 30일

㈜ 121-836 서울시 마포구 서교동 326-26번지 102호
전화 · 3141-3711~2 / 팩시밀리 · 3141-3710
E-Mail hyeanpub@hanmail.net

ISBN 978-89-8494-304-9 93220
값 28,000 원

역주 조계산송광사사고
인물부

조명제 · 김탁 · 정용범 · 원경(이상섭) 역주

이 책은 2005년도 정부재원(교육인적자원부 학술연구조성사업비)으로 한국학술진흥재단의 지원을 받아 연구되었음(KRF-2005-AS0032)

머리말

　우리의 문화유산에 관심을 갖고 어디라도 가게 되면 가장 쉽게 접하는 것이 아마 불교문화일 것이다. 지정 문화재의 2/3가 불교라는 것에서도 잘 알 수 있듯이 불교가 민족문화에서 차지하는 비중은 거의 절대적이다. 사찰은 그러한 불교문화재를 가까이에서 볼 수 있는 곳이다. 명산대찰이라는 표현 그대로 조금 이름난 곳을 가면 어디든지 오래된 절이 있다. 그러한 사찰은 하나의 건축공간에 그치거나 종교라는 세계에 한정되는 것이 아니다. 이 땅에서 살아온 이들의 오랜 역사와 문화가 함께 담겨 있다.
　전근대사회에서 사원은 종교의 성소로서 수행과 연구에 전념하는 승려의 교육, 생활 공간이었으며, 신앙과 의례를 통하여 일반인의 종교적 수요를 충족시켜주는 장소라는 좁은 범주로 그치지 않았다. 사원은 불교를 통한 정치적 지배이념의 기반이자 지배이념을 제공하고, 지방지배의 군사, 교통, 이념적 지배의 근거지였음은 물론 현실적, 경제적 일상생활 의례를 제공하고 불교적 세계관의 유지 및 경제적 유대 등 전근대의 사회생활과 깊은 관계를 갖고 있었다.
　이와 같이 전근대사회에서 중요한 종교적, 사회적 기능을 가진 공간이자 문화, 예술, 사상 등 전통문화의 보고인 사원에 대한 자료를 종합적으로 정리한 것이 사지(寺志)이다. 곧 사지는 특정 사원의 연기(緣起), 연혁 등에 관련되는 고문서나 사적(事蹟), 유물 목록, 재산문서 등을 일정한 체계 속에 정리한 것으로, 일종의 자료집 성격의 책을 말한다.

그런데 사지는 특정 사원을 중심으로 한 불교사의 기본 자료라는 측면만이 아니라 그 외의 미술사, 건축사, 사원경제사, 지방사회사, 문학사, 문화재의 보존과 조사 등 폭넓은 영역에 이르기까지 활용될 수 있는 자료적 가치를 갖고 있다. 이와 같이 다양한 학문 영역에 활용될 수 있는 사지 자료의 가치에도 불구하고 아직까지 사지 자료에 대한 정리 및 적극적인 활용은 미흡한 실정이다.

이미 70년대에 사지 자료가 영인되어 학계에 제공되었지만, 부분적으로 이용되는 데에 그치고 있다. 불교사 연구가 홀대받고 있고, 관련 연구자가 부족한 현실을 생각해 보면 당연한 결과일 것이다. 하지만 사지 자료가 한국학 연구에서 차지하는 가치를 생각하면 그러한 현실 상황과 무관하게 자료를 적극적으로 활용할 수 있는 길을 제시할 필요가 있다고 생각한다. 앞서 언급한 바와 같이 사지는 다양한 분야에서 활용될 수 있지만, 접근하기가 쉽지 않은 문헌이기도 하다. 그것은 한문이라는 어학 능력만을 요구하는 데에 그치는 것이 아니고, 대부분 필사본인데다가 오랜 세월에 걸친 사적을 편집한 것이기 때문에 원 자료와의 교감, 불교사를 비롯한 한국학에 대한 지식 등이 종합적으로 요구되기 때문이다.

따라서 사지 자료를 다양한 학문 분야에서 활용하기 위해서는 사지의 번역이 기본적으로 필요하다. 우리 역주자들은 사지의 가치에 주목하고 번역의 필요성을 공감하였으므로 먼저 『조계산송광사사고(曹溪山松廣寺史庫)』를 번역하기로 뜻을 모았다. 이 사지는 현재 남아 있는 사지 가운데 가장 방대하고 다양한 내용을 담고 있으며, 고려시대 이래 조선시대 및 일제 초기에 이르는 한국불교사의 흐름을 집약하여 보여주는 것으로 사지 자료의 다양한 가치를 종합적으로 갖고 있다.

 송광사의 사지는 건물부, 인물부, 잡부, 산림부 등 전부 4권으로 구성되어 있다. 이 가운데 인물부는 고려와 조선시대의 역대 고승의 행적을 모은 자료이다. 잘 알다시피, 송광사는 고려시대에 수선사 결사의 중심으로 자리잡으면서 이른바 16국사라는 대표적인 선승을 배출하였다. 또한 조선시대에는 서산휴정(西山休靜) 계열과 함께 조선후기 불교사의 양대 산맥으로 존재하였던 부휴선수(浮休善修) 계열이 자리잡으면서 승보종찰의 전통을 줄곧 유지하였다. 따라서 인물부는 송광사의 주요 인물의 행적만을 담은 자료로 그치는 것이 아니라 고려, 조선의 불교사 전체 동향을 파악할 수 있는 자료라고도 할 수 있다.

 따라서 사지의 순서와 관계없이 인물부를 먼저 출판하고, 앞으로 하나하나 간행하고자 한다. 사지 자료 자체가 필사본이기 때문에 원 자료를 대조, 교감하는 과정에서 송광사에 소장되어 있는 고문서, 금석문 등을 모두 활용하였지만, 원본이 없거나 관련 자료가 없는 경우에는 원문 자체를 이해하고 번역하기가 쉽지 않았다. 또한 고려시대에 비해 조선시대의 경우 전반적으로 불교사에 대한 연구가 거의 이루어지지 않은 상태라서 적지 않은 어려움을 겪었다. 승려, 사찰의 연혁, 문헌 등에 대한 주석을 작성하면서 조선편의 경우 해결되지 못한 부분이 적지 않다. 한국학 분야에서 전문사전을 비롯한 공구서가 빈곤한 현실을 절감하지 않을 수 없었다.

우리 역주자들은 가능한 범위 내에서 조선시대 불교 자료까지 섭렵하며 확인하였지만, 한정된 시간과 현실적인 상황을 고려하여 여러 가지 아쉬움을 남긴 채 간행할 수밖에 없었다. 번역과 주석은 한 사람의 연구자가 가진 역량을 전부 그대로 보이는 것이라 출간을 앞두고 적지 않은 고민이 있었지만, 세상에 내놓게 된 것은 현실적인 여건을 고려하지 않을 수 없었고, 사지 자료에 대한 인식을 바꾸어보고 싶은 소망도 있기 때문이다.

앞서 언급한 바와 같이 문화유산의 양과 질에서 절대적인 비중을 차지하고 있으면서도 한국학에서 정당한 가치 평가를 받지 못하였던 불교의 현실과 그 선입견을 바꾸고 싶었기 때문이다. 아울러 그러한 현실에 대해 누구를 탓하기 이전에 불교계의 반성과 함께 관심을 촉구하고 싶다. 근래 국립공원의 입장료 폐지가 이루어지면서 전통사찰의 문화재 관람료 징수문제가 논란을 불러일으켰다.
 문제의 본질을 간략하게 요약하자면, 국가의 문화재 관리정책이 갖고 있는 모순과 무책임이 가져온 문제이기도 하지만, 일반 시민의 불만은 문화재 관람료를 지불하면서도 피부에 와 닿는 사원의 서비스를 받지 못한 데서 온 것이 아닐까? 어느 절을 가더라도 문화재 당국의 이해하기 어려운 해설 표지판 이외에는 그 어떤 설명도 없는데다 사원의 역사와 문화를 소개하는 책이나 팸플릿도 별로 없는 게 현실이다. 남의 집안도 아닌, 자기 집안의 내력에 대해 불교계가 보여준 무관심에다, 건축불사에만 관심을 쏟았던 결과가 아닐까?
 세상은 급격하게 변화하고 있고 불교계 역시 변하지 않을 수 없는 상황에 처해 있다. 이제는 그러한 변화에 대응할 수 있는 자산으로서 역사적으로 축적된 문화콘텐츠를 어떻게 활용할 것인가라는 사실을 고민해 보아야 하지 않을까? 평소 필자가 느끼는 고민을 담은 이야기라 조금 장황해진 듯하지만, 불교문화가 불교계만의 것이 아니라 우리 문화의 자산이라는 점을 염두에 두고 애정 어린 비판을 드린 것이니 널리 양해하기 바란다.
 이 책의 번역과 출간은 이름을 명시한 네 사람만이 아니라 이름을 내지 않은 많은 이들의 격려와 수고가 없었다면 가능하지 못했을 것이다. 늘 관심과 격려를 아끼지 않으신 조계총림 방장 범일보성(梵日菩

成) 스님, 주지 영조(永照) 스님을 비롯한 송광사의 사부대중 여러분께 깊이 감사를 드린다. 또한 사지 자료를 번역하고자 하는 원력을 세우고, 관련 자료에 대한 자문과 함께 연구원들이 편안하게 연구할 수 있도록 배려를 아끼지 않으신 박물관장 고경(古鏡) 스님께 이 자리를 빌려 감사드리고 싶다. 아울러 연구실을 제공해준 영축사 주지 각문 스님, 합숙 윤독회를 할 수 있도록 도움을 주신 봉갑사 주지 각안 스님께도 감사드린다.

한편, 사지 자료를 처음 번역하면서 지금까지 2년간 열정적으로 함께 작업하고, 편안한 팀워크로 지내온 연구원 모두에게도 고마운 마음을 전하고 싶다. 편집과 교정이라는 분야는 땀 흘린 노고가 그다지 드러나지 않지만, 항상 묵묵히 수고해준 정미숙 선생에게도 감사드린다. 어려운 상황에도 불구하고 언제나 학술서적의 출판에 열과 성을 갖고 선뜻 출판을 허락해주신 혜안출판사의 오일주 사장과 편집부의 여러분께도 감사드리며, 출판사의 발전을 기원하고 싶다.

2007년 3월
역주자를 대표하여 조명제 씀

차 례

머리말 5

제1장 고려(高麗) 19

제1절 보조국사(普照國師) 21
1. 비문(碑文) 21
2. 다시 세운 비의 음기 42
3. 중수비경참소(重豎碑慶懺疏) 46
4. 적천사(磧川寺)에 국사가 손수 심은 은행나무에 대한 게 49
5. 여러 곳의 국사의 행적 51
6. 국사 당시의 건물 명칭 및 척도 59
7. 국사 당시의 대중 및 유지비 62

제2절 진각국사(眞覺國師) 67
1. 비문 67
2. 윤음(綸音) 83
3. 여러 곳의 국사의 행적 87

제3절 청진국사(淸眞國師) 94
1. 국사 약력 94
2. 여러 곳의 국사의 행적 94

제4절 진명국사(眞明國師) 99
    1. 비문 99
    2. 조계종(曹溪宗) 선사 혼원(混元)을 대선사로 삼는 교서(敎書) 107
    3. 관고(官誥) 109
    4. 충경왕사(沖鏡王師)가 지은 제문(祭文) 112

제5절 원오국사(圓悟國師) 114
    1. 비문 114
    2. 법수재소(法壽齋疏) 124
    3. 여러 곳의 국사의 행적 125
    4. 노비하사문(奴婢下賜文) 127

제6절 원감국사(圓鑑國師) 129
    1. 비문 129
    2. 『여지승람』 중 국사의 행적 134
    3. 대원황제(大元皇帝)가 토전(土田)을 회복해 준 것에 대한
       감사의 표(表) 134

제7절 자정국사(慈靜國師) 137
    1. 국사 약력 137
    2. 조계종 삼중대사 신화(神化)를 선사로 삼는 관고(官誥) 137

제8절 자각국사(慈覺國師) 140
    1. 국사 약력 140
    2. 조계종 삼중대사 신정(神定)을 선사로 삼는 관고 140

제9절 담당국사(湛堂國師) 143

제10절 혜감국사(慧鑑國師) 144
    1. 비문 144

2. 『고려사』 가운데 국사의 행적 149

제11절 자원국사(慈圓國師) 150

제12절 혜각국사(慧覺國師) 151
    1. 비가 있는 곳 151
    2. 복천사(福川寺) 하안거(夏安居)의 원각법회(圓覺法會)의 소(疏) 152

제13절 각엄국사(覺儼國師) 155
    1. 비문 155
    2. 여러 곳의 국사의 행적 163

제14절 정혜국사(淨慧國師) 167

제15절 홍진국사(弘眞國師) 168

제16절 보제존자(普濟尊者) 169
    1. 비문 169
    2. 행장 약초(略抄) 183
    3. 부훤당기(負暄堂記) 184
    4. 운설악상인(雲雪岳上人)을 보내는 서문 186

제2장 조선(朝鮮) 189

제1절 무학왕사(無學王師) 191
    1. 비문 195

제2절 보각국사(普覺國師) 207
    1. 비문 207

제3절 고봉화상(高峰和尙) 223

제4절 부휴대사(浮休大師) 238
    1. 비문 238
    2. 비석의 뒷면 247
    3. 돌아가신 부모를 위하여 명복을 비는 글 252

제5절 벽암대사(碧巖大師) 254
    1. 행장 254
    2. 비문 264

제6절 대가대사(待價大師) 276
    1. 사적(事蹟) 276
    2. 교지(敎旨) 278

제7절 취미대사(翠微大師) 279
    1. 행장 279

제8절 백암대사(栢庵大師) 294
    1. 비문 294
    2. 비석의 뒷면 299

제9절 무용대사(無用大師) 307
    1. 행장 307

제10절 영해대사(影海大師) 318
    1. 행장 318

제11절 풍암대사(楓巖大師) 323
    1. 행장 323
    2. 상찬(像讚) 325

제12절 묵암대사(默庵大師) 327

    1. 비문 327
    2. 비석의 뒷면 334

제13절 응암대사(應庵大師) 336

제14절 제운대사(霽雲大師) 340
    1. 비문 340
    2. 비석의 뒷면 346

제15절 벽담대사(碧潭大師) 349
    1. 비문 349
    2. 비석의 뒷면 353

제16절 두월대사(斗月大師) 356
    1. 비문 356
    2. 비석의 뒷면 358

제17절 봉암대사(鳳巖大師) 361
    1. 행장 361

제18절 환해대사(幻海大師) 363
    1. 비문 363
    2. 비석의 뒷면 367

제19절 와월대사(臥月大師) 369

제20절 회계대사(會溪大師) 372

제21절 퇴은대사(退隱大師) 374

제22절 기봉대사(奇峰大師) 377
    1. 비문 377

2. 비석의 뒷면 384

제23절 우담대사(優曇大師) 386

제24절 허주대사(虛舟大師) 389

제25절 용운대사(龍雲大師) 394
    1. 비문 394
    2. 비석의 뒷면 402

제26절 이봉대사(离峰大師) 405
    1. 비문 405
    2. 비석의 뒷면 411

제27절 통허대사(洞虛大師) 414

  참고문헌 421

  찾아보기 427

일러두기 |

1. 이 책은 『조계산송광사사고(曹溪山松廣寺史庫)』 가운데 인물부의 완역이다. 번역의 저본은 현재 송광사 성보박물관에 소장된 원본을 사용하였다.

2. 가능한 쉬운 한글로 전용하였으나, 인명・지명・관직명 등 고유명사를 표기할 경우 한자(漢字)는 괄호 안에 표기한다.

3. 번역의 이해를 돕기 위해 원문을 표기해야 할 경우나 원문에는 없지만 문장 이해를 위해 추가한 단어나 문장은 [ ]를 사용하였다.

4. 연도는 연호(年號)나 묘호(廟號)를 노출하고, 서기를 ( )에 넣어 '태종 1년(1402)' 등과 같이 표기하였다.

5. 주석은 원칙적으로 모든 고유명사와 내용 설명에 필요한 항목을 대상으로 하지만, 근거가 정확하지 않거나 알 수 없는 것은 생략하였다.

6. 주석을 작성하면서 참고한 기본 자료, 사전, 관련 연구 성과 등은 구체적으로 표시하지 않고, 참고문헌 목록으로 대체한다.

7. 주요 기호와 약호의 표시는 다음과 같다.
    『 』: 문헌・저서명
    「 」: 논문・작품・경전의 품명・편명
    " ": 완전한 문장의 인용
    ' ': 재인용, 강조, 불완전한 문장을 인용할 때
    - - : 부제, 원문의 작은 글자로 표시된 부분

8. 아래의 문헌명은 다음과 같이 줄여서 사용한다.
    『조계산송광사사고』 = 『사고』
    『신증동국여지승람』 = 『신증』

제 1 장
고려(高麗)

제1절 보조국사(普照國師)

1. 비문(碑文)

승평부(昇平府)[1] 조계산(曹溪山) 수선사(修禪社) 불일(佛日) 보조국사(普照國師) 비명(碑銘)과 서문(序文)

지공주사부사(知公州事副使)[2] 겸(兼) 권농사(勸農使)[3] 관구(管句)[4]

---

1) 승평부 : 지금의 전라남도 순천시의 고려시대 행정명이다. 본래 백제 감평군(欿平郡)이었는데, 신라 때에 승평군(昇平郡)으로 고쳤고, 고려 성종 14년(995)에 승주연해군절도사(昇州沇海軍節度使)로 하였다. 정종(靖宗) 2년(1036)에 다시 승평군으로 하였고, 충선왕(忠宣王) 원년(1309)에 높여서 승주목을 두었다. 충선왕 2년(1310)에 순천으로 이름을 고치고, 부(府)를 삼았으며 조선조에 이르러 그대로 하였다. 조선 태종 13년(1413)에 도호부(都護府)로 삼았다.
2) 지공주사부사 : 고려시대 지방관직명으로 충청도 공주(公州)에 파견된 정6품의 관리를 가리킨다.
3) 권농사 : 고려시대 지방에 파견하였던 임시 관직이며, 지방관이 겸임하는 경우와 봉명사신(奉命使臣)이 파견되는 경우가 있다. 외관겸대의 권농사는 문종대 무렵에 설정되기 시작하였는데, 처음에는 양계(兩界), 이어서 여러 도에 두었다. 후대로 오면서 확장되어 말기에는 속현(屬縣)·향(鄕)·부곡(部曲) 등 외관이 파견되지 않은 지방행정구역에도 설정되고, 그 직은 주현(主縣)의 수령이 겸대하였다. 봉명사신으로서의 권농사는 정종대부터 사서에 보이는데, 명종대에 양계 제도의 12도에 설정되어 있었고, 고종대에 한때 전국에 37인의 권농사가 파견된 바가 있다. 충렬왕대에는 안찰사와 같이 5도에 파견되기에 이르고 충선왕 즉위 초에는 혁파되어 그 직임을 안찰사가 겸대한 것으로

학사(學士)5) 장사랑(將仕郎)6) 겸 예부상서(禮部尙書)7)이며 자금어대(紫金魚袋)8)를 하사받은 신 김군수(金君綏)9)가 왕명을 받들어 비문을 짓다.

문림랑(文林郞)10) 신호위장(神虎衛長)11) 신 류신(柳伸)12)이 왕명을

보인다. 권농사의 직임은 권농(勸農), 구휼(救恤), 수취(收取) 등이며, 대체로 전기에는 권농, 후기에는 수취가 주된 임무로 보인다.
4) 관구 : 고려 국자감, 보문각의 정3품 벼슬이며 동제거의 다음이다. 대개 다른 관청의 관리가 겸하였다.
5) 학사 : 고려시대 문신 가운데 재질과 학식이 있는 자를 선발하여 제관전(諸館殿)의 학사를 삼아 왕에게 시종하게 하였다. 성종 14년(995)에 숭문관(崇文館)을 홍문관(弘文館)이라 고치고 학사를 두었다. 문종 때 관제를 정하여 제관전의 대학사(大學士)를 종2품으로 하고 학사를 정4품으로 하였다. 그 뒤 대학사를 대제학(大提學), 다시 대학사로 고치기도 하고 학사를 사학(司學) 또는 제학(提學)이라 고쳤다가 다시 학사로 고치기도 하였다. 또 다른 용례로 과거를 관장하는 자를 학사라 일렀다.
6) 장사랑 : 고려 문산계(文散階)의 하나이며, 종9품의 관계명이다.
7) 예부상서 : 예부는 고려시대 상서육부(尙書六部) 가운데 예의·제향·조회·교빙·학교·과거 등의 정사를 관장한 중앙관청이다. 국초에는 예관(禮官)이라 하였다가 성종 14년(995)에 예관을 상서예부(尙書禮部)로, 사조를 상서사부(尙書祠部)로 각각 고쳤다가, 현종 2년(1011) 상서사부를 혁파한 뒤 속사를 두지 않았다.
8) 자금어대 : 당나라 때에 관리의 허리에 차던 장식구이다. 붕어 모양으로 만든 붉은 금빛의 주머니로, 3품 이상의 품계를 가지거나 특사(特賜)를 받은 사람만이 찼으며, 그 속에 성명이 적힌 표신을 넣었다. 신라에서 당으로부터 어대 제도를 받아들였던 사실은 금석문 등에서 드러나고 있다.
9) 김군수(생몰년 미상) : 본관은 경주(慶州), 호는 설당(雪堂)이다. 그는 김부식(金富軾, 1075~1151)의 손자이고, 김돈중(金敦中)의 아들이다.
10) 문림랑 : 고려시대의 문산계로 문종 때에 관제 개혁으로 제정되었으며, 품계는 종9품이다.
11) 신호위장 : 고려시대에 육위(六衛) 중의 하나인 신호위에서 행정 실무를 맡던 장사(長史)를 가리키는 것으로 보인다.
12) 류신(생몰년 미상) : 고려 중기의 문신이며, 처음 이름은 인(仁)이다. 행서, 초서를 잘 써서 당대의 명필로 불렸다.

받들어 쓰다.-옛 비문을 쓴 이-

중훈대부(中訓大夫)[13] 전임(前任) 예문관(藝文館)[14] 봉교(奉敎)[15] 겸
춘추기사관(春秋記事官)[16] 최치옹(崔致翁)[17]이 쓰다.

정의대부(政議大夫)[18] 낭원군(郎原君) 겸 오위도총부(五衛都摠府)[19]

---

13) 중훈대부 : 조선시대 문신 종3품 하계(下階)의 품계명이다. 조선이 건국된 직후인 1392년 7월 문산계가 제정될 때 종3품 상계는 중직대부(中直大夫), 하계는 중훈대부(中訓大夫)로 정해져 『경국대전(經國大典)』에 수록되었다.

14) 예문관 : 조선시대 임금의 말이나 명령을 대신하여 짓는 것을 담당하기 위해 설치한 관서이다. 조선왕조가 개창되면서 고려말의 제도를 그대로 따라 예문춘추관을 두어 교명(敎命)과 국사(國史) 등의 일을 관장하게 하였다. 태종 1년에 다시 예문관과 춘추관으로 분리, 독립되었으나, 세조 2년에 집현전이 혁파된 뒤에 인재 양성과 학술적인 기능을 예문관에서 일부 대행하기도 하였다. 이후 예문관에 중첩 설치되었던 구 집현전 직제는 홍문관으로 이관되고 종래의 예문관으로 돌아갔다.

15) 봉교 : 조선시대 예문관의 정7품 관직이며, 정원은 2인이다. 예문관의 정8품 대교(待敎) 2인과 정9품 검열(檢閱) 4인과 더불어 '8한림(八翰林)'이라고 하여 춘추관의 기사관(記事官)을 겸하는 사관(史官)이었다. 이들은 고려 때부터 사한관(史翰官)의 직임을 겸하여 평소 사초(史草)를 기록해 두었다가 실록을 편찬할 때에 납입하는 책임도 지고 있었다.

16) 춘추기사관 : 춘추관은 고려·조선시대에 시정(時政)의 기록을 관장한 관서이며, 정식 명칭은 고려시대의 제도를 답습해 교명(敎命)의 논의·제찬(制撰)과 국사(國史) 등의 일을 관장하는 예문춘추관이다. 『경국대전』의 춘추관 직제에 따르면 춘추관 기사관은 정6품~정9품직이다.

17) 최치옹(1635~1683) : 본관은 삭녕(朔寧), 자는 우봉(虞鳳), 호는 수춘자(收春子)이다. 13세 때 향시에 합격하였으며, 현종 1년(1660) 식년문과에 갑과로 급제하고, 한림을 거쳐 옥구현감을 지냈다. 사헌부지평으로 재직하다가 평소 정신질환이 있다는 이유로 1667년 영의정 김수항(金壽恒)의 청으로 물러났다.

18) 정의대부 : 고려시대 정의(正議)는 조선시대 종친계(宗親階) 종2품 하계(下階)의 위호(位號)로 『사고』의 정의(政議)는 정의(正議)로 쓰는 것이 옳다.

19) 오위도총부 : 조선시대 오위를 총괄하던 최고 군령기관(軍令機關)이다. 세조 3년(1457) 중앙군 조직이 오위로 개편되고, 1466년 관제개혁 때 오위도총부로 확립되어 『경국대전』에 수록되었다. 오위도총부는 뒤에 중종 때 비변사가 설치되어 군국기무만을 전담하게 되었다. 이에 따라 점차 기능을 상실하고 법제상의 관부로만 남다가, 고종 19년(1882) 군제개혁으로 완전히 폐지되었다.

도총관(都摠管)20) 이간(李偘)21)이 전각하다.

선학(禪學)의 근원은 가섭(迦葉)22)에서 나와 달마(達摩)23)가 이를 얻

관원으로는 도총관(都摠管, 정2품)과 부총관(종2품)이 모두 10인으로 타관이 겸임토록 되었다. 대개 종친・부마・삼공 등 고위 관리가 임명되었다. 오위도총부는 오위의 총사령부와 같은 최고의 군령기관으로서 병조와 횡적으로 협조하는 사이였다.

20) 도총관 : 조선시대 오위도총부의 정2품 무관직이다.
21) 이간(1640~1699) : 조선 선조의 13번째 왕자 인흥군(仁興君) 영(瑛)의 아들로, 자는 화숙(和叔)이고, 호는 최락당(最樂堂)이다. 1676년에 왕실족보인 『선원본록(璿源本錄)』의 수정을 요청하였고, 개인적으로 『선원보략(璿源普略)』의 수정을 시작하여 1679년에 작업을 마치고 임금에게 바쳤다. 형인 낭선군(朗善君)과 함께 전서와 예서에 뛰어났다.
22) 가섭 : 원문의 가섭파(迦葉波)는 보통 가섭으로 줄여 부른다. 붓다의 10대 제자의 한 사람으로, 대가섭(大迦葉), 마하가섭(摩訶迦葉), 가섭존자(迦葉尊者) 등으로 불린다. 선종에서는 특히 붓다의 정법을 이어 받은 것을 강조하여 높이 받든다.
23) 달마 : 인도로부터 중국에 건너온 선종의 초조(初祖)로 추앙되는 인물이다. 그러나 그러한 설정은 후대의 선종에서 확립된 이미지이고, 실제 사실(史實)인지에 대해서는 논란이 있다. 달마의 모습을 전하는 가장 신뢰할 수 있는 자료인 『낙양가람기(洛陽伽藍記)』(547)에는 달마가 파사국(波斯國)에서 태어났고, 영녕사(永寧寺)의 탑을 칭찬하고, 스스로 150세라고 하였다는 기록밖에 없다. 또한 담림(曇琳)이 지었다고 하는 「이입사행론서(二入四行論序)」에는 남인도 출신이고, 도육(道育)・혜가(慧可)라고 하는 제자가 있었다고 하며, 그의 교의에 대해 비방하는 것에 대응하기 위해 기록한 것이 『이입사행론(二入四行論)』이라고 서술되어 있다. 그런데 선종이 발전하면서 이상적인 조사의 모델을 제시하기 위하여 여러 가지 전설이 창작되어 다양한 문헌에서 제시된다. 『능가사자기(楞伽師資記)』, 『전법보기(傳法寶紀)』에는 숭산(嵩山) 소림사(少林寺)와의 관계가 강조되고 있다. 이어 하택신회(荷澤神會, 684~758)와 그 문하에서 서천8조설(西天八祖說), 서천28조설(西天二十八祖說) 등이 제창되면서 선종의 계보가 법통(法統)으로 강조된다. 또한 달마가 가사를 전승시켰다고 하는 전의설(傳衣說), 양(梁)의 무제(武帝)와의 문답 등이 창작되었다. 이러한 달마 관련 전설은 대부분 선종의 권위를 선양하기 위한 차원에서 창작된 것으로 근거가 없는 것이다.

어 진단(震旦)24)에 와서 교화하였다. 이를 전하는 사람은 전하는 바 없이 전하였고, 이를 닦는 사람은 닦는 바 없이 닦아 잎과 잎이 서로 잇고, 등불과 등불이 함께 비추었으니 얼마나 기이한 것인가. 성인이 떠난 지가 더욱 멀어져 불법(佛法)도 따라서 해이해져서 배우는 자는 진부한 말만을 지키고 밀지(密旨)를 몰라 근본을 버리고 지엽말단을 따르고 있다. 이로 말미암아 관찰하여 깨달아 들어가는 길이 막히고, 문자로 희론(戱論)하는 발단이 일어나 정법안장(正法眼藏)25)은 거의 땅에 떨어졌다.

이에 사람이 있어 홀로 덧없고 거짓된 속세를 등지고, 바르고 참된 종지(宗旨)를 흠모하였다. [그리하여] 처음에는 언전(言詮)26)을 찾아 진리로 나아가서 마침내는 선정을 닦고 지혜를 일으켰는데, 이미 자신이 체득한 다음에 아울러 모든 사람에게 베풀었다. 그리하여 침체된 선풍을 다시 떨치고, 어두워진 조사의 달빛[祖月]을 다시 밝게 하였다. 이와 같은 사람은 진실로 가섭의 후예이며, 달마의 적자(嫡子)로 [잘 이어받고 서술한 사람]이라 이르지 않겠는가. 아! 우리 국사(國師)27)가 이런 사람이다.

국사의 이름은 지눌이고 서울 서쪽 동주(洞州)28) 사람이다. 일찍이

---

24) 진단 : 진(震)은 팔괘(八卦) 중 동방에 해당하며, 해가 돋는 쪽에 있으므로 동쪽인 중국을 가리키는 말이다.
25) 정법안장 : 불법(佛法)의 진수라는 뜻이다. 안장(眼藏)은 일체의 것을 비추고, 일체의 것을 품고 있는, 위없는 정법의 공덕을 드러낸 것이다.
26) 언전 : 언어전주(言語詮注)의 준말이다. 언어적 표현이라는 뜻이다.
27) 국사 : 국가나 임금의 사표(師表)가 되는 고승에게 임금이 내리던 호칭이다. 일반적인 승계 위의 것으로 왕사와 함께 고려시대 승려에게 내린 최고의 위계이다. 살아 있을 때에 책봉하거나 사후에 추증한 경우가 대부분이다. 국사를 책봉할 때에는 재신과 추밀에 자문을 구하고 5품 이상의 관리의 경우와 마찬가지로 대간의 서경(署經)을 거쳤고, 관고라는 교지를 내렸다. 한편, 책봉 의식을 거행할 때에 왕이 제자의 예로 아홉 번 절하여 존경을 표시하며, 국가와 왕실의 정신적 지주로 존재하였다.

스스로 호를 목우자(牧牛子)라고 하였다. 속성은 정씨(鄭氏)이고, 아버지는 광우(光遇)인데 국학(國學)의 학정(學正)[29]이었으며, 어머니는 조씨(趙氏)로 개흥군(開興郡)[30] 부인이다. [국사는] 태어날 때부터 병이 많았고, 의원의 치료가 효험이 없었다. [아버지가] 이에 부처에게 기도하면서 출가시킬 것을 서원하자 병이 곧 나았다.

16살 때에 조계의 운손(雲孫)[31]인 종휘(宗暉)선사에게 나아가 삭발하고 구족계(具足戒)[32]를 받았다. 배움에 일정한 스승이 없었으며, 오직 도만 좇았는데 지조가 고매하여 무리 가운데 뛰어났다.[33]

25살 때인 대정(大定) 22년[34] 임인(壬寅)에 승선(僧選)[35]에 합격하였

---

28) 동주 : 황해도(黃海道) 서흥군(瑞興郡)의 옛 이름이다. 본래 고구려의 오곡군(五谷郡)이었는데, 신라에서는 오관군(五關郡)으로 고치고, 고려에서 동주로 고쳤다. 정씨는 이곳 토성(土姓)의 하나이다.
29) 학정 : 고려시대 국자감의 정9품 관직이다.
30) 개흥군 : 황해도(黃海道) 연백군(延白郡) 온정면(溫井面, 白川)의 옛 이름이다. 조씨는 이곳의 토성이다.
31) 운손 : 자기로부터 8대손의 법손을 가리킨다. 여기서는 먼 후손이라는 의미로 쓰였다.
32) 구족계 : 출가한 비구·비구니가 받는 계율이다. 비구는 250계, 비구니는 348계이다.
33) 헌헌(軒軒) : 헌헌하거(軒軒霞擧)의 준말이다. 노을 속에서 천붕을 타고 하늘로 올라가는 아름다운 모양, 자득하여 자적함이 군중에서 빼어난 모습을 이른다.
34) 대정 22년 : 대정은 금(金) 세종(世宗)의 연호이고, 대정 22년은 고려 명종 12년(1182)이다.
35) 승선 : 고려시대에 승려를 대상으로 실시한 과거이다. 광종 9년(958)에 과거제도를 처음 실시하면서 승과를 설치하였는데, 처음에는 부정기적으로 실시하다가 선종(宣宗) 때에 문관 시험과 마찬가지로 3년마다 시행하는 정기시험으로 하였다. 선종선(禪宗選)과 교종선(敎宗選)으로 나누어 시행하였다. 합격한 자에게는 대선(大選)이라는 초급 법계(法階)를 주고, 대덕(大德)·대사(大師)·중대사(重大師)·삼중대사(三重大師)까지 승진할 수 있게 하였다. 그 이상의 법계는 선종은 선사(禪師)·대선사(大禪師), 교종은 수좌(首座)·승통(僧統)의 법계를 각각 주었다.

다. 얼마 지나지 않아 남쪽 지방을 돌아다니다가 창평(昌平)36) 청원사(淸源寺)에 이르러 주석하였다. 우연히 어느날 『육조단경(六祖壇經)』37)에 '진여자성(眞如自性)38)이 생각을 일으켜 육근(六根)39)이 비록 보고 듣고 깨닫고 알지라도 삼라만상에 물들지 않고, 진성(眞性)은 항상 자재한다'는 글을 보고서 일찍이 알 수 없었던 것을 배우게 됨에 크게 기뻐하고, 일어나 불전(佛殿)을 돌면서 외우고 생각하여서 그 뜻을 스스로 깨쳤다. 이때부터 마음은 명리(名利)를 싫어하고 항상 깊은 산중에 숨어 힘들 때나 편안할 때나 도를 구하고자 하여 항상40) 반드시 이러

---

36) 창평 : 현재의 전라남도 담양군 창평면을 가리킨다.
37) 『육조단경』 : 중국 선종의 6조인 혜능(慧能)의 언행록이다. 동아시아 선종계에서는 남종선의 시조인 육조를 존숭하였으므로 『육조단경』은 경전에 준하는 취급을 받아, 중국, 한국, 일본에서 자주 간행되었다. 그러나 20세기에 들어와 돈황본을 비롯한 여러 판본이 발견되어 그 성립과 관련된 의문이 제기되고, 아직까지 논란이 많은 텍스트이다. 『육조단경』의 원형에 대해서는 다양한 견해가 있지만, 자사(刺史)인 위거(韋璩)의 요청에 따라 혜능이 소주(韶州) 대범사(大梵寺)에서 보살계를 주었을 무렵의 설법을 기록한 것이라 할 수 있다. 그리고 그것을 기초로 혜능의 현창에 노력하였던 하택신회(荷澤神會)의 교설을 제자들이 덧붙인 돈황본이 성립하고, 그 후 선의 주류를 차지하였던 홍주종 선사들의 설이 더해져 오늘날 전하는 『육조단경』이 성립하였던 것으로 보인다. 따라서 선종의 전개를 반영하면서 텍스트가 변화, 확대되었으므로 성립을 달리 하는 내용이 겹쳐 있고, 내용과 구성의 면에서도 많은 문제를 갖고 있다. 그러나 그 형성과정 자체가 선종의 전개를 대변하는 것이기 때문에 선종사 연구에서 중요한 사료이며, 혜능의 정통성과 전통적인 혜능상이 어떻게 확립되었는가를 알 수 있다는 점에서 의미가 적지 않다.
38) 진여자성 : 불성(佛性)을 말하며, 본래심(本來心)이라 하여 참된 마음을 뜻한다.
39) 육근 : 몸의 감각기관이나 그 인식능력이다. 즉 안근(眼根)・이근(耳根)・비근(鼻根)・설근(舌根)・신근(身根)이라는 시각・청각・취각・미각・촉각이라는 다섯 가지 감각기관과, 의근(意根)이라는 인식하고 사고하는 마음을 가리킨다.
40) 조차(造次) : 『논어(論語)』 이인(里人)에 나오는 조차전폐(造次顚沛)의 준말이다. 창졸간, 별안간, 눈 깜짝할 사이, 발을 헛딛고 아차 넘어지는 사이 등의

한 자세를 지녔다.

　대정(大定) 25년41) 을사년에 하가산(下柯山)42) 보문사(普門寺)에 머물면서 대장경을 읽다가 이장자(李長者)의『화엄론(華嚴論)』43)을 보고서 거듭 신심을 내어 깊이 연구하여 숨은 뜻을 드러내고 [그 의미를 깊이 씹어 그 정수를 맛보게 됨에] 이전에 알던 것이 더욱 밝아졌다. 이에 마음을 원돈관문(圓頓觀門)에 두고, 말학(末學)의 미혹함을 이끌어 못과 쐐기를 뽑아주고자 하였다. 그때 마침 예전부터 알고 있던 노선사 득재(得才)가 팔공산(八公山)44) 거조사(居祖寺)45)에 머물면서 간절히 초청하므로, 마침내 [그곳으로] 가서 머물렀다. 여러 종파의 명리를 포기한 고사(高士)들을 널리 맞이하여 힘써 선정과 지혜를 함께 닦는 것을[習定均慧] 결심하고 서로 권면하기를 여러 해 동안 게을리 하지 않았다.

　승안(承安) 2년46) 무오(戊午) 봄에 몇 사람의 선승과 함께 발우 하나만을 갖고 승지(勝地)를 찾아 지리산에 올라 상무주암(上無住庵)47)에

뜻이 있다.
41) 대정 25년 : 명종 15년(1185)이다.
42) 하가산 : 경상북도 예천군 예천읍에 있는 산이다.
43)『화엄론』: 이통현(李通玄, 635~730 또는 646~740)이 저술한 책이다. 그는 중당(中唐)대의 재가 화엄사상가이며, 조백대사(棗栢大士)라고 존칭한다. 개원(開元) 7년(719)부터 3년간 대추(棗) 10개와 백엽병(栢葉餠) 1매(枚)만을 먹고 80권본『화엄경(華嚴經)』연구에 몰두하였고, 이후 10년 이상 걸려『신화엄경론(新華嚴經論)』40권이라는 독자적인 주석서를 완성하였다.
44) 공산 : 팔공산을 가리킨다. 현 대구광역시 인근에 위치하며, 삼국시대부터 공산(公山), 중악(中岳), 부악(父岳) 등으로 일컬어진 영남 지역의 명산이다. 오악(五岳)의 하나로서 국가적으로 중시된 산의 하나이다.
45) 거조사 : 경상북도 영천군 청통면 신원리 팔공산 동쪽 기슭에 있는 절이다. 현재는 거조암이라고 하며, 영산전이 국보로 지정되어 있고, 봉안된 500나한이 유명하다.
46) 승안 2년 : 승안은 금 장종(章宗)의 연호이며, 승안 2년은 명종 27년(1197)이다.
47) 상무주암 : 경상남도 함양군 마천면 삼정리에 있는 절이다.

은거하였다. [그 곳은] 경치가 그윽하고 고요하여 천하에 으뜸이며, 참으로 선 수행을 하기에 좋은 곳이었다. 국사는 이에 외연(外緣)을 물리치고 오로지 내관(內觀)에만 전념하였다. 갈고 닦아 예리한 지혜를 내며 궁극의 근원을 찾았다. 그때 법을 얻을 때에 나타났던 몇 가지 상서로운 현상은 말이 번거로워 싣지 않는다.

국사가 일찍이 말하기를, "내가 보문사에서 지낸 이후 10여 년인데, 비록 부지런히 닦는 데에 마음을 두어 헛되이 세월을 낭비한 적이 없으나, 정견(情見)[48]을 버리지 못하여 어떤 물건이 가슴에 걸려 있는 것이 원수와 함께 있는 것과 같았다. 지리산에 있을 때에『대혜보각선사어록(大慧普覺禪師語錄)』[49]에 이르기를, '선은 고요한 곳에도 있지 않고, 또한 시끄러운 곳에도 있지 않으며, 일상 생활하는 곳에도 있지 않고, 사량분별하는 곳에도 있지 않다. 그러나 먼저 고요한 곳, 시끄러운 곳, 일상 생활하는 곳, 사량분별하는 곳을 버리지 않고 참구하여야 한다. 홀연히 눈이 열리면 바야흐로 모두 자기 집안일[50]임을 안다.'[51]라고 하였다. 나는 이에 뜻이 들어맞아 자연히 물(物)이 가슴에 걸리지

---

48) 정견 : 사량분별(思量分別)의 마음으로, 진실과 일치하지 않는 분별판단이다. 범부중생의 생각을 가리키며, 시작도 알 수 없는 과거로부터의 무명(無明)에 의해 일어난다.
49)『대혜보각선사어록』: 남송대 임제종의 선승인 대혜종고(大慧宗杲, 1089~1163)의 어록이다. 대혜는 간화선(看話禪)을 대성하고, 이후 중국만이 아니라 동아시아 불교계에 커다란 사상적 영향을 미쳤다. 그의 어록은 전체 30권으로 구성되어 있으며, 1171년 편찬되고, 다음 해 대장경에 입장(入藏)되었다. 그 어록 가운데 법어(法語), 보설(普說), 서장(書狀) 등이 주로 중시되었다. 특히 서장은 한국불교계에도 커다란 사상적 영향을 미친 전적이다.
50) 옥리사 : 자가옥리(自家屋裏)의 준말이다. 자기의 문제를 말한다.
51) 이 구절은『대혜어록』권19,「시묘증거사(示妙證居士)」에서 인용한 것이다. 다만 본래 원문에는 "禪不在靜處 不在鬧處 不在思量分別處 不在日用應然處 然雖如是 第一不得捨卻靜處鬧處 日用應緣處 思量分別處參 忽然眼開 都是自家屋裏事(『禪藏』32, 407쪽)"로 되어 있어, 조금 차이가 있다.

않고 원수와 처소를 같이 하지 않아 곧 [마음이] 편안하였다."라고 하였다. 이로 말미암아 혜해(慧解)⁵²⁾가 점차로 높아져서 대중들이 국사를 우러러 보는 바가 되었다.

국사는 [승안] 5년⁵³⁾ 경신(庚申)에 송광산⁵⁴⁾ 길상사(吉祥寺)⁵⁵⁾로 옮겨서 11년간 대중을 거느리고 불법(佛法)을 펼쳤다. [도를 담론하거나 선을 닦으면서 안거하고 두타행을 함에 있어]⁵⁶⁾ 오로지 계율에 의거하니 사방의 승려와 속인이 소문을 듣고 몰려들어 성황을 이루었는데 심지어 명리와 벼슬, 처자를 버리고 [머리를 깎고] 승려가 되어 함께 한 사람도 있었다. 왕공과 사서(士庶)로 [이름을 던져] 수선사(修禪社)에 들어온 자가 역시 수백 명이었다.

국사는 도로써 자기의 소임을 삼고 사람들이 칭찬하거나 비방하는 것에는 그 마음을 움직이지 않았다. 성품이 또 자비롭고 인내심이 있어 후학을 잘 지도하였다. 비록 어그러져 틀리고 뜻에 맞지 않더라도 오히려 딱하게 생각하고 도와주는데 정성이 줄거나 그치지 않았으니 자애로운 어머니가 자식을 귀여워하는 것과 같이 하였다.

사람들에게 항상 『금강경(金剛經)』⁵⁷⁾을 지송(持誦)하기를 권하고, 법을 세워 교의를 펼 때에는 반드시 『육조단경(六祖壇經)』으로 하였으

---

52) 혜해 : 지혜로 모든 사리를 잘 터득함을 말한다.
53) 승안 5년 : 신종 3년(1200)이다.
54) 송광산 : 조계산의 본래 이름이다. 수선사가 자리 잡으면서 송광사로 이름이 바뀌었다. 절 이름이 산 이름으로 바뀌거나, 산 이름이 절 이름으로 바뀐 사례가 있는데, 송광사는 그 대표적인 경우이다.
55) 길상사 : 지눌에 의해 수선사가 개창되기 이전에 존재한 절이다.
56) 원 비문에는 없다.
57) 『금강경』: 한역된 7종의 텍스트 가운데 구마라집(鳩摩羅什, 348~413)이 번역한 『금강반야바라밀경(金剛般若波羅密經)』 1권이 가장 널리 읽힌다. 선종에서 5조 홍인(弘忍) 이래 중요시되었다. 이 경전은 철저한 공(空)의 사상에 입각한 윤리적 실천을 강조한다.

며, 『화엄론』과 『대혜어록(大慧語錄)』으로써 날개를 삼았다. 삼문(三門)58)을 열었는데, 성적등지문(惺寂等持門), 원돈신해문(圓頓信解門), 경절문(徑截門)이라고 한다. 이에 따라 수행하며 믿음에 들어가는 자가 많았으니 선학(禪學)의 왕성함이 옛날에나 근래에나 비교할 수 없었다.

국사는 또한 위의를 잘 지녔는데 소의 걸음에 범의 눈빛이었다. 안거59)할 때에도 태도가 근엄하여 몸가짐이 해이함이 없었고, 운력할 때에도 항상 대중에 앞장섰다. 억보산(億寶山)60)의 백운정사(白雲精舍), 적취암(積翠菴), 서석산(瑞石山)61)의 규봉난야(圭峰蘭若),62) 조월암(祖月菴)63) 등은 모두 국사가 지은 곳이며, 왕래하면서 선을 닦은 곳이다. 임금64)이 잠저에 있을 때부터 평소 그 명성을 소중히 하여 즉위하자

---

58) 삼문 : 성적등지문, 원돈신해문, 경절문 등 삼문이라 불리는 세 가지 수행방법은 지눌 사상의 체계를 대변하는 것으로 이해되고 있다. 하지만 지눌 자신이 명확하게 체계적인 저술의 형태로 남긴 것이 아니기 때문에 삼문의 성격과 위상에 대해서는 연구자마다 견해의 차이가 있다. 삼문을 각각 근기가 다른 사람들을 위한 교화방법이라는 보는 입장과 함께 단계적으로 밟아가는 수행방법으로 보는 견해가 있다. 후자의 경우에도 성적등지문을 기본적인 가르침으로 보고, 원돈신해문과 경절문을 근기에 따라 행하는 수행방법이라고 보는 견해와 삼문을 지눌의 사상이 발전해가는 과정으로 이해하여 경절문을 완전한 수행법으로 보는 입장도 있다. 성적등지문과 원돈신해문은 지눌의 사상체계에서 정혜쌍수(定慧雙修), 돈오점수(頓悟漸修)와 관련된다. 또한 지눌은 이 둘이 이론의 영역이라면, 이러한 지해(知解)를 벗어나 궁극적인 깨달음은 화두 참구라는 경절문을 거쳐야 한다고 제시한다.
59) 연거 : 고요한 곳에서 참선하는 것을 말하며, 안거 또는 연좌라고도 표현한다.
60) 억보산 : 전남 광양에 있는 산이며, 현재의 백운산이다.
61) 서석산 : 무등산의 다른 이름이다.
62) 규봉난야 : 규봉사라고도 한다. 도선국사가 서석산 중턱에 있는 은신대에 정진하다가 절을 짓고 규봉사라고 하였다고 한다.
63) 조월암 : 광주 무등산에 있는 암자이다.
64) 임금 : 희종(熙宗, 1181~1237)을 가리킨다. 이름은 영(韺), 초명은 덕(悳), 자는 불피(不陂)이다. 신종의 맏아들이고, 어머니는 정화태후(靖和太后) 김씨이며,

칙명으로 송광산을 조계산으로, 길상사를 수선사로 고쳐 부르고, 어필로 현판을 써 주었다. 또 만수가사(萬繡袈裟) 한 벌을 하사하여 특별히 포상하니 돈독하게 공경하고 외호(外護)하는 정성이 남달랐다.

처음 국사가 남쪽으로 유력(遊歷)하기 전에 여러 명의 동학(同學)과 함께 약속하기를 "내가 명리를 버리고 향사(香社)를 맺고 정혜(定慧)를 닦는 것을 일로 하고자 하는데, 그대들은 어떠합니까?"라고 하였다. [그들이] 말하기를, "[지금은] 말법[시대]이므로 아마도 그 때가 아닙니다."라고 하였다. 국사가 이에 깊은 한숨을 내쉬면서 이르기를, "때는 바뀌지만 심성은 변하지 않는다. 교법이 흥하거나 쇠퇴한다고 보는 것은 곧 삼승(三乘) 권학(權學)65)의 견해이니 어찌 지혜로운 이의 대응이 이와 같아야 되겠습니까?"라고 하였다. 무리가 모두 복종하면서 말하기를, "그렇습니다."라고 하고, 뒷날 함께 결사66)를 맺으면 반드시 정혜결사라 부르기로 하였다. 거조사에 있을 때에 과연 정혜사(定慧社)를 세우고, 곧 『권수정혜결사문(勸修定慧結社文)』67)을 지었으니, 이는

비(妃)는 영인후 진(寧仁侯貴)의 딸인 성평왕후(成平王后)이다.
65) 삼승 권학 : 삼승은 방편의 가르침이고 일승은 진실된 가르침이라는 권실(權實)의 관계를 말한다. 권학은 성문(聲聞)·연각(緣覺)·보살승(菩薩乘)의 삼승이고, 실학은 최상승(最上乘)인 일승(一乘)을 이른다. 선종에서는 선을 실학이라 하고, 그 밖의 일체 학문과 교리는 모두 권학이라고 낮추어 평가한다.
66) 결사(結社) : 이상적으로 추구하는 불교신앙을 수행하기 위한 결집체이다. 신앙결사의 유래는 중국 동진(東晋)의 혜원(慧遠, 334~416)이 여산(廬山)의 동림사(東林寺)에서 결성한 백련사 결사(白蓮社結社)에서 비롯된다. 이 결사는 염불수행을 통해 서방정토에 왕생할 것을 서원하였고, 전형적이고 이상적인 형태의 결사로 인식되어 이후 수많은 결사에서 관념적으로 그 계승을 표방하게 되었다. 당대(唐代)의 화엄경 결사, 송대(宋代)의 염불결사 등으로 확산되었으며, 한국의 경우에도 신라 중대 이후 불교의 대중화 과정이나 정토신앙을 매개로 나타난다. 고려 후기에는 수선사 결사운동과 백련사 결사운동이 대표적인 신앙결사이며, 종교적인 성격에 그치는 것이 아니라 불교계의 개혁운동까지 염두에 둔 사회적 실천운동으로서 전개되었다.
67) 『권수정혜결사문』 : 지눌이 33세 되던 해인 1190년에 정혜결사를 하면서 지은

처음 뜻을 이룬 것이다. 정혜사를 송광사로 옮겨 역시 그 이름을 따랐는데, 나중에 인근에 같은 이름의 절이 있으므로 왕명을 받아 바꾸니 이른바 수선사이다. 이름은 비록 다르나 뜻은 같으니 국사의 뜻이 정혜(定慧)에 있음은 이와 같았다.

대안(大安) 2년[68] 봄 2월에 어머니를 천도[69]하기 위하여 수십일 동안 법연(法筵)을 베풀었는데, 이때 결사 대중에게 이르기를, "나는 세상에 있으면서 설법하는 것도 오래되지 않을 것이므로 마땅히 각자 [정진에] 노력하라"고 하였다. 갑자기 3월 20일에 병이 생겨 8일 만에 입적하니 [가실 때를] 미리 알고 있었던 것이다.

[돌아가시기] 하루 전날 밤 욕실에 들어가 [목욕하고] 시자가 게를 부르고 물으니, 국사는 조용히 대답하였다. 밤이 깊어 방장실로 들어가 문답함이 처음과 같았다. 새벽에 이르러, "오늘이 며칠인가?"라고 물으니, "3월 27일입니다."라고 대답하였다. 국사가 법복을 갖추고 세수를 한 다음에 이르기를, "이 눈은 시조(始祖)의 눈이 아니고, 이 코도 시조의 코가 아니며, 이 입은 어머니가 낳아주신 입이 아니고, 이 혀도 어머니가 낳아준 혀가 아니다."라고 하였다. 법고를 쳐서 대중을 모이게 하고, 육환장을 짚고 선법당으로 걸어 올라가서 향을 피우고 법좌에 오르니 평소의 거동과 같았다.

글이다. 그는 타락한 불교계를 정화하기 위하여 명예와 이익을 버리고 산림에 은둔하여 결사를 표방하고, 그 사상적 토대로서 정(定)과 혜(慧)를 함께 닦아야 한다는 정혜쌍수(定慧雙修)를 제시하였다. 이는 돈오점수(頓悟漸修)와 함께 지눌의 일관된 사상이며, 이를 바탕으로 3종문을 제시하였다.
68) 대안 2년 : 대안은 금나라 영제의 연호이고, 희종 6년(1210)이다.
69) 천도 : 죽은 사람의 명복을 빌기 위하여 불보살에게 재(齋)를 올리고 법회·독경·시식(施食)·불공(佛供) 등을 베풀어 죽은 영혼들이 극락정토에 태어나도록 기원하는 의식을 말한다. 천도의식에는 주로 49재나 백재(百齋) 등이 있고, 1주년과 2주년에 지내는 소상과 대상재가 있다. 또한 비정기적인 천도의식에는 수륙재(水陸齋)가 있다.

이에 육환장을 떨치고 전날 밤 방장실 중에서 문답한 어구의 인연을 들어 이르기를, "선법(禪法)의 영험이 불가사의함을 오늘 여기에 와서 대중을 위해 설파하고자 한다. 그대들이 어둡지 않은 일착자(一着子)[70]로 물으면 늙은이도 또한 어둡지 않은 일착자로 대답하겠다."라고 하였다. 좌우를 돌아보고 손으로 [육환장을] 만지면서 이르기를, "산승의 목숨이 모두 여러분의 손에 있다. 가로 끌거나 거꾸로 끌거나 그대들에게 일임하니, 힘이 있는 자는 나오라."라고 하였다. 법상에 몸을 바로 하고 결가부좌하여 묻는 대로 대답하는데 말소리가 또렷또렷하고 그 뜻도 자상하며 언변이 조금도 걸림이 없었으니, 모두 「임종기(臨終記)」와 같다.

마지막으로 한 승려가 묻기를, "옛날 비야리성에서 유마거사가 병을 보인 것[71]과 오늘 조계산에서 목우자가 병이 든 것이 같은지 다른지 알지 못하겠습니다."라고 하였다. 국사가 이르기를, "너는 같고 다른 것만을 배워왔는가?"라고 하고, 주장자를 잡고 몇 번 내리치고, "천 가지, 만 가지가 모두 이 속에 있느니라."라고 말하였다. 주장자를 잡고, 법상에 걸터앉아 움직이지 않고 고요히 입적하였다.

문도들이 향과 등을 갖추고, 7일간 공양하였는데도 얼굴빛은 살아 있을 때와 같고, 머리털이 계속 자랐다. 다비하여 유골을 수습하니 모두 오색이고, 사리가 큰 것이 30립(粒)이고, 작은 것은 헤아릴 수 없었

---

70) 일착자 : 바둑에서 돌을 한 수 물리는 것을 이른다. 선종에서 스승이 제자에게 향상(向上)의 일구(一句)를 내리는 것을 말한다. 또한 하나의 견식(見識)・주장, 선의 체험으로부터 나온 일구(一句)이다.
71) 유마거사가 병을 보인 것 : 유마라고 하는 재가의 거사가 주인공인 『유마경(維摩經)』은 병이 난 유마에 대해 문수보살을 비롯한 불제자들과 보살들이 문병하기 위해 방문한 것을 계기로 문답을 나누는 구성으로 되어 있다. 유마가 "중생이 병들어 있으므로 나도 병이 들어 있다."라고 한 표현은 유마의 병 자체가 중생을 구원하기 위한 것임을 짐짓 표현한 것이다. 이 구절은 대승보살도의 이상을 드러내기 위해 자주 인용된다.

다. 수선사의 북쪽 기슭에 부도를 세웠다. 임금이 듣고 크게 슬퍼하면서 시호를 불일보조국사(佛日普照國師), 탑 이름을 감로(甘露)라 하였다. 세수는 53세요, 법랍(法臘)[72]은 36세였다. 평생 지은 것으로는『정혜결사문(定慧結社文)』, 『상당록(上堂錄)』,[73] 『법어(法語)』, 『가송(歌頌)』 각 1권이며, 종지를 일으켜 떨친 것이 모두 볼만하였다.

어떤 이는 말하기를, "죽음과 삶은 큰일이라 할 수 있는데, 국사가 천명(天命)을 따라 열반에 들 적에 걸림이 없었으니 그 가운데에는 반드시 다른 사람보다 크게 뛰어남이 있다. 그러나 지극한 도를 말한다면 그렇지 않다. 왜 이렇게 말하는가 하면 대개 노자(老子)는 나를 아는 사람이 드문 것을 귀하게 여겼으며,[74] 장자(莊子)는 행위에 [상대방을 구별하려고] 남다른 짓을 하지 않고자 하였다.[75] 옛날 도를 닦은 사람들은 보통 사람과 같았다. 그 어찌 스스로 괴상하고, 기이한 자취를 보여 사람들에게 알기를 취하였겠는가? 세존을 법중왕(法中王)이라 부르는데, [그는] 신통을 자유자재로 부렸지만 쌍림에서 입적함에 이르러서 말씀하시기를, "내가 지금 등이 아프니, 장차 열반에 들 것이다."라

---

72) 법랍 : 불교에서 출가한 이후의 승려의 나이를 가리킨다.
73) 상당록 : 현재 전하지 않으므로 그 내용을 알 수 없다. 다만 제목으로 보아 상당법어로 보인다. 상당이란 법당에 올라 설법하는 것으로, 선종 사원에서는 본래 주지가 매일 아침저녁 법당에 올라 대중에게 설법을 열었으나, 이후 5일마다 상당하는 오참상당(五參上堂)과 수시로 방장에서 설법하는 소참(小參)으로 바뀌었다.
74) 『노자(老子)』 70장에서 인용한 것이다. 이 장은 자기가 말하는 무위의 진리가 세상 사람에게 받아들여지지 않고 조소조차 사는, 세속에의 탄식과 함께 혼자 자기의 도를 지키는 철인(哲人)의 우수와 고독을 이야기하고 있다.
75) 『장자(莊子)』 12장 천지(天地) 편에서 인용한 것이다. 이 장에서 무위자연의 도를 지향하는 군자가 되기 위해서는 천지의 광대무변함을 자기의 마음으로 하여야 하며, 어떻게 하면 그것이 가능한가에 대해 열 가지를 거론하고 있는데, 그 가운데 하나로서 제시된 것이 다섯 번째의 관(寬)이다(「行不崖異之謂寬」).

하고, 마침내 오른쪽으로 누워 발을 포갠 다음에 입적하였다. 또 당나라 은봉(隱峰)[76]선사는 거꾸로 서서 입적하였는데, 비구니가 된 누이가 꾸짖으며 말하기를, "노형은 평생 동안 법률을 따르지 않더니, 죽어서도 사람들을 현혹한다."라고 하였다. [그런데] 국사가 개당하여 대중에게 보인 것이 이미 많은데, 죽는 날까지 다시 북을 울려 대중을 모으고 법좌에 올라 설법하고 법상에 걸터앉아 입적을 알리니, 이것이 도에서 본다면 군더더기가 되지 않겠는가."라고 하였다.

여기에 대답한다면 "그렇지 않다. 대저 도의 작용은 [정해진] 방도(方途)가 없고, 사람마다 행위도 같지 않다. 그러므로 '천하에 이치는 하나뿐이지만 생각은 백 가지이고, 길은 다르지만 돌아가는 것은 같다.'고 한다. [그대가] 말하는 것은 하나만 알고 둘은 모르는 것과 같다. 또 역대 선문의 조사들이 임종할 때 법을 부촉함에 있어 반드시 신이(神異)를 드러내었으니, 승사(僧史)에 자세히 실려 있다. 후세의 많은 조사들도 법상에 올라 설법하고 입적하였으니, 홍선사(興善寺)[77]의 유관(惟寬)[78]은 상당하여 임종게를 설하고 편안히 앉아 입적하였고, 수산

---

76) 은봉선사(생몰년 미상) : 오대은봉(五臺隱峰)을 가리킨다. 그는 복건성(福建省) 소무(邵武) 출신으로 성은 등씨(鄧氏)이다. 그는 마조도일(馬祖道一)과 석두희천(石頭希遷)에게 배우고, 마조의 문하에서 깨달음을 얻었다. 그는 오대산의 금강굴 앞에서 선 채로 입적하였다고 한다.
77) 홍선사 : 섬서성(陝西省) 서안부(西安府)의 함녕현(咸寧縣) 남쪽에 있는 절이다. 수나라 문제(文帝)가 천도하면서 먼저 이 절을 두었다고 한다. 대홍선사로 불리기도 하였으며, 당나라 때에는 특히 마조도일의 제자인 유관 등이 주석하면서 강서(江西) 지역을 중심으로 성행하던 마조의 선풍이 수도 장안에까지 확산되었다.
78) 유관(755~817) : 절강성(浙江省) 구주(衢州) 신안(信安) 출신이고, 속성은 축씨(祝氏)이다. 그는 13세에 출가하여 율(律), 지관(止觀) 등을 닦다가 마조도일의 문하에서 도를 이루었다. 그는 소림사(少林寺), 위국사(衛國寺), 천궁사(天宮寺) 등에 머물다가 원화(元和) 4년(809)에 칙명으로 장안의 대안국사(大安國寺)에 주석하고, 홍선사에도 머물렀다. 그의 문하에는 백거이(白居易) 등

(首山)[79]의 성념(省念)[80]선사는 임종게를 남긴 다음 당일에 상당하여 설법하고 편안히 앉아 장왕(長往)하였으며, 서봉(瑞峰)의 지단(志端)[81] 선사는 삭발, 목욕하고 법상에 올라 앉아 대중에게 하직하고 편안히 앉아 천화(遷化)하였고, 대녕(大寧)의 은미(隱微)[82]선사는 상당하여 임종게를 설하고 천화하였으니, 모두 나무랄 수 있겠는가? 아! 상법과 말법시대[83]의 사람들은 의심이 많고 신심이 적어서 선각자들이 선교방편으로써 개시하거나 지도하여 흠모하는 마음을 일으키도록 하지 않으면, 비록 성도(聖道)에 나아가고자 하더라도 이는 또한 어렵다. 국사의 마음을 보건대 역시 근기에 맞추어 방편을 쓴 일단이다."라고 하였다.

국사가 입적한 이듬해에 법을 이은 승려 혜심(慧諶)[84] 등이 스승의 행장을 갖추어 임금에게 아뢰기를, "원하옵건대 후세에 보일 바를 하

1,000여 명이 있었고, 득법(得法)한 이도 39명이었다. 그는 세수 63세, 법랍 39세로 입적하였고, 대철선사(大徹禪師)라는 시호가 하사되었다. 백거이가 그의 비문을 지었다.
79) 수산 : 개봉부(開封府, 현재의 河南省) 허양성현(許襄城縣)의 남쪽에 있다.
80) 성념(926~993) : 임제종의 선승으로 풍혈연소(風穴延沼)의 법맥을 이었다. 그는 내주(萊州, 지금의 山東省) 출신으로 속성은 적씨(狄氏)이다. 수산에 주석하였고, 그의 어록으로 『여주수산염화상어록(汝州首山念和尙語錄)』 1권이 있다.
81) 지단선사(892~969) : 설봉(雪峰) 문하의 안국홍도(安國弘瑫)의 법을 계승하고, 복주(福州) 임양산(林陽山)의 서봉원(瑞峰院)에서 주석하면서 선풍을 고취하였다.
82) 은미선사(886~961) : 신금(新淦, 현재의 江西省) 출신으로 속성은 양씨(楊氏)이다. 나산도한(羅山道閑)에게 나아가 심인을 얻었고, 송의 건륭(建隆) 2년에 강남의 이씨의 청으로 홍주(洪州, 강서성) 대녕정사(大寧精舍)에 주석하였다.
83) 상계 : 상법시대의 끝을 말한다. 상법은 교법(敎法)의 흥망성쇠에 따라 시대를 셋으로 나눈 삼시법(三時法)의 두 번째로, 법이 바로 행해지는 정법(正法)시대와 비슷한 시대로서 교와 행은 있어도 깨달음이 없는 시대를 말한다.
84) 혜심 : 고려편 제2절 참조.

사해 주십시오."라고 하였다. 임금이 말하기를, "그렇게 하라"하고, 이에 소신(小臣)에게 명하여 그 비문을 짓게 하였다. 신은 유학을 업으로 하지만 아직 경지에 이르지 못한 자인데 하물며 불심(佛心)과 조사의 심인(心印)과 같은 방외[85]의 말에서는 더욱 그러하다. 다만 밝은 명령을 따라 사양할 수가 없어 이에 조금 얻어 들은 것을 다하여 감히 지극히 아름다운 것을 표현하려고 한다.

그 명(銘)에 이른다.

"손가락으로 달을 가리켜도 달은 손가락에 있지 않고, 말로써 법을 설하려고 하여도 법은 말 속에 있지 않다.

삼승(三乘)의 제부(諸部)는 근기 따라 차별이 있네.

경절로 바로 들어감은 오직 한 문이 있도다.

석가모니가 꽃을 보임이여 가섭만이 미소 지었네.

달마가 면벽함에, 혜가대사는 팔을 베었네.

마음으로 마음을 전함이 둘이 아니고 법으로 법을 주니 이치가 가지런하도다.

참된 바람은 다하지 않으니 어느 시대인들, 사람이 없으리오.

국사의 몸은 학이 둥지에서 나올 듯 했고, 국사의 마음은 거울에 티끌이 없는 것 같다네.

하가산이여, 길을 열었도다.

수선사여, 새롭게 태어났도다.

선정의 물은 맑고 맑아 물결이 없네.

지혜의 햇불은 밝아서 밤이 아니로다.

뜰 앞의 잣나무는 조사의 뜻에 답하고, 연못의 연꽃은 참됨을 펴도다.

---

85) 방외 : 유교의 입장에서 오륜(五倫)의 영역을 벗어난 종교나 학파를 이르는 말이며, 특히 불교를 가리킨다.

사부 대중이 겹겹이 둘러싸고 한 목소리로 내는 것이, 절구방아 같았다.

삶과 죽음을 보는 것이, 환상과 같으니 어찌 진실과 거짓이 다르겠는가?

아, 국사가 석장[86]을 떨치니, 만상이 모두 융섭하도다.

바람이 버드나무 가지를 스치니, 비가 배꽃을 치도다."

대금(大金) 대안(大安) 3년[87] 신미(辛未) 12월 일에 전전(殿前) 보창(寶昌)이 [비문을] 새기다.

대금 숭경(崇慶) 2년[88] 계유(癸酉) 4월 일에 내시(內侍)[89] 창락궁(昌樂宮)[90] 녹사(錄事)[91] 신 김진(金振)이 선지(宣旨)를 받들어 비석을 세우다.

참고

찬자(撰者)인 김군수(金君綏)는 경주(慶州) 사람이다. 김부식(金富軾)[92]의 아들로 명종(明宗)조에 과거[93]에 으뜸으로 뽑혀 직한림원(直

---

86) 석장 : 지팡이의 일종으로 대승비구(大乘比丘)가 늘 가지고 있어야 하는 비구 18물(物)의 하나이다.
87) 대안 3년 : 희종 7년(1211)이다.
88) 숭경 2년 : 강종 2년(1213)이다. 숭경은 금나라 소왕(紹王)의 연호이나, 숭경 2년은 없다. 계유년은 지령(至寧)·정우(貞祐)라는 연호를 사용하였다.
89) 내시 : 고려 때 궁궐 안을 지키며 왕을 시중드는 일을 맡은 벼슬아치들을 두루 이르는 말이다.
90) 창락궁 : 고려시대 개경에 있던 궁전의 하나이다. 명종 26년(1196) 최충헌이 반란을 일으켜 임금을 이곳에 유폐시켰다는 기록이 있다.
91) 녹사 : 고려 때 전의시, 군기시, 의제고, 혜제고, 보원해전고, 오부, 연경궁제거사, 왕비부, 세자부, 제왕자부의 한 벼슬로 8품 또는 9품이다.
92) 김부식(1075~1151) : 본관은 경주, 자는 입지(立之), 호는 뇌천(雷川)이다. 숙종 1년(1096)에 과거에 급제하여 이후 20년 동안 한림원 등 문한직에 종사하

翰林院)94) 좌간의대부(左諫議大夫)95)에 임명되었다. 조충(趙冲)96)을 대신하여 서북면(西北面) 병마사(兵馬使)97)가 되어 청백리(淸白吏)로서 백성을 사랑하였다고 칭송을 받았다. 훗날 반신(叛臣) 한순(韓恂)98)과 다지(多智)를 참수하여 머리를 상자에 넣어 서울로 보내었

였다. 이자겸의 난을 거치면서 재상으로 승진하고, 인종 18년(1140)에 은퇴하였다. 그는 인종이 죽기 직전에 50권의 『삼국사기(三國史記)』를 편찬하여 바쳤다.
93) 괴과 : 과거시험 중에서 문과(文科)의 수석합격자를 말한다. 다른 말로는 괴방(魁榜) 또는 장원랑(壯元郞)이라고 하였다. 문과(대과)에는 초시·복시·전시가 있었는데 3년마다 1회 실시하는 고등문과시험이었다.
94) 직한림원 : 태조 때에 태봉(泰封)의 제도를 본떠서 원봉성(元奉省)을 두고, 뒤에 학사원이라 하다가 현종 때에 다시 한림원이라 하였다. 그 뒤에도 여러 차례 명칭이 바뀌었다가 공민왕 5년(1356)에 다시 한림원으로 되었고, 공민왕 11년(1362)에 예문관(藝文館)으로 바뀌었다. 한림원의 직원(直院)은 4명인데 품계는 8품이다.
95) 좌간의대부 : 고려 중서문하성(中書門下省)의 정4품 벼슬의 하나이다. 예종 11년(1116)에 좌사의대부라 하다가, 충렬왕 24년(1298)에 다시 좌간의대부로 고치고 종4품으로 하였다. 공민왕 5년(1356)에 종3품으로 올렸으며, 공민왕 11년(1362)에 다시 좌사의대부라 하였다. 공민왕 18년(1369)에 다시 좌간의대부로 고쳤다.
96) 조충(1171~1220) : 자는 담약(湛若), 시호는 문정(文正), 본관은 횡천(橫川)이다. 조영인(趙永仁)의 아들로 음서로 벼슬에 나간 뒤에 명종 때에 문과에 급제하고, 내시(內侍)에 임명되었다. 서북면원수가 되어 거란군을 대파하고, 이듬해에는 몽골군과 연합하여 거란군이 있는 강동성(江東城)을 공격하여 항복하게 했다. 이어 정당문학(政堂文學), 예부판사(禮部判事)를 역임하고, 개부의 동삼사(開府儀同三司) 문하시중(門下侍中)에 추증되었다.
97) 병마사 : 북방의 특수지역인 동계(東界)·북계(北界)의 양계(兩界)에 각기 군사·행정을 담당하는 3품의 무관이다. 그 아래로 병마사(3품) 1인, 지병마사(知兵馬事, 3품) 1인, 병마부사(兵馬副使, 4품) 2인, 병마판관(兵馬判官, 5~6품) 3인, 병마녹사(兵馬錄事) 4인이 있었다.
98) 한순(생몰년 미상) : 고종 6년(1219)에 다지(多智) 등과 함께 의주에서 반란을 일으켰고, 다음 해에 금나라 원수 우가하(于哥下)에게 투항하였는데 우가하가 그들의 목을 베어 고려조정에 보냈다.

다. 병마사 김취려(金就礪)⁹⁹⁾가 자기에게 먼저 보고하지 않은 것을 미워하여, 마침내 김군수를 한남(漢南)¹⁰⁰⁾으로 유배시켜 당시 사람들이 원통해 하였다.

또 공산(公山)은 경북 영천군(永川郡) 서쪽 30리쯤에 있다. 산속에 은해사(銀海寺)¹⁰¹⁾가 있고, 이 절의 동북쪽에 역시 안흥사(安興寺)¹⁰²⁾가 있다. 이것이 옛 거조사(居祖寺)이다.

또 동주(洞州)는 지금의 황해도 서흥군이다. 하가산 보문사는 경북 예천군 보문면에 있다. 그러나 지금 학가산(鶴駕山)이라 이르고 있는데 하가산의 잘못된 명칭이다.

---

99) 김취려(?~1234) : 본관은 언양(彦陽)이고 아버지는 예부시랑을 지낸 부(富)이다. 음서로 정위(正衛)가 되어 동궁위(東宮衛)에 배속되었다가, 이후 장군이 되어 동북계를 지켰고, 대장군에 발탁되었다. 1221년 추밀원사 병부상서 판삼사사(樞密院使兵部尚書判三司事)를 거쳐, 참지정사 판호부사(參知政事判戶部事)가 되었다.

100) 한남 : 수주(水州, 현재의 수원)이다.

101) 은해사 : 경상북도 영천시 청통면 팔공산(八公山)에 있는 절이다. 신라 헌덕왕 1년(809)에 혜철국사(惠哲國師)가 해안평(海眼坪)에 창건하였다고 하며, 처음에는 해안사(海眼寺)라고 하였다. 고려 원종 11년(1270)에 홍진국사(弘眞國師)가 중창하였고, 충렬왕 1년(1275)에 원참(元旵)이 중건하였다. 조선 성종 16년(1485)에는 죽청(竹淸)과 의찬(義贊)이 묘봉암(妙峰庵)을 중창하였다. 중종 38년(1543)에는 보주(寶珠) 등이 중수하였으며, 인종 1년(1545)에는 천교(天敎)가 지금의 장소로 법당을 옮겨 새로 절을 지었다. 그때 법당과 비석을 건립하여 인종의 태실(胎室)을 봉하고 은해사라고 하였다.

102) 안흥사 : 경상북도 영천시 청통면 팔공산에 있는 절이며, 지금은 기기암(奇奇庵)이라고 한다. 신라 헌덕왕 8년(816) 정수(正秀)가 창건했다고 하며, 조선 영조 17년(1741) 쾌선(快善)이 중건하였다.

2. 다시 세운 비의 음기

국사가 열반에 든 지 지금으로부터 460여 년이 되었는데 저 구름처럼 흘러간 듯한 느낌이 들지만 마음으로 옛 정을 잊을 수 없는 것은 그 교화가 크고 덕이 무성했기 때문이다. 앞서 취미(翠微)[103]대사가 이 절에 머무를 때, 성총(性聰)[104]은 외람되이 말석(末席)에 있었다. 어느 날 송(頌)을 강의하고 이어서 절의 소임을 물러날 때 학도(學徒)에게 일러 말하기를 "우리 국사는 동방의 대성인(大聖人)이고, 송광사는 남방의 대도량이다. 국사가 도로써 사격(寺格)을 높이고, 국사에 의지하여 오늘의 기강과 도덕을 현창하였다.

섬나라 오랑캐[일본]의 병화(兵火)로 비석이 깨어져 없어지고, 귀부(龜趺)만이 조금 남았다. 내가 그것을 안타까워한 지가 오래 되었다. 옛날 송(宋)의 혜포(惠包) 상인은 서릉(徐陵)[105]이 지은 양(梁)의 선혜대사(善慧大士)[106] 비(碑)를 중간(重刊)하면서 이르기를, '왕조가 바뀌어 점

---

103) 취미 : 조선편 제7절 참조.
104) 백암성총 : 조선편 제8절 참조.
105) 서릉(507~583) : 중국 남조(南朝) 진(陳)의 시인이다. 아름다운 수사에 능했고, 양(梁) 간문제(簡文帝) 소강(蕭綱)이 태자 때 서릉에게 명하여 편찬한『옥대신영(玉臺新詠)』이라는 시가선집이 유명하다.
106) 선혜대사(497~569) : 부대사(傅大士)의 다른 호칭이며, 총림대사(叢林大士), 동양대사(東陽大士)라고도 불렸다. 성은 부(傅)이고, 이름이 흡(翕)이며, 절강성(浙江省) 무주(婺州) 의오현(義烏縣) 출신이다. 그는 16세 때에 유묘광(劉妙光)과 결혼하여 보건(普建)·보성(普成)을 낳았다. 이후 달마를 만나 그의 지시에 따라 송산정(松山頂)에 살았다. 낮에는 용작(傭作)하고, 밤에는 도를 닦았다. 대통(大通) 2년(528)에 무차대법회(無遮大法會)를 행하고, 대통 6년(532)에 양의 고조(高祖)에게 글을 올려 스스로 쌍림수하당래해탈선혜대사(雙林樹下當來解脫善慧大士)라고 하였다. 무제(武帝)에게 초청을 받아 문답, 강경(講經)하고, 대동(大同) 5년(539)에 오산 아래에 쌍림사(雙林寺)를 창건하였다. 그의 어록인『쌍림사선혜대사어록(雙林寺善慧大士語錄)』2권이 있고, 거사(居士)였지만 미륵의 응신(應身)이라고 불린다.

점 멀어져도 그 사람이 있어서 친히 가르침을 받는 것과 같은 것은 돌에 새겨진 말이 있기 때문이다.'라고 하였다. 지금 글자가 반쯤 사라져 읽을 수 없으니 분발하는 마음을 크게 나타내어 마침내 다시 세우고자 하는데 나는 국사가 말했던 것처럼 역시 그대들에게 뜻이 어디에 있는가를 묻고자 한다. 모두가 무릎을 꿇고 절하면서 "예"라고 대답하였다.

성총은 역시 그 가르침에 공경히 따랐다. 선사(先師)가 갑자기 돌아가셔서 상가(象駕)[107]가 돌아오지 않으니 일이 결국 이루어지지 않았다. 성총이 불초하게도 이 절에서 법석을 이어 지난 원력을 간절히 생각하여 스승의 과업을 계승하여 힘써 행하였다. 또 두려운 것은 진겁(塵劫)이 무궁하도록 높은 행적이 가리고 어두워져 뒤에 오는 자가 업신여기어 오늘 우리들이 그 책망을 듣는 것이다. 저 눈물 흐르는 감정을 어찌 유가에게 맡겨 오로지 하겠는가?

마침내 동포(同袍) 설명(雪明)[108]에게 그 일을 맡기고, 영남에서 돌을 [구해] 가져오고, 호서에서 인부를 모집하였다. 학사 김군수의 옛 비문으로서 다시 돌에 글을 새겨 넣었다. 글이 실제의 형상에 이르니 비유컨대 모든 용(龍)이 하나도 보배롭지 않은 것이 없다. 흉년이 들어 힘써 새기는 공비(工費)를 어렵게 마련하여 마침내 이에 원 비문의 내용을 줄여 깎아 약간의 글자만을 갖고 도모하니 거듭 부끄러울 뿐이다.

> 숭정(崇禎) 기원(紀元) 무진(戊辰) 후 51년[109] 무오(戊午)년에 백암성총(栢庵性聰)이 삼가 기록한다.

---

107) 상가 : 덕망 있고 존귀한 사람이 타는 코끼리가 끄는 수레를 이른다.
108) 설명 : 송광사 승려이며, 1685년 종고각의 대종을 조성하고, 1689년에 부도암을 창건할 때에 화주를 하였다.
109) 숭정 기원 무진후 51년 : 숙종 4년(1678)이다.

산인(山人)[110] 묘현(妙玄)이 음기(陰記)를 쓰다.

비석대시주 : 가선(嘉善)[111] 김춘봉(金春奉) 부부,[112] 이말금(李㐗金) 부부

공양대시주 : 최근(崔根) 부부, 가선(嘉善) 최장명(崔長命) 부부 이씨 막금(莫金) 별장(別將)[113] 김후립(金厚立) 부부 가선 이근부(李根夫) 부부, 통정(通政)[114] 강영립(姜榮立) 부부 강씨 낙개 이명신(李命信) 지명세(池命世) 부부

식염(食塩)대시주 : 강장수(姜長水) 양주 가선 정계득(鄭戒得) 부부 통정 정학(貞學)[115] 비구, 문신(文信) 희경(希敬) 비구 남기남(南己男) 한대남(韓大男) 서옥(西玉) 박우현(朴友玄)

보시시주 : 김솔동(金㐗同), 가선 이득인(李得仁), 통정 조출룡(趙出龍)

철물시주 : 김원립(金元立) 이솔산(李㐗山) 영가, 충금(忠今) 영가 혜웅(惠雄) 비구, 원해(元海) 비구

---

110) 산인 : 문인이나 묵객들이 자기의 별호 밑에 붙여 겸손의 뜻을 나타내기도 하고 산속에 사는 사람이라는 뜻으로, 승려나 도사를 가리킨다. 여기서는 본산인(本山人) 즉 송광사 승려를 말한다.
111) 가선 : 조선시대 문관·무관 벼슬아치에게 주는 종2품 품계의 둘째 등급이다.
112) 부부 : 원문의 양주(兩主)란 부부를 가리킨다.
113) 별장(別將) : 조선 초기에 의흥친군의 10위에 둔 정7품의 벼슬이며, 용호영의 우두머리 벼슬로 종2품의 무관벼슬을 가리키기도 한다. 조선시대에는 각 영(營) 청(廳)에 소속되어 있던 정3품 및 종2품의 당상군관(堂上軍官)을 일컫는다.
114) 통정 : 조선시대 벼슬 품계(品階)의 하나로 정3품 당상관(堂上官)을 일컫는다. 문신을 가리켜 통정대부(通政大夫)라 부른다.
115) 정학 : 1686년에 송광사 용화당 공루를 창건할 때에 시주하였다.

시주 : 옥헌(玉軒) 비구, 덕천(德天) 비구, 이삼(李森) 비구
　　　삼성(三性) 비구, 처한(處閑) 비구, 영오(靈悟) 비구
　　　선종 대선사 처능(處能),116) 선사 각현(覺玄)117)

시주 : 강씨(姜氏) 일춘(一春)

삼강(三綱)118) : 경린(敬吝) 두잠(斗岑)119) 경종(敬宗)

주지 : 득운(得雲)

연화(緣化) 석공(石工) : 유영립(劉永立) 유천금(劉千金) 유일립(劉一立) 유태연(劉迨延)

야장(冶匠)120) : 박남(朴男)

입석변수(笠石邊手) : 관혜(寬惠)

각자(刻字) : 이시석(李時碩) 유일(唯一) 현인(玄忍) 처심(處心) 후상(後祥) 준감(俊甘) 서진한(徐辰漢)

공양주(供養主)121) : 석민(碩旻) 천윤(天允) 지순(智淳) 인봉(仁奉) 도자(刀子) 적한(寂閑)

화주(化主)122) : 설명(雪明) 도섬(道暹) 지영(志英) 혜주(惠主)

---

116) 처능 : 백곡처능(白谷處能, 1617~1680)이다.
117) 각현 : 백암성총의 제자이다.
118) 삼강 : 상좌(上座), 사주(寺主), 유나(維那 또는 都維那)라는 세 역승(役僧)을 가리키는 말이다. 본래 중국 북위(北魏)의 영평(永平) 2년(509) 지방 사찰을 통제하는 승관제로서 시작되었다. 당 중기 이후 선종이 부각되면서 주로 선종 사원의 운영 직제로 자리 잡았다. 사원의 갖가지 일을 통괄하고 대중을 통솔하며 기강을 유지하는 역할을 하였다. 상좌는 승려 가운데 덕이 있는 자이고, 사주는 당탑의 건조, 관리를 담당하고, 유나는 절의 규칙에 따라 일상의 모든 것을 지도하는 역할을 하였다. 신라말 고려초에 각지에서 선종의 산문이 형성되면서 삼강직제가 수용되었다.
119) 두잠 : 1713년 송광사 주지를 지냈다. 1723년 보조국사 사리탑을 부도전에서 원위치로 옮겼다.
120) 야장 : 대장장이를 말한다.
121) 공양주 : 시주하기를 권하거나 공양을 받는 사람을 이르는 말이다.

도감(都監)123) : 해문(海文)124)　도대별좌(都大別座)125)　설형(雪洞)

이 두 돌은 영남 곤양현(昆陽縣)126)에서 나온 것이다. 당시 대중은 500여 명이었다.

3. 중수비경참소(重竪碑慶懺疏)127)

이미 지난 번 발원에 응답하여 [국사의] 신비로운 교화가 청구(靑丘)128)에 남게 되었다. 아름다운 행적을 추념(追念)하여 감히 성대한 덕을 푸른 비석에 실으니 유풍(遺風)이 오히려 남아 있어 후학이 숭상하지 않을 수 있겠는가?

엎드려 생각하건대 제자는 외람되게 삼의(三衣)129)를 입고, 사부 대

---

122) 화주 : 신자의 집을 돌며 절의 생활에 필요한 물품을 권하고 거두는 역할을 하는 것 또는 그런 승려를 가리키는 말이다.
123) 도감 : 사찰 운영을 맡은 직책의 하나이다. 보통 원주 아래의 소임자를 가리키는 용어이다.
124) 해문 : 송광사의 승려이며, 1685년 종고각의 대종 불사와 1688년 침계루 중건에 도감을 맡았다. 1687년 보조국사 부도를 부도전 고봉원당으로 이안하는 데에 참여하였다.
125) 도대별좌 : 붓다나 승려에게 공양할 반찬과 음식을 만드는 소임이다. 본래는 평상이나 기구를 맡는 소임이며 전좌(典座)라고도 한다.
126) 곤양현 : 경상남도 사천시 곤양면(昆陽面)·곤명면 일대의 고려시대 행정명칭이다. 본래 고구려 곤명현(昆明縣)이며, 신라 때 칭호는 자세하지 않다. 고려 현종이 진주에 예속시켰다가, 현종 19년(1028)에 다시 갈라서 남해현을 설치하고, 진주 김양부곡(金陽部曲)을 내속시켜서 지금 이름으로 고쳤다.
127) 본래의 원문은 『백암집』에 수록되어 있다.
128) 청구 : 우리나라를 가리키는 말이다.
129) 삼의 : 승려가 입는 의복으로, 대의(大衣)·칠조의(七條衣)·오조의(五條衣)의

중을 불러 모았다. 목우자, 목우자여 어린 나이부터 외웠도다. 조계산, 조계산이여 머무른 날이 오래 되었다. 공손히 국사를 생각하니, 조사인(祖師印)을 차고 법왕의 수레를 굴려 해이해진 것을 절묘하게 묶고, 문란하게 허물어진 기강을 바로 잡았다. 자비의 구름을 펴 그늘을 드리우니 뜨거운 번뇌가 맑고 시원하게 바뀌고, 지혜의 해를 걸어 광명을 드러내니 어두운 거리가 빛나고 밝아졌다. 말할 때에는 반드시 근기에 맞추었고, 사람은 모두 잘 교화되어 우러러 보는 것이 더욱 높아졌다.

내가 이에 무릎으로 걷고 팔꿈치로 걷는 고행으로 금사(金沙)의 옛 터에 선사(禪社)가 새로 이루어졌다. 이 일은 신묘한 공력으로 이루어진 것이지 어찌 사람의 힘을 수고롭게 한 것이겠는가? 천문(千門)과 큰 건물을 돌아보니 실로 사부 대중의 절이다. 정전(正殿)은 높이 우뚝 솟아 신령스런 자라가 번득이는 듯하다. 긴 행랑은 치우침이 없어 존엄한 봉황이 비상하는 것과 같이 나부낀다. 세상이 무너져 공을 이룬 자도 떠나게 되니 천길의 고준함을 우러러보고자 하여도 산이 무너지는 것 같은 탄식이 있고, 넓은 바다의 물결을 뜨고자 하여도 갑작스럽게 냇물이 흘러가는 것에 놀라고, 향나무 지팡이는 말라 죽어 학수(鶴樹)130) 숲의 색과 같아지고, 암동(巖洞)의 슬픈 울음소리가 호계(虎溪)131)의 물에 잠겼다. 상족(上足)132)이 있어 그 공적을 적었으며, 무봉

세 가지를 말한다.
130) 학수 : 학림(鶴林)이라고도 하며, 사라쌍수(沙羅雙樹)의 다른 명칭이다. 붓다가 구시나가라에서 열반할 때에 그 주변에 있던 사라수의 쌍수(雙樹) 가운데 네 쌍의 한 그루가 붓다의 입멸을 슬퍼하여 말라버렸지만 나머지 나무는 생기를 갖고 있었다고 한다. 말라서 백색으로 변한 모습이 백학과 같았기 때문에 사라수림을 학림이라고 불렀다고 한다.
131) 호계 : 중국의 여산(廬山)에 있는 계곡이다. 동진의 고승 혜원(慧遠)이 손님을 보낼 때에 호계를 경계로 하여 배웅을 하였는데, 도사 육수정(陸修靜)과 시인 도연명(陶淵明)을 배웅할 때 이야기에 도취한 나머지 호계를 지나쳐버려 세 사람이 크게 웃었다고 하는 유래에서 호계삼소(虎溪三笑)라는 고사성어가

탑(無縫塔)에는 그 신묘함이 깃들였다.

　육수(六銖)133)와 같이 가벼운 옷으로는 오랫동안 비석이 쉽게 닳아지지 않을 것이다. 사방의 많은 보루가 옥과 돌이 함께 타는 데에 이르러, 바다가 뽕밭으로 바뀐 것을 생각해보니 크나큰 공로의 실마리가 끊어지는 것을 두려워하였다. 다시 아름다운 옥에 새겨 거듭 게언(偈言)을 서술하여 실로 이를 갖추어 잊지 않고 전해지기를 바란다. 영원히 전해지리라. 용이 서리고 거북이가 업고 있으며 오색(五色)의 돌로 하늘을 보완하듯 새로 꾸몄다. 봉황이 날고 난새가 비상하는 서법(書法)으로 휘호하여 도(道)는 형상밖에 있음을 드러내니 대개 부끄러운 글이 없다. 인간에게 남긴 사랑에 비교해 보니 참으로 마땅히 눈물이 흐른다.

　이에 경참법석(慶懺法席)134)을 열어 영산(靈山)135) 두 세존을 우러러 칭하였다. 입은 달라도 소리는 같고, 일승(一乘)이 묘궤(妙軌)를 돌리니 대중의 마음이 하나가 되고, 온몸을 던져 정성을 다하였다. 금우(金牛)가 조주(趙州)의 차를 먹고, 맛이 없는 진찬(珍饌)을 바치고 담복림(薝蔔林)136) 전단수(栴檀樹)137)에서 값이 없는 진향(眞香)을 불살라 이 깊

　　널리 사용된다.
132) 상족(上足) : 제자를 스승의 발에 비유하여, 회하(會下) 가운데 뛰어난 제자를 일컫는다.
133) 육수 : 수(銖)는 중량단위로 양(兩)의 24분의 1이다. 아주 적은 양을 이르는 말이다.
134) 경참법석 : 경참이란 자신의 잘못을 불전에 참회하여 마음이 청정해진 것을 기뻐하는 것이다. 또는 경찬(慶讚)과 같은 말로서, 불상·경전 등을 봉안하거나 전당·탑묘 등을 새로 지었을 때에 일의 낙성을 축하하고 불덕(佛德)을 찬양하는 것을 이른다.
135) 영산 : 영취산(靈鷲山)의 준말이다. 붓다가 설법한 곳으로 유명하며 인도 마가다국의 왕사성(王舍城) 동북쪽에 있는 산이다.
136) 담복림 : 치자나무 숲을 말한다.
137) 전단수 : 향나무의 일종이다.

은 마음으로 저 원만한 지혜에 맞춘다.

원컨대 우리 국사가 다시 오탁악세(五濁惡世)138)에 와서 널리 사생(四生)139)을 제도하고 또 이어 모든 단월이 장수하고 적송자와 왕지교와 같이 늙지 않기를 바라며,140) 화근이 사라져 버리는 것이 끓는 물에 얼음이 녹아 없어지듯 하소서.

강희(康熙) 17년 무오(戊午)141) 월 일 백암성총이 삼가 소(疏)를 쓴다.

4. 적천사(磧川寺)142)에 국사가 손수 심은 은행나무에 대한 게

적천사는 곧 보조국사의 도량이다. 국사가 대송(大宋) 영종(寧宗) 경원(慶元)143) 연간에 이 절을 창건하였다. 그러나 문자를 세우지 않기

---

138) 오탁악세 : 5가지 더러움에 가득 찬 나쁜 세상 또는 5가지 더러움이 있는 말세를 이르는 불교 용어이다. 5가지 더러움(오탁)이란 겁탁(劫濁)·견탁(見濁)·번뇌탁(煩惱濁)·중생탁(衆生濁)·명탁(命濁) 등이다.
139) 사생 : 불교에서 생명이 나는 네 가지 형태인 태생(胎生)·난생(卵生)·습생(濕生)·화생(化生)를 이르는 말이다.
140) 중국 고대의 인물인 적송자(赤松子)와 주나라 왕지교(王之喬)가 신선으로 오래 살았다는 전설에서 유래한 말로, 장수를 비유하여 '송교지수(松喬之壽)'라고 한다.
141) 강희 17년 무오 : 조선 숙종 4년(1678)이다.
142) 적천사 : 경상북도 청도군 화악산에 있는 사찰이다. 신라 문무왕 4년(664) 원효가 창건하였다고 하며, 흥덕왕 3년(828) 심지(心地)가 중창하였다. 임란으로 절의 일부가 소실되어 현종 5년(1664) 중수하였고, 이어 숙종 20년(1694) 태허(太虛)가 크게 중건하였다.
143) 경원 : 남송 영종(寧宗)의 연호(1194~1200)이다.

[不立文字] 때문에 그 사실을 알리는 것은 오직 이 나무를 손수 심어서 영원한 자취로 보일 따름이다. 이것은 세존이 보리수를 가리켜 도를 이룬 곳을 표시한 것과 완전히 같으며, 사적(事蹟)은 또한 달마의 불립문자의 뜻에 부합하지 않는가? 국사가 당시 세간의 풍속에 따른 자취와 절을 창건한 일은 사적(寺蹟)에 갖추어 있다. 그 사적에 이르기를, 도인(道人) 혜철(惠哲)[144])이 광주(廣州)로부터 유력하다가 이르러 이 나무를 보고 "아! 이 나무는 곧 보조[145])가 손수 심은 것이다."라고 하였다. 즉시 모든 절의 대중에 알려 볏단과 돌로 쌓고, 흙을 날라다가 덮었다. 마침내 조그마한 비를 다듬어 나에게 알렸다.

나는 도인의 정성에 감동하여 명(銘)을 지어 이르기를,

"당당하신 국사여. 성스러운 사자새끼로다.

법을 잇고 수를 늘려 도를 화이(華夷)에 떨치도다.

제후가 몸을 굽히고 천자도 말을 낮추어 불일(佛日)을 중흥하였네.

법의 바다는 끝이 없고 이곳에 절을 세워 나무를 심어서

말을 잊은 종지를 드러내니 천년의 기이함이도다.

승 혜철이 있어 참된 자비를 우러러 흙과 돌로 나무를 둘러쌓았네.

나를 찾아 말을 구하므로 응하여 함부로 불었도다.

아름다운 나무가 푸릇푸릇하여 깨달음의 보리수가 상서롭도다.

---

144) 혜철: 누구인지 정확하게 알 수 없으나, 신라말 동리산문의 개조인 체공혜철(體空慧哲, 785~861)을 가리키는 것으로 보인다. 속성은 박씨이며, 자가 체공이다. 15세에 출가하여 부석사에서 화엄경을 수학하였다. 30세에 당에 유학하여 서당지장(西堂智藏)의 심인을 전해 받았다. 이후 3년간 대장경을 열람하고, 55세에 귀국하여 곡성 동리산 태안사(泰安寺)에서 선풍을 일으켰다.
145) 보조: 여기서 보조는 신라말 가지산문을 개창한 보조체징(普照體澄, 804~880)을 가리키는 것이 아닌가 한다. 이 글에서 보조를 지눌로 보고 있는데, 조선후기에 부휴문파에서 송광사를 개창한 지눌을 선양하기 위한 차원에서 제시한 것으로 짐작된다. 다만 혜철과 체징의 나이로 보아 정확한 사실과 맞지 않는 내용이다.

대천세계에 드리워서 앞으로 올 사람에게 알리기 위해
이 작은 비를 세우네."라 하였다.

강희(康熙) 33년 갑술(甲戌)년146) 윤 5월 일 방장산(方丈山)147) 태허
도인(太虛道人) 경일(敬一)이 짓다.

5. 여러 곳의 국사의 행적

백련사(白蓮社)148) 원묘국사(圓妙國師)149) 비문 가운데 이르기를,
"승안(承安) 3년150) 무오(戊午)년 봄에 서울에 올라가 고봉사(高峯
寺)151)에서 법회를 열었는데, 이름 있는 승려들이 구름같이 모여 이론
(異論)이 벌떼같이 일어났으나, 국사가 자리에 올라 한번 사자후152)를

---

146) 강희 33년 갑술 : 강희는 청 성조(聖祖)의 연호이며, 강희 33년은 조선 숙종 20
년(1694)이다.
147) 방장산 : 지리산의 다른 이름이다.
148) 백련사 : 희종 7년(1211)에 천태종의 요세(了世)가 개창한 절이며, 지금의 강진
만덕사이다.
149) 원묘국사 : 요세(了世, 1163~1245)의 시호이다. 그는 자가 안빈(安貧)이며, 속
성은 서씨이다. 12세에 천락사(天樂寺)에서 출가하여, 23세 때에 승선(僧選)에
합격하였다. 지눌의 수선사에 참가하였으나, 고종 3년(1216) 만덕산에서 백련
결사를 조직하였다. 고종 19년(1232) 보현도량(普賢道場)을 설치하고, 고종 23
년(1236) 천책(天頙)에게 「백련결사문(白蓮結社文)」을 짓게 하는 등 본격적으
로 백련결사를 표방하였다. 다음 해에 선사가 되고, 최이정권과 밀착하게 되
었다.
150) 승안 3년 : 신종 원년(1198)이다.
151) 고봉사 : 개경에 있는 천태종 사찰이다.
152) 사자후 : 진리나 정의를 당당히 설파하는 것 또는 크게 열변을 토하는 것을
비유한 말이다. 석가의 설법이 마치 사자가 부르짖는 것과 같으며, 그 해설은
우뢰가 울려 퍼지는 것처럼 청중들의 마음을 사로잡았다는 것에서 사자후는
석가의 설법을 비유한 말이다.

하니, 모두 움츠리고 복종하여 감히 반대하지 못하였다."라고 하였다. 천성이 산수를 좋아하므로 비록 이름난 가르침에 자취를 남겼으나 그의 뜻과는 달랐다.

이 해 가을에 동지 10여 명과 명산을 두루 다녔다. 처음 영동산(靈洞山) 장연사(長淵寺)에 머물러 법당을 열고, 법을 펴서 후진을 부지런히 가르치니 가르침을 청하는 이가 많았다. 그때 조계의 목우자가 공산 염불갑(念佛岬)153)에 있으면서 소문을 듣고 가만히 뜻이 합하여, 게(偈)를 [원묘]국사에게 보내어 선(禪)을 닦으라고 권하면서 이르기를, "파도가 어지러우니 달이 드러나기 어렵고, 방이 깊으니 등불이 더욱 빛나는구나. 그대에게 마음의 그릇을 정돈하기를 권하노니, 감로장(甘露漿)154)을 쏟아지게 하지 말라."라고 하였다. 원묘국사가 보고 마음에 맞아 빨리 가서 따르며 법우(法友)가 되어 도의 교화를 도왔다. 몇 년을 머물다가 목우자가 강남으로 수선사를 옮기므로 국사도 또한 따라서 남쪽으로 갔다.

지리산으로부터 남원(南原) 귀정사(歸正寺)155)를 지나는데, 주지인 현각(玄恪)의 꿈에 어떤 사람이 와서 말하기를, "내일 삼생(三生) 동안 『법화경』을 공부한 스님이 올 것이니, 마땅히 깨끗이 청소하고 주인으로 영접하라."라고 하였다. 가르침대로 문과 뜰을 청소하고 음식을 장만해 두고 기다렸더니, 국사가 과연 늦게 이르렀다. 현각이 꿈꾼 것을

---

153) 염불갑 : 대구광역시 팔공산 동화사의 산내 암자인 염불암이다. 「염불암상량문」에 의하면 신라말부터 존재하였던 것으로 보인다.
154) 감로장 : 단 이슬과 같은 맛을 지닌 음식으로 천신(天神)들이 마시는 음료이다.
155) 귀정사 : 전라북도 남원시 산동면 천황산에 있던 절이다. 백제 무령왕 15년(515)에 현오(玄悟)가 창건하고, 만행사(萬行寺)라고 했다고 한다. 고려 목종 5년(1002) 대은(大隱)이 크게 중수하였으며, 세조 14년(1468) 낙은(樂隱)이 중창하였다. 임란 때 소실되어, 현종 5년(1664) 설제(雪霽)가 중건하고, 이어 순조 4년(1804) 현일(玄一)이 중수하였다.

모두 말하였다.

　수원 창성사(彰聖寺)156) 진각국사(眞覺國師)157)—이름은 천희(千熙)이고, 호는 설산(雪山)이다—비문 가운데에 이르기를, "신이 듣기에 보조국사는 대감(大鑑)선사158)를 스승으로 삼고, 대혜(大慧)를 벗으로 삼았으며, 시자가 매번 꿈속에서 이를 보았으니 지금은 총림의 미담이 되었다."라고 하였다.—지은이는 이색(李穡)이다.—

　경상북도 영일군 보경사(寶鏡寺)159) 원진국사(圓眞國師)160) 비문 가운데에 이르기를, "그러나 국사는 이미 명리를 버리고 마음에 조금도 막힘이161) 없고, 다만 두루 명산을 유력하고자 하여 마침내 조계산으

---

156) 창성사 : 경기도 수원시 장안구 상광교동에 있던 절이다. 고려말 진각국사(眞覺國師) 천희(千熙)가 입적한 곳이며, 조선 초기에는 봉덕사(奉德寺)로, 1469년 혜각(慧覺)이 멀지 않은 곳으로 옮겨 중수하면서 봉녕사(奉寧寺)로 바뀌었다.
157) 진각국사(1307~1382) : 천희(千熙)의 시호이다. 그는 속성이 배씨(裵氏), 호가 설산(雪山)이다. 현재의 경북 포항시 흥해읍에서 태어났고, 충숙왕 6년(1319) 13세로 화엄종의 반룡사(盤龍寺)에서 출가하였다. 19세(1325)에 승과에 합격한 후 금생사, 덕천사 등 여러 곳을 다니다가, 원나라에 들어가 강남의 몽산(蒙山) 진영을 찾아갔다. 그는 신돈과 친했으며, 공민왕 16년(1367)에 영주 부석사의 주지가 되어 전각을 중수하였다. 그가 국사로 책봉되어 출생지인 흥해가 군으로 승격되었고, 부인사·개태사·낙산사 등 10여 사찰의 주지를 지냈다.
158) 대감선사(1070~1159) : 중국 선종의 육조혜능에게 당 헌종(憲宗)이 내린 시호이다.
159) 보경사 : 경상북도 영일군 송라면에 있는 절이다. 신라 진평왕 24년(602) 지명(智明)이 창건하였다고 한다. 경덕왕 4년(745)에 철민(哲敏)이 중창하고, 고려 고종 원년(1214) 원진국사(圓眞國師) 승형(承逈)이 중수하였다. 이어 조선 숙종 3년(1677) 도인(道仁)이 다시 중창하고, 지금에 이르고 있다.
160) 원진국사(1187~1221) : 승형(承逈)의 시호이다. 그는 본관이 상주(尙州), 속성이 신씨(申氏), 자는 영회(永廻)이다. 신종 3년(1200) 13세로 희양산 봉암사(鳳巖寺)로 출가하여, 다음 해 승과에 급제하였다. 지눌에게 법요(法要)를 받고, 이어 이자현(李資玄)이 머물던 청평산(淸平山) 문수원 터를 찾으면서 그의 간접적인 영향으로 『능엄경』을 깊이 궁구하여 깨달음을 얻었다.

로 가서 보조국사를 뵙고 법요(法要)를 물었다."라고 하였다.

『마곡사적(麻谷寺162)蹟)』 가운데 이르기를 "송 의종(毅宗) 20년163) 병술에 절에 불이 나 남은 것이 없었으나 오직 대웅보전과 금탑(金塔)이 다행히도 가혹한 재난을 면하였다. 불일 보조국사가 고려 명종의 조칙을 받아 문인 수우(守愚) 등과 함께 전국의 사라지고 남은 절을 모두 수리하였다. 이에 태화산(泰華山) 마곡사 골짜기 아래에 이르러 다리에 올라 지세를 관찰하여 춤추며 노래하기를, '복된 땅이 푸른 시내에 임해 있고, 금령(金鈴)이 소나무 사이에서 맑은 소리를 내는구나.'라고 하였다. 지금 골짜기 아래에 무교(舞橋)가 이것이다. 마침내 거칠고 무성한 초목을 베어내고 꺾으니 그 광대하면서 웅장하고 화려함이 또 예전의 배가 되었다. 명종이 이를 듣고 매우 아름답게 여기고 기뻐하여 친히 교지를 내려 국통(國統)으로 삼았다. 또 토지 200결을 하사하여 향과 꽃을 공양하는 자산으로 삼게 하였다. 지금 절에 있는 물건은 전 4대화상—자장(慈藏),164) 범일(梵日),165) 도선(道詵),166) 보조(普照)—

---

161) 개체 : 어떤 대상에 깊이 관심을 두어 집착한다는 뜻이다.
162) 마곡사 : 충남 공주시 사곡면 태화산(泰華山)에 있는 절이다. 선덕여왕 9년(640)에 자장(慈藏)이 창건하였으며, 고려 명종 2년(1172) 지눌이 중수하였다고 한다. 그 후 임란으로 소실되어 효종 2년(1651) 각청(覺淸)이 중수하였다. 일제시기에 31본산의 하나가 되었으며, 김구(金九)가 독립운동을 하던 중 출가한 절이기도 하다.
163) 원문에는 "송의종(宋毅宗)"이라고 되어 있으나 송나라에는 의종(毅宗)이라는 황제가 없다. 의종 20년 병술이라는 기록을 통해 볼 때 1166년을 말하는 것 같다. 이 당시 송의 황제는 효종(孝宗)으로 연호는 건도(乾道)이며, 효종 2년에 해당된다.
164) 자장(590~658) : 속성은 김씨, 속명은 선종랑(善宗郞)이며, 무림(茂林)의 아들이다. 일찍 부모가 죽자 불교에 심취하였다. 그는 중국에 유학하여 오대산(五臺山)을 참배하고, 종남산(終南山) 운제사(雲際寺)에서 화엄종의 두순(杜順)과 율종의 도선(道宣)에게 배운 뒤에 귀국하였다. 분황사(芬皇寺), 황룡사(皇龍寺)에서 머물렀고, 대국통(大國統)이 되어 승려의 규범과 승정을 총괄하였다. 황룡사 9층탑 창건을 건의하고, 통도사(通度寺)를 창건하였다. 또 왕에게 상

의 정성을 다한 것이 남은 것이다."라고 하였다.

『현등사사적(懸燈寺167)事蹟)』에 이르기를, "이와 같이 내가 들었다. 보조국사가 망일산(望日山) 원통암(圓通菴)에 있을 때에 운악산(雲嶽山)168)에서 3일 밤 동안 방광(放光)169)이 있는 것을 보고 그 곳을 찾아가니 등나무 아래에 관음전이 우뚝 서서 홀로 있었다. 옥등이 전각의 남쪽에 있는 석탑 위에 걸려 있는데 불이 꺼지지 않았다. 국사가 이를 이상하게 여겨 정례(頂禮)한 후에 헤쳐서 찾아보니 곧 옛날의 대가람 터였다. 기이한 재목이 큰 불이 난 흔적에서 빽빽이 포개어져 있었다. 이에 국사가 조정에 알려 승려와 단월에게 연화(緣化)하고, 재료는 멀

주하여 중국의 제도를 따라 관복을 입게 했으며, 당나라의 연호 사용을 건의하여 실시하게 하였다.

165) 범일(810~889년) : 신라말의 사굴산문(闍崛山門)의 선승이다. 속성은 김씨이며, 15세에 출가하여 20세에 구족계를 받고, 22세에 당에 들어가 염관제안(鹽官齊安)의 문하에서 깨달음을 얻었다. 38세에 귀국하여 백달산(白達山)에서 정진하다가 굴산사(崛山寺)를 창건하였다.

166) 도선(827~898) : 신라말의 승려이며 풍수지리설의 시조로 유명하다. 시호가 선각(先覺)이며, 호는 옥룡자(玉龍子)이다. 속성은 김(金)씨, 영암(靈巖) 출신으로 15세에 출가하여 동리산(桐裏山) 체공혜철(體空惠徹)에게서 심인(心印)을 전해 받았다. 비보사탑설이라는 독특한 풍수설을 제시하여 후대에 깊은 영향을 남겼다.

167) 현등사 : 현등사는 경기도 가평군 하면 운악산(雲岳山)에 있는 절이다. 신라 법흥왕 때 인도승 마라가미(摩羅訶彌)가 신라에 오자 왕이 그를 위해 절을 창건하고 산 이름을 운악산이라 하였다고 하나, 창건 당시의 사찰명은 전하지 않는다. 그 뒤 수백 년 동안 폐사가 되었다. 「운악산현등사사적(1832년)」의 기록에 따르면 효공왕 2년(898)에 고려가 개경(開京)에 도읍을 정할 것을 미리 안 도선(道詵)이 송악산(松嶽山) 아래 약사도량(藥師道場)으로 세 사찰을 창건하였으나 완공 뒤 지세를 살펴보니 동쪽이 허하여 이를 보진할 땅을 찾아 동쪽으로 여행하다가 운악산의 옛터를 중창하였다고 한다.

168) 운악산 : 가평에 있는 산이며, 소금강이라고 불릴 정도로 바위가 많고 경치가 아름답다.

169) 방광 : 석존이 설법하기 전에 미간의 백호(白豪)와 모공을 통하여 빛을 내어 중생을 교화하고 구제한다고 한다.

지 않은 곳에서 모으고 그 가운데 골라 낙성하였다. 그 절에 편액하여 이르기를 현등(懸燈)이라 하였다. 왕이 이미 보조를 국사로 책봉하였으나 거듭 공경하여 감복하고 수천 (금)을 희사하고 토지 500결을 하사하였다."라고 하였다.

『흥국사사적(興國寺170)事蹟)』 가운데에 이르기를, "옛날 송나라 영종(寧宗)이 즉위하여 연호를 고쳐 경원(慶元)이라 하니 곧 이는 대금(大金) 승안(承安) 원년이다. 국사가 비보(裨補)171)하는 절을 세우고자 하여 산을 답사하고 맥을 찾아 금오도(金鰲島)172)를 내왕하고, 굴봉산(崛峰山)에 들어가 풀을 깔고 앉으니 어디서 왔는지 알 수 없는 노승이 흡사 예전부터 아는 것과 같이 데리고 안내하여 금성대(錦城臺)에 갔다. 많은 봉우리가 높이 솟아올라 바위가 층층이고 숲이 무성하며 지세가 청량(淸凉)하였다. 지덕이 용이(龍耳)173)보다 높은 비상한 경관이 실로 여러 성인이 머무는 곳이었다. 바위 모퉁이를 배회하다가 옷소매를 당기며 함께 앉아서 이르기를, '여기서부터 7리쯤 되는 곳에 빼어난 곳이 있으니 하늘이 아끼고 땅이 오래 감춘 곳이다. 불법이 크게 일어날 곳이니 마땅히 비보하는 대가람을 세우고 이를 가리켜 흥국사(興國寺)라고 이름하라. 이 절이 흥하면 나라가 흥하고, 나라가 흥하면 이 절이 흥한다.'라고 하였다. 대사가 무심히 말을 마치니 보이지 않았다. 국사가 조용히 생각하다가 성인이 모습을 바꾸어 나타난 것임을 알았

---

170) 흥국사 : 흥국사는 전라남도 여수시에 있는 절이다.
171) 비보 : 지형지세의 풍수지리적인 결점을 인위적으로 보완하여 명당 형국을 이루는 것이다. 나말여초에 이르러 선승들이 중심이 되어 중국풍수를 도입하면서 풍수지리설이 확산된다. 특히 도선의 비보사탑설은 산천의 부조화와 그에 의해 생겨나는 인사의 난조를 해결하기 위해 산천의 혈맥을 절, 탑, 불상, 부도 등 불교적 수단으로 치유하는 방법론을 제시한 것이다.
172) 금오도 : 여수 앞바다에 있는 섬이 아닌가 한다.
173) 용이(龍耳) : 풍수 용어로서 명당을 가리킨다. 최치원의 「대숭복사비(大崇福寺碑)」에 나오는 표현이다.

다."라고 하였다.

『조선명승기(朝鮮名勝記)』[174]에 있는 퇴계(退溪)의 「유소백산록(遊小白山錄)」[175]에 이르기를, "갑자(甲子)일에 나는 뜻을 내어 상가타(上伽陀)에 찾아갈 뜻을 내었다. 지팡이를 짚고 돌길을 더듬으며 환희봉(歡喜峰)에 오르니, 그 서쪽 여러 봉우리의 숲이 더욱 아름다운데 모두 어제는 보지 못한 것이었다. 수백 보를 지나서 석성(石城)의 옛 터를 찾았는데, 성 안에는 남은 주춧돌과 허물어진 우물이 그대로 남아 있었다. 조금 서쪽으로 돌 봉우리가 치솟아 있는데, 그 위에는 수십 명이 앉을 수 있고, 소나무·삼나무·철쭉나무가 늘어 우거져서 산놀이꾼들이 한 번도 이르지 않은 곳이었다. 산중 사람들은 특히 그 모양이 비슷해서 산대바위(山臺巖)라고 불렀다.

내가 사람을 시켜 가린 것을 베어 내고 바라보니, 멀고 가까운 데가 보이지 않는 것이 없어서 산의 형세가 모두 여기에 있다. 주경유(周景遊)[176]를 만나지 못하였으나 이름이 속되 보이기에 고치지 않을 수 없으므로 자하대(紫霞臺)로 고치고, 잇달아 그 성을 적성(赤城)[177]이라

---

174) 『조선명승기』 : 1910년에 일본인 渡邊天倪와 二宮琵丁이 13도의 경승을 사진과 함께 설명한 책이다.
175) 「유소백산록」 : 이황(1501~1570)이 명종 3년(1548) 풍기 군수로 부임한 후 다음 해 4월 23일에서 26일까지 소백산을 산행한 후에 지은 일종의 기행문이다. 『퇴계선생문집(退溪先生文集)』 권40, 잡저(雜著)에 실려 있다.
176) 주경유(1495~1554) : 경유는 주세붕의 자이다. 본관은 상주(尙州)이고, 호는 신재(愼齋)·남고(南皐)·무릉도인(武陵道人)·손옹(巽翁) 등이다. 중종 17년(1522) 생원시에 합격하고, 같은 해 별시문과에 을과로 급제, 승문원권지부정자로 관직을 시작하였다. 그 뒤 승문원정자로 사가독서에 뽑히고, 홍문관의 정자·수찬을 역임하였다. 공조좌랑·병조좌랑·강원도도사를 거쳐 사간원 헌납을 지냈다. 칠원의 덕연서원(德淵書院)에 주향되었고, 백운동서원에도 배향되었다. 저서로 『죽계지(竹溪誌)』·『해동명신언행록(海東名臣言行錄)』·『진헌심도(進獻心圖)』, 문집으로 『무릉잡고(武陵雜稿)』가 있다.
177) 『사고』에는 동(東)으로 되어 있으나 『퇴계집』에는 적성(赤城)으로 되어 있다.

불렀으니 '적성에 노을이 일어나서 표를 세웠다'라고 하는 뜻을 취한 것이다. 대의 북쪽에 두 봉우리가 동서로 마주섰는데,178) 그 빛깔이 희고 칭호가 없으므로 내가 감히 이름을 지어 동쪽의 것은 백학(白鶴)이라 하고, 서쪽의 것은 백련(白蓮)이라 하였는데, 이른바 백설봉(白雪峰)과 함께 백으로 일컬었다. '백'이라는 글자를 꺼리지 않은 것은 그 실상을 들어서 소백의 이름에 부합시킨 것이다. 여기서부터 또 깊은 숲을 뚫고 높은 곳을 찾아냈으니, 곧 상가타였다. 그 동쪽에 동가타(東伽陀)가 있다.

종수(宗粹)가 이르기를, "희선장로(希善長老)가 처음으로 여기에 살았고, 그 뒤에 보조국사가 이곳에서 참선 수도하여 9년간 나가지 않고 스스로 호를 목우자라 하였다. 시집이 있는데 제가 가지고 있던 것을 다른 사람이 빌려 갔습니다."라고 하며, 두어 구절을 외우는데, 모두 경책이지만 오곡이 익지 않았다는 탄식을 자아내었다.

가정(嘉靖) 기유(己酉)179) 5월 일 개울가의 병든 늙은이180)가 기산군(基山郡)181)의 관사에서 쓰다."라고 하였다.

또 조계후인(曹溪後人) 위호(魏瓠)가 지은 옛 『승주정혜사사적(昇州定慧社事蹟)』 가운데 이르기를, "보조국사는 송나라 고종(高宗) 소흥(紹興) 28년182) 무인(戊寅)년 3월 17일에 태어나, 금(金) 승안 2년 정사에 조계산 송광사를 세우고 머물며, 교화할 무렵 원의 황제 – 마땅히

잘못 필사한 것으로 보인다.
178) 원문에는 대치동서(對峙東西)로 되어 있으나 퇴계집에는 동서대치로 되어 있다.
179) 기유 : 가정은 명나라 세종의 연호이다. 기유년은 가정 28년으로, 조선 명종 4년(1549)이다.
180) 서간병수(栖澗病叟) : 퇴계를 가리킨다.
181) 기산군 : 충청북도 옥천군의 고려시대 지명이다.
182) 소흥 28년 : 소흥은 송 고종의 연호이다. 소흥 28년은 고려 의종 12년(1158)이다.

금황(金皇)의 잘못이다.-가 불법(佛法)을 시험하여 없애고자 하니, 나라의 승도가 효험이 없을까 근심하였다. 국사가 불사(佛事)하는 곳에 이르니 하늘에서 꽃비가 내리고 화불(化佛)을 맞이하는 의례를 하였다. 천자가 기뻐하여 사부의 예로 예우했고 불사에 쓰이는 집기와 물건을 뱃사공에게 실어 보내게 하였다. 받아서 남아 있는 놋쇠 시주 한 좌는 정혜사로 보내고, 대바라 한 쌍은 태안사로 보내어 절에 전하는 보물이 되었다."라고 하였다.

6. 국사 당시의 건물 명칭 및 척도

-처음 한 행이 모두 결락되었다.- □□□□□□□□□ 길이 대략 3척, 통내(通內) 길이 8척・너비 8척 5촌, 도리[183)]는 □□□□□□, 액호(額号)는 조계산수선사(曹溪山修禪社)로 금자(金字)이다.

□□가(□□家)는 6칸(間)으로 신향(申向)[184)]이고, 동협가(同俠家)는 6칸, □□□□□□칸 임향(壬向)[185)]이다. □사청(□舍廳)은 대략 4칸으로 경향(庚向)[186)]이다. 좌우는 각 7칸이다. 방(房)의 남쪽 가(家)는 3칸으로 임향(壬向)이고, 북쪽 가(家)는 3칸이다. □□는 대략 5칸, 원두(圓頭)[187)]는 대략 9칸이고 병향(丙向)[188)]이다.

사문(沙門)[189)]은 1칸으로 경향(庚向)이다. 기둥은 4개로 각각 길이는

---

183) 양신(梁申) : 도리로 보아야 할 것이다.
184) 신향 : 북동과 동북동 사이의 방향이다. 『사고』 원문은 신무(申無)인데, 무자는 오자인 듯하다.
185) 임향 : 남쪽과 남남동 사이의 방향이다.
186) 경향 : 동쪽과 동북동 사이의 방향이다.
187) 원두 : 『사고』에는 원두(圓頭)이나 원두(園頭)인 것으로 보인다. 원두(園頭)는 총림의 채마밭의 관리직을 말한다.
188) 병향 : 북쪽과 북북서 사이의 방향이다.

5척 8촌, 들보는 2개로 각각 길이는 10척이고, 도리는 모두 3개인데, 통내(通內)는 각각 길이는 8척, 너비는 8척이다. 앞 계단의 높이는 1척, 뒤의 높이는 3촌이다.

경판당(經板堂)은 3칸, □□칸으로 경향(庚向)이다. 기둥은 8개로 각각 길이는 8척 3촌이고, 앞뒤의 퇴주(退柱)¹⁹⁰⁾는 8개로 각 길이는 7척 7촌이고, 들보(栿)는 4 □□□□□□□ [길이]는 9척이고, 너비는 10척이고, □□□ 5촌이다.

수가(水家)는 4칸 병향(丙向)이다. ─이 칸은 한 행이 모두 결락되었다.─ 길이는 10척 3촌이다. 도리는 모두 25개이고, 통내는 각각 길이는 9척, 너비는 9척 3촌이고, 앞 계단 높이 1척 □□□ [뒤 높이는] 6촌이다.

식당은 당주가 미륵으로 주성(鑄成)되고 금색인데, 좌대의 높이 1척이고, 갑향(甲向)¹⁹¹⁾이다. 동 연대(蓮臺)의 높이는 5촌이고, 하 목대(木臺)의 높이는 3척□□이다. 동 남랑(南廊)은 3칸이고, 임향(壬向)이다.

유동루랑(鍮銅樓梿)은 3칸 병향이고, 하동족주(下童足柱)¹⁹²⁾는 12개로 각 길이는 7척 5촌이다. 상주(上柱)는 8개로 각각 길이는 5척 6촌이다. 앞쪽 퇴주(退柱)는 4개로 각각 높이는 4척 3촌이다. 들보는 4개로 각각 길이는 12척이고, 도리는 모두 12개이다. 통내는 각각 길이는 10척 6촌이고, 너비는 11척이다. 앞 계단의 높이는 6촌이고, 뒤 높이는 3촌이다.

곡식루(穀食樓)는 대략 5칸이고, 갑향(甲向)이다. 하동족주는 22개로, 각각 길이는 6척 8촌이고, 상기둥은 12개로 각 길이는 5척 2촌이다. 남

---

189) 사문 : 승려가 머무는 건물을 이른다.
190) 퇴주 : 툇간이 달린 건물에서 볼 수 있는 기둥이다.
191) 갑향 : 서쪽과 서남서 사이의 방향이다.
192) 하동족주 : 누하주(樓下柱)로 보이며, 이는 누각건물에 있어 누각 아래에 위치하는 기둥이다.

제1절 보조국사(普照國師)   61

퇴주(南退柱)는 6개로 각 길이는 4척 □촌이다. 들보는 6개로 각각 길이는 8척이고, 도리는 모두 20개이다. 통내의 길이는 9척 5촌이고, 너비 9척이다. 앞 계단의 높이는 5촌이고, 뒤 높이는 □□□ 8촌이다. □□랑은 2칸이고 임향이다. □□□□□□□□ 단칸이고 갑향이다.

대가(碓家)[193]는 1칸이고, □□□□□□ 3칸이고, 병향이다.

목욕방(沐浴房)은 3칸으로 병향이다. 좌우에 건물이 있다.

측가(厠家)는 2칸으로 병향이다.

외루문(外樓門)은 1칸 □향이다. 하동족주는 8개로 각 길이가 6척 4촌이고, 상기둥은 4개로 각 길이가 5척 2촌이다. 뒤의 퇴주는 2개로 각각 길이는 위와 같다. □□는 각각 길이는 8척 4촌이고, 도리는 모두 4개이다. 통내의 길이는 8척 2촌이고, 너비는 위와 같다. 앞 계단의 높이 5촌이고, 뒤 계단은 5촌이다.

□루교(□樓橋)는 3칸이고, 좌우의 우주(隅柱)[194]는 4개로 각 길이는 7척 8촌이고, 중행주(中行柱)[195]는 각 길이 6척 2촌이다. 들보는 4개로 각 길이는 10척이고, 중보(中栿)는 4개로 각 길이는 9척이고, 도리는 모두 21개이고, 통내의 길이는 8척 5촌, 너비 12척 6촌이다.

□□□□ 갑문(甲門)은 1칸이다.

병문(丙門)은 1칸이다.

북쪽에 작은 집이 있다.

당탑비(幢塔碑)

조사당 앞에 청석(靑石)의 비 1좌(座)   비문 조계산 수선사

---

193) 대가 : 방앗간을 말한다.
194) 우주 : 귓기둥이라고 하며 건물의 각 모서리의 기둥을 말한다.
195) 중행주 : 우주 사이에 위치하는 중간 기둥을 말한다.

7. 국사 당시의 대중 및 유지비

복전(福田)[196] : 법석(法席) 당시 도중(道衆)은 47명이고 삼보당(三寶堂) 대중(大衆)은 96명이다. 법석을 항상 설행할 때에는 재[를 시행하기]에 앞서 『금강반야경(金剛般若經)』[197]을 읽고, 재가 끝난 후 한밤중에 선당에서 참선한다. 별도의 법석(法席)과 본래 규정한 법석은 모두 없다.

본래 전하는 여러 기일보(忌日寶)[198] 및 잡보(雜寶)[199]에서 받아들인 조(租)는 4,000석이다. 사주(社主)[200]가 법을 베풀어서 받은 사재조(私財條) 및 여러 단월들이 시납한 축성보(祝聖寶),[201] 진병보(鎭兵寶),[202] 장년보(長年寶)[203]에서 나오는 조는 6,000석이다. 병자년(丙子年)[204]에

---

196) 복전 : 복덕을 낳는 밭, 행복을 키우는 전지(田地)라는 뜻인데, 불교 신앙의 대상인 부처 또는 승려를 가리키는 말이다. 논밭이 곡물을 자라게 하고 곡식을 거두어들이게 하는 것과 마찬가지로, 불보살과 법사에 공양하고 삼보를 받들면 복덕(福德)의 열매를 얻게 되므로 복밭[福田]이라고 한다.
197) 『금강반야경』 : 『금강반야바라밀경(金剛般若波羅蜜經)』이며, 보통 『금강경(金剛經)』이라고 한다. 반야경전 가운데 『반야심경(般若心經)』에 이어 가장 널리 읽혔고, 특히 선종에서 5조 홍인(弘忍) 이래 중시되었다. 그 내용은 일체의 대상에 대하여 상(相)에 집착하지 말고 공의 이치를 깨달을 것을 강조하며, 그 실천과 공덕에 대해 서술하고 있다.
198) 기일보(忌日寶) : 사원에서 제례의 형태인 기일재를 위한 기금이다. 고려시대에는 제례가 불교식으로 행해졌기 때문에 기일에 맞추어 불교식 제례를 올려서 조상의 명복을 기원하는데, 그 운영기금은 기일보를 설치하여 사용하였다.
199) 잡보 : 사원 재정의 세목(細目)별로 기탁되고 관리된 보이다.
200) 사주 : 진각국사 혜심을 가리킨다.
201) 축성보 : 축성이란 국왕의 안녕을 기원하는 것이다. 국왕의 장수, 복, 안녕 등을 기원하기 위해서 형성된 재원을 축성보라고 한다. 아울러 고려시대에는 개인의 원당화와 관련하여 설치된다든지, 개인이 설치한 경우도 있다.
202) 진병보 : 외침이 있을 때에 국가의 안녕을 기원하는 진병(鎭兵) 의례를 위한 보이다.

입내시(入內侍)²⁰⁵⁾ 문정(文正)이 봉선진병조(奉宣鎭兵條)로 시납한 유향보(油香寶)는²⁰⁶⁾ 100석이다. 예식(例食)과²⁰⁷⁾ 보시는 모두 없다.

전답과 시지 : 참지정사(參知政事)²⁰⁸⁾ 최이(崔怡)²⁰⁹⁾가 축성보, 유향보로 시납한 것은 국왕의 선지(宣旨)로 지급한다는 공문이 붙어 있는데, 승평군의 위장이촌(葦長伊村),²¹⁰⁾ 철곡촌(鐵谷村),²¹¹⁾ 신곡촌(新谷

---

203) 장년보 : 관인 유력층의 개인 수복(壽福)을 위한 보이다.
204) 병자년 : 고종 3년(1216)이다.
205) 입내시 : 고려시대 숙위(宿衛) 및 근시(近侍)의 일을 맡아본 관원이다. 초기에는 재예(才藝)와 용모에 뛰어난 자로서, 20인 내외로 제한하였다. 그러나 점차 권문세가의 자제 또는 시문(詩文)·경문(經文)에 능통한 문과 출신으로 임명하였다. 고려의 내시는 조선의 환관내시와는 달리 신분적·정치적으로 영향력을 가지고 있었으며 고려지배층의 핵심을 이루었다.
206) 유향보 : 불교 행사에 사용되는 기름과 향을 준비하기 위해서 만든 재원이다.
207) 예식 : 국초의 공역자(功役者)를 4등급으로 구분하여 미곡을 사급한 것으로 녹봉의 성격을 지닌 특수한 대우 방법이다. 예식의 지급은 고려의 일반적인 녹봉제가 실시되고 있는 후대까지 존속한 것으로 보아 그 녹봉제와 성격을 달리하는 관료에 대한 특수한 대우 방법이었다. 여기서 예식은 국가에서 사찰에 정규적으로 내려준 미곡인 듯하다.
208) 참지정사 :『고려사』「백관지」에는 목종(穆宗) 때 처음 설치되었다고 하였으나, 기록상 이에 앞서 성종(成宗) 때에 최량(崔亮)이 참지정사를 지낸 것으로 되어 있다. 참지정사의 정원은 문종 때에 1명으로 정했다고 하였으나, 최정환에 의하면 실제 기록에는 동시에 2인 내지 3인이 임명되고 있는 것으로 보아 정원을 3인으로 정해놓고, 그 범위 내에서 제수하였다고 한다.
209) 최이(?~1249) : 최충헌의 아들로서 본래 이름은 우(瑀)인데, 뒤에 이(怡)로 개명하였다. 고종 6년(1219)에 추밀원부사(樞密院副使)로 최충헌의 뒤를 이어 집권하였다. 1225년에 자택에 정방(政房)을 설치하여 인사권을 장악했고, 1227년에 사제(私第)에 서방(書房)을 두어 문객 가운데 명유(名儒)를 숙직하게 하였는데, 도방(都房)과 더불어 최씨 정권의 숙위기관으로 쌍벽을 이루었다. 1232년 몽골의 침입에 대응하는 과정에서 자신의 정권의 안정을 도모하기 위해 강화천도를 단행하였다. 최씨 정권은 무신정권을 안정적으로 유지하기 위하여 불교계에 대한 통제와 함께 교단의 지원을 받기 위해 다양한 방법을 구사하였다. 최우는 해행초서(楷行草書) 등 두루 글을 잘 썼다고 한다.

村)212) 등 곳곳에213) 있는데 모두 10결 50부이다. 국대부인(國大夫人) 송씨의 기일보로 시납한 것은 같은 승평군의 임내(任內)214)인 가음부곡(加音部曲)에215) 있는 것이 40결 30부이고, 진례부곡(進禮部曲)에216) 있는 것이 1결이고, 적량부곡(赤良部曲)217) 2결, 부유현(富有縣)218) 땅의 전답이 모두 2결 49부이다. 여동생의 기일보로 [시납한 것이] 승평군 땅의 전답이 모두 80결 30부이다. 상장군(上將軍) 노인수(盧仁綏)219)가 축성의 명목으로 조로 시납한 것은 국왕의 선지로 지급한다는 공문이 붙어 있는데, 광주의 전답이 모두 15결, 능성군의 전답 모두 28결 50부이며, 화순현의 전답이 모두 7결 10부, 철야현(鐵冶縣)220)의 전이 1결 30부이다.

---

210) 위장이촌 : 승평군의 속촌이다.
211) 철곡촌 : 승평군의 속촌이다.
212) 신곡촌 : 승평군의 속촌이다.
213) 곳곳에 : 고고(庫庫)로 표기되어 있고, 이두식 표현이다.
214) 임내 : 고려시대 주현(主縣)에 소속되어 있는 속군현(屬郡縣)이나 향(鄕)・소(所)・부곡(部曲) 등을 가리킬 때 쓰는 용어이다.
215) 가음부곡 :『신증』에는 가음이 가음(嘉音)으로 적혀 있는데, 부의 서쪽 90리에 있다.
216) 진례부곡 : 여수현 동쪽 25리에 있다.
217) 적량부곡 : 삼일포(三日浦) 동쪽에 있다.
218) 부유현 : 본래 백제의 둔지현(遁支縣)이던 것을 신라 때에 부유현으로 고쳐서 곡성군(谷城郡) 영현(領縣)으로 삼았고, 고려 초년에 내속시켰다. 전라도 순천부의 치소 북쪽 60리에 있었다.
219) 노인수(盧仁綏, ?~1227) : 최씨 정권의 무신이다. 고종 3년(1216)에 삭주(朔州) 분도장군(分道將軍)으로 있을 때 거란이 침략했는데 개경으로 도망하여 파직되었다. 1222년 무렵 광주 등 전라도 지역에 소재한 자신의 토지를 송광사에 시납하기도 하였다. 최이의 도움으로 복직하여 상장군까지 올랐으나 모반을 도모하다가 살해당하였다.
220) 철야현 : 전남 나주시 봉황면, 다도면 지역에 있던 통일신라시기의 행정구역이다. 고려시대에는 능성(綾城)에 이속되었다가 조선 태종대에 현을 없애고 남평현에 합쳤다.

제1절 보조국사(普照國師) 65

상장군 김중구(金仲龜)²²¹⁾가 부모기신재(父母忌晨齋)²²²⁾로 시납한 것이 부유현의 전답 모두 17결이다. 검교(檢校)²²³⁾ 군기감²²⁴⁾ 서돈경(徐敦敬)은 부모기신재로 시납한 이천군(利川郡)²²⁵⁾의 전답 모두 25결로 장군 송서(宋緖)²²⁶⁾가 시납한 장흥부 임내인 불음부곡(拂音部曲)의 전답 5결, 두원현(荳原縣)²²⁷⁾의 전답 모두 30결 63부와 멀고 가까운 관계로 교환하였다. 시지(柴地)²²⁸⁾는 산곡에 있고 결부수를 알 수 없는데, 조사하여 살필 수 없다.

---

221) 김중구(생몰년 미상) : 우부승선(右副承宣)으로 고종 4년(1217) 거란군이 침공할 때에 도공역(陶公驛 : 楊州)에 나가 싸웠으나 중과부적으로 패하였다. 1222년 병부상서 추밀원지주사(兵部尙書樞密院知奏事)로서 몽골군의 침공에 대비하고, 1223년 추밀원부사상서좌복야(樞密院副使尙書左僕射)가 되었다. 1224년 7월 권신 최우(崔瑀)를 살해하려 한 이극인(李克仁)의 사건에 연루되어 유배되었다가 곧 풀려났다. 1227년 서경유수(西京留守)로 임명되었다.
222) 부모기신재 : 기신재(忌晨齋)는 죽은 사람의 명복을 빌기 위해 사찰에서 올리는 재이다.
223) 검교 : 고려말 조선 초기에 어떤 관청에 정원 외에 임시로 벼슬아치의 수를 늘였을 때나 실지 사무는 보지 않고 이름만 가지고 있는 벼슬아치의 관직이름 앞에 붙이는 말이다.
224) 군기감 : 고려·조선시대에 무기나 깃발 등 군기(軍器)의 제조를 담당하던 국가기관이다.
225) 이천군 : 성종 14년(995) 전국을 10도로 나눌 때 삭방도(朔方道)에 편입되었다. 현종 9년(1018) 동주(東州 : 지금의 철원)의 속현이 되었고 뒤에 감무를 두었으며, 별호로 화산현(花山縣)이라고 하였다. 고려 말기에 이천현은 경기도에 편입되었다.
226) 송서(생몰년 미상) : 고종 대에 활동했던 무인이다. 고종 21년(1234)에 "궁궐을 짓는 일과 관련하여 왕이 대장군 송서의 집으로 옮겨 앉았다."라는 기록으로 보아 왕의 측근으로 보인다.
227) 두원현 : 고려시대 보성군의 속현이었다가 인종 21년에 감무를 두었다. 그 뒤 장흥부에 소속되었다가 조선 세종 연간에 흥양현(興陽縣)에 붙여졌다.
228) 시지 : 고려시대 전시과(田柴科)에서 관리들에게 땔나무를 공급해주는 토지를 말한다. 한편 시지가 단순한 땔나무 공급지가 아닌 고려시대 토지개간과 관련하여 관리들에게 나누어준 땅으로 보기도 한다.

참지정사 최이가 축성보, 유향보로 시납한 것은 보성군(寶城郡)²²⁹⁾의 임내인 남양현(南陽縣) 땅에 있는 염전(鹽田) 7곳과 산전(山田) 3곳인데, 모두 3결 70부이며, 승평군 땅에 있는 토질촌(吐叱村)²³⁰⁾의 염전 6곳인데 그 자리는 4좌이다.

노비 : 검교군기감 서돈경이 시납한 것이 노비는 모두 10명인데 이천군에 있다. 서울에 사는 전 이당주(李唐柱)²³¹⁾의 하전(下典)²³²⁾이었던 신공준(申公俊)이 사들인 노는 3명이고 신공준이 삭발하여 승려가 되어 현해(玄海)라는 법명으로 시납한 노비가 4명이다.

불러준 사람은 권지사신(權知司辰)²³³⁾인 윤(尹) 초압
확인한 사람은 사력(司曆)²³⁴⁾ 승사랑(承仕郎)²³⁵⁾인 심(沈) 초압

흠칙(欽勅)

---

229) 보성군 : 본래 백제 복홀군(伏忽郡)이던 것을 신라 때에 지금 이름으로 고쳤으며 고려 성종(成宗) 15년에 패주 자사(貝州刺史)로 고쳤다. 뒤에 다시 보성군(寶城郡)으로 삼았다.
230) 토질촌 : 승평군의 속촌이다.
231) 이당주 : 진각국사비명의 음기에 '장군이당주(將軍李唐柱)'가 보이는데, 이교 호구단자(李喬戶口單子, 1237년 작성)의 낭장동정 이교(李喬)와 동일인으로 생각된다.
232) 하전 : 관아에 속하여 말단 행정 실무에 종사하던 하급실무자이다. 고려시대에는 중앙의 각 관아에 속한 말단 행정 요원만을 가리켰으나, 조선시대에는 경향의 모든 이직(吏職) 관리를 가리킨다.
233) 권지사신 : 사신은 태사국의 정9품이다. 권지(權知)는 임시로 맡은 벼슬에 대한 명칭이다.
234) 사력 : 고려시대 사천대(司天臺)의 종9품 벼슬이다.
235) 승사랑 : 원문에는 승사랑(承仕郎)으로 적혀 있으나 이것은 조선시대 정8품 문신의 품계이고, 고려시대에는 없다. 고려에는 승사랑(承事郎)이 있는데, 예문관에 소속된 이속(吏屬)으로 문종 때 2명을 두었다.

제2절 진각국사(眞覺國師)

1. 비문

조계산 제2세이며 진각국사라는 시호를 추증받은 [혜심의] 비명과 서문

금자광록대부(金紫光祿大夫)[1] 수태보(守太保)[2] 문하시랑(門下侍郞)
평장사(平章事)[3] 수문전(修文殿)[4] 대학사(大學士)[5] 감수국사(監修
國史)[6] 판예부사(判禮部事)[7] 한림원사(翰林院事)[8] 태자태보(太子

---

1) 금자광록대부 : 고려의 관제에 2품을 은청광록대부라고 하고, 1품을 금자광록
   대부라 한다. 금자(金紫)는 금도장과 자주빛 끈을 말하는 것인데 재상급 관원
   이 찬다. 금자광록대부는 성종 때 설치된 흥록대부(興祿大夫)의 후신으로, 문
   종 때 관제를 개혁할 때에 종2품의 문산계이다.
2) 수태보 : 관직 앞에 붙는 수(守)는 행수법(行守法)에 따라 낮은 품계의 사람이
   높은 관직을 받는 경우에 쓰인다. 태보는 태사, 태부와 더불어 삼사(三師)라
   고 불렀다.
3) 문하시랑평장사 : 중서문하성 소속으로 정2품 관직이다. 4평장사 중의 한 명
   이다.
4) 수문전 : 문덕전(文德殿)이라고도 한다. 고려시대 문신 학자들이 왕에게 강의
   하던 곳이다. 국초부터 설치하였는데, 인종 14년(1136)에 수문전으로 개칭하
   였다. 충선왕 즉위년(1308)에 우문관으로 고치고, 공민왕 5년(1356)에 다시 수
   문전으로 하였다. 공민왕 11년(1362)에 다시 우문관으로, 공민왕 18년(1369)에
   다시 수문전으로 고쳤다. 대학사·학사 등을 두었다.
5) 대학사 : 고려시대 보문각·예문관·문덕전·연영전에 소속된 관직이다.
6) 감수국사 : 고려 춘추관(春秋館)의 최고 관직이다. 시중이 겸임하도록 하여 따

太保)⁹⁾로 치사(致仕)¹⁰⁾한 이규보(李奎報)¹¹⁾가 왕명을 받들어 짓다.
장사랑(將仕郎)¹²⁾ 중서사인(中書舍人)¹³⁾ 지제고(知制誥)¹⁴⁾ 태자사의

로 임명하지 않았다.
7) 판예부사 : 판상서예부사(判尙書禮部事)이다. 고려시대 상서예부의 으뜸벼슬로 재신(宰臣)이 겸하였다.
8) 한림원사 : 한림원은 고려시대 임금의 명령을 받아 문서를 꾸미는 일을 맡아 보던 관청이다. 판한림원사는 재신이 겸직한다. 원봉성(元奉省)을 두고, 뒤에 학사원이라 하다가 8대 현종 때에 다시 한림원이라 하였다. 그 뒤에도 여러 차례 명칭이 바뀌었다가 공민왕 5년(1356)에 다시 한림원으로 되었고, 공민왕 11년(1362)에 예문관(藝文館)으로 바뀌었다.
9) 태자태보 : 고려시대 동궁(東宮)에 소속된 관원으로 태자의 교육을 맡은 사람이다. 문종 22년에 태사(大師)·태부(大傅)·태보(大保)를 각각 한 명씩 두었는데 품계는 종1품이었다.
10) 치사 : 나이가 많아 벼슬을 사양하고 물러나는 일을 이른다.
11) 이규보 : 본관이 황려(黃驪), 자가 춘경(春卿)이며, 호는 백운거사(白雲居士)·지헌(止軒)·삼혹호선생(三酷好先生) 등이 있다. 그의 초명은 인저(仁氐)이고, 시호는 문순(文順)이다. 시·술·거문고를 즐겨 삼혹호선생이라 자칭했으며, 만년에 불교에 귀의했다. 시문집으로 『동국이상국집(東國李相國集)』이 남아 있다.
12) 장사랑 : 고려시대의 문산계이다. 문종의 관제개혁 때 제정된 것으로 품계는 종9품의 하(下) 위계이다.
13) 중서사인 : 고려의 중서문하성에 소속된 종4품 관리이다. 태조 13년에 내의사인(內議舍人)으로, 성종 때 내사사인(內史舍人)으로, 문종 때 중서사인으로 고쳤다. 원래 당에서는 중서성(中書省)의 판관(判官)으로서 매우 중요한 위치에 있었다. 고려에는 급사중(給事中)과 마찬가지로 간관(諫官)의 일원으로 활동한 사례가 보인다.
14) 지제고 : 조서(詔書)·교서(敎書) 등을 작성하는 일을 맡았다. 지제고는 한림원의 정원 중에 속해 있는 관원은 아니지만, 그 임무가 같아서『고려사』백관지에서도 한림원조에 부기되어 있다. 한림원·보문각의 관원이 이를 겸대하였을 경우에는 내지제고(內知制誥), 타관이 겸직하면 외지제고(外知制誥)라 하였다. 그러나 최자(崔滋)의『보한집(補閑集)』에는 제고규식(制誥規式)을 설명하면서 내지제고는 성랑(省郞)으로 지제고를 겸한 자이고, 외지제고는 기타 관원으로 지제고를 겸한 자라고 하여『고려사』의 기록과 다르다. 지제고는 정4품의 학사직(學士職)에 있는 자가 겸하였으며 대간(臺諫)과 같이 시신(侍

랑(太子司義郎)[15]이며 자금어대(紫金魚袋)를 하사받은 신 김효인(金孝印)[16]이 왕명을 받들어 쓰다.

대개 심법(心法)이 있은 후로부터 무릇 승려[17]의 본분[18]은 불도를 닦는데 있는데 그 마음[19]을 추구해보면, 누구나 가을 달과 같이 그 깨끗함을 다툰다고 하지 않겠는가마는 종문의 명품(名品)이 오르고 내리는데 이르러서는 능히 크게 흔들리지 않는 자가 없다. 이러한 현실을 못마땅하게 여겨 마침내 바위 계곡에 깊이 숨어서 조용히 심요(心要)를 닦아 간절하게 그 명예에 얽매이지 않으려고 하여도, 이름이 스스로 드러난 자가 있으니 누구인가? 우리 국사와 같은 분이 이에 해당한다.

하물며 묘령(妙齡)[20]의 나이에 이미 학업을 마치고, 문장에 종사하다가 얼마 되지 않아 현관(賢關)[21]에 뽑혔음이라! 그 학문은 정밀하지 않음이 없고, 운명이 불우한 것도 아니었다. 만약 조금만 참았다면 곧

臣)의 반열에 참여하였다. 조선시대에는 지제교(知製敎)로 개칭되었다.
15) 태자사의랑 : 고려시대 동궁(東宮)에 배속된 관직이다. 현종 13년(1022) 1인을 정원으로 설치하였고, 문종 22년(1068) 관제정비 때 정원 1인의 정6품관으로 정해졌다. 숙종 3년(1098) 태자(太子)를 세우고 관속을 배속할 때까지는 그대로 유지하였으나, 예종 11년(1116) 다시 관속을 정할 때 폐지하였다.
16) 김효인(?~1253) : 본관은 안동이며, 김방경의 아버지이다. 글씨를 잘 썼으며, 문과에 급제하여 병부상서 한림학사에 이르렀다.
17) 승려 : 원문의 납자란 승려를 이르는데, 보통 선승을 가리킨다. 납이란 못 쓰는 헝겊 따위로 기워서 만든 옷 곧 납의(衲衣)를 말하며, 납자란 납의를 입은 스님을 말한다.
18) 비공(鼻孔) : 코를 가리키나, 선문에서는 본래의 모습을 이르는 말이다.
19) 영대(靈臺) : 영혼이 있는 장소라는 뜻인데, 심장을 이르기도 한다.
20) 묘령 : 묘년, 묘치, 방년 등과 같은 뜻으로 스물 안팎의 나이를 가리킨다.
21) 현관 : 현자가 되기 위해 통과하는 관문이다. 뜻이 바뀌어 현인의 서열에 있는 것 또는 학문과 덕행이 높고 깊다는 의미로 사용된다.

계적(桂籍)22)에 올라 길이 전도를 구가하면서, 이름난 사대부가 될 수 있는 기회를 잃지 않았을 것인데, 오히려 명리의 길로 나아가는 것을 던져 버렸다. 오히려 일찍 출가하지 못한 것을 한탄하였으니, 그 초연하게 출가하려는 마음은 여기에서 증명할 수 있다. 옛날의 [고사를] 찾아보면, 대개 법융(法融),23) 단하천연(丹霞天然)24)과 비교할 수 있다.

국사의 이름은 혜심(慧諶), 자는 영을(永乙), 자호(自號)는 무의자(無衣子), 속성은 최씨(崔氏), 이름은 식(寔)이며, 나주 화순현(和順縣)25) 출신이다. 아버지의 이름은 완(琬)으로 향공진사(鄕貢進士)26)였고, 어머니는 배씨이다. [어머니가] 천문(天門)이 활짝 열리고 하늘에서 천둥

---

22) 계적 : 과거시험 중 대과에 급제한 사람의 명부이다. 중국 진(晉)나라의 극선(郤先)이 현량대책(賢良對策)에 장원하여 옹주자사(雄州刺史)로 부임할 때, 무제(武帝)의 물음에 대해 스스로를 '계림일지(桂林一枝)'와 '곤산편옥(崑山片玉)'에 비유한 것에서 비롯되어 과거에 급제하는 것을 절계(折桂)라고 부르고, 그 명부를 계적이라 하였다.

23) 법융(594~657) : 수말(隋末) 당초(唐初)의 선승인 우두법융이다. 그는 속성이 위(韋)씨이며 강소성 윤주 연릉 출신이다. 처음에는 유교를 공부하다가 강소성 모산의 영법사를 만나 출가하였다. 정관(貞觀) 17년(643)에 건강부 남경의 우두산(牛頭山) 유서사(幽棲寺)로 들어갔다. 영휘(永徽) 3년(652)에 읍재(邑宰)의 청에 따라 강소성 건업의 건초사(建初寺)에서 대품반야경(大品般若經)을 강설하였다. 저서로는 『절관론(絶觀論)』 1권이 있다.

24) 천연(739~824) : 당의 선승인 단하천연(丹霞天然)이다. 그는 처음 유학에 정통하여 과거에 응시하고자 장안으로 가는 도중에 한 선객을 만났는데, 관료로 선발되는 것이 어찌 부처가 되는 것만 하겠는가라는 가르침을 받고 강서의 마조를 찾아갔다. 단하의 출가 동기가 혜심과 비슷하므로 인용한 것이다.

25) 화순현 : 본래 백제 잉리아현(仍利阿縣)이던 것을 신라 때에 여미(汝湄) 여빈(汝濱)으로 고쳐서 능성현(綾城縣)의 영현(領縣)으로 만들었다. 고려 때에 지금 이름으로 고치고, 나주(羅州)에 소속시켰다가 뒤에 다시 능성현에 소속시켰다. 공양왕(恭讓王) 2년에 감무(監務)를 두고, 남평 현감을 겸임시켰다.

26) 향공진사 : 고려시대 지방의 향교 등에서 수업하고, 그 지방 계수관(界首官)이 실시하는 시험에 합격한 사람을 향공(鄕貢)이라 하였는데, 이들이 다시 진사시(進士試)에 합격하면 이를 향공진사라고 하였다. 향공진사가 됨으로써 최종 시험인 예부시(禮部試)에 응시할 수 있는 자격을 획득하였다.

제2절 진각국사(眞覺國師) 71

소리가 울리는 꿈을 세 번이나 꾸고서 임신하였다. 무릇 12개월 만에 탄생하였는데, 탯줄을 여러 겹으로 감은 것이 마치 가사를 메고 있는 것과 같았다. 태어나자마자 양쪽 눈을 감고 있더니 7일 후에 비로소 떴다. 항상 젖을 먹은 후에는 곧 몸을 돌려 어머니를 등지고 누웠으므로 부모가 이상하게 여겼다. 아버지가 일찍이 죽은 후에 어머니께 출가할 것을 청하였으나, 어머니가 허락하지 아니하고 유학을 힘써 배우도록 하였다.

그러나 [국사는] 항상 경전을 외우며 주문을 지송한 지 오래되어 이에 힘을 얻었다. 음란한 무당과 요사한 제사를 물리치기를 좋아하였으며, 가끔 사람들의 병을 구제하는 데에 효험이 있었다. 승안(承安) 6년27) 신유(辛酉)년에 사마시(司馬試)28)에 응시하여 합격하였다. 이 해에 태학(太學)29)에 들어가 공부하다가, 어머니가 병환에 있다는 말을 듣고, 마침내 고향에 돌아왔다. 족형인 배광한(裵光漢)의 집에서 [어머니를] 모시고 간병하면서 일념으로 관불삼매(觀佛三昧)30)에 들었더니 어머니의 꿈에 여러 불보살이 사방으로부터 두루 나타났고, 꿈에서 깨어나자 병이 곧 나았다. 배씨 부부도 이와 같은 꿈을 꾸었다.

다음 해에 어머니가 세상을 떠났다. 당시 보조국사가 조계산에서 새

---

27) 승안 6년 : 신종 4년(1201)이다.
28) 사마시 : 고려시대의 과거제도에서 진사와 생원을 뽑는 소과이다. 초시와 복시의 두 단계가 있다.
29) 태학 : 고려시대에 국자감(國子監)의 한 분과로 인종 때 설치하였다. 대학(大學)이라고도 하며, 정원은 300명이다. 문무관 5품 이상의 자손과 3품관의 증손에 한하여 입학할 자격을 주었다. 박사(博士)·조교(助敎) 등 교관을 두어 『역경(易經)』·『시경(詩經)』·『서경(書經)』·『삼례(三禮)』·『삼전춘추(三傳春秋)』·『효경(孝經)』·『논어(論語)』 등을 가르쳤으며, 수업연한은 8년 반이었다.
30) 관불삼매 : 부처님을 염관(念觀)하는 삼매이다. 염불과 같은 뜻으로 줄여서 관불이라고도 한다. 일심으로 부처님의 모습·공덕·실상 등을 관상하며 마음을 흐트러지지 않게 하는 것을 말한다.

롭게 수선사를 여니 도의 교화가 바야흐로 번성하였다. 국사는 곧 보조국사를 찾아가 참예하고, 재를 베풀어 어머니를 천도한 다음에 은사로 모시고 출가할 것을 청하므로 보조국사가 곧 허락하였다. 이날 밤 외삼촌이 국사의 돌아가신 어머니가 하늘로 올라가는 꿈을 꾸었다.

처음 진각국사가 보조국사를 뵐 때에 보조국사가 [그를] 보고 승려라고 생각하였으나 다시 살펴보니 아니었다. 이에 앞서 보조국사가 설두중현(雪竇重顯)31) 선사가 사원에 들어오는 꿈을 꾸고 마음속으로 이상한 일이라고 생각하였다. [그런데] 다음날 진각국사가 와서 참예하였으니 이로 말미암아 더욱 기이하게 여겼다.

국사가 일찍이 오산(鰲山)32)에 있을 때에 한 반석에 앉아서 밤낮으로 선정을 익혔다. 매일 오경(五更)33)에 이르러 매우 큰 소리로 게송을 읊으면 그 소리가 10여 리까지 들렸는데, 대략 그 때를 잃지 않았다. [그리하여] 듣는 사람들은 이로써 아침이라고 짐작하였다. 또 지리산 금대암(金臺庵)34)에 있을 때에는 대의 위에 앉아 눈이 쌓여 이마를 덮

---

31) 설두중현(980~1052) : 북송대의 대표적인 선승이다. 그는 수주 출신으로 속성은 이씨, 자는 은지이다. 설두산 자성사에 주석하면서 종풍을 크게 떨쳐 운문종의 중흥이라고 한다. 『전등록』을 중심으로 고칙(古則) 100여 가지를 뽑아, 여기에 송고(頌古)를 지었는데, 이를 설두송고라 한다. 후에 임제종의 원오극근이 여기에 평창(評唱), 착어(著語)하여 『벽암집(碧巖集)』을 편찬하였다.
32) 오산 : 전라남도 구례군 문척면에 있는 산이며, 산 이름은 지리산을 마주보는 자라 모양에서 유래한다. 백제 성왕 22년(544) 연기(緣起)가 이 곳에 절을 짓고 오산사(鰲山寺)라고 했다고 한다. 그 후 신라의 원효와 연기도선(烟起道詵), 고려의 혜심(慧諶)이 여기서 수도했다고 하여 사성암(四聖庵)이라 고쳐 불렀다고 한다.
33) 오경 : 밤을 다섯으로 나눌 때 마지막에 해당하며, 대략 새벽 세 시에서 다섯 시까지이다.
34) 금대암 : 경상남도 함양군 마천면 가흥리에 있는 절이다. 신라 태종무열왕 3년(656)에 행우(行宇)가 창건했다고 하며, 조선 세종 12년(1430)에 천태종의 행호(行乎)가 중창하였다.

었는데, 우뚝 앉아 있는 모습이 마른 나무가 움직이지 않는 것과 같았다. 대중이 [그가] 죽었는지 의심하여 [그를] 흔들었으나 반응이 없었다. 그 각고의 [정진이] 이와 같았으니 대저 도와 더불어 정신이 하나 되어 생사를 뛰어 넘어 형체를 잊어버리는 자가 아니고서는 누가 이에 이르겠는가?

을축년[35] 가을 국사가 억보산에 있을 때에 선승 몇 사람과 함께 바야흐로 [보조국사를] 뵈러 가다가 산 아래에서 쉬고 있었는데, 보조국사가 있는 암자와의 거리가 1,000여 보쯤 되었다. [진각국사는] 보조국사가 암자에서 시자를 부르는 소리를 멀리서 듣고 게송을 지었으니 그 대략을 말하면 다음과 같다. "시자를 부르는 소리, 송라(松蘿)의 안개에 울려 퍼지고, 차를 끓이는 진한 향기, 돌길 바람을 타고 전하여 오네." [보조국사에게] 참례함에 이르러 이와 같은 게송을 드리니 보조국사가 그것을 받아 [인가하면서] 손에 잡고 있던 부채를 주었다. [이에] 진각국사가 게송을 바치며 이르기를, "전에는 스승의 손에 있었으나 지금은 제자의 손에 있네. 만약 번뇌 망상이 미친듯이 일어난다면 거리끼지 않고 맑은 바람을 일으키겠네."라고 하였다.

보조국사가 [이 게송을 보고] 더욱 그릇으로 여겼다. 또 하루는 보조국사를 따라 가던 중에 보조국사가 한 켤레의 떨어진 짚신을 보고 이르기를, "신발은 여기에 있는데 이 신을 신었던 사람은 어디에 있는가?"라고 물었다. [진각국사가] 대답하기를, "어찌하여 그 때에 서로 보지 못하였습니까?"라고 하였더니, 보조국사가 크게 기뻐하였다. 또한 조주(趙州)의 '구자무불성(狗子無佛性)' 화두[36]를 들어 보이고, 계속하

---

35) 을축년 : 희종 원년(1205)이다.
36) 구자무불성화두 : 조주종심(趙州縱諗, 778~897)에게서 비롯된 공안이다. 무자화두라고 한다. 『조주어록』에 '개에게도 불성이 있습니까?' '없다' '위로는 부처님으로부터 아래로 곤충에 이르기까지 모두 불성이 있는데, 개는 어째서 없습니까' '그것은 업식성이 있기 때문이다.'라고 하였다. 질문자는 일체중생

여 대혜종고(大慧宗杲)[37] 선사의 열 가지 병통[38]을 들어 질문하였으나 대중은 아무도 대답을 못하였다.

진각국사가 대답하여 말하기를, "삼종병(三種病)[39]을 겪은 사람이라야 비로소 이 뜻을 알 수 있습니다."라고 하였다. 보조국사가 이르기를 "삼종병이 지금 어디에서 숨을 쉬고 있는가?"라고 하니, 국사가 손으로 창문을 한번 내리치니, 보조국사가 크게 웃고, 방장실로 돌아갔다. 다

이 불성이 있다면 개에게도 있을 것이라고 믿고 '개처럼 미천한 동물에게도 불성이 있는가' 라는 취지로 물은 것이다. 경전과 상반되게 '무'라는 답을 한 것은 경전의 말을 살아 있는 활구로 만들기 위해서이다.

37) 대혜종고(1089~1163) : 중국 남송대 임제종(臨濟宗) 양기파(楊岐派)의 선승이다. 속성은 해(奚)씨, 자는 담회(曇晦), 호는 묘희(妙喜) 또는 운문(雲門)이며, 불일대사(佛日大師), 대혜선사(大慧禪師) 호를 하사받았다. 17세에 출가한 후에 담당문준(湛堂文準), 혜홍각범(慧洪覺範)의 문하에서 공부하였다. 장상영(張商英)의 권유로 원오극근의 문하에 나아가 깨달았다. 이후 묵조선을 비판하면서 간화선을 선양하였다. 소흥 7년(1137)에 승상 장준(張浚)의 청에 따라 경산 능인사에 주석하면서 종풍을 크게 떨쳐 '임제의 재흥'이라 불렸다. 그는 주전론자 사대부와 가깝게 지내면서 금에 대한 강경한 입장을 표방하여 주화론자 진회의 미움을 받아 의첩을 박탈당하고 16년간 유배 생활을 하였다. 유배 중에 그는『정법안장(正法眼藏)』6권을 집성하고, 사대부와 서신 교환을 통하여 화두 참구를 지도하였다. 저작으로『대혜어록』30권,『종문무고』등이 있다.

38) 열 가지 병통 : 무자 화두를 참구할 때에 일어나는 선병을 열 가지로 정리한 것이다. 본래 대혜가 제시한 것을 지눌이 거의 그대로 수용하였다. 혜심이 이를 보다 체계화시켜『구자무불성화간병론(狗子無佛性話揀病論)』으로 정리하였다. 그는 무자 화두를 인용하고, 이어 천동정각·오조법연·진정극문 등의 게송을 제시하고 그 각각에 대한 자신의 논을 제시하고 있다. 이어 무자화두를 참구할 때에 나타나는 열 가지 병통에 대해 하나하나 구체적으로 설명하였다. 유심·무심·언어·적묵의 네 가지 병통에 지나지 않으며, 그것은 사의·부사의라는 두 가지 병이라고 지적한다.

39) 삼종병 : 운문삼종병(雲門三種病) 또는 선병삼종이라고 한다. 운문선사가 수행자를 제접(提接)하기 위한 수단으로 설한 것인데, 미도주작(未到走作), 이도주착(已到住著), 투탈무의(透脫無依) 등 세 가지 병을 이른다.

시 몰래 [진각국사를] 불러 더불어 대화를 나누고 이에 칭찬하여 말하기를, "내가 이미 너를 얻었으니, 죽어도 여한이 없다. 너는 마땅히 불법을 맡아서, 그 본원을 바꾸는 일이 없도록 하라."고 하였다.

태화(太和) 무진년40)에 [보조국사가] [진각]국사에게 [수선사의] 법석을 잇기를 명하고 규봉암으로 물러가 있고자 하였으나, 진각국사가 굳게 사양하고 마침내 지리산으로 들어가 종적을 감추고 은둔한 지 여러 해였다. 대안(大安) 경오년41)에 보조국사가 입적하자 문도들이 국왕에게 보고하여 왕명으로 계승하게 하니, 할 수 없이 절에 들어가 개당하였다.

이에 사방의 배우는 자와 도속(道俗)의 고인(高人) 및 일로(逸老)42)가 구름처럼 모여 들어 찾아오지 않는 자가 없어 수선사가 자못 좁았다. 강종(康宗)이 이를 듣고 유사(有司)에 명하여 증축하게 하고, 중사(中使)43)를 보내어 역사(役事)를 감독하게 하니 마침내 넓혀지고 커졌다. 또 사신을 보내어 만수가사(滿繡袈裟)44)와 마납(磨衲)45) 각 1벌 및 차, 향, 보병(寶甁)을 하사하였고, 법요(法要)를 구하였다. [이에] 국사가 『심요(心要)』를 지어 바치니 지금 세상에 유행하고 있다.

이로부터 공경귀척(公卿貴戚)과 사악(四岳)46)의 방백(邦伯)들이 소

---

40) 태화 : 금나라 장종의 연호이다. 무진은 태화 8년, 희종 4년(1208)이다.
41) 대안 : 금나라 영제의 연호이다. 경오는 대안 2년, 희종 6년(1210)이다.
42) 일로 : 모든 관직을 버리고 초야에 은거하는 노인, 즉 은둔한 선비를 가리킨다.
43) 중사 : 궁중에서 왕의 명령을 전하던 내시(內侍)를 가리킨다.
44) 만수가사 : 산천, 초목, 인물, 글자 등을 가득 수놓은 가사이다.
45) 마납 : 가사의 일종이다. 원래 마납은 고급비단의 이름으로 고려에서 생산되었던 매우 정교하게 짠 직물이다. 당의 측천무후가 육조 혜능의 설법을 전해 듣고 감동하여 내린 하사품에 보인다.
46) 사악 : 요(堯)임금 시대 사방 제후(諸侯)의 관명이다. 일설에는 사악의 일을 맡아보던 희화(羲和)의 네 아들인 희중(羲仲)・희숙(羲叔)・화중(和仲)・화숙(和叔)을 말하기도 한다. 여기서는 전국이란 뜻으로 보인다.

문을 듣고 [국사의] 도를 흠모하여 혹은 멀리서 스승으로 모시기도 하고, 혹은 직접 가르침을 받으러 오는 자들이 있었는데 모두 기록할 수 없다. 무릇 선사와 강사로서 자신의 의기를 믿고 남에게 굴복하지 않으며 스스로를 일컬어 나와 같은 자가 없다고 하는 이도 한번 [국사를] 보면 놀라 얼굴을 바꾸지 않은 자가 없었으며 스승으로 섬기기에 여념이 없었다.

지금의 문하시중(門下侍中)인 진양공 최우도 국사의 도풍(道風)을 듣고 흠모하기를 목마름이 그치지 않는 듯하며 여러 번 서울[47]로 모시려고 하였으나, 끝내 국사가 오지 않았다. 그러나 천리가 되는 먼 거리에 있지만 서로의 뜻이 맞음이 마치 서로 마주한 것과 같았다. 거듭 최공의 두 아들을 보내어 국사를 참례하고 모시도록 하였다. 뿐만 아니라 국사가 상주하며 쓰는 물품 등을 힘써 마련하여 주지 않은 것이 없었는데, 차, 향, 약품, 맛있는 음식, 맛있는 과일, 도구, 법복에 이르기까지 항상 때에 맞추어 바친 것이 끊이지 않았다.

지금 임금[48]이 즉위하여 선사[49]를 제수하고, 또 대선사(大禪師)[50]의 법계를 가자(加資)하였다. 승과(僧科)를 거치지[51] 않고 곧바로 승계가 오른 것이 국사로부터 시작되었다. 참정(參政) 최홍윤(崔洪胤)[52]이 재

---

47) 경찬(京贊): 서울을 말한다.
48) 금상: 고려 고종(재위기간: 1213~1259)을 말한다.
49) 선사: 당의 신수(神秀)에게 대통선사(大通禪師)라는 시호를 내린 것이 최초이다. 고려시대에는 선종 승려에게 내린 법계 중의 하나이다.
50) 대선사: 고려시대 선종 승려의 최고위 법계(法階)이다. 선종의 경우 대선(大選)-대덕(大德)-대사(大師)-중대사(重大師)-삼중대사(三重大師)-선사를 거쳐 대선사가 되었다.
51) 『사고』에는 '경(輕)'이지만 '경(經)'자로 보는 것이 옳다.
52) 최홍윤(?~1229): 한림학사를 거쳐 신종 4년(1201) 예부시랑, 희종 1년(1205) 판예빈성사(判禮賓省事), 1210년 추밀원부사 등을 지냈으며, 3차에 걸쳐 동지공거(同知貢擧)·지공거(知貢擧)로서 과거를 주관하였다. 혜심, 이규보(李奎報)와 교분이 있었으며, 고종 때 평장사(平章事)에 올라 치사하였고, 시호는

상이 되기 전에 일찍이 사마시를 관장하였는데, 국사가 [출가하기 전에] 그의 문하에서 나왔다. 얼마 안 있어 공이 재상이 되었고, 국사는 조계에 머물렀다. 재상이 제자로 자칭하면서 수선사에 이름을 올리기를 바라며 편지를 써서 그 뜻을 알렸다. 그 대략을 말하면 "불광(佛光)[53]은 항상 백학사(白學士)[54]와 더불어 즐거워하면서 직접 대승(보살계)을 주었으며, 숭악(嵩岳)[55]은 하지장(賀知章)[56]을 흔쾌히 환영하며 묘지(妙旨)를 전해 주었습니다."라고 하였다. [편지를 받은] 국사가 대답하였는데 그 대략은 "옛날에는 내가 공의 문하에 있었는데, 지금은 공이 나의 수선사에 들어왔습니다. 서로 객과 주인이 되어서 스승과 제자의 위치가 바뀌었습니다."라고 하였다. 이를 들은 사람들은 서로 전해가며 아름다운 일이라고 여겼다.

정우(貞祐)[57] 기묘년에 조서를 내려 단속사(斷俗寺)[58] 주지가 될 것

경문(景文)이다.
53) 불광 : 낙양(洛陽) 불광사(佛光寺)의 여만(如滿)선사를 이른다. 그는 당의 순종 때의 선승으로, 마조도일(馬祖道一)에게 사사하여 법을 이었다. 주체성이 강한 남종의 선풍을 지녔으며, 세속의 제자로서 중당의 대시인 백거이(白居易)가 있다.
54) 백학사(772~846) : 당나라 시인 백거이를 가리킨다. 그는 자가 낙천(樂天), 호가 향산거사(香山居士)이다. 하남성(河南省) 출신으로, 800년에 진사에 급제하고 842년 형부상서(刑部尚書)로 퇴임하였다. 그의 시문을 모은 『백씨문집(白氏文集)』 75권이 있다. 많은 선승과 교유하였고, 선승들의 탑문과 명문도 많이 지었다. 당대 거사선의 대가로 이름 높다.
55) 숭악 : 혜안 국사가 아닌가 한다. 그의 법을 이은 18인 가운데 비서감(秘書監) 하지장(賀知章)이 있다.
56) 하지장(659~744) : 원문의 하비서는 하지장을 가리킨다. 그는 당나라 월주(越州) 영흥(永興) 출신이며, 자는 계진(季眞), 자호가 사명광객(四明狂客), 비서외감(秘書外監)이다. 문사(文士)로 유명하며, 증성(證聖) 원년(695)에 벼슬에 나아가, 사문박사(四門博士), 예부시랑, 비서감 등을 역임하였다. 『육전(六典)』을 편찬하였고, 성격이 호방하고 음주를 좋아하여 이백 등과 친하였다.
57) 정우 : 금나라 선종(宣宗)의 연호이다. 기묘년은 정우가 아니고 흥정(興定) 3년이며, 고종 6년(1219)이다.

을 명하였다. 여러 차례 사양하였으나 윤허하지 않아 [부득이] 다음 해에 단속사에 들어갔다. 그러나 수선사를 항상 거처하는 곳으로 삼았다. 계사년59) 11월 수선사에 있을 적에 병세를 보였다. 진양공이 소식을 듣고 크게 놀라 왕에게 아뢰어 어의(御醫)를 보내서 진찰케 하였다.

다음 해 봄에 월등사(月燈寺)60)로 옮겼다. 마곡(麻谷)이 방에 들어가니, 국사가 말하기를, "노승이 오늘 몹시 아프다."고 하였다. 마곡이 이르기를, "무슨 까닭으로 이와 같이 심합니까?"라고 하니, 국사가 게송으로 대답하기를, "모든 고통이 이르지 못하는 곳에, 따로 다른 세계가 있네. 또 그곳이 어느 곳이냐고 묻는다면 고요한 열반문이라고 하리라."라고 하였다. 국사가 우뚝 서서 주먹을 내보이며 이르기를, "이 주먹은 해탈선이다. 너희들은 이를 믿느냐?"라 하고, 드디어 손바닥을 편 다음에 말하기를, "펴면 다섯 손가락이 모두 다르다."하고, 다시 주먹을 움켜쥐고 이르기를, "합하면 하나의 덩어리가 된다. 펴고 합하는 것이 자유자재하니, 하나와 여럿이 걸림이 없다. 비록 이와 같으나 이것이 주먹의 본분설화(本分說話)61)는 아니다. 이 본분설화는 어떻게 생겨났는가?"하고 곧 주먹으로 창을 한번 내리치고 크게 웃었다.

갑오년62) 6월 26일 문인을 불러 후사를 당부하고 마곡에게 이르기

---

58) 단속사 : 경상남도 산청군 단성면 지리산에 있던 절이다. 경덕왕 7년(748)에 대나마 이순(李純)이 창건하였다는 설과, 763년 신충(信忠)이 창건하였다는 설이 있다. 북종선을 수용한 신행(神行, 704~779) 선사가 단속사에서 선문을 개설하였는데, 813년 김헌정(金憲貞)이 지은 비문이 전한다. 그의 법손인 지증대사 도헌(道憲, 824~882)이 문경에서 희양산문을 개설하였다. 또 고려 대감국사 탄연의 비가 있다.
59) 계사년 : 고종 20년(1233)이다.
60) 월등사 : 위치와 창건 연대 등은 알 수 없다. 다만 김정호의『대동지지(大東地志)』에 순천 방면에 월등이라는 지명이 보이므로 순천 인근의 작은 절로 생각된다.
61) 본분설화 : 제일의(第一義)에서의 문제제기이다.
62) 갑오년 : 고종 21년(1234)이다.

를, "내가 오늘 몹시 바쁘다."라고 하였다. 마곡이 대답하기를, "무엇을 말씀하시는 것인지 잘 모르겠습니다."라고 하니, 국사가 이르기를, "나는 오늘 매우 바쁘다."라고 하였다. 마곡이 어리둥절하니, 국사는 미소를 머금고 가부좌를 한 다음 조용히 입적하였다. 다음날 월등사 북쪽 봉우리에서 화장하고, 영골을 거두어 본산으로 돌아왔다. 왕이 부고를 듣고 슬퍼하며 진각국사라는 시호를 내렸다. 을미년[63] 5월[64]에 광원사(廣原寺)[65] 북쪽에 장사지내고, 드디어 부도를 세웠다. 왕이 탑에 원조(圓照)라는 액호(額號)를 내렸다. 세속 나이가 57세이며, 법랍은 32세였다.

국사가 병이 나던 때부터 일생에 걸쳐 인연을 맺은 곳에서는 산의 돌이 무너지고, 또 많은 새들이 골짜기에 가득히 모여 날면서 10여 일간 울었다. 아! 신이함이여! 평생에 그윽이 감응한 신이한 일은 거북이가 계를 받고, 두꺼비가 법을 듣고, 까마귀가 산대를 모으고 소가 길에서 무릎을 꿇은 것 등인데, 모두 세상에 전하는 것이며, 문도들이 기록한 것이다. 또한 유자가 말할 바가 아니므로 여기에는 자세히 말하지 않는다.

국사의 성품은 깊고 온화하며, 크고 진실하다. 이미 유학에서 불교로 가서 무릇 내외의 모든 경서에 널리 통하지 않음이 없었다. 불교를 천양(闡揚)하고 게송을 짓는 데는 숙달된 경지에 이른 사람처럼 자유자재하였다. 만약 이와 같지 않았다면 어찌 자취가 서울에 가지 않았으면서도 앉아서 온 나라의 우러러 보는 바를 누림이 이와 같을 수 있겠는가? 아! 참으로 선문의 정안(正眼)이며 육신보살의 화현이라 할 만하다. 국사의 법을 이어 받은 몽여(夢如)[66] 선로(禪老)도 또한 법주이

---

63) 을미년 : 고종 22년(1235)이다.
64) 5월 : 원문의 중염(仲炎)은 중하(中夏)와 같은 뜻이며, 음력 5월을 가리킨다.
65) 광원사 : 광원암이라고 한다. 송광사의 산내암자이며, 혜심의 부도가 있다.

다. 일암거사(逸庵居士)인 정안(鄭晏)67)에게 청하여 [국사의] 행장을 초록하게 하고, 비를 세울 것을 진양공에게 청하였다.

　공이 "화상은 세상에 머무는 동안 중생을 이롭게 한 것이 지극히 많았으므로 좋은 돌로 세우지 않을 수 없다."라 말하고, 곧 왕에게 아뢰었다. 왕이 소신에게 비문을 지으라고 명하므로 비명을 짓게 되었다. 명은 다음과 같다.

　염화미소 보인 이후로 마음을 전해 받은 이는 누구인가?
　우리 삼한에서는 국사가 이를 얻었는데
　태어날 때에 탯줄이 가사를 두른 듯하여 그 징조 이미 기이하더니
　과연 정안(正眼)을 얻어 당시를 초월해 보였네.
　스스로 견성하였지만 사람들에게 전하는 데에 겸손하였도다.
　법을 전함이 없었다면 미혹한 자들은 어디에 의지하겠는가?
　당에 올라가 화두를 들어 설법함에 매우 부지런하였네.
　혀는 부처의 마음이며, 그 마음은 곧 부처의 혀였다.
　묵묵함이 본래의 성품이나 말하기 또한 즐겨했네.
　몸은 바위골짜기에 숨었는데 이름이 어디로부터 샜을까?
　배우는 자들이 모여드니 그 문하는 마치 구름이 끼듯 하였네.
　좌우에서 질문하니 응대할 겨를이 없어
　잠시도 한가히 앉아 있게 자신을 놓아두지 않았다네.

---

66) 몽여(?~1252) : 수선사의 제3세이다. 고종 13년(1226) 혜심이 『선문염송집』 30권을 편찬한 것을 몽여가 347칙을 첨가하여 고종 30년(1243)에 증보, 판각하였다. 이규보와 친교가 두터웠고, 고종 39년(1252) 8월 송광사에서 입적하였다.

67) 정안 : 『사고』에는 정분(鄭奮)으로 되어 있는데, 정안(鄭晏)을 가리키며, 처음 이름이 분이었다. 그는 정세유의 손자이고, 정숙첨의 아들로, 어려서 과거에 급제하였고, 음양, 산술, 의약, 음률에 정통하였다. 최이의 처남이었지만 최이의 전횡을 싫어하여 남해에 은거하였고, 재조대장경의 간행에 참여하였다.

오교(五敎)⁶⁸⁾가 참예하여 반야에 물들었네.

여러 방백들이 몸소 달려와 입사(入社)하기를 간청하였네.

왕공(王公)들이 멀리서도 예를 드리니 마치 직접 감화를 받은⁶⁹⁾듯 했네.

32년 동안 감로와 같은 법우(法雨)가 내려 많은 사람들이 배불리 먹어 두루 흡족하였네.

국사가 입적하자 사람들의 눈에는 눈물이 샘솟듯 하였고

왕도 매우 애도하여 안색이 참연(慘然)하였네.

임종에 추증함이 매우 성대하였으나 은총이 지나치다고 할 수 없네.

이에 소신에게 명하여 큰 비석에 공적을 새기게 하였으니, 이 산은 없어지더라도 이 비석은 옮기지 못하리라.

참조

비가 있는 곳 : 『여지승람』에 따르면 월남사(月南寺)는 월출산(月出山) 남쪽에 있는데, 고려 승 진각이 창건하고 이규보가 지은 비가 있다고 한다. -강진군에 있다-

『금석총람』에는 "비신은 깨졌는데 다만 가운데 부분의 왼쪽 반이 남아 있고 길이 3척 8촌, 너비 2척 1촌이며 글자의 직경은 7푼이며 해서(楷書)이다."라고 하였다.

이규보의 행장 가운데 이르기를, "신축년⁷⁰⁾ 가을 9월 2일에 수태보

---

68) 오교 : 신라말 이후 불교 종파 가운데 교종을 이르는 말이다. 흔히 오교구산(五敎九山)이라 관용적으로 불렸으며, 오교는 법상종(法相宗)·법성종(法性宗)·열반종(涅槃宗)·계율종(戒律宗)·원융종(圓融宗) 등이다.
69) 친자(親炙) : 스승의 가르침을 배우는 것으로서, 스승 가까이에 있으면서 직접적인 감화를 받는 것이다.
70) 신축 : 고종 28년(1241)이다.

(守太保) 문하시랑평장사(門下侍郎平章事) 이공(李公)이 병으로 죽으니 사가(私家)에 빈소를 차리고 다음 12월 6일 경인(庚寅)에 진강산(鎭江山)71) 동쪽 기슭에서 장례를 지냈다. 공의 이름은 규보이고, 자는 춘경(春卿)이며, 황려현(黃驪縣)72) 사람이다. 공의 처음 이름은 인저(仁氐)인데 사마시(司馬試)에 응시하고자 하였는데, 꿈에 규성(奎星)73)이 신이한 상서로움을 보였으므로 그로 인하여 고쳤다. 과연 과거에서 첫째로 합격하였다. 정유(丁酉)년74)에 또 표를 올려 물러나기를 간절히 청하니 금자광록대부(金紫光祿大夫) 수태보(守太保) 문하시랑평장사(門下侍郎平章事) 수문전(修文殿) 대학사(太學士) 감수국사(監修國史) 판예부사(判禮部事) 한림원사(翰林院事) 태자태보(太子太保)로 치사(致仕)하였다. 공은 사람됨이 관대하고 단아하며 정직한 대신이었다. 당시 사람들이 보고 이르기를 사람 가운데 용이라고 하였다. 공은 경사(經史)만을 궁구한 것이 아니라, 유문(幽文)·벽설(僻說)과 불교와 도교서에 이르기까지 보지 않은 것이 없었다. 만년에 더욱 불법을 믿고 항상 『능엄경(楞嚴經)』75)을 독송하였다. 또 일

---

71) 진강산 : 인천광역시 강화군 양도면에 있는 산이다. 강화도 중남부지역인 혈구산과 마니산 사이에 있다.
72) 황려현 : 현재 경기도 동남단에 위치한 여주군의 옛 이름이다. 본래 고구려의 골내근현(骨乃斤縣)이다. 신라 경덕왕(景德王)이 황효(黃驍)로 고쳐 기천군(沂川郡)의 속현으로 삼았다. 고려 초에 황려현(黃驪縣)으로 고쳤고, 현종(顯宗) 때에 원주에 붙이고, 뒤에 감무(監務)를 두었다. 고종 때 영의(永義)로 고치고, 충렬왕(忠烈王) 31년에 순경왕후(順敬王后) 김씨의 고향이므로 여흥군(驪興郡)으로 승격시켰다.
73) 규성 : 천구(天球)를 28개 지역으로 구분하여 각 구역에 있는 별을 28수라 하는데, 규성은 그 중 열 15번째 별로 문운(文運)을 맡아보고 있다. 입하절(立夏節)의 중성(中星)으로 서방에 위치하며 문운(文運)을 맡아보며, 이 별이 밝게 빛나면 천하가 태평해진다고 한다.
74) 정유 : 고종 24년(1237)이다.
75) 『능엄경』 : 본래의 경전 이름은 『대불정여래밀인수증요의제보살만행수능엄경

제2절 진각국사(眞覺國師) 83

찍이 『세심경(洗心經)』76)을 읽고 대연(大衍)의 수77)를 궁구하였다. 향년 74세이고 시호는 문순공(文順公)이다."

2. 윤음(綸音)78)

문하(門下)79) 후진(後秦)의 왕이 구마라집(鳩摩羅什)80)의 설법을 존경하여 스승의 예로서 받들어 모셨고, 수(隋)의 황제가 영간(靈幹)81)의

(大佛頂如來密因修證了義諸菩薩萬行首楞嚴經)』이며, 줄여서 『대불정수능엄경』·『수능엄경』이라고 한다. 전체 10권이며, 중국에서 찬술된 위경(僞經)이다. 한국불교에서는 고려 초부터 수용된 모습이 보이며, 이자현이 이를 중시하면서 불교계에 확산되었다. 특히 고려 후기 이후 선종에서 중시하였는데, 사대부사회에서도 널리 성행되었다. 조선시대에는 불교 강원의 사교과(四敎科) 과목의 하나로 채택되어 승려 교육의 기본 교재의 하나가 되었다.
76) 『세심경』 : 『주역(周易)』을 가리킨다.
77) 대연의 수 : 『주역』에서 하늘이 생긴 수를 3으로, 땅이 생긴 수를 2로 잡아, 그 합한 수인 5가 각각 10까지 늘려 이루어진 수 50을 이르는 말이다. 여기서는 천지만물의 이치를 가리킨다.
78) 윤음 : 윤언(綸言), 윤지(綸旨)라고도 한다. 임금이 일반 백성에게 내리는 훈계하는 말이나 그 문서를 가리킨다. 『예기(禮記)』 치의(緇衣)조의 '임금의 말이 실과 같으면 그 나오는 것은 굵은 밧줄처럼 나온다(王言如絲 其出如綸)'라는 말에서 유래한다.
79) 문하 : 제서(制書) 고신(告身)이 시작되는 문서투의 표현이다.
80) 구마라집(344~413 또는 350~409) : 구자국(龜玆國) 출신의 승려이며, 중국불교사에서 역경승(譯經僧)으로 유명하다. 후한(後漢) 이후 안세고(安世高) 등이 중심적인 역할을 한 역경을 고역(古譯)이라 하고, 구마라집이 주도한 한역을 구역(舊譯)이라 한다. 그는 고역 단계의 한역이 지니고 있는 오류를 고쳐 정확하고 유려한 문장으로 다시 번역하였고, 새롭게 다양한 대승경론을 번역하였다. 그의 문하에서 승조(僧肇)·도생(道生) 등 중국불교의 철학적 기초를 다진 대표적인 사상가들이 나와 중국불교가 격의불교를 벗어나 철학적인 불교로 심화되었다.
81) 영간 : 중국 수나라의 승려로 속성이 이씨이며, 적도인(狄道人)이다. 출가하여 18세에 화엄을 강의하였다. 흥선사에서 역경하다가 질병으로 죽었다가 며칠

선정(禪定)을 중시하여 도량에 불러 주석하게 하였으니, 제왕이 승려를 존경하는 것은 옛날과 지금이 그 법을 같이하는 것이다. 진실로 인륜에 구애받지 않는 개사(開士)[82]가 있다면, 어찌 법률을 뛰어넘는 남다른 은총을 내려주지 않겠는가? 선사는 얼음처럼 맑은 계행(戒行)과 옥처럼 깨끗한 마음을 품고서 일찍이 번뇌의 속박에서 벗어났고, 높이 각원(覺苑)에 노니는 데 참여하였으니, 영취산의 염화미소(拈花微笑)[83]를 거치지 않고서 정법안장(正法眼藏)을 얻었으며, 소림사(少林寺)의 입설단비(立雪斷臂)[84]할 겨를도 없이 자심(自心)의 등을 전하였다.

밝은 거울의 빛을 닦아 내니 티끌이 침범할 수 없고, 물이 그친 못을 바라보니 물결이 움직이지 않는다. 오로지 조사의 심인(心印)을 들어서 깨달음의 묘한 문을 열어 보이니 불법이 담복화(薝蔔花)[85] 수풀에 흐르고, 수행은 승려의 모범이 되었다. 담박함은 쏟아지는 물과[86] 같이 도도하게 귀에 가득 찼으며,[87] 질문에 답할 때에는 종을 두들겨 울리는 것처럼[88] 정연하게 사람을 가르쳐 이끌었으니[89] 실로 삼겁(三劫)의

   후 다시 살아났다는 전설이 있다.
82) 개사 : 깨달음의 바른 길을 열어 중생을 인도하는 사부(士夫)라는 뜻이다. 중생의 어두운 눈을 여는 사람 즉 불보살 등을 이르며, 특히 보살을 가리킨다. 또는 고승의 존칭으로 사용된다.
83) 염화미소 : 석존이 영산에서 설법할 때에 꽃을 들어 대중에게 보이자 모두 무슨 뜻인지를 몰랐는데, 가섭만이 미소를 지었다는 고사에서 나온 말이다.
84) 입설단비 : 혜가(慧可, 487~593)가 보리달마를 찾아가 제자가 되기를 청하였으나 보리달마가 이를 승낙하지 않자 스스로 팔을 끊어 구도심을 보였다고 하는 고사에서 유래한 말이다.
85) 담복화 : '담박가화' 또는 첨파[Campaka]라고도 하며 네팔 등지에 자생하는데 황색의 꽃[金色花]은 기름으로 짜서 향유로 사용하였다고 한다.
86) 담박함은 쏟아지는 물과 : 『예기(禮記)』 표기(表記)에 나오는 표현이다.
87) 도도하게 귀에 가득 찼으며 : 『논어(論語)』 태백(泰伯)에 나오는 표현이다.
88) 질문에 답할 때에는 종을 두들겨 울리는 것처럼 : 『예기』 학기(學記)에 나오는 표현이다.
89) 정연하게 사람을 가르쳐 이끌었으니 : 『논어』 자한(子罕)에 나오는 표현이다.

큰 서원(誓願)을 가진 자라고 이를 것이니, 어찌 다만 일세(一世)의 본 보기만이겠는가? 비록 진인(眞人)은 세상에 알려지지 않더라도 오래도록 자손들이 향화(香火)하고 유명(遺命)을 받들어 존숭할 것이니 특별히 승계를 더하여 특별히 대선사를 제수하노라.90)

아! 참된 이를 숭상함은 나라를 위하는 것이고, 상을 내리는 것은 선을 권장하려는 것이다. 행동을 존경하고 도를 사모하여 짐이 예를 다해 선사에게 명령하노라. 불법을 넓혀서 인간을 이롭게 하는데 선사는 힘을 다하고 [또] 짐을 보호하라. 이 대선사 직에 부합하여 영원히 불법에 성실하도록 하라.

주관하는 자는 시행하라.

정우(貞祐) 4년91) 정월 일

금자광록대부(金紫光祿大夫) 문하시랑(門下侍郞) 동중서문하평장사(同中書門下平章事)92) 수문전(修文殿) 대학사(大學士) 감수국사(監修國史) 판병부사(判兵部事)93) 신 최홍윤(崔洪胤)94)

---

90) 고려시대 승려는 승과를 거쳐 승계를 받았는데, 혜심은 그러한 절차를 거치지 않고 파격적으로 선종 승계의 최고직인 대선사를 제수 받았다. 이는 당시 최씨정권이 수선사를 포섭하기 위한 차원에서 이루어진 것이다.
91) 정우 4년 : 고종 3년(1216)이다.
92) 문하시랑동중서문하평장사 : 고려 중서문하성의 종2품 관직이다. 문하시랑평장사·문하평장사라 줄여서 부르기도 한다. 충렬왕 원년(1275)에 원나라의 요구에 의해 고려의 관제가 격하될 때 중서평장사와 함께 첨의찬성사(僉議贊成事)로 바뀌었다. 충선왕 복위년(1308)에 첨의시랑찬성사(僉議侍郞贊成事)와 아울러 중호(中護)로 개칭되었다가, 곧 첨의찬성사로 환원되었다. 공민왕 5년(1356)에 문종 관제가 복구되면서 문하평장사로 되었다. 이후 1360년에는 평장정사(平章政事)로, 1369년에는 문하찬성사로 각각 바뀌었다.
93) 판병부사 : 고려시대 상서병부의 으뜸 벼슬로, 판상서병부사의 줄임이다. 재신(宰臣)이 겸하였다.
94) 최홍윤 : 「혜심고신(慧諶告身)」에는 초압(草押)으로 되어 있으나『사고』에는

조산대부(朝散大夫)[95] 상서병부시랑(尚書兵部侍郎)[96] 충사관(充史
官) 수찬관(修撰官) 지제고(知制誥) 신(臣) 이득근(李得根)[97]
문하시랑평장사(門下侍郎平章事)
급사중(給事中) 현군체(玄君淕)[98] 등은 말한다.
제서(制書)가 이와 같으니 청컨대 제(制)를 받들어 담당 관청에 내려
보내서 시행하십시오. 삼가 아룁니다.

정우 4년 정월 일

제가(制可)
　　예부상서(禮部尙書)
　　형부시랑(刑部侍郎)[99]
　　상서좌승(尙書左丞)[100]

인명으로 표기되어 있다.
95) 조산대부 : 고려시대 문관의 위계이다. 문종 30년에 종5품 하계로 정해져 전체 29등급 중 제13계였다. 1356년 종4품으로 승급되어, 봉선대부(奉善大夫)와 번갈아가면서 고려 말기까지 계속되었다.
96) 상서병부시랑 : 병부는 고려시대 무선(武選)·군무(軍務)·의위(儀衛)·우역(郵驛) 등의 일을 맡아보던 관청이다. 성종 14년(995) 상서병부(尙書兵部)로 하였다. 1298년 충선왕이 일시 정권을 장악해 관제개혁을 단행했는데, 관부의 명칭을 병조로 하면서 판서를 상서로 환원해 인원을 2인으로 늘렸다. 1362년에 군부사로 명칭이 바뀌면서 상서는 판서, 시랑은 총랑, 낭중은 정랑, 원외랑은 좌랑으로 되었다.
97) 이득근 : 「혜심고신(慧諶告身)」에는 초압(草押)으로 되어 있으나, 『사고』에는 인명으로 표기되어 있다.
98) 현군체 : 「혜심고신(慧諶告身)」에는 초압(草押)으로 되어 있으나, 『사고』에는 인명으로 표기되어 있다.
99) 형부시랑 : 고려시대 법률·사송(詞訟 : 민사적 소송)·상언(詳讞 : 형사적 소송)에 관한 사무를 관장했던 형부의 관원이다. 모두 2인이며, 정4품이다. 다만 직제(職制)상으로는 예부시랑이 옳은 것이 아닌가 한다.

대선사에게 고하노니, 받든 제서가 위와 같으니 문서101)가 이르는 대로 봉행하시오.

예부낭중(禮部郎中)
        주사(主事)102) 박(朴)
        영사(令史)103) 한(韓)
        서령사(書令史)104) 황(黃)
을해(乙亥)105) 9월 13일 내림.

3. 여러 곳의 국사의 행적

원묘국사(圓妙國師)에게 보내는 교서 가운데 이르기를, "비상한 사람이 있어야만 비상한 증직(贈職)이 있는 것이다. 국가가 3백여 년 이래로 대화상을 추숭(追崇)하여 국사를 삼은 것은 오직 대각(大覺)106)·

---

100) 상서좌승 : 상서우승(尙書右丞)과 함께 상서도성(尙書都省)에 소속된 종3품 벼슬이었으며, 정원은 1명이었다.
101) 문서 : 원문의 부(符)는 당대(唐代) 관문서 가운데 하행문서(下行文書)의 하나이다. 어떤 지시사항을 상서성(尙書省)이 주(州)에, 주가 현(縣)에, 현이 향(鄕)에 하달할 때에 사용하는 문서이다.
102) 주사 : 고려시대 문하부·상서도성·밀직사·육조·고공사 등에 소속된 직책의 하나이며, 하급실무자이다.
103) 영사 : 고려시대 서리직(胥吏職)의 하나이다. 중앙관청에 속하여 문서를 기안하는 일 등의 행정 실무를 맡았다.
104) 서령사 : 중서문하성·상서육부와 어사대·한림원·삼사·종부시 등의 관청에 소속된 하급실무자이다.
105) 을해 : 고종 2년(1215)이다.
106) 대각(1055~1101) : 천태종(天台宗)을 개창한 의천의 시호이다. 그는 문종의 넷째 아들로 태어나 이름은 후(煦)이며, 우세승통(祐世僧統)이란 시호를 받았다. 문종 19년(1065) 11세에 왕사 난원에게 출가하였다. 그는 1085년 송에 건

무애지(無碍智)107)・보조(普照)・진각(眞覺) 등의 대덕뿐이었다. 그 후 비상한 덕이 있어서 앞 시대 사람으로 하여금 아름다움을 독차지하지 못하게 한 것은 바로 우리 스님이 그 사람이다. 스님은 풍부한 자질과 위대한 덕망으로 시절에 맞추어 태어나서 능히 법의 깃발을 세우고 불법의 북을 울렸다. 법을 넓히고 사람을 이롭게 한 공적이 빛나고 빛나 해와 달과 더불어 밝음을 다툰다. 그러므로 포상하고 추증하는 명을 짐이 어찌 아끼겠는가? 이제 원묘국사라는 [시호]를 하사한다."라고 하였다.

『정명국사어집(靜明國師語集)』서문에 이르기를, "국사의 이름은 천인(天因)108)이며, 가계는 박씨(朴氏)이고, 연산군(燕山郡)109) 사람이다. 어릴 때부터 영리하여 널리 듣고 잘 기억하였으며 문장에 능하여 이름

너가 정원(淨源)・종간(從諫) 등을 참방하여 화엄, 천태학을 수학하였다. 그는 왕권 강화와 불교계의 통합을 염두에 두고 교선일치를 주장하면서 천태종을 개창하였다. 아울러 송, 요, 일본 등 동아시아 불교의 주석서를 수집, 정리하여 속장경을 편찬하였다.

107) 무애지(생몰년 미상) : 계응(戒膺, 또는 繼膺)의 시호이다. 그는 의천의 제자이며, 호는 태백산인(太白山人)이다. 태백산 각화사(覺華寺)를 세우고 매일 천여 명의 학인에게 설법을 하였으며, 문장에도 능하여 많은 문사들과 교유하였다. 예종이 여러 번 불러 왕궁에 머물게 하고자 하였으나, 태백산에서 끝내 나가지 않았다. 제자로는 각화사 주지로서 용수사(龍壽寺) 개창을 주도한 석윤(釋胤)이 있다.
108) 천인(1205~1248) : 백련사 2세 주법이다. 초기 행적은 본문 내용을 참조하기 바란다. 이후의 주요 행적으로는 상주 공덕산에서 동백련사(東白蓮社)에 참여하였고, 1245년 요세를 계승하여 만덕산으로 돌아와 주법이 되었다. 주요 저술로『정명국사후집(靜明國師後集)』이 남아 있다.
109) 연산군 : 지금의 청주를 말한다. 본래 백제의 두잉지현(豆仍只縣)이었는데, 신라에서 지금의 이름으로 고쳐서 연산군(燕山郡)의 속현으로 삼았다. 고려 현종(顯宗) 때에 청주에 예속시켰으며, 명종(明宗)이 감무를 두었다가 뒤에 다시 목주감무(木州監務)로 겸임하게 하였다. 조선 태종 6년에 다시 나누어 감무를 두었다가 14년에 전의와 합쳐서 전기(全歧)라 고쳐 불렀고, 16년에 다시 나누어 현감으로 하였다.

났다. 수사(秀士)110)에 천거되어, 현관(賢關)에 들어가 과거를 보았으나 일생을 두고 춘관(春官)에 낙방하니, 사람이 모두 애석하게 여겼다. 곧 세상을 등지고 동문(同文) 허적(許迪)과 전 진사(進士) 신극정(申克貞)111)과 더불어 결연히 먼 길을 떠나 만덕산(萬德山)에 당도하였다. 원묘국사를 뵙고 출가한 후, 송광산 혜심화상을 찾아가서 조계의 요령을 터득하고, 옛 산으로 돌아와 스승의 가르침을 받들고 승복하여 『법화경(法華經)』112)을 외며 비로소 보현도량(普賢道場)을 열었다. 두 해가 지나자 지리산에 돌아가 은거하였다."라고 하였다.

『화방사지(花芳寺113)誌)』 발문(跋文)에 이르기를, "진각국사는 보조

---

110) 수사 : 학술과 덕행이 뛰어난 선비를 일컫는다.
111) 신극정 : 상주(尙州)의 속현인 산양현(山陽縣) 출신으로, 고려 삼한공신인 신염달(申厭達)의 11세손이다. 그는 국자감시에 합격한 뒤에 성균관에 들어갔고 예부시에 합격하였다. 요세의 문하에 출가하여 법명을 천책(天頙)이라고 하였다.
112) 『법화경』: 『묘법연화경(妙法蓮華經)』 7권(또는 8권)을 가리킨다. 인도에서 기원 전후로 출현한 대승보살운동의 입장에서 찬술된 경전이다. 붓다의 참된 정신을 발휘하기 위해 시, 비유, 상징을 주로 한 문학적 수법으로 영원한 생명 그것으로서 붓다를 칭송하고, 미묘한 언어를 구사하여 붓다의 가르침이 생생하게 표현되어 있다. 3종의 한역이 있는데, 구마라집이 번역한 것이 가장 널리 유포되었다. 여러 종파에서 무수히 많은 주석서가 출현하였고, 동아시아 불교계에 가장 널리 수용된 경전으로서 깊은 영향을 미쳤다. 특히 천태대사 지의(智顗)가 이 경전에 입각하여 천태종을 열었고, 그의 법화삼대부(法華三大部) 30권이 유명하다. 한국의 경우 고려후기 이래 송대의 선승인 계환(戒環)이 주석한 『법화경요해(法華經要解)』 7권이 가장 많이 개판되어 커다란 영향을 미쳤다.
113) 화방사 : 경상남도 남해군 고현면에 있는 절이다. 원효가 창건하고 연죽사(煙竹寺)라 하였다고 한다. 고려중기에 혜심이 현재의 위치 가까이로 옮겨서 중창하고 영장사(靈藏寺)라고 하였다. 임란 때 불타버렸고, 인조 14년(1636) 계원(戒元)과 영철(靈哲)이 현재의 위치로 옮겨 중창하고 화방사라 하였다. 그 뒤 영·정조대에 가직(嘉直)이 머물면서 갖가지 이적(異蹟)을 남겼고, 절을 중수하여 오늘에 이르고 있다.

가 발우를 전한 첫째 제자이고, 고려조 강종(康宗) 임술년에 뗏목을 타고 바다를 건넌 일은 명백히 밝혀졌으니, 우리 절을 처음 창건한 연대에 이에 따라 알 수 있다."라고 하였다.

권극화(權克和)가 지은 기문(記文)에, "광산(光山)114)의 진산(鎭山)을 무등산(無等山)이라 하고 혹은 서석산(瑞石山)이라고도 하는데 그 형세가 웅장하여 다른 여러 산에 비길 바가 아니다. 산 동쪽에 암자가 있어 이를 규봉(圭峰)이라 한다. 그 곁에 서석(瑞石)이 빽빽이 서 있는데 우러러보는 것, 굽어보는 것, 누운 것, 일어난 것, 모여 있는 것, 독립한 것이 있는데 높이가 수백 척이나 되고 사면이 옥을 깎은 듯하다. 서석(瑞石)이라 하고 규봉(圭峯)이라 한 것은 뜻이 대개 이것을 취한 것이다. 물이 잔잔하게 바위의 샘물 구멍에서115) 흘러 나와 비록 가뭄이 들어도 마르지 않는다. 옛날 의상대사(義湘大師)가 보고 기이하게 여겨 처음 정사(精舍)를 세웠고, 이를 이어 보조(普照)와 진각(眞覺)이 참된 마음을 기르고 도를 얻어서 그 꽃다운 자취가 아직도 남아 있다. 삼존석(三尊石)과 십이대(十二臺)를 보면 대개 그 모습을 상상할 수 있다." 라고 한다. -『여지승람(輿地勝覽)』 화순군부에 나온다. -

공주목(公州牧) 유구역(維鳩驛)116) : 『보한집(補閑集)』117)에, "의종

---

114) 광산 : 지금의 광주광역시를 말한다.
115) 샘물 구멍 : 석안(石眼)은 바위의 샘물 구멍으로 천안(泉眼)이라고도 한다. 한유(韓愈)의 「협석서천(峽石西泉)」에 "거연히 비늘 고기는 용납하지 않고, 석안에서 졸졸 한 종의 물이 나오네(居然鱗介不能容 石眼環環水一鍾)"라는 표현이 있다.
116) 유구역 : 충청도 공주목 신풍(新豊)에 있다. 신풍은 공주 지역의 옛 지명이다.
117) 『보한집』 : 고려후기에 최자(崔滋)가 엮은 3권 1책의 시화집(詩話集)이다. 권상에 고려 태조의 문장을 비롯한 역대의 명신들의 언행과 누정(樓亭)·역원(驛院)을 소재로 한 시 등 52화, 권중에 이인로·이규보 등의 선배 문인들의 일화와 시문평 46화, 권하에 21품에 걸친 모범적 시구의 예시와 함께 자신의 시문론과 승려·기생의 작품 등 49화가 수록되어 있다.

(毅宗)이 노래와 여자를 가까이 하고 나가 놀기[118]를 좋아하였다. 문극겸(文克謙)[119]이 정언(正言)[120]이 되어 소(疏)를 올려 간절히 간하였으나 따르지 않았다. 문극겸이 마침내 집에 돌아와 시를 짓기를, '주운(朱雲)이 난간을 꺾은 것이[121] 명예를 구함이 아니며, 원앙(袁盎)이 수레를 막은 것이[122] 어찌 자기 몸을 위한 것이겠는가? 한 조각 붉은 정성을 하늘이 몰라주니, 파리한 말을 억지로 몰아 머뭇거리며 물러왔네.' 라고 하였다. 경인(庚寅)년[123] 가을에 무신들이 난을 일으켜 왕이 남쪽으로 옮기게 되었다.

계사(癸巳)년[124] 겨울에 이 역을 새롭게 수리할 때에, 화공(畵工)을

---

118) 유예(遊豫) : 제왕이 나가 노는 것을 이른다(『맹자』 양혜왕 하).
119) 문극겸(1122~1189) : 본관은 남평(南平), 자는 덕병(德柄)이다. 지문하성사(知門下省事)·집현전대학사를 지낸 경정공(敬靖公) 공유(公裕)의 아들이다. 의종 24년(1170) 정중부의 난 때 죽임을 당할 뻔하였으나 앞서 좌정언으로 있을 때 백선연 등의 비행을 탄핵해 좌천된 것이 직신(直臣)으로 알려져 화를 면하였다. 명종이 즉위하자 이의방(李義方)의 추천으로 우승선(右承宣)·어사중승(御史中丞)이 되어 이공승(李公升) 등 많은 문신들의 화를 면하게 하였다. 무신들의 고사 자문에 응하였으며, 용호군대장군(龍虎軍大將軍)을 겸하였다. 그 뒤 재상이 되었을 때에도 상장군을 겸해 무신정권기에 문신으로 문무를 겸하는 독특한 존재가 되었다. 시호는 충숙(忠肅)이다.
120) 정언 : 고려시대 중서문하성의 종6품 관직이다. 목종 때 습유(拾遺)라 한 것을 예종 11년(1116)에 정언으로 고쳤다. 소속관원은 목종 때와 같이 좌우 각 1인씩을 두고, 품계는 종6품으로 하였다. 충렬왕 34년(1308)에 충선왕이 사보(思補)로 고치고 정6품으로 올렸으나, 공민왕 5년(1356)에 명칭을 다시 정언으로 하였다. 주요직능은 낭관으로서 간쟁(諫爭)과 봉박(封駁)이다.
121) 주운이 난간을 꺾은 것이 : 한나라 성제(成帝) 때 주운이 바른 말로 간하다가 성제가 노하여 형벌을 주려고 어사를 시켜 끌어내게 하니, 주운이 소리를 지르며 난간을 휘어잡아 난간이 꺾인 고사에서 유래한다.
122) 원앙이 수레를 막은 것이 : 한나라 문제(文帝)가 놀러 나갔다가 수레를 몰아 높은 언덕에 달려가려 하니, 원앙이 몸으로 수레를 막으며 간절히 간하였다는 고사에서 유래한다.
123) 경인년 : 의종 24년(1170)이다.
124) 계사년 : 명종 3년(1173)이다.

불러서 벽에 단청을 하였다. 화공은 당시 뛰어난 솜씨를 가진 사람으로 성은 박씨(朴氏)이며, 이름은 알 수 없다. 침실 서쪽 벽에 흰 옷에 갓 쓰고 말 탄 사람이 말 가는 대로 산길을 따라 서서히 가는 것을 그렸는데 그 모습이 쓸쓸하였다. 지나가는 사람이 이를 보아도 모두 무슨 그림인지를 몰랐는데, 뒤에 송광사의 무의자(無衣子)가 승려 천여 명을 거느리고 서원(西原) - 지금 청주의 옛 이름이다 - 으로 가는 길에 이 역에 머물렀다. 이를 보고 탄식하더니 한참 있다가 말하기를, '이것은 간신(諫臣)이 나라를 떠나는 그림(諫臣去國圖)이다.'라고 하였다. 이에 시를 짓기를, '벽 위에 어떤 사람이 이 그림을 그렸는가? 간신은 나라를 떠나니 일이 위태롭구나. 산승이 한번 보고 오히려 슬퍼지는데, 하물며 요직에 있는 사대부야 어떻겠는가?'라고 하였다.

그 후 지나가던 객이 또 [그 시를 보고] 차운(次韻)하여 벽에 쓰니, 그 시 한편에는, '구들을 구부리라고[125] 말하기 전에 일찍 도모하지 못하고, 머리 데고 나서[126] 후회한들 미치겠는가. 누가 이 간신의 가는 모습을 그렸는가? 벽 위에 가득한 맑은 바람이 게으른 사람을 격려하네.'라고 하였다. 또 한 시에는, '흰옷에 누른 띠 두른 간신의 그림, 이가 바로 굴원(屈原)[127]인가, 미자(微子)[128]인가? 임금의 잘못을 바로잡

---

125) 구들을 구부리라고 : 원문의 곡돌(曲埃)은 곡돌사신(曲突徙薪)의 준말이다. 『한서(漢書)』 38, 곽광전(霍光傳)에 의하면 어느 집에서 구들과 굴뚝을 바로 내고, 굴뚝 옆에 섶을 쌓아 놓았다. 손님이 보고 말하기를, 이렇게 하면 화재가 나기 쉬우니 구들을 구불구불하게 고치고, 섶을 다른 곳으로 옮기라고 하였으나, 주인이 듣지 않았다. 며칠 뒤에 과연 불이 나서 주인이 충고를 듣지 않은 것을 후회하였다고 하는 고사에서 유래한 말이다.

126) 머리 데고 나서 : '焦頭爛額爲上客'을 줄인 표현이다. 화재가 있을 것이라는 것을 미리 예언하고 구들을 구부리고 섶을 옮기라고 충고한 사람의 공을 모르고, 불이 난 뒤에 뛰어들어 불을 끈 사람의 공을 더 위해 주었다는 고사에서 나온 것이다.

127) 굴원 : 초(楚)의 왕족과 동성(同姓)이며, 이름은 평(平), 자는 원이다. 초나라 회왕(懷王)의 좌도(左徒 : 左相)의 중책을 맡아, 내정·외교에서 활약하였다. 그

지 못하고 헛되이 나라 떠나니, 모름지기 털끝만큼도 힘쓰지 않았네.'
라고 하였다."-『여지승람』에 나온다.-

는 제(齊)나라와 동맹하여 강국인 진(秦)나라에 대항해야 한다고 주장하였으나, 장의(張儀)와 내통한 정적과 왕의 애첩 때문에 뜻을 이루지 못하였다. 제나라에 사신으로 가 있던 굴원은 귀국하여 장의를 죽여야 한다고 진언했으나 받아들여지지 않고, 왕은 진나라에서 객사하였다. 그럼에도 불구하고, 전왕의 막내인 자란이 재상이 되었기에 굴원이 재차 간언을 하여 유배되었다.

128) 미자 : 중국 은나라 임금 제을(帝乙)의 큰 아들이다. 주왕(紂王)의 서형(庶兄)이며, 이름은 계(啓)이다. 비간(比干)·기자(箕子)와 함께 은의 삼인(三仁)이라 불린다.

제3절 청진국사(淸眞國師)

1. 국사 약력

국사는 고종(高宗) 39년[1] 임자 8월에 입적하였다. 임금이 청진국사라는 시호를 추증하고, 송광사 청진암(淸眞庵) — 지금 남아 있다 — 의 남쪽 기슭에 탑을 세우고, 적조지탑(寂照之塔)이라는 액호(額號)를 하사하였다. 국사의 이름은 몽여(夢如)이고, 호는 소융(小融)이다.

2. 여러 곳의 국사의 행적

진각국사 비문 가운데 이르기를, "법을 이은 몽여 선사는 또한 법주(法主)이다. 일암거사(逸庵居士) 정분(鄭奮)에게 청하여 스님의 행장을 초록하게 하고 비를 세우는 것을 진양공에게 청하였다."라고 하였다.
진명국사(眞明國師) 비문 가운데 이르기를, "이어 조계 무의자의 당하(堂下)를 찾아뵈니 큰 그릇으로 여겼다. 또 일찍이 청진국사(淸眞國師)를 섬겼고, [국사가] 이르는 곳마다 따라가 가르침을 받아 그 골수를 모두 얻었다. 그러므로 고인의 공안(公案)에 환하게 밝아 마음이 돌아가는 바가 현관(玄關)에 자유자재하여 설법과 변론하는 재주가 있었

---

1) 고종 39년 : 1252년이다.

다. 또 이르기를 고종이 특별히 비준하여 대선사로 삼았다. 진양공이 소문(疏文)을 짓고 문객(門客)[2]을 보내어 개당(開堂)을 청하였다. 마침내 법좌에 올라 청진국사를 이었다. 며칠 후에 임금이 행차하여 먼저 금란가사(金襴袈裟)[3]를 올리고 꿇어 앉아 청소(請疏)[4]를 바쳤는데, 국사의 설법이 [왕의] 뜻에 맞아 임금이 크게 기뻐하였다. 국사가 비록 도성에 머물렀어도 뜻은 산중에 있었으므로 산으로 돌아가기를 여러 차례 청하였으나 임금이 허락하지 않았다. 임자(壬子)년[5] 8월에 이르러 청진국사가 입적하기에 이르러 원문(院門)의 일을 국사에게 부탁하였다."라고 하였다.

원감국사(圓鑑國師)의 「정혜사입원축법수소(定慧社入院祝法壽疏)」 가운데, "드디어 이 절을 개창하여 청진선사의 대에 이르러, 선풍(禪風)을 크게 떨쳤고, 충경(冲鏡) – 제4세 진명국사 – 선사에 이르러 조사의 도를 계속하여 일으켰습니다."라고 하였다. – 이 정혜사는 역시 승주군 관내에 있고, 조계산의 정혜사와 다르다. – 또 『충경왕사제문』중에 이르기를, "진각의 문하에 오래 머물고 소융(小融)의 방에 깊이 들어갔

---

2) 문객 : 고려시대 권세가에 사적으로 예속되어 있던 집단이다. 국가의 공적 질서가 무너지고, 사적 관계에 의한 집단이 형성될 때 발생하며, 대가의 주인과 일방적인 주종관계에 있는 것이 아니라 자율적인 상하 복종관계를 맺는 것을 특징으로 한다. 무신집권기에 집권무신의 사적인 무력기반이 되기도 하였다. 이 시기에 가동(家僮)과 더불어 사병으로 발달하였는데, 가령 명종 9년(1179) 경대승(慶大升)이 조직한 사병집단인 도방(都房)은 그의 문객을 모태로 하였다. 최충헌이 집권한 뒤 도방을 확대, 재편한 것도 자신의 문객을 더욱 증가시키고 조직적인 체계 속에 편제하기 위한 것으로 추측된다. 한편, 그 가운데는 군인뿐 아니라 문사들도 포함되어 있었으며, 최우가 집권하였을 때는 이들을 중심으로 서방(書房)·정방(政房) 등이 조직되기도 하였다.
3) 금란가사 : 금란의(金襴衣), 금색의(金色衣), 금루가사(金縷袈裟), 황금첩의(黃金氎衣)라고도 하며, 금실로 지은 화려한 가사를 뜻한다.
4) 청소 : 상소문의 일종으로 어떤 일을 청(請)하기 위해 올리는 상소문이다.
5) 임자년 : 고종 39년(1252)이다.

다."라고 하였다.

『범음집(梵音集)』6)의 「선문조사예참(禪門祖師禮懺)」7)에 이르기를, "나면서 알아 세속을 끊고 꿈속에서 경을 전한 청진국사에게 지극한 마음으로 귀의하며 예합니다. 묘한 색으로 빛나는 옥을 누가 값을 정하겠는가? 육창(六窓)8)과 한월(寒月)이 무시(無時)로 비추네. 옥빛이 길이 청정하여 사계(沙界)9)에 두루 하네. 청풍(淸風)과 조화되어 창에 날아 들어오네."라고 하였다.

『염송(拈頌)』10) 서문11)에 이르기를, "종문의 깊은 뜻은 방책(方冊)에 두루 있고, 배우는 이들이 탐구하기에 게을리 하여 선대 국사 - 진각국사 - 가 문인 등에게 명하여 고화(古話)12) 모두 1125칙과 염송(拈頌) 등 어요(語要)를 모아서 30권으로 편찬하여 목판에 새겨 세상에 유행하게 하였다. 그러나 제가(諸家)의 어록은 그때 모두 갖추지 못하였고, 다 모으지 못하여 후대에 부탁하였다. 도읍을 옮길 때에 가져갈 겨를이 없

---

6) 범음집 : 지환(智還)이 집성한 『천지명양수륙재의범음산보집(天地冥陽水陸齋儀梵音刪補集)』이다. 상중하 3권으로, 수륙재문 가운데 널리 사용되는 것을 모은 의식집이다.
7) 「선문조사예참」: 지환의 『범음집』 권중에 실려 있다. 붓다 이래 인도 28조사와 중국 6조 혜능까지 33조사와 가지산문 도의 이래 해동의 조사에 대한 예참문이 있다. 여기에 인용된 원문은 해동 조사 가운데 도의 - 의상 - 원효 다음으로 청진국사를 제시하고 있어 흥미롭다.
8) 육창 : 육근(六根 : 눈·귀·코·혀·몸·뜻)을 여섯 개의 창으로 비유하여 이르는 말이다.
9) 사계 : 갠지스 강의 모래처럼 수많은 세계 또는 무량(無量)하고 무수한 것을 이른다.
10) 염송 : 수선사에서 혜심을 중심으로 편찬하여, 1226년에 간행한 『선문염송』 30권이다.
11) 염송 서문 : 『선문염송』의 서문이 아니라 고종 30년(1243)에 증보하여 간행할 때 일암거사 정안이 쓴 발문(跋文)이다.
12) 고화 : 고칙공안을 이르는 말이다. 선종이 성립하는 과정에서 조사들의 깨달음의 기연을 말한다.

어 마침내 그 원본을 잃었다. 지금 조계 노사옹(老師翁) - 청진국사(淸眞國師) - 이 그 잃어버린 것으로 인해 전에 보지 못한 제방(諸方)의 공안을 헤아려서 347칙을 첨가하여 거듭 새기고자 하였으나 인연이 부합하지 않았다."라고 하였다.

참조

『동문선(東文選)』 51권에 이르기를, "송광사주 대선사 몽여가 시자 두 사람을 보내어 정이안(丁而安)[13]의 묵죽(墨竹) 두 그루를 얻어서, 이에 나―이규보이다―에게 찬을 지어 달라."고 하였다.

설죽생순(雪竹生筍)
대나무가 추위를 견디는 것이 비록 그 성질이라 하나 그 순이 눈 속에서 돋아난다는 말을 들어보지 못하였다. 옛날 효자는 정성이 천지를 감동시켜 울고 나니 겨울에 죽순이 돋아나서 좋아하는 어머니께 바쳤다고 한다. 너는 법신(法身)도 아닌데, 묘한 빛이 맑게 어리어 시절 따라 변하는 것이 아니다. 법의 이치 엄숙한 것이 너의 모양과 같다. 어찌하여 추위와 더위에 구별이 있으랴.

풍죽이총 일동일정(風竹二叢一動一靜)
큰 바람 부는 곳에 모든 것이 함께 받는다. 어찌하여 다 같은 대나무로서 흔들리는 것과 흔들리지 않는 것이 있단 말인가? 한 그루는 바람에 시달려서 그칠 사이 없이 흔들리고, 한 그루는 제대로 곧게 서 있구나. 이를테면 두 사람이 함께 선(禪)을 배우는데 한 사람은 깨달

---

13) 정이안(생몰년 미상) : 이안은 자(字)이고, 이름은 홍진(鴻進)이며, 본관은 압해(押海)이다. 고종 때 비서감(秘書監)을 지냈으며, 시문에 능하였다. 특히 묵죽(墨竹)으로 유명하였다.

아 마음이 성숙했는데, 한 사람은 아직도 복잡한 생각 그치지 않음 이로다. 듣는 소리를 되돌려 성품을 듣게 될 때는[14] 움직임과 고요함이 다 끝나리라.

송광사주 몽여에게 보내는 편지[15]
우러러 아룁니다. 제가 지난 번에 속세의 대단하지 않은 것으로 이지식(頤知識)께 보내 드렸으나, 다만 발우 하나뿐인 스님인데 제가 무슨 바라는 바가 있어서 이에 그렇게 하였겠습니까? 뻔뻔스런 얼굴로 직접 대화상께 나아가지 못하고 그 필설을 빌려서 대략 스님께 알려 드리고자 할 따름입니다.
서생의 염치가 없는 것이 이와 같습니다. 그리하여 이지식의 편지를 받은 결과, 그가 보내준 물건이 바라는 것보다 매우 많았습니다. 비록 편지에서는 스스로 보내는 것이라고 말씀하셨습니다만 틀림없이 대화상의 방장으로부터 나온 것임을 알고 공경히 받아서 돌아오니 그 감사함을 견딜 수가 없었습니다. 만일 그렇게 하지 않았더라면 유가의 경비가 요즘 대단히 쓰일 곳이 많아서 지탱해내지 못할 뻔했습니다. 아, 세상을 구제하는 대법왕(大法王)이 아니라면 어찌 이처럼 할 수가 있겠습니까. 뜻을 다 적지 못하여 황공하고 또 황공하옵니다. 오직 불법을 위하여 몸 보전하시기를 바랍니다.

이규보

---

14) 반문문성(返聞聞性) : 『능엄경』 권6에서 관음보살의 25원통 가운데 이근원통에 근거하여 수행하는 방법이다. 소리를 되돌려 소리를 듣는 성품, 즉 마음자리를 보는 수행법이다.
15) 『동국이상국후집(東國李相國後集)』 12권의 「송광사주에게 답하는 편지」· 「이지식에게 답하는 편지」와도 연결되는 내용이다. 그 내용은 당시 수도를 강화로 옮긴 상황에서 동당(東堂)의 경비를 도와달라는 정부의 요청에 대해 기대 이상으로 보내준 물건이 많았음을 감사하는 것이다.

제4절 진명국사(眞明國師)

1. 비문

조계산 제4세이며 진명국사(眞明國師)라는 시호를 추증 받은 [혼원의] 비명과 서문

찬성(贊成)[1]이며 문정공(文貞公)이라는 시호를 받은 김구(金坵)[2]가 왕명을 받들어 짓다.

국사의 이름은 혼원(混元)이고, 속성은 이씨(李氏)이며, 수안현(遂安縣)[3] 사람이다. 아버지는 사덕(師德)이며, 벼슬이 경시서승(京市署丞)[4]

---

1) 찬성 : 여기서는 첨의찬성사를 가리킨다. 고려 문종 때의 4찬성사가 충렬왕 원년에 첨의시랑평장사・첨의찬성사・첨의찬성사로 바뀌었다.
2) 김구(1211~1278) : 본관은 부령(扶寧 : 지금의 전북 부안), 초명은 백일(百鎰), 자는 차산(次山), 호는 지포(止浦)이다. 그는 할아버지가 출가하였기 때문에 대간이 될 수 없으나 재주를 인정받아 원종 4년(1263) 우간의대부(右諫議大夫)가 되었다. 원나라에 갔을 때『북정록(北征錄)』을 남겼고, 특히 변려문에 뛰어났다. 저서로는『지포집(止浦集)』이 있고, 시호는 문정(文貞)이다.
3) 수안현 : 황해도 수안을 말한다.
4) 경시서승 : 경시서(京市署)는 시장, 상점 구검(勾檢 — 관리, 검열) 등의 일을 맡는다. 목종 때에 경시서가 있었고 거기에 영(令)이 있었다. 문종이 영은 1명 정7품으로, 승은 2명 정8품으로 정하였다. 충렬왕 24년에 충선왕이 영의 품계

에 이르렀다. 어머니 김씨(金氏)는 합문지후(閤門祗侯)⁵⁾ 열보(閱甫)⁶⁾의 딸이다. 꿈에 감로를 마시고, 그로 인하여 임신하였다. 태어나면서부터 매우 영특하여 불교의 가르침에 예경할 줄 알았다. 나이 13세에 품일(品日)⁷⁾의 먼 후손이 되는 외삼촌 종헌(宗軒)선사에게 나아가 삭발하고 구족계를 받았다. 총명한 지혜는 다른 사람보다 뛰어나 학문이 내전과 외전⁸⁾에 통하였고 마침내 사굴산의 으뜸이 되었다. 선선(禪選) 상상과(上上科)에 뽑혔지만, 산림에 뜻을 두고 명리의 길을 밟지 않을 것을 맹세하고 석장을 벗하여 여러 곳으로 유력하였다.

처음 쌍봉사(雙峯寺)의 변청우(辯靑牛)를 찾아뵙고 몇 년 동안 정진하고, 그로 인하여 깊은 경지를 얻었다. 이어 조계 무의자의 당하를 찾아뵈니 큰 그릇으로 여겼다. 또 일찍이 청진국사를 섬겼고, 이르는 곳마다 따라가 가르침을 받아서 그 골수를 모두 얻었다. 그러므로 고인의 공안에 환하게 밝아 현관(玄關)에 자유자재하며 설법과 변론하는 재주가 있었다. 주국(柱國) 진양공이 국사의 도행을 우러러 [임금에게] 주청하여 삼중대사(三重大師)⁹⁾를 더하였다. 또 주청하여 정혜사(定慧

를 올리어 권참(權參)으로 하였고 34년에는 충선왕이 승의 정원을 3명으로 늘렸다. 공민왕 5년에 승의 품계를 종8품으로 낮추었다. 이속으로 사(史) 3명, 기관 2명을 두었다.

5) 합문지후 : 고려시대 조회(朝會)·의례(儀禮) 등 국가 의식을 맡아보던 합문 소속의 관직이다. 합문이 처음 설치된 목종 때 두었으며 문종 때 정원 4인, 정7품으로 하였다. 충렬왕 24년(1298)에는 정원을 8인으로 하였고, 동왕 34년(1308)에 14인으로 늘리면서 4인은 낭장(郎將)이 겸임하게 하고, 종6품으로 하였다.

6) 열보 : 임춘(林椿)의 '도김열보(悼金閱甫)'라는 시에 '열보가 벼슬이 장작승(將作丞)에 이르렀고, 아버지 사공(司公) 단(端)이 권적(權適)과 같은 해의 빈공(賓貢)이었다'라는 기록이 있다. 동일 인물인지는 알 수 없다.

7) 품일 : 통효국사 범일을 가리킨다.

8) 내외 경전 : 불교의 전적을 내전(內典)이라 하고, 그 상대어로서 불교 이외의 서적을 외전(外典)이라고 한다.

社)에 머물기를 청하였으나 얼마 안 되어 대중을 거느리는 것이 근심과 누가 없을 수 없다고 하여 이에 진양공에게 글을 보내어 굳이 사양하였으나 얼마 안 있어 선례에 따라 선사를 제수하였다. 국사가 이미 한 곳에 머무르고자 하지 않고, 다만 사람들이 따르는 곳에 응하여 도를 펴고자 하였으므로 세상에서 법주(法主)라 일컫고 이름을 부르지 않았다.

을사(乙巳)년10)에 진양공이 선원사(禪源社)11)를 창건하고 크게 낙성회를 열고 국사에게 주맹(主盟)을 청하였다. 다음 해인 병오(丙午)년12)에 국사가 깊이 수련한 납자 200명을 거느리고 서울로 가서 선원사에 들어갔다. 고종이 특별히 비답을 내려 대선사로 삼았다. 진양공이 소문(疏文)을 짓고 문객을 보내어 개당을 청하였다. 마침내 법좌에 올라 청진국사를 계승하였다. 며칠 후에 임금이 행차하여 먼저 금란가사를 올리고 꿇어 앉아 청소(請疏)를 바쳤는데, 국사의 설법이 [왕의] 뜻에 맞아 임금이 크게 기뻐하였다. 국사가 비록 도성에 머물렀어도 뜻은 산중에 있었으므로 산으로 돌아가기를 청하였으나 임금이 허락하지 않았다.

임자(壬子)년13) 8월에 청진국사가 입적하기에 이르러 원문(院門)의

---

9) 삼중대사 : 고려시대 승계(僧階)의 하나이다. 삼중대사는 고급승계의 시작으로, 이 승계의 제수에는 국왕의 제가가 필요한 관고(官告)가 내려졌다.
10) 을사년 : 고종 32년(1245)이다.
11) 선원사 : 인천광역시 강화군 선원면에 있던 절이다. 1245년 최항이 창건하였는데, 수선사의 강도(江都) 분원이었다. 최씨 정권이 강도로 천도하면서 창복사(昌福寺)와 선원사를 창건하여 최씨 집안의 원당으로 삼고, 불교계 통제를 위한 차원에서 이들 사원을 활용하였다. 수선사의 역대 사주로 취임하기 이전에 선원사의 법주가 되었을 만큼 중요한 사세를 지니고 있었다. 그러나 왕정복고 이후 사세가 기울어졌고, 조선 초기 이후에 폐사된 것으로 추정된다.
12) 병오년 : 고종 33년(1246)이다.
13) 임자년 : 고종 39년(1252)이다.

일을 국사에게 부탁하였다. 임금이 이에 조계에 주석하기를 명하여 [수선사의] 제4세가 되었다. 이에 중사(中使)에게 명하여 조계에 모시고 가도록 하였다. 겨울 12월에 수선사에 들어가 다시 목우자의 선풍을 불러일으켰다. 병진(丙辰)년[14] 가을에 선원법주(禪源法主)인 차공(且公)에게 자신을 대신하여 주기를 청하고 운수행각하였다. 그러나 조정이 [나라를] 복되게 하고 [세상을] 이롭게 하기를 바래서 국사를 존경함이 줄어들지 않았다.

무오(戊午)년[15]에 임금이 국사의 도덕을 흠모하여 신하의 예로 섬기는 것을 바라지 않았고, 봉숭도감(封崇都監)을 세우고 단속사로 중사(中使) 예부낭중(禮部郎中) 최탁(崔鐸)[16]을 보내어 맞이하도록 하였다. 국사는 교지(敎旨)를 받고 싶지 않았으나 중사가 임금이 애타게 맞이하려는 정성을 아뢰니 국사가 마지못해 일어나 서울로 올라갔다. 임금이 사신에게 명하여 맞이하게 하고 자운사(慈雲寺)[17]에 가게 하였다. 당시 오랫동안 가물었는데 그 날 저녁 갑자기 비가 억수같이 쏟아지니 도성 안팎의 사람들이 기뻐 감탄하였고 옷을 걷어 올리는 예로 청하였다.[18] 기미(己未)년[19] 5월 11일에 책봉하여 왕사로 삼았는데, 임금이 몸소 스승으로 모시는 예를 행하고자 하였으나 병으로 인해 그만 두었는데, 얼마 안 되어 임금이 돌아가셨다.

원종이 즉위하여 선왕의 뜻을 따라 예우가 더욱 더하였다. 국사가 와룡사(臥龍寺)[20]를 하산소(下山所)[21]로 삼아서 물러나 쉬기를 두세

---

14) 병진년 : 고종 43년(1256)이다.
15) 무오년 : 고종 45년(1258)이다.
16) 최탁 : 자세히 알 수 없다. 고종 41년(1254)에 태창(太倉)의 곡식을 없애 버린 죄로 파직을 당한 기록이 『고려사』에 있다.
17) 자운사 : 고려 태조 2년(919)에 황성 안에 건립된 절이다.
18) 제자가 되기를 원한다는 의미이다.
19) 기미 : 고종 46년(1259)이다.
20) 와룡사 : 진주 와룡사이다.

번이나 간절히 청하였다. 임금이 이르기를, "짐은 스님을 붙들어두고 친히 법의 가호를 입고자 하는데, 스님의 뜻이 확고하고 간절하니 끝내 어길 수 없습니다. 바라건대 멀거나 가까우나 뜻을 바꾸지 말고 길이 삼한을 복되게 해 주십시오."라 하고, 이어서 궁궐에 맞아들여 친히 스승의 예로 모셔서 손수 스스로 음식을 바쳤다. 조용히 대화를 나누고 저녁에 이르러 마치고, 중사에게 명하여 호위하여 가게 하였다.

경신(庚申)년22) 10월에 하산소로 들어가 상당하였다. 공(公)이 입문하니 전각이 허공에 솟고, 눈을 들어 보면 시내와 산이 그림과 같았다. 사람들이 이르기를 "신령스러운 새가 돌아올 줄 알고, 하늘이 늙은 용을 보내어 저 어진 사람을 편안히 눕혔다. 용이 벌써 누웠으니 자운(慈雲)은 어디에 있는가? 오래도록 흘러서 물길이 다한 곳에 이르면 구름이 이는 것을 보리라."라고 하였다.

그때에 사방에서 배우고자 하는 자가 구름같이 모여들었다. 법을 설하여 중생을 이롭게 한 지 무릇 12년이 되었다. 전각이 피폐해진 것을 모두 새롭게 하니 사람들이 개산(開山)한 경공대사(景空大師)가 다시 왔다고 일컬었다. 원종의 외숙인 대선사 경지(鏡智)23)는 어려서 양산(陽山)의 원진국사(圓眞國師)에게 나아가 출가하였는데, 국사를 존경하

---

21) 하산소 : 덕망과 깨달음이 높은 승려가 국왕으로부터 하산소를 지정받아 하산하여 수행에 몰두하다가 사거(死去)하는 것이 보통이었다. 그래서 국사, 왕사가 최후로 머문 하산소의 존재는 당시 종단에 대한 국왕의 통치의 한 단면을 보여주는 것으로 생각되며 국사, 왕사의 문도들의 존재나 종단의 확대 그리고 현존 국사, 왕사가 머문 곳은 불교계의 상징적 중심으로서의 지역성까지도 내포하는 등의 의미가 있을 것으로 생각된다.
22) 경신년 : 원종 1년(1260)이다.
23) 경지 : 희종의 넷째 아들로 출가하여 대선사가 되었다. 전라북도 임실에 있는 진구사(珍丘寺)의 주지를 지냈으며, 또한 단속사에서 오랫동안 주석하였다. 보환(普幻)의 『수능엄경환해산보기(首楞嚴經環解刪補記)』를 판각, 간행하였다.

고 정중히 하여 문인의 예로 섬겼다. 이로 인하여 교지를 받아 굴산(崛山)으로 승적을 옮겨 품일의 법손이 되어 단속사에 머물면서 자주 와서 예로 섬겼으니 그 존숭(尊勝)하여 공경한 바가 이와 같았다.

지원(至元) 8년[24] 신미(辛未)년 12월 1일에 방장에서 게를 보이며, "오늘 아침은 섣달 초하루구나. 30일을 살펴보고 살펴보아라. 30일이 와도 정념(正念)은 잊어버림이 없다."라고 말하였다. 초이렛날이 되자 가벼운 병을 보였다. 10일 새벽에 시자승이 문안을 드리니 국사가 불안(佛眼)[25]선사의 '새가 허공 속으로 날아와 마음 속을 향하여 들어와 머문다'라는 게송을 들어 평상시와 같이 이야기하였다. 국왕에게 올리는 글을 쓰고 또 인신(印信)을 봉하여 시자에게 맡겼다. 신시(申時)[26]에 옷을 갈아입고 가리(伽梨)[27]를 입고 선상(禪床)에 앉아 손을 가슴에 모으고 조용히 입적하였는데 얼굴이 단장한 듯하였고 [팔다리를] 펴고 오므리는 것이 살아 있는 것과 같았다. 16일에 절의 뒤쪽 골짜기에서 화장하였다.

문인이 유서(遺書)와 인신(印信)을 받들고 역마를 타고서 급히 임금에게 아뢰니, 임금이 크게 애도하고 국사를 더하여 봉하고 진명(眞明)이라는 시호를 내리고, 탑호를 보광(普光)이라 하였다. 교지를 내려 진주목(晉州牧) 부사(副使) 호부시랑(戶部侍郎) 설앙(薛昂)에게 뒷일을 수습하도록 하였다. 임신(壬申)[28] 2월 17일에 절의 서쪽 언덕에 부도를

---

24) 지원 8년 : 원종 12년(1271)이다.
25) 불안 : 송대 임제종 양기파의 선승인 용문청원(龍門淸遠, 1067~1120)의 칙호이다. 그는 사천성 임앙현(臨卬縣) 출신으로, 출가한 후에 여러 선승들을 두루 찾아 배웠다. 오조법원(五祖法源)의 법을 이었는데, 원오극근(圜悟克勤)·태평혜근(太平慧勤)과 함께 동산(東山)의 3불(佛)이라 일컬어졌다.
26) 신시 : 오후 3시부터 5시까지의 시간이다.
27) 가리 : 승가리(僧伽梨)의 약칭으로 승려가 지니는 세 가지 가사 가운데 하나이다. 중의(重衣) 또는 대의(大衣)라고도 하며 걸식할 때나 설법할 때 사용한다.

세웠다. 향년 81세이고 법랍 68세이다.

국사는 자비로운 마음으로 만물을 다스리고, 아랫사람에게 겸손하였다. 행동에는 꾸밈이 없고, 말에 숨김이 없었으며 담극(談劇)에 재주가 있어 사람들이 기뻐하였고 사람들을 사랑하고 공경하는데 게으름이 없었다. 평생 머무른 곳은 일찍이 따뜻한 자리가 없었다. 이르는 곳마다 오직 번득이는 종지(宗旨)를 드날리는 것을 자기의 임무로 삼았다. 창구(倡句)를 짓는 데에 이르러서는 원만하고 뾰족한 새로움이 있고, 모두 밝게 드러내는 것이 있어 후학을 경계하고 깨닫게 하였다. 국사의 행적이 대략 이와 같다. 내가 일찍이 법은(法恩)을 받았는데도 갚은 것이 없고, 하물며 임금의 명이 있어 비석에 글을 지으라 하니, 감히 글과 말이 거칠다고 하여 사양하겠는가?

이에 붓을 적셔서 명을 짓는다.

"백억찰(百億刹) 밖에 한 불전(佛殿)이 있어 채색하지 않아도 8면이 영롱하네.

조사에서 조사로 이어져 항상 머무니 땅을 휘감는 맑은 바람이 인도,29) 중국으로부터 해동30)에 이르렀도다.

품일(品日) 선사가 [처음] 창도하고 오직 혜소(慧沼)31)·대감(大鑑)32)

---

28) 임신 : 원종 13년(1272)이다.
29) 서건(西乾) : 인도(印度)를 가리키는 별칭(別稱)이다. 풍수에서는 서쪽이 태방(兌方)이고 서북쪽이 건방(乾方)이다.
30) 해동 : 우리나라 별칭의 하나로 중국인이 발해(渤海)의 동쪽나라라는 뜻으로 불렀다.
31) 혜소 : 혜조(慧照)국사 담진(曇眞)이다. 그는 탄연(坦然)의 스승이며, 1107년 왕사로, 1114년에 국사로 책봉되었다. 북송에 가서 정인(淨因)과 교유하고, 거란본 대장경을 가져왔다. 그는 의천의 천태종 개창으로 세력이 약화된 선종을 부흥시키는 데 노력한 선구적인 인물이다.
32) 대감 : 탄연의 시호가 대감국사이다. 성은 손씨(孫氏), 호가 묵암(默庵)이다. 경상남도 밀양 출신이며, 교위(校尉) 숙(肅)의 아들이다. 선종 2년(1085) 명경과(明經科)에 합격하여 세자를 가르치다가, 1088년 궁중에서 몰래 나와 안적사

・진각국사가 서로 잇달아 크게 드러내니

꼭두서니에서 나온 붉은색과 쪽에서 나온 청색처럼 우리 대사가 더욱 빛났네.

감로의 상서로운 징조로 어머니에게 태어났도다.

법기(法器)가 이미 탄생하였으니 자비와 지혜가 항상 가득하였다.

일천 성인이 제자가 되어 일시에 따랐네.

겸손히 응대하여 자리가 항상 따뜻하지 않았도다.

행적은 비록 물러나 가려 하였으나 이름이 실로 먼저 드러나니

조야(朝野)가 함께 추대하여 임금의 스승이 되었도다.

만승(萬乘)이 존귀함을 낮추어 옷을 걷고 자비를 빌었네.

선왕이 승하하고33) 새 임금이 즉위하니34) 두 조정에 사범(師範)이 되어 복과 이로움을 널리 베풀었도다.

묘용(妙用)이 종횡하여 인천(人天)이 숭상하였으니 법우(法雨)가 이미 흡족하여 용이 와룡산에 누웠도다.

비늘에 붙어 윤택함을 얻으려고 배우는 자가 구름같이 따랐고 나이가 81에 이르러서, 그림자를 숨기고 자취를 감추네.

떠나는 길에 호연한 노래 그 곡조 어떠하였나.

(安寂寺)로 출가하였다. 그 뒤 광명사(廣明寺)의 혜소국사(慧炤國師)의 문하에 들어가서 공부하였다. 숙종 9년(1104) 승과에 합격하여 중원(中原) 의림사(義林寺) 주지가 되었고, 선사・대선사를 거쳐 1146년 왕사가 되었다. 1148년 단속사(斷俗寺)로 돌아가 은퇴하였다. 그는 「사위의송(四威儀頌)」과 「상당어구(上堂語句)」를 지어 송의 개심(介諶)에게 보내 인가를 받았다. 서예에도 조예가 깊었다.

33) 궁타정수(弓墮鼎水) : 활이 떨어진다는 표현은 천자의 붕어(崩御) 내지는 황제가 승천하는 때를 말한다. 정수는 황제(黃帝)가 활을 떨어뜨린 곳인 정호(鼎湖)를 가리킨다.

34) 일승함지(日昇咸池) : 함지는 태양이 목욕한다는 천상의 연못이다. 여기서 해가 함지에서 떠올랐다는 것은 새로운 임금이 즉위하였음을 뜻한다.

흰 구름 아득한데 한 마리 새 날아가네.

다비한 뒤 곡탑(鵠塔)[35]이 높고 높도다.

신령한 빛이 만고에 빛나서 산하를 비추리라."라고 하였다.

2. 조계종(曹溪宗)[36] 선사 혼원(混元)을 대선사로 삼는 교서(敎書)[37]

혼원에게 교지를 내리노라. 사람들은 존호(尊號)를 부름으로써 그 덕을 기린다. 작위(爵位)가 없으면 어떻게 어질고 어리석은 사람을 구별하겠는가? 그러므로 공문(空門)[38]에도 사호(師號)의 품질(品秩)이 있으니, 역시 옛 제도이다. 만약 승려로서 그 덕이 사람과 하늘에 복과 이로움이 될 수 있는 자가 있다면, 감히 아름다운 호를 더하여서 총림의 모범이 되게 하지 않겠는가?

---

35) 곡탑 : 석존이 열반한 곳은 쿠시나가라의 사라쌍림(沙羅雙林)인데, 이를 곡림(鵠林)이라고도 한다. 붓다나 조사가 입적하면 그 사리로 탑을 세우므로 곡탑은 그 부도를 가리키거나 입적을 상징한다.
36) 조계종 : 고려시대 선종을 가리키는 명칭이다. 조계라는 이름은 중국 남종선의 시조인 육조혜능이 머문 광동성(廣東省) 소주(韶州) 조계산(曹溪山)에서 유래되었다. 대부분의 개설서에서 조계종의 창시자로서 지눌을 가리키고 있지만, 논란의 여지가 적지 않다. 신라말에 선불교가 수용된 이후 금석문 자료에서 조계라는 용어가 많이 보이는데, 이는 혜능 또는 그의 법손을 가리키는 의미로 사용되었다. 인종 10년(1132) 건립된 선봉사대각국사비(僊鳳寺大覺國師碑)에 조계업(曹溪業)이란 용어가 보이며, 윤언이(尹彦頤) 묘지명, 단속사대감국사비에도 조계종이란 용어가 보인다. 따라서 조계종이란 용어는 고려시대에 선종을 가리키는 관용적인 표현으로 보는 것이 좋지 않을까 생각된다.
37) 『동문선』 권27에 실려 있다.
38) 공문 : 불교는 공법(空法)으로서 전체를 꿰뚫는 근본 뜻을 삼기 때문에 공문은 불교의 총칭을 말한다.

그 도행과 견해를 말하면, 해와 달을 기리고 하늘과 땅을 찬양하는 것과 같아서 필설로 다할 수 없다. 나가고 들어앉는 두 가지에 관하여 말할 만한 것이 있지만, 선사의 입장에서 본다면 매우 하찮은 일이다. 또한 당시의 도반으로 이름난 자들도 능히 발을 들고 바라보지도 못하는 것은 무슨 까닭인가?

[선사는] 일찍이 선불과(選佛科)에 오른 뒤에 세상을 등지고 산으로 들어갔다. 도안(道眼)이 바야흐로 밝아지니 짐과 대신이 소문을 듣고 명망을 사모하여 이름난 절로 맞으려고 한 것이 두세 번이었으나, 모두 굳이 사양하고 피하여 마침내 머무르지 않았다. 신세는 뜬 구름과 같고 명리는 헌 신짝을 벗어버리듯 하여, 당시 세상을 도피하는 자가 남쪽을 첩경으로 삼는 것과 같지 않았다.

대개 방외에 노는 자는 그 뜻을 고상하게 하고, 왕후에게 큰 기침을 한다. 비록 자기를 낮추며 정성껏 나와 주기를 청하여, 중생을 복되게 하려는 경우에도 거절하여 받지 않고, 이에 산림에 토끼처럼 도망하고 쥐처럼 달아나면서 [그것을] 스스로 아름다운 행실로 여긴다. 이것은 고결하다는 이름을 낚으려는 것이고, 다만 복잡하고 더러운 것이 자기를 유혹할까 두려워하는 것이며, 정근(精勤)을 싫어하고, 안일을 좋아하는 자일 뿐이니, 이승(二乘)의 독선이라 말할 것도 없는 것이다.

지금 선사는 그렇지 않아서 평소에는 문득 인간 세상을 사절하고 방외로 높이 노니다가 국가의 위태하고 어려운 때를 당하자 군신이 간절히 청하는 정성에 응하여 나왔다. [그리하여] 용상(龍象)[39] 2천 명을 거느리고 서울에 이르러 법회를 주맹하여 남계(南溪)의 물방울을 뿌리고 북수(北水)의 재앙을 사라지게 하였으며, 법유(法乳)를 널리 삼한에 베풀었다. 그러므로 이것은 참으로 들어가서는 비로정상(毘盧頂上)을 밟

---

39) 용상 : 학덕을 갖춘 역량있는 승려를 이르는 말이다. 특히 선종에서는 뛰어난 식견과 역량을 갖춘 선승을 가리킨다.

고, 나와서는 보현행문(普賢行門)을 연 것이다. 그 사람이 높지 않은가, 그 덕이 크지 않는가? 그렇다면 짐은 호로써 높여 표시하고, 대(大)로써 명칭을 붙이는 것이 사리에 있어서 당연한 것이다. 나의 생각을 잘 체득하고 아름다운 명에 응하라. 이제 대선사의 고신(告身) 한 통을 주니, 이르거든 받으라.

최자(崔滋)⁴⁰⁾가 짓다.

참조

최자는 황해도 해주군 사람이다. 최충의 후손으로 어려서 힘써 공부하고 문장에 능하였다. 강종(康宗) 조에 과거에 급제하여 여러 차례 승진하여 수태사(守太師) 문하시랑(門下侍郞) 판이부사(判吏部事)에 이르렀고, 시호는 문청(文淸)이다.

3. 관고(官誥)⁴¹⁾

문하(門下). 부처는 다른 법이 아니라 오직 마음이 법이므로 마음으

---

40) 최자 : 자는 수덕(樹德), 본래 이름은 종유(宗裕) 또는 안(安)이며, 최충(沖)의 후손이다. 강종 때 문과에 급제하여, 상주사록(尙州司錄)을 지냈다. 국자감학유(國子監學諭) 때 문재를 인정받아 문한(文翰)을 맡았으며, 급전도감녹사(給田都監錄事) 때는 민첩하고 근면하여 최우(崔瑀)의 인정을 받았다. 고종 때 사간원 정언(正言)을 거쳐 상주목사(尙州牧使)가 되어 선정을 베풀고, 전중소감(殿中少監)·보문각대제(寶文閣待制)와 충청도·전라도의 안찰사(按察使)를 지냈다. 이어 국자감 대사성(大司成), 지어사대사(知御史臺事) 등을 거쳐 수태사(守太師)·문하시랑 동중서문하평장사(門下侍郞同中書門下平章事)·판이부사(判吏部事)에 이르러 치사(致仕)했다. 저서로『보한집(補閑集)』3권이 있다.
41) 관고 : 임금이 내리는 교지, 사령서, 4품 이상 관리의 임명장이나 해임장이다.

로써 전하고, 사람은 일정한 스승이 없고 선(善)을 존숭함이 스승이 되므로 착한 사람을 가려서 명하는 것이다. 하물며 품계가 없는 큰 호칭을 더하는 것은 더욱 그러하다. 마땅히 헤아릴 수 없는 진기(眞機)를 기다려야 한다.

조계종 선사 혼원은 빠른 새가 하늘에 솟구치고 큰 고기가 그물을 벗어난 것 같았다. 달마의 문하에 올라 서쪽에서 와서 일찍이 백수정(栢樹庭)42)에서 깨달았고, 보현의 경지에 들어가려고 남쪽으로 가서 연화장(蓮花藏)43)을 궁구하고자 하였다. 한번 선과(選科)에 뽑혔으나 곧 사절하였고, 두 번 이름난 절을 받았으나 굳이 사양하였다. 발은 연홍진(軟紅塵)44)을 밟지 않고, 마음은 오로지 허백실(虛白室)45)에 놀았다. 원융하고 밝은 견해이며, 시원하고 상쾌한 행장(行藏)이었다.

근래에 저 날랜 범과 같은 북조(北朝)46)가 바야흐로 우리나라를 어육(魚肉)으로 만들려고 한다. 짐이 먼 외국에 갈 수 없는데, 매번 들어와 조회하라고 하고, 육지는 사나운 군사가 쉽게 올 수 있는데 나와서 살라고 한다. 이와 같은 조서의 꾸지람을 견디기 어려웠고, 또 사람들의 말이 두려울 만한 것이 있었다. 해는 오년(午年)이고, 달이 5월이니, 이때는 태자가 처음 정사에 나아갔고, 여러 장수들이 군사를 의논하는 시기이다. 이러한 때에 [그들의] 의논이 우리를 침공하자는 데에 이를까 두려웠는데, 종신(宗臣)이 있어서 홀로 묘한 계책을 발휘하여 선림

---

42) 백수정 : 조주(趙州)의 정전백수자(庭前栢樹子) 공안이다. 어떤 승려가 조주에게 '조사께서 서쪽에서 오신 까닭이 무엇입니까?'라고 물으니, 조주가 '뜰 앞의 잣나무이다'라고 답한 데에서 유래한다.
43) 연화장 : 연화장세계(蓮華藏世界)를 가리킨다. 『화엄경』에는 비로자나불이 계시는 정토를 가리킨다.
44) 연홍진 : 부귀한 거리의 티끌을 홍진(紅塵) 또는 연홍진(軟紅塵)이라 한다.
45) 허백실(虛白室) : 장자(莊子)에 '빈 방에 흰 빛이 난다[虛室生白]'라는 말이 있는데, 이것은 고요한 수양에 도가 생긴다는 뜻이다.
46) 북조 : 몽골을 가리킨다.

(禪林)의 검에 의지하여 몰래 외국의 군사를 무너뜨리려 하였다. [그래서] 특별히 정려(精廬)를 창건하고, 과감하게 깨친 승려들을 맞아 들였다. 비록 흰 구름과 함께 늙어 가면서 귀암(龜庵)에 높이 누우려 하였으나, 또한 붉은 옷을 따라 함께 가서 상석(象席)을 주장하기를 허락하였다.

백성들이 듣고 모두 기뻐하여 "천리를 [멀지 않다고] 왔으니, 또한 장차 우리나라를 이롭게 하려는가?"라고 말하였다. 과연 한 번 조등(祖燈)과 불등(佛燈)을 들자 곧 천화(天火)와 인화(人火)가 둘 다 없어졌고, 광명이 미치니 역질(疫疾)이 또한 사라졌다. 학은 송광사의 묵은 집에 깃들어서 부질없이 자가의 밝은 달을 안았고, 용은 화산(花山)의 새 절에서 뛰노니 두루 법계의 단비에 젖었다. 내가 아름답게 여겨 잊지 못하고, 차츰 친근해질수록 더욱 공경하였다. 그러므로 빛나는 조서를 선포하여 승려들의 지극한 반열에 첫째로 둔다. 명언(名言)을 멀리 끊었으니, 비록 인작(人爵)의 지극히 귀함은 없으나, 상례로 은혜를 내려 장려하는 것은 어찌 천하의 달존(達尊)47)을 따르지 않으리오. 특별히 제수한다.

아, 도와 행이 이미 둘 다 높으니, 부처에 응하고 천심(天心)에 감응하는 것을 내가 의심하지 않고, 죽이고 살리는 것이 오직 한 생각에 있으니, 왕업을 일으키고 병재(兵災)를 진압하는 것이 축원하는 바에 있다. 처음과 끝을 잊지 말고 자신과 남을 모두 이롭게 하라. 주관하는 자는 시행하라.

---

47) 달존 :『맹자』에서 천하에서 공통되게 존경하는 것이[達尊] 셋이니, 나이와 벼슬과 덕이라 하였다.

4. 충경왕사48)(沖鏡王師)가 지은 제문(祭文)

　생각하건대 영령은 자비롭고 온화하며, [일을 처리함에 있어서는] 명백하고 공정하게 다스렸다. 행동은 천연해서 도무지 꾸밈이 없고, 담소가 태연해서 평상의 이치에 맞았다. 일찍이 속세를 벗어나 사물 밖에 가서 놀았다. 지식은 삼교(三敎)49)를 겸하였고, 기운은 모든 곳을 누르며, 진각50)의 문하에서 오랫동안 놀고, 소융(小融)51)의 방에 깊이 들어갔다. 오는 이를 접하여 가르칠 때에는 날이 저물도록 자상하여 게으름이 없고, 지극한 이치를 연구할 때에는 해가 다하도록 애쓰면서도 싫어함이 없었다. 사생(四生)이 의지하기를 나루나 다리처럼 여겼고, 칠중(七衆)이 우러러보기를 마치 별같이 여겼다.
　생각하건대, 나와 같이 낮고 졸렬한 사람이 본래 [대사에게] 마음을 기울인 것이 간절하였는데, 마침 화도(花都)에서 조서를 응할 때에 [대사에게] 가서 차자(箚子)52)의 초에 대한 교열을 구하였고, 송교(松嶠)에 전등(傳燈)할 때는 대사를 따라 다녔다. 또 구부(龜阜)에 물러나와 쉴 때와 용만(龍巒)에 돌아와 늙을 때는 걸음걸음마다 항상 병석(缾錫)을 따랐고, 때때로 가르침을 받았다. 근기가 얕고 미약하니 어찌 감히 진수를 얻겠는가마는 [대사는] 자비가 깊고 간절하여 오직 가슴을 터놓고 수고로이 해 주었다.
　24년간의 은혜를 되돌아볼 때에 실로 천만억겁(千萬億劫)의 다행한 인연이로다. 지금 가고 없으니 [내가] 어디에 귀의하겠는가? 겨울 바지를 입고 여름 적삼을 벗는 것은 자신의 유희이며, 천당에 오르고 불국

---

48) 충경왕사 : 석복암(釋宓菴) 충지를 가리킨다.
49) 삼교 : 일반적으로 유교・불교・도교를 가리키는 말이다.
50) 진각 : 혜심의 시호이다. 고려편 제2절 참조.
51) 소융 : 수선사 3세 몽여의 호이다.
52) 차자 : 신하가 임금에게 올리던 간단한 서식의 상소문이다.

토에 가는 것도 역시 본분의 소요로다. 하물며 지위가 만승의 스승으로 존경받고, 80의 수명을 지냈음에 있어서랴. 이름은 이하(夷夏)에 흐르고, 도는 인천(人天)을 덮었도다. 교화가 바야흐로 두루 퍼질 무렵, 천명에 따라 돌아가셨도다. 이미 빛이 전후에 있으니 처음과 끝에 유감이 없을 것이요, 내가 이 세상에 길이 이별하여 좇지 못하니 다른 날에 어찌 다시 만나기를 바라겠는가. 또 긴 들보가 이미 부러졌으니 조실(祖室)을 누가 받치며, 큰 삿대가 홀연히 잠겼으니 고해(苦海)를 어떻게 건너리오. 그러므로 두 눈물을 금하기 어렵도다. 어찌 홀로 일신만을 위하리오.

　거듭 생각해 보니, 내가 전에 단연(檀筵)에 갔으므로 마침내 주실(籌室)에 막혔도다. 갑자기 병들었다는 얘기를 듣고 허둥지둥 달려왔기 때문에 돌아가실 때에 조용히 유훈을 받들 겨를은 없었지만, 인연이 가장 두터워 슬프고 추모하는 것이 점점 더해짐을 견디지 못하겠다. 7재가 끝나는 때를 만나 삼보에 돌아가는 자리에서 겸하여 하찮은 전(奠)을 베풀어 대략 슬픈 마음을 쏟으니, 내 정성을 아시고 흠향하소서.

제5절 원오국사(圓悟國師)

1. 비문

조계산 제5세이며 자진원오국사(慈眞圓悟國師)라는 시호를 추증받은 [천영의] 비명과 서문

봉조대부(奉朝大夫)[1] 부지밀직사사(副知密直司司)[2] 판도판서(版圖判書)[3] 문한학사(文翰學士)[4]로 치사(致仕)한 이익배(李益培)[5]가

---

1) 봉조대부 : 고려시대 품계에 봉조대부는 찾을 수 없다. 이익배의 열전에도 이런 품계를 찾을 수 없다. 이익배는 국왕의 측근에서 활동한 인물이었음을 염두에 두면 아마도 왕명을 받드는 대부라는 수식어로 보인다.
2) 부지밀직사사 : 밀직사(密直司)의 한 벼슬이다. 부지밀직사(副知密直事), 부지밀직(副知密直)이라 한다. 왕명의 출납과 궁중의 숙위(宿衛)·군기(軍機) 등에 관한 일을 맡아보던 중추원이 충렬왕 원년(1275)에 밀직사로 고쳐진 후 몇 차례의 변동이 있었다.
3) 판도판서 : 고려시대 상서호부를 충렬왕 원년에 판도사(版圖司)로 고쳤는데, 그 부서의 장관을 판서라고 하였다. 판도사는 공양왕 원년에 호조(戶曹)로 고쳤다.
4) 문한학사 : 문한서(文翰署)의 정3품 벼슬이다. 문한서는 사명(詞命)의 제진(製進)을 맡아보던 관아이다. 충렬왕 원년(1275)에 한림원(翰林院)을 고친 이름이며, 동왕 24년에 정방(政房)을 파하고 관리의 선거(選擧)를 주관하게 하였다가 곧 사림원(詞林院)으로 고쳤고, 뒤에 또 다시 문한서로 고쳤으며, 동왕 34년(1308)에 사관(史館)을 병합하여 예문춘추관(藝文春秋館)이라 하였다. 충숙왕 12년(1325)에 이를 예문관(藝文館)·춘추관(春秋館)으로 나누었다가, 공민

제5절 원오국사(圓悟國師) 115

왕명을 받들어 짓다.

　조사의 문하에는 문자가 없는 인자(印字)[6]가 있어서, 역대의 [조사마다] 이를 비장하고 함부로 전수하지 않았으니, 참으로 평범한 사람이라면 짊어질 수 없기 때문이다. 말세에는 희박하여 더욱 그러한 사람을 [만나기] 어렵다. 이러한 때를 당하여 능히 이 무문인자(無文印字)를 제기해서 중생을 호령하여 인간과 천상의 대중으로 하여금 모두 귀의하게 하는 이는 오직 우리 국사뿐이다.
　국사의 이름은 천영(天英)이며, 뒤에 거듭 고쳐 천안(天安)이라 하였다. 천안은 또한 자(字)이므로 이에 만년에는 자를 이름으로 삼았다. 속성은 양씨(梁氏)이고, 세계(世系)는 대방군(帶方郡)[7]에서 나왔다. 아버지는 택춘(宅椿)[8]이며, 뜻이 고상하여 산질(散秩)[9]로 고향[10]에 살면서

　　왕 5년(1356)에 다시 한림원, 동왕 11년에 예문관으로 고쳤고, 공양왕 원년(1389)에 또 다시 춘추관을 병합하여 예문춘추관이라 하였다.
5) 이익배(?~1292) : 자는 자천(自天), 본관은 여흥이다. 이규보의 손자이며 이함(李涵)의 아들이다. 그는 고종 때에 과거에 급제하여 하동감무(河東監務)로 벼슬을 시작하였다. 예부원외랑(禮部員外郞)을 거쳐 첨의전서(僉議典書) 부지밀직사사(副知密直司事) 판도판서(版圖判書) 문한학사(文翰學士)에 이르러 퇴직하였다. 그는 문장으로 세상에 이름이 났으며, 민첩하고 기억력이 강하였다.
6) 문자가 없는 인자 : 무문인(無文印)이란 문자가 없는 인을 이른다. 무자인(無字印), 불립문자(不立文字)의 인이라고 표현하기도 한다.
7) 대방군 : 지금의 전라북도 남원시이다. 백제 온조왕 34년(16)에 고룡군(古龍郡)이라고 하였다가 초고왕 31년(196)에 대방군으로 개칭하였다. 그 후 평안도에 한사군(漢四郡)의 대방군이 설치되자 구수왕 7년(220)에 남대방군으로 바꾸었다가, 신라 경덕왕 16년(757)에 남원으로 고쳤다.
8) 양택춘(1172~1254) : 그의 묘지명에는 그가 60세 때에 온수군(溫水郡, 지금 온양) 감무(監務)를 시작으로 그의 말년에 주된 관력을 거쳤던 사실이 기록되어 있다. 승려의 영달이 가족의 문음(門蔭)에 영향을 끼친 대표적인 사례이다.
9) 산질 : 산계(散階) 또는 실직은 없더라도 관품(官品)을 가진 관리이다.
10) 상재(桑梓) : '조상 대대의 고향'을 이르는 말이다. 옛날 중국에서 울타리에 뽕

마음이 따르는 대로 살았다. 국사가 부름을 받아 선원사(禪源社)로 가
게 되자, 고종이 [양택춘을] 서울로 불러들였는데, 몇 해 지나지 않아
여러 벼슬을 거쳐 예빈경(禮賓卿)11)에 이르러 치사하였다. 어머니는
농서군(隴西郡)12) 부인 김씨이며, 본관은 동주(洞州)13)이다.

국사는 대금(大金) 정우(貞祐) 3년14) 을해(乙亥)년 6월 13일에 태어
났다. 이날 저녁 마을 사람들이 똑 같이 황색 가사를 입은 승려가 그
집으로 들어가는 꿈을 꾸었다. 태어나면서부터 빼어나고 기이하며, 자
질이 위대하며 예리한 재주가 아주 뛰어났다. 8살 때에 시를 지었는데,
시의 격식에 맞추면서도 재빨랐다. 사람들이 어려운 운(韻)자를 붙여
시험하는데, 비록 백운(百韻)에 이르러도 국사는 잠시 생각할 겨를도
없이 붓을 잡고 곧 썼는데도, 오래 전에 구상한 것과 같아서, 세상 사
람들이 그를 가리켜 신동이라 하였다.

나이 겨우 15세에 조계산의 제2세인 진각국사의 문하에 찾아갔다.
[진각]국사가 보고 그릇이라 여겨 곧 머리를 깎아 출가시켰다. 비로소
선지(禪旨)를 참구하여 문장과 변론이 뛰어나서 오래된 승려들도 다투
어 아래에 모였다. 계사(癸巳)년15)에 담선법회(談禪法會)16)에 가니 동
년배 선승들이 추대하여 좌원(座元)이 되었다. 병신(丙申)년17)에 선선

나무와 가래나무를 심어 자손에게 남겼다는 데서 유래하였다(『시경(詩經)』
소아(小雅) 소변(小弁)).
11) 예빈경 : 고려시대 예빈성(禮賓省)·예빈시(禮賓寺)의 종3품 벼슬이다. 충렬왕
(忠烈王) 때에 윤(尹)으로 고쳤다가 뒤에 다시 경으로 고쳤다. 예빈시는 외국
의 사신을 접대하며 연회를 베푸는 일을 맡았다.
12) 농서군 : 황해도 서흥도호부(瑞興都護府)의 다른 이름이다.
13) 동주 : 황해도 서흥도호부의 고려시대 이름이다.
14) 정우(貞祐) : 금 선종(宣宗)의 연호이며, 정우 3년은 고종 2년(1215)이다.
15) 계사년 : 고종 20년(1233)이다.
16) 담선법회 : 선에 관한 이치를 서로 담론하고 선풍을 진작시키며, 또한 외적을
물리치기 위한 호국정신의 고취를 목적으로 모인 집회이다.
17) 병신년 : 고종 23년(1236)이다.

(禪選)에 응시하여 상상과(上上科)로 합격하였다. 이윽고 명예를 먼지처럼 떨쳐 버리고, 지팡이를 짚고 남쪽으로 유람하였다. 그때 청진국사가 조계산에서 널리 교화하고 있었으므로 곧장 찾아가 문을 두드리니 지혜가 늘고 밝아졌다. 또 일찍이 진명국사를 따라 법요(法要)를 상의하고 의견을 아뢰니, 이로부터 도의 명예가 날로 떨쳐서 그 소문이 멀리 퍼지게 되었다.

병오(丙午)년[18]에 주국(柱國)인 진양공이 선원사를 창건하고 특별히 크게 선회(禪會)를 베풀었다. 마침내 임금[19]에게까지 알려지니, 이에 [임금이] 중사 김거경(金巨卿)에게 명령하여 진명국사를 맞이하여 법주로 삼고, 아울러 국내의 이름 높은 승려 3천 명을 초청하였는데, 원오국사도 역시 나아갔다. 조사(朝士)들이 공경하여 바람처럼 달려가 [다른 사람보다] 뒤떨어질까 두려워하였으며, 더욱 진양공이 공경하고 존중하게 되었다. 진양공이 주청(奏請)하여 삼중대사 법계를 주었다. 무신(戊申)년[20]에 이르러 선사 법계를 더하고, 이어 주청하여 단속사 주지로 임명하였다.

기유(己酉)년[21]에 진양공이 창복사(昌福寺)[22]를 창건하고 낙성법회를 열어 국사에게 주맹하기를 청하였다. 경술(庚戌)년[23]에 임금이 국사

---

18) 병오년 : 고종 33년(1246)이다.
19) 주총(黈聰) : 임금을 일컫는다. 『문선(文選)』 가운데 장형(張衡, 78~139)의 동경부(東京賦)에 주광(黈纊)으로 귀를 막는다고 하였고, 그 주에, "주광은 노란 솜인데 천자는 그 노란 솜을 달걀 만하게 뭉쳐서 관의 양쪽에 달아 귀를 가리게 한다. 이것은 함부로 급하지 않은 말을 듣지 않으려는 까닭이다."라고 하였다.
20) 무신년 : 고종 35년(1248)이다.
21) 기유년 : 고종 36년(1249)이다.
22) 창복사 : 고종 36년(1249)에 최충헌이 경기도 개성에 창건한 사찰로, 그의 진영이 안치되었다.
23) 경술년 : 고종 37년(1250)이다. 고종 36년(1249)에 천영이 선원사의 주지가 되었다고 하는 학설이 있으나, 여기서는 경술년에 선원사의 주지가 된 것으로

를 선원사의 주지로 임명하였다. 신해(辛亥)년[24]에 주국 최항[25]이 보제사(普濟寺)[26]에 별원(別院)을 짓고 구산선문의 선승들을 불러 모아 국사에게 주관하도록 청하였다. 임자(壬子)년[27]에 청진국사가 세상을 떠나니, 임금이 진명국사에게 조계산에 주석하도록 명하고, 원오국사를 선원사의 법주로 삼았다. 병진(丙辰)년[28] 가을을 지나 진명국사가 물러나기를 청하고, 자신의 후임으로 원오국사를 천거하였다. 임금이 원오국사에게 조계를 잇도록 명하고, 대선사 법계를 더하고, 궁중으로 맞아들여 손수 공양을 올렸다. 중사인 한영(韓瑛)을 보내어 국사를 호위하여 가도록 하였다. 8월 28일 배를 타고 남쪽으로 내려갔는데, 9월 19일 조계산으로 들어가서[29] 종지(宗旨)의 요강을 크게 베풀었다. 이에 현도(玄徒)[30]들이 모두 이르니 불일(佛日)이 다시 중천에 떠올랐다.

기미(己未)년[31]에 고종이 승하하고, 원종(元宗)이 등극[32]하였으나,

나와 있다.
24) 신해년 : 고종 38년(1251)이다.
25) 최항(?~1257) : 아버지 최우와 창기의 사이에서 태어났으며, 최우에 의해 만항과 함께 수선사에 출가하여 쌍봉사(雙峰寺)에 머물렀다. 고종 35년(1248)에 최우의 명으로 환속하고, 항(沆)으로 개명하였다. 고종 36년(1249)에 최우가 죽자 정권을 이어받았다. 고종 44년(1257)에 병으로 죽었으며 진평공(晉平公)에 추증되었다.
26) 보제사 : 고려초에 창건된 절이며, 광통보제사(廣通普濟寺), 연복사(演福寺), 당사(唐寺) 등으로 불렸다. 고려시대 대표적인 선종 사찰로서 담선법회(談禪法會)가 자주 열렸고, 고려말에는 중창불사를 둘러싼 신흥사대부의 비판과 논쟁이 일어나기도 하였다.
27) 임자년 : 고종 39년(1252)이다.
28) 병진년 : 고종 43년(1256)이다.
29) 홍려경(鴻臚卿) 검교(檢校) 사공(司空)이라는 구절이『사고』에 있으나, 문맥상 필요 없다.
30) 현도 : 참현학도(參玄學徒)라는 뜻이다. 불도를 수행하는 승려를 가리키는 말이다.
31) 기미년 : 고종 46년(1259)이다.
32) 등극 : 원문의 천조(踐祚)는 천자의 자리에 오르는 것을 말한다.

은총이 날로 더하였다. 지금의 임금이 즉위하니, 대원제(大元帝)의 딸 원성궁주(元成宮主)33)도 더욱 존경하여 자주 예문하였다. 왕이 일찍이 2수의 시를 지어 친히 어필로 설명을 붙여 족자를 만들어 하사하였는데, [그 시에] 이르기를, "천리 조계의 달이, 의연하게 구중궁궐을 비추어, 하늘이 진면목을 전해 주니, 어찌 다시 소리와 얼굴을 접하는가? 국사는 남양(南陽)의 후손이고, 짐은 일찍이 당제(唐帝)의 후손이도다. 원컨대 조어로 하여금 묻고, 머리를 조아려 찬양합니다."라고 하였다.

국왕이 찬양한 서찰이 숲을 비추었던 것은 지금까지 들어보지 못한 은총이다. 이윽고 국사를 서울로 초청하여 친히 스승의 예로 추대하려고 몇 차례나 사신을 보내었다. 국사는 노병으로 사양하였고, 때마침 국가에 많은 사고가 있어 끝내 이르지 못하였다.

국사는 내외의 학문에 두루 뛰어났다. 무릇 저술은 크고 넉넉하고 깊어 비록 옛 저작들 중에도 그것에 비할 만한 것이 드물었다. 또 필법에도 뛰어났는데, 특히 초서(草書)를 잘 써서 원근에서 다투어 구하여 보배처럼 감상하였다. [국사는] 그릇34)이 넓고 깊어 마치 백정이 칼을 마음대로 놀리듯 여유가 있었다.35) 그러므로 항상 [다른 사람들의] 뛰어난 바를 음미하고, 일찍이 난폭한 말은 하지 않았으며, 또한 다른 사람의 장점과 단점을 말하지 아니하고, 자비로서 사람을 대하고 대중을 관용으로 대하였다. 도제를 잘 지도하여 성취하도록 하였으므로 문도가 많았으며, 모두 일시의 뛰어난 준재들이었다. 수제자인 지공(止公)36)은 법석을 이어 [수선사의] 제6세가 되었고, 그 나머지 문도들도

---

33) 원성궁주 : 충렬왕의 왕비인 제국대장공주(齊國大長公主)를 가리킨다. 원성은 충렬왕이 왕위에 오른 후 원으로부터 책봉받은 이름이다.
34) 기우(器宇) : 타고난 기품, 재능과 인품을 가리킨다.
35) 백정이 칼을 마음대로 놀리듯 : 『장자(莊子)』 양생주(養生主)에서 유래한 말이다. 백정이 고기를 잡을 때에 뼈와 뼈의 사이로 칼을 자유롭게 사용하는 능력을 말한다.

총림의 표준이 된 자가 또한 많았다.

종실귀척(宗室貴戚)과 경사대부와 다른 종파의 석덕(碩德)에 이르기까지 다투어 찾아와서 참례(參禮)하니 마치 모든 새들이 봉황에게 돌아오는 것과 같아서 도제가 성황을 이룬 것은 근세에 없었던 일이다. 또 송나라 건경사(建慶寺) 천태종(天台宗)의 승려 법언(法言)37) 화상이 그의 본사에 소장하고 있던『불거기(佛居記)』를 본조의 운유자(雲遊子) 탁연(卓然)38)에게 보내어 왔다. 국사에게 바치니, 국사가 찬(贊)을 지어 응답하였는데, 기이한 말과 화려한 문장이 사람들의 눈을 놀라게 하였다. 탁연이 그 찬을 베껴 써서 상선 편에 부쳐 법언에게 보냈다. 법언이 이를 받고, 기뻐 찬탄하여 오래도록 전하고자 비석에 새겨 몇 본을 찍어 보냈으니, 다른 나라에서도 공경하고 탄복함이 이와 같았다.

무릇 복을 짓는 것도 항상 부지런히 하였으니, [절을] 보수하거나 창건한 것은 모두 기록할 수 없다. 복성현(福城縣)39)의 대원사(大原寺),40)

---

36) 지공 : 수선사 6세인 원감국사 충지(冲止)이다.
37) 법언 : 중국 송대 천태종 승려인 응암법언(應菴法言)이다.『불조통기(佛祖統紀)』(『대정신수대장경』 49권, 237쪽, 256쪽)에 이름만이 나오고, 자세한 이력은 알 수 없다.
38) 탁연(생몰년 미상) : 호가 법운(法雲) 또는 운유자(雲游子)라고 하였다. 그는 재상 최정분(崔正分)의 아들로 필법이 뛰어났다고 하며, 고종 37년(1250)에 혜심의 비를 세울 때 글씨를 썼다고 한다. 그는 백련사의 천책과 친분이 있어 『호산록(湖山錄)』에 그와의 교유를 알 수 있는 글이 몇 편 남아있다. 그는 용장사(龍藏寺) 주지를 지낸 적이 있고, 상주 동백련사의 편액을 여러 편 써 주었다.
39) 복성현(福城縣) : 고려시대 보성군의 속현이었는데, 조선시대에 들어와 폐현되었다.
40) 대원사 : 전남 보성군 문덕면 죽산리 천봉산(天鳳山)에 있는 사찰이다. 백제 무령왕 3년(503)에 신라에 처음 불교를 전한 아도화상에 의해 창건되었다고 한다. 고구려 열반종의 보덕화상이 보장왕의 박해를 피해 전주 고달산으로 옮겨 가르침을 베풀었고, 그의 제자인 일승(一乘), 심정(心正), 대원(大原)이 대원사에 머물며 열반종의 8대 가람으로 발전시켰다. 고려 원종 1년(1260) 원

고흥현(高興縣)의 불대사(佛臺寺)⁴¹⁾는 모두 국사가 중창하여 제자들에게 물려준 것이다. 이는 국사가 이 세상에 응현(應現)하여 자신을 닦고 만물을 이롭게 한 행적의 대략이다. [그리고] 사방으로부터 청을 받은 것과 풍랑을 그치게 하고, 가문 땅에 물이 솟아오르게 하고, 산령(山靈)이 법을 청하고, 천고(天鼓)가 스스로 울리는 등과 같이 감응한 신이(神異)로운 일은 모두 지인(至人)⁴²⁾에게는 작고 번거로운 일이고, 벗인 취봉(鷲峯)선사가 지은 행록(行錄)에 자세히 실려 있으므로, 이 비문에는 쓰지 않는다.

지원(至元) 23년⁴³⁾ 병술(丙戌)년 2월 12일, 청을 받고 불대사에 이르러 장로를 불러 이르기를, "늙은이가 고향으로 돌아가고자 하니, 너희들은 잘 있으라."하고, 종이와 붓을 찾아 국왕에게 올리는 편지와 홍(洪), 염(廉) 두 재상에게 보내는 편지를 쓰고 난 후에 깨끗이 삭발하여 옷을 갈아입고 가사와 장삼을 입고 작은 선상에 앉았다. 어느 승려가 나와 묻기를, "목우자가 이르기를 일착자(一着子)에 어둡지 말라고 하였는데, 화상께서는 도리어 어둡지 않음이 없습니까?"하고 물었다. 국사가 대답하기를, "어둡고 어둡지 않은 것은 모두 다른 일에 저촉되지 않는다."고 하였다. 또 어떤 승려가 묻기를, "[국사께서] 육신을 벗어 버리고 가면 어느 곳에서 서로 보겠습니까?"라고 하니, 국사가 대답하기를, "도를 구하여 묻는다면 내가 갈 것이다."라고 하였다. 다시 이르기를, "[떠날] 때가 바야흐로 이르렀으니, 많이 말하지 말라. 태어남은 마치 옷을 입는 것과 같고, 죽음은 옷을 벗어 버리는 것과 같으니, 벗고 입는 사람은 누구인가?"라 하고, 조금 있다가 이르기를, "목우자가

오국사에 의해 크게 중창되었다. 조선 영조 35년(1755) 현정선사의 발원을 통해 다시 중창되었다.
41) 불대사 :『신증』 40권에 전남 홍양현 조계산에 있던 절이라는 기록이 있다.
42) 지인 : 도덕이 높은 인물을 가리킨다.
43) 지원 23년 : 충렬왕 12년(1286)이다.

말한 천 가지 만 가지가 모두 여기에 있다고 한 것을 보지 못하였는가?"라 하고 그 말이 끝나자마자 조용히 입적하였다. 얼굴빛과 [팔다리를] 구부리고 펴는 것이 모두 살아 있을 때와 같았다.

29일에 문도들이 울면서 색신(色身)⁴⁴⁾을 받들어 두원현(荳原縣) 동쪽 봉우리에서 화장하고, 유골을 수습하여 3월 6일에 조계산에 이르렀다. 왕이 듣고 애도하였다. [그리하여] 통례문(通禮門)의 통사사인(通事舍人) 강취(姜就)를 보내어 나에게 뢰(誄 : 祭文)를 쓰게 하고, 자진원오국사(慈眞圓悟國師)라는 시호와 정조(靜照)라는 탑호를 어필로 써서 족자를 만들었다. 또 일관(日官)⁴⁵⁾과 춘관정(春官正)⁴⁶⁾ 정문(正文)과 서영(瑞英)을 보내어 문도들에게 하사하고, 이에 두 관원에게 명령하여 상례를 감호하도록 하였다. 6월 9일에 대원사 서쪽 산 등에 탑을 세우고, 탑의 옥개를 봉안하는데 갑자기 광채가 있는 무지개가 조계산 남쪽 정상으로부터 탑의 곁에 와 닿았다. 또 한 무지개가 탑의 앞 봉우리에 걸쳐 또한 탑에까지 이르러 교차하여 오랫동안 서로 비추다가 사라졌다. 이윽고 비가 내리는데, 크기가 탄환만한 우박이 쏟아지다가 잠시 후에 곧 개였으니 이 또한 기이한 것이다.

국사의 세수는 72세이고, 법랍은 57세였다. 조계산에서 30년 주석하면서 납자를 맞이하다가 권태를 느껴 한가로이 머물고자 하여 자신의 후임으로 보명(寶明)⁴⁷⁾을 천거하였다. 마침내 스스로 호를 회당노인(晦堂老人)이라 하였다. 슬프다. 오랜 원력을 타고, 말세에 태어나 중생을 제도하기를 뜻한 자가 아니라면, 감히 누가 할 수 있겠는가? 문인들이 대궐에 나아가서 비석을 세워 영원히 전하기를 청하였다. 왕이 받아들

---

44) 색신 : 물질적 존재로서 형체를 가진 몸인 육신(肉身)을 말한다.
45) 일관 : 점성과 복서(卜筮) 등으로 길흉을 판단하여 예언하는 관리를 말한다.
46) 춘관정 : 고려시대 사천대의 종5품직이다.
47) 보명 : 원문에는 보각(普覺)으로 되어 있는데, 잘못 쓴 것이 아닌가 한다. 수선사 6세인 충지의 시호는 원감, 탑호는 보명이다.

여 소신(小臣)에게 비명을 지으라고 명하였는데, 소신은 문사가 거칠고 졸렬하여 감당할 수 없다고 사양하였으나, 삼가 다시 절하고 비명을 짓게 되었다.

명하여 이르기를,

"조사의 법맥이 동쪽으로 흘러와 빛났네.

법이 무너진 지 오래인데, 위대한 분이 이에 일어났도다.

태몽에 스님을 보고 태어나니, 빼어나고 기이하도다.

청아하고 투명함은 얼음 골짜기와 같고, 엄연하고 웅자함은 큰 종과 같네.

몸소 정수를 얻어 제방으로 선림(禪林)을 밟기를 코끼리와 사자와 같이 하였네.

법은 삼매(三昧)에 놀고, 초서(草書)와 시도 빼어났네.

삼천의 대덕 가운데 매우 빼어나서 종실귀척(宗室貴戚) 앞 다투어 찾아오도다.

왕공사서(王公士庶) 귀천 없이 한결 같아서 일심으로 합장하고 예배하오며

임금께서 내려 주신 보찰(寶札)의 빛은 골짝마다 훤히 비치네.

가뭄 중에 물이 솟았고 호수에 일렁이는 노도는 이내 잠잠해졌다네.

산신령은 지성으로 법을 청하고 하늘 북은 치지 않아도 저절로 울린다.

이와 같은 기적들은 비록 성인에게는 작은 일에 불과하나 보는 이는 그 모두들 경탄하도다.

스님께서 덕과 행을 두루 갖추어 눈을 닦고 찾아봐도 비길 데 없네.

화산(花山)에서 왕명을 받아 송도(松都)로 갔고 말년에는 윤허를 얻어 불대(佛臺)로 갔도다.

고려 땅에 태어나서 일생을 바쳐 37년 동분서주 교화하셨다.

법의 대들보가 무너졌으니 칠부대중(七部大衆)[48] 창망하여 기댈 곳 없네.

임금께서는 슬퍼하며 제문을 짓게 하시고 임금께서 몸소 아름다운 시호를 지었다네.

일생동안 남겨놓은 수이(殊異)하고 신비한 기적들은 먼 훗날까지 탑 위에 빛나는 무지개 서린다네.

임금이 신에게 명을 내려서 풍요롭고 아름답게 비를 세우니 곤남풍(昆嵐風)[49]이 휘몰아쳐도 이 비석은 영원토록 우뚝 하소서."

법을 이은 조계산 수선사의 전법사문(傳法沙門) 신 충지(冲止)는 왕명을 받들어 비석을 만들 석재를 준비하였다.

문인인 만연사(萬淵寺)[50] 주지이며 대선사인 신 굉묵(宏默)이 교지를 받들어 비문과 제액을 쓰다.[51]

2. 법수재소(法壽齋疏) - 원오국사를 위하여 열다 : 충지

천 겹으로 싸인 보주(寶珠)의 그림자 속에는 성인도 범부도 담겨있

---

48) 칠부 : 칠부는 부처님의 출가제자와 재가제자를 일곱 가지로 구분한 것이다. 비구(比丘)·비구니(比丘尼)·식차마나(式叉摩那)·사미(沙彌)·사미니(沙彌尼)·우바새(優婆塞)·우바이(優婆夷) 등을 말한다.
49) 곤남풍 : 범어로써 폭풍(暴風) 또는 신맹풍(迅猛風)이라 번역된다. 불교에서 말하는 성(成)·주(住)·괴(壞)·공(空) 등의 사기(四期) 중 마지막 이 세계가 파괴되는 괴겁(壞劫) 때 강폭한 이 돌풍인 곤남풍이 불어서 파괴시킨다고 한다.
50) 만연사 : 전라남도 화순군 화순읍에 있는 절이다.
51) 이 구절의 아래에 '청만진적(淸滿眞寂) 등이 간행하였다.'라고 하는 기록이 덧붙여져 있다. 『사고』를 편찬한 후에 필사한 것으로 보인다.

고, 한 면의 옛 거울의 광명 속에는 스승도 제자도 비칩니다. 이치로는 비록 너와 나의 다름이 없지마는 사상(事相)으로는 자기와 남의 다른 것이 있으므로, 부처님께 귀의하되, 귀의할 것이 없는 곳까지 귀의하며, 스승을 축원하되, 축원할 것이 없을 때까지 축원합니다. 우리 조계의 노스님은 동방의 큰 사문이므로 한 번 화로와 풀무를 열어 여러 근기를 접하니, 얼마나 사람과 하늘의 복을 힘입었습니까? 이미 자비로움을 드러내고 또 세속을 따라 일을 같이 하시기에[52] 세월이 흘러가서 춘추가 벌써 환갑이 되었으니, 어리석은 생각에 조심스럽고 송구한 정을 품지 않을 수 없습니다. 이에 물방울 같은 공으로 허공과 같이 무한한 수명을 축원하오니, 한 조각 참된 정성이 시방에 감응하소서. 엎드려 원하오니 대화상의 법랍이 늘어 갑자(甲子)가 한 번 돌더라도 늙지 마시고, 육신이 길이 강건하시어 격심한 바람에 산악이 쓰러질 때까지 항상 편안하소서.

3. 여러 곳의 국사의 행적

조계 회당(晦堂) 화상에게 보냄-그때 장남이 궐정(闕庭)에 숙위(宿衛)하고 있었고 차남-각엄(覺嚴)-은 새로 회당에게 나아가 머리를 깎았다.-이존비(李尊庇)[53]

---

[52] 세속을 따라 일을 같이 하시기에 : 원문의 동진(同塵)은 본래 『노자(老子)』의 '和其光同其塵'에서 나온 화광동진(和光同塵)과 같은 말이다. 불·보살이 깨달음의 지혜의 빛을 숨기고, 중생을 구원하기 위하여 세속의 세계에 태어나, 중생을 불법(佛法)으로 인도하는 것을 이른다.

[53] 이존비(1233~1287) : 본관은 고성(固城), 초명은 인성(仁成), 자는 지정(持正)이다. 어려서 아버지를 여의고 외삼촌 백문절(白文節)에게 글을 배워 문장과 예서(隷書)에 능하였으며, 유경(柳璥)의 문하에서 수학하여 유학에 밝았다. 원종 1년(1260) 과거에 급제한 이후 내시(內侍)에 입적되었으며 충렬왕 원년

물건은 좋고 나쁜 것이 없으니, 마침내는 모두 쓰일 바가 있다네.
쓴 오얏 열매 많음54)을 누가 탓하겠는가?
맏이는 오랫동안 천자의 처소에 가 있고
둘째는 새로 불가(佛家)에 부쳤구나.
충을 전하는 것은 진실로 신하의 본분이나
사랑을 베어서 출가함을 어찌하겠는가?
우습구나, 늙은이가 오히려 마음에 걸려
이따금 영혼이 꿈속에서 하늘가에 헤매노라.

『대원사기(大元寺記)』에 이르기를, "아도화상(阿度和尙)이 여러 차례 이곳에 와서 절을 세우고 대원이라고 하였다. 그 후 700여 년이 지난 송(宋) 이종(理宗)의 경정(景定)55)연간 이후인 고려 원종(元宗) 때에 조계 제5세 원오국사가 일전도(一箭道)를 이입(移入)하여 절을 중건하였다"고 한다.

『여지승람』에 이르기를, "보성군(寶城郡) 동북쪽 30리쯤에 중봉산(中峯山)56)이 있고, 산중에 대원사가 있는데 고려 승려 원오의 부도가 있다. 또 황희(黃喜)57)의 영당(影堂)이 있다. 또 고흥군(高興郡) 남쪽 5리

(1275) 상서우승(尙書右丞)・예빈경(禮賓卿)을 거쳐 좌승지에 올랐다. 1279년 밀직부사로서 성절사(聖節使)가 되어 원나라에 사행하였다. 1284년 감찰대부(監察大夫), 1287년에는 경상도・충청도・전라도의 도순문사가 되어 여몽군(麗蒙軍)의 일본정벌을 위한 병량(兵糧) 및 군선(軍船)의 조달을 담당하였는데 제반 조치가 적절하여 민원을 사지 않았다.

54) 진(晉) 나라 왕융(王戎)이 여러 사람과 함께 길을 가다가 오얏나무 열매가 많이 열린 것을 보고 사람들이 모두 땄으나 왕융은 손을 대지 아니하며, "길가의 오얏나무에 많은 열매가 그대로 있는 것을 보니 반드시 먹을 수 없는 쓴 오얏일 것이다."라고 하니 과연 쓴 열매였다. 작자의 성이 이씨(李氏)이므로 이 말을 인용한 것이다.

55) 경정 : 이종의 마지막 연호로 1260~1264년까지이다.

56) 중봉산 : 지금의 전남 보성군 문덕면에 있는 천봉산이다.

에 조계산이 있고, 산중에 불대사(佛臺寺)가 있는데, 고려의 이익배(李益培)가 지은 승려 원오의 비가 있다."라고 하였다.

4. 노비하사문(奴婢下賜文)

지원(至元) 18년[58] 윤 8월 일

수선사주 내로(乃老)가 아뢰기를 지난[59] 갑인년 때 조정에서 주살·유배된 관원 장군의 노비들을 관과 개인에게 분속시키신 때에 동년 2월[60]에 주장하는 도관(都官)에서 교정별감(敎定別監)의 출납에 의거하여, 나의 생부 예빈경(禮賓卿) 양택춘(梁宅椿)에게 죽은 재신 정안(鄭晏)의 비(婢)인 세둔(世屯)의 소생비 48세 고차좌(古次左)와 이 비의 소생들을 관문을 작성하여 주신 바로써, 이 고차좌 비의 큰아들 노 일삼(逸三)은 동생 별장 양필(梁弼)에게 전지(傳持)하여 사용하였고, 생부에게 사급하신 후에 생장한 노 건삼(巾三)은 나에게 부리게 하였거늘, 내가 발원 수보(修補)하여 본사(本社)에 봉안한 거란본 대장경에 이 건삼을 소생과 함께 예속시킨 바로, 다투고 원망하는 경우가 있거든 금지

---

57) 황희(1363~1452) : 본관은 장수(長水), 초명은 수로(壽老), 자는 구부(懼夫), 호는 방촌(厖村)이다. 석부(石富)의 증손으로, 할아버지는 균비(均庇)이고, 아버지는 자헌대부 판강릉대도호부사(資憲大夫判江陵大都護府使) 군서(君瑞)이며, 어머니는 김우(金祐)의 딸이다. 1376년(우왕 2) 음보로 복안궁녹사(福安宮錄事)가 되었다. 1383년 사마시, 1385년 진사시에 각각 합격하면서 관료의 길을 걸었다. 1431년 영의정부사에 오른 뒤 1449년 치사(致仕)하기까지 18년 동안 국정을 담당하였다.
58) 지원 18년 : 충렬왕 7년(1281)이다.
59) 『사고』에는 현(玄)으로 되어 있지만 「수선사내로선전소식(修禪社乃老宣傳消息)」에는 거(去)로 적혀있다.
60) 『사고』에는 오(五)로 적혀 있지만 「수선사내로선전소식(修禪社乃老宣傳消息)」에는 이(二)로 적혀 있다.

하고, 영구히 수선사에 속하도록 하심.

  좌승지(左承旨)[61] 흥위위(興威衛)[62] 상장군(上將軍) 판사재시전리사
  사(判司宰寺典理司事)[63] 조인규(趙仁規)[64]

  대원(大元) 세조(世祖) 지원(至元) 18년은 곧 고려조 충렬왕(忠烈王)
7년 임오(壬午)[65]이다. 제6세는 원감국사(圓鑑國師)이고, 내로(乃老)는
제5세 원오국사의 별호(別號)이다.[66]

---

61) 좌승지 : 왕명의 출납을 맡아보던 정3품의 관직이다.
62) 흥위위 : 고려시대 육위(六衛)의 하나이다. 정3품의 상장군과 종3품의 대장군
    이 있었다.
63) 판사재시전리사사 : 사재시는 고려시대에 해산물을 조달하던 관서이다. 전리
    사는 문관의 선임(選任)·공훈(功勳)·예의(禮儀)·제향(祭享)·조회(朝會)·
    교빙(交聘)·학교(學校)·과거(科擧)에 관한 일을 관장하던 관서이다. 판사재
    시전리사사는 이들의 관청에 소속되어 있었던 관원이다.
64) 『사고』에는 인규(仁規)라고 적혀 있으나 「수선사내로선전소식(修禪社乃老宣
    傳消息)」에는 수결이다.
65) 임오는 신사(辛巳)의 착오이다.
66) 『사고』에는 이 문장이 빠져 있다.

제6절 원감국사(圓鑑國師)

1. 비문

조계산 수선사 제6세이며 원감국사(圓鑑國師)라는 시호를 추증 받은 (충지의) 비명과 서문[1]

봉록대부(奉祿大夫)[2] 부지밀직사사(副知密直司事)[3] 국학(國學) 대사성(大司成) 문한학사(文翰學士) 승지(承旨) 신 김훈(金曛)이 교지를 받들어 짓다.
—새 비의 글쓴이—화전후인(花田後人) 김형오(金亨五)가 다시 쓰고 새기다.

국사의 이름은 법환(法桓)이었는데, 뒤에 충지(冲止)로 고쳤다. 자호

---

1) 비명 : 원감국사의 비는 본래 국사가 입적한(1292) 후 22년 만인 충숙왕(忠肅王) 1년(1314)에 왕명에 따라 김훈(金曛)이 비문을 찬하였다. 그리고 387년이 지난 숙종 27년(1701)에 비석의 일부분이 많이 훼손되어 화전후인(花田後人) 김형오(金亨五)에 의해 다시 비문이 씌어지고 건립되었다. 김형오의 비문은 김훈이 지은 비문에 비해 글씨가 크지만 처음 분량에서 반쯤 줄여서 세운 것이므로 내용에 많은 차이점이 있다.
2) 봉록대부 : 관계명이 아니고, 김훈이 실제로 맡고 있는 업무가 봉록과 관련된 것임을 말한다.
3) 부지밀직사사 : 『사고』에는 빠져 있다.

는 복암(宓庵)이고, 속성은 위씨(魏氏)이며 정안(定安)⁴⁾ 사람이다. 아버지의 이름은 소(紹)이고, 호부(戶部)⁵⁾ 원외랑(員外郞)이었다. 어머니 송씨(宋氏)는 이부(吏部)⁶⁾ 원외랑 자옥(子沃)의 딸이다.

국사는 병술(丙戌)년⁷⁾ 11월 17일에 태어났는데, 눈썹과 얼굴이 빼어나고 특이하였다. 9세 때에 배우기 시작하였는데, 무릇 경서・제자(諸子)와 역사서를 한 번 보기만 하면 곧 외웠고 또 문장에도 능하여 19세에 장원급제하였다. 일찍이 일본에 사신으로 가서 이국에서 나라의 아름다움을 현창하였다.

어려서부터 세속에서 벗어나고자 하는 뜻이 있었다. 그 때 원오국사가 선원사의 법주(法主)로 있었는데, 국사는 건당한 곳에 곧바로 가서 승복을 입고 구족계를 받았다. 이에 주장자를 짚고 남쪽으로 유력(遊歷)하여 널리 강원에 나아가 배우고 다시 총림으로 가서 정진하였다.

국사는 처음 주지를 맡고 싶지 않았으니 대개 만물을 육성하는 도리를 흠모한 것이다. 41세에 이르러 비로소 김해현 감로사(甘露社)⁸⁾에 주지할 때에 한 선덕(禪德)이 국사의 앞에 나아가 시를 청하므로 국사가

---

4) 정안 : 전라남도 장흥군(長興郡)의 옛 이름이다.
5) 호부 : 고려시대 육부(六部)의 하나로 호구(戶口)・공부(貢賦)・전량(錢糧)의 정사(政事)를 담당했던 기관이다. 충렬왕 1년(1275) 원나라의 강압에 의해 관제가 격하됨에 따라 호부는 판도사(版圖司)라 바뀌었다.
6) 이부 : 고려시대 문관의 선임(選任), 공훈, 봉작 등의 일을 맡아 보던 관청이다. 충렬왕 원년에 이부(吏部)와 예부(禮部)를 통합하여 전리사(典理司)로 하고 공양왕 원년에 이조(吏曹)라고 고쳤다. 이속은 문종 때 주사 2명, 영사 2명, 기관 6명을 두었다.
7) 병술년 : 고종 13년(1226)이다.
8) 감로사 : 경상남도 김해시 상동면 감로리 신어산(神魚山)에 있던 절이다. 송나라 이종(理宗) 가희(嘉熙) 원년(1237)에 해안(海安)이 건립하였다고 한다. 조선 태종 때에는 자은종(慈恩宗)의 자복사찰(資福寺刹)이었다. 영조 7년(1731) 이 절에 진남루(鎭南樓)를 지었다고 한 기록으로 보아, 조선 후기까지 있었던 것으로 보인다.

이르기를, "봄날 계원(桂苑)에 꽃이 피니, 그윽한 향기 소림(少林)에 풍겨오네. 오늘에 익은 열매가 감로와 같아 무한한 인천(人天) 대중이 함께 맛보는구나."라 하였다. 이 시가 많은 사람들의 입에 회자되어, 가깝고 먼 곳에서 국사의 [시를] 들은 이는 그 모습을 본 것과 같이 여겼다. 국사가 감로사에 들어온 이후 나이든 승려들이 바람처럼 이르고, 후진이 구름처럼 모였다.

병술(丙戌)년[9] 2월에 원오국사가 입적하였으므로 대중이 국사를 천거하여 [수선사의] 법석을 계승하도록 장계(狀啓)를 왕에게 올렸다. 이에 [왕은] 원외랑 김호담(金浩淡)에게 명하여 국사에게 [수선사의 법주로] 입원(入院)하도록 청하였다. 국사는 이 해 4월 16일에 입원하여 개당(開堂)하고, 원오국사를 이어 제6세의 법주가 되어 7년간 주석하여 다시 보조의 유지를 빛나게 하였다. 이에 청전(請田)의 표(表)[10]를 올려 [절의] 토지를 예전과 같이 복구하였다. 그 대략에 이르기를, "순임금[11]과 같이 총명하며 탕임금과 같이 성스러우며, 성업은 삼왕(三王)[12]에 필적하고 아름다운 빛은 천고에 비길 곳이 없습니다."라고 하였다.

상국(上國 : 元)이 국사의 소문을 듣고 국사의 덕을 흠모하여 궁사(宮使)를 보내어 국사를 모시니, 국사가 역마를 타고 중국에 이르렀다. 황제가 친히 스스로 맞아 빈주(賓主)의 예로 대하고, 사부의 은혜로 높이 받들었다. 온 나라가 덕을 숭앙하며 만민이 [그] 어짊에 인으로 귀

---

9) 병술년 : 충렬왕 12년(1286)이다.
10) 청전의 표 : 수선사의 본래 토지를 되돌려주기를 원 세조에게 청원한 글을 가리킨다.
11) 순임금 : 전욱(顓頊)의 6세손으로 아버지는 시각장애인이고, 계모와 이복동생의 미움을 받아 여러 차례 위태로웠으나 슬기롭게 극복하여 효행의 도를 다하였다. 순의 이러한 슬기로움을 원종과 같게 보면서 임금을 찬양한 것이다.
12) 삼왕 : 중국 상고시대의 세 임금으로, 하(夏)의 우왕(禹王), 은(殷)의 탕왕(湯王), 주(周)나라의 문왕(文王)을 이른다.

의하였다. [황제가] 금란가사와 푸른색 실로 수놓은 장삼과 흰 불자(拂子) 한 쌍 등의 도구를 하사하였다.

임진(壬辰)13)년 8월 초순에 국사가 가벼운 병을 보였는데, 계사(癸巳)년14) 정월 초7일에 병세가 더욱 심하였다. 10일 새벽에 일어나 삭발하고 옷을 갈아입고 문인들에게 일러 말하기를, "태어남이 있으면 죽음이 있는 것이 인간 세상의 일이니, 나는 곧 갈 것이다. 너희들은 잘 있으라."라고 하였다. 문인이 [임종]게를 청하니, 국사가 이에 게를 지어 이르기를, "세월이 지나 간 해가 67년, 오늘 아침에 이르러 모든 일이 끝나니, 고향에 돌아가는 길이 분명하게 열려 있는데, 앞길이 분명하여 잃음이 없네. 손안에 한 개의 지팡이 있어, [고향 가는] 도중에 다리가 고달프지 않네."라고 하였다.

만호장로(萬浩長老)가 국사의 말을 들어 묻기를, "고향에 돌아가는 길은 어느 곳에 있습니까?"라고 하니, 국사가 이르기를, "눈을 번쩍 뜨고 보아라."라고 하였다. [장로가] 묻기를 "보는 것은 무엇을 이른 것입니까?"라고 하니, 국사가 이르기를, "알면 곧 [그 길을] 얻을 것이다."라하고 말이 끝나자 조용히 입적하였는데 얼굴빛이 선명하게 희며 [팔다리를] 굽히고 펴는 것이 살아있을 때와 같았다.

이달 20일에 다비하고 유골을 모으니, 유골에 오색이 서로 비춰 밝고, 서기(瑞氣)가 하늘 높이 뻗쳐 몇 달 동안 그치지 않았다. 왕이 듣고 애도하여 칙서(勅書)와 뢰서(誄書)를 내려서 문도를 위문하고, 이어 시호를 원감국사(圓鑑國師), 탑호를 보명(寶明)이라 하였다. 부도는 조계산의 북동(北洞)에 -지금의 감로암- 세웠는데, 국사의 세수는 67세이고, 법랍은 39세였다.

국사의 성품은 본래 관대하고 유연하며, 심정이 순박하여 사람을 사

---

13) 임진년 : 충렬왕 18년(1292)이다.
14) 계사년 : 충렬왕 19년(1293)이다.

랑하고 만물을 구제하였는데, 스스로 타고난 품성이었다. 국사의 평생을 대략 보니, 세간과 출세간에 모두 갖추어 부족함이 없으니, 참으로 대장부이다. 아! 아름답도다. 문인들이 임금에게 비를 세워 봉행하기를 청하는 장계를 임금에게 올렸다. 왕이 신에게 [비문을] 짓기를 명하였다. 신은 일찍부터 [국사의] 자비로운 가르침을 받았으며, 또 그 고상하고 빛나는 행적을 상세하게 보고 들은 바 있으므로 글이 난잡하고 천박하지만 사양할 수 없다. 그러므로 힘을 다하여 비문을 짓는다.

명하여 이르기를,

"청정한 마니보주(摩尼寶珠)는 둥글고 깨끗하여 모자람이 없네.

방향에 따라 각기 드러나 물(物)이 속일 수 없고 여의보라 이름하네.

움직이면 영험하고 기묘하니 누가 비슷하겠는가.

오직 우리 국사가 덕이 있어 부처를 따르니

목우자의 정통을 잇고 제방의 총림에 머물며 모두 상객(上客)이 되었네.

이르는 곳마다 수도하여 유유자적하니 대중이 추대하는 바가 되었도다.

원오국사의 법석을 이어 큰 그릇을 짊어져 종지를 천양하니

배우는 자가 구름처럼 따라 추앙하고 높이 받드네.

조야(朝野)가 귀의하고 숭앙하니 물리(物理)로 멀리 생각하고 작은 일도 막으니

사람들의 화근을 벗게 하고, 여력으로 비호하니 백성은 잘 살고 나라는 부유하도다.

도력도 높고 덕도 크지만 꺼려진 바가 수명이네.

밝은 달이 하늘에서 떨어지고 해가 빛을 잃었네.

이에 따라 도가 쇠미하니 하늘도 우리를 돕지 않네.

아름다운 [자취를] 돌에 새겨 기록하여 영원히 전하도다."

대원(大元) 연우(延祐) 원년15) 갑인(甲寅) 8월 일에 문인인 대선사 정안(靜眼) 등이 비를 세우다.

조선 숙종(肅宗) 27년16) 신사(辛巳) 5월 일에 화주(化主) 시안(時眼) 등이 중수하여 비를 세우다.

2. 『여지승람』 중 국사의 행적

고려 승려 충예(沖乂)는 일찍이 남성시(南省試)17)에서 아원(亞元)18)으로 합격한 위원개(魏元凱)이다. 일본에 사신으로 갔고 중국에 들어 갔으며, 중요한 관직을 두루 거친 뒤 한림으로 있었는데, 출가하여 승려가 되었다고 한다. 또 이르기를, 고려 고종 무신(戊申)에 괴과(魁科)에 발탁되어 관직이 한림에 이른 후에 출가하였고, 이름을 충지라고 한다.

3. 대원황제(大元皇帝)가 토전(土田)을 회복해 준 것에 대한 감사의 표(表)

석복암(釋宓菴)

은택이 높은 하늘에서 내리고 봄이 마른 나무에 돌아오니, 황송하여 몸둘 바를 모르며 짐을 감당하기 어렵습니다. 공손히 생각하옵건대, 황

---

15) 연우 원년 : 연우는 원 인종(仁宗)의 연호이며, 충숙왕 1년(1314)이다.
16) 숙종 27년 : 1701년이다.
17) 남성시 : 남성은 예부의 별칭으로, 예부시를 가리킨다.
18) 아원 : 과거 갑과의 1등 합격자를 장원, 2등을 아원이라 한다.

제폐하께서는 덕은 백왕(百王)에 으뜸이시며 공은 만세(萬世)에 높으시어, 일시동인(一視同仁)19)으로 크게 바다의 끝까지 덮어 주시며, 사방이 안으로 향하는 마음을 얻어 천하를 가득히 덮어 주시니, 칭송하는 노래가 중외(中外)에 들끓으며 뛰고 춤추는 것이 멀고 가까운 데에 차이가 없습니다.

엎드려 생각하옵건대, 신은 성품과 행실이 졸렬하고 소루하오며 마음이 천박하고 비루합니다만, 외람되게도 조사의 문을 이어 석원(釋苑)의 지남(指南)이 되었습니다. 이 절은 5세의 총림이며 육화(六和)20)의 연수(淵藪)로서 대대로 선의 진수를 널리 펴서 항상 대중의 자리가 비지 않게 하였으나, 본래 전토(田土)가 모자라 항상 먹을 것이 부족한 것을 걱정하였습니다. 지난 번에 선후(先后)께서 이를 가엾이 여겨 공전(公田)을 베어 주셨습니다. 이로부터 겨우 목숨을 부지하여 몸을 편안히 하고 도를 펼 수 있겠다고 하였더니, 사신이 처음으로 와서 군수(軍需)를 세밀히 조사할 때에 옛날부터 전하는 관적(官籍)을 찾아내어 규정대로 전세(田稅)를 징수하니, 대중은 많은 데 먹을 것이 적어 사세가 궁박하게 되었습니다.

그러나 외국21)은 멀리 신거(宸居, 대궐)에 떨어져 있어 하정(下情)이 천청(天聽)에 들리지 않을까 걱정하였습니다. [그런데] 어찌 뜻하였겠습니까. 황제폐하께서 널리 사람을 포용하는 도량으로 촛불을 돌려 멀

---

19) 일시동인 : 모든 사람을 하나로 평등하게 보아 똑같이 사랑한다는 뜻이다. 한유(韓愈)가 쓴 「원인(原人)」에 나오는 말이다("天者日月星辰之主也 地者草木山川之主也 人者夷狄禽獸之主也 主而暴之不得其爲主之道矣 是故聖人一視而同仁篤近而擧遠").
20) 육화 : 육화경(六和敬)의 준말이다. 또 육합염법(六合念法), 육화합(六和合)이라고도 한다. 수행자가 서로 행위·견해를 같이해서 화합하고 경애하는 여섯 가지 방법이다.
21) 여기서는 우리나라를 가리킨다.

리까지 비추시어, 신이 성수(聖壽)를 축원하느라 쌓인 고단함을 알아주시고, 법을 펴는 신의 조그마한 공을 생각하시어 새 윤음(綸音)을 내리셔서 [신에게] 옛 토지를 찾게 하셨습니다. 그 은혜가 비록 예사스러운 데에서 나왔으나 고마움을 어찌 잠깐인들 잊겠습니까. [그러므로] 신이 감히 정성을 두 배 더 바쳐 우러러 섬기면서 더욱 대중을 격려하여 수행하지 않겠습니까. 맹세코 포류(蒲柳)22)와 같은 남은 목숨으로 삼가 춘령(椿櫨)23)과 같은 장수를 축원하겠습니다.

---

22) 포류 : 가을이 오면 먼저 시드는 약한 식물이다.
23) 춘령 : 『장자』에 나오는 몇 만년을 산다는 나무이다.

제7절 자정국사(慈靜國師)

1. 국사 약력

국사의 이름은 일인(一印)¹⁾이고, 시호가 자정(慈靜)이며, 탑호가 묘광(妙光)이고, 제5세를 이었다.

2. 조계종 삼중대사 신화(神化)를 선사로 삼는 관고(官誥)

최자(崔滋)　　　－자정국사는『동문선』에 나온다－

교하노라. 영취(靈鷲)²⁾의 47대손으로 도는 서쪽으로부터 동쪽으로 왔고, 목우의 백천 문하 제자는 집이 남쪽에 있는데 북쪽으로 왔다. 그 깨달은 이들 가운데에서 가장 우수한 자를 골라 선사라는 아름다운 명칭을 더한다. 아무개는 신묘한 조화는 번개치듯 하고, 초일한 운치는 바람이 난다. 세속의 티끌을 일찍 사절하고, 방외의 산림에 두루 노닐

---

1) 일인 : 와월교평이 서사한「송광사사적」에 국사의 이름이 일인이라고 하는 기록이 있다고 한다.
2) 영취 : 본래는 인도 마가다국의 왕사성 근방에 있는 영취산을 말한다. 석존이 영취산(靈鷲山)에서『법화경』을 설하였으므로 여기서는 법을 설한 석존을 가리킨다.

었다. 각범(覺範)³⁾의 절묘한 문장을 체득하여 일을 만나면 문득 『임간록(林間錄)』⁴⁾에 썼고, 영가(永嘉)⁵⁾와 같이 말과 뜻을 모두 잊어서 길 위에서 『증도가(證道歌)』⁶⁾를 노래하였다. 창룡굴(蒼龍窟)에 들어가고, 황학루(黃鶴樓)에 글을 남겼다. 잠시 소래사(蘇來寺)에 머물다가 곧 사양하고, 송광사로 돌아가서 자유롭게 지냈다. 맑고 한가로운 생활이요, 아무런 집착이 없어 상쾌한 행장(行藏)이었다. 연기가 자욱하고 해가 길어서 본래면목(本來面目)⁷⁾이 잘 닦인 것을 보겠고, 풀은 무성하고 꽃은 난만하니, 자기의 문정을 널리 보는 것을 짐작하겠다. 이미 초연히 격외의 진승이 되었기에, 성 안의 화불(化佛)이 되는 것을 원치 않았다. 이에 어진 재상이 우리나라를 이롭게 하려 하여, 황금을 기울여

---

3) 각범(1071~1128) : 북송대 임제종 황룡파의 선승이다. 이름이 혜홍(慧洪)이며, 자가 각범, 처음 이름은 덕홍(德洪)이며 적음존자(寂音尊者)이다. 그는 14세에 출가하여 구사·유식을 배운 뒤, 진정극문(眞淨克文) 밑에서 7년을 지냈다. 경덕사(景德寺), 청량사(淸凉寺)에 머물다가 참소로 인해 네 번이나 투옥되기도 하였다. 저서로는 『임간록(林間錄)』 2권, 『선림승보전(禪林僧寶傳)』 30권, 『냉재야화(冷齋夜話)』 10권, 『석문문자선(石門文字禪)』 30권, 『고승전(高僧傳)』 12권 등이 있다.
4) 『임간록』: 혜홍각범(慧洪覺範)이 옛 고승대덕 등의 일화 및 참선 유훈 등에 대해서 말한 300여 편의 담화를 문인 본명(本明)이 필사하여 만든 책이다. 서명은 숲속에서 청담한 어록이라는 의미이다.
5) 영가(665~715) : 당의 선승 현각이다. 영가는 출신 지명이며, 자는 명도(明道)이다. 천태지관(天台止觀)의 법문에 정통하였고, 좌계현랑(左谿玄郎)의 권고로 6조 혜능을 찾아갔다. 곧바로 인가를 받고, 하룻밤을 보냈다던 고사에서 그를 일숙각(一宿覺)이라 한다. 저술로 『증도가(證道歌)』, 『영가집(永嘉集)』이 있다.
6) 『증도가』: 영가 현각의 가송집(歌頌集)이다. 무상도(無上道)의 요지를 1,814자 247구의 고시체로 가창한 것이다. 대체적으로 4구를 1절로 하고 절마다 운을 대체하여 성조하고 있다. 종횡자재로 여래선의 진수를 꿰뚫고 절학무위(絶學無爲)의 한도인의 경지를 설하고 있다.
7) 본래면목 : 각자 갖고 있는 진실의 모습이다. 본분사(本分事), 본분전지(本分田地), 본지풍광(本地風光)이라고도 한다.

청정한 사찰을 창건하고, 불교에 밝은 고승을 맞아들였다.

그러자 선뜻 마음을 돌려 말하기를, '장차 이 백성을 깨닫게 하겠다.'라고 하였다. 그리고는 칠민(七閩)의 옛 도량으로부터 삼화(三華)의 새 수국(水國)으로 왔다. 만연(萬緣)의 총중(叢中)에서 상대에 응하는 것은 일정한 방향이 없고, 십자(十字)의 가두에서 만나는 대로 유희하였다. 여러 곳이 기꺼이 복종하니 이로써 일용의 공부를 알겠고, 사해가 편안하고 맑으니 이미 하안(夏安)의 소식을 드러냈다. 이와 같고 이와 같이 훌륭하고 훌륭하다. 마땅히 총애하는 은전을 미루어 표창하여 돌보아주는 나의 마음을 보인다. 이에 밝은 고명(誥命)을 내리어 전례에 따라 승려의 벼슬을 준다.

아, 이름이란 것은 실상의 손님이어서 비록 달인이 취하지 않는 것이나, 벼슬은 그 덕을 표하므로 공문(空門)에도 또한 호가 있는 것이다. 헛된 영화를 부끄럽게 여기지 말고 더욱 부지런히 하여 복을 받들라.

제8절 자각국사(慈覺國師)

1. 국사 약력

국사의 이름은 정열(晶悅)이고, 시호는 자각이며, 탑호는 징영(澄靈)이고 제5세를 이었다.

2. 조계종 삼중대사 신정(神定)을 선사로 삼는 관고

최자(崔滋)　　－자각국사는 『동문선』에 나온다－

교하노라. 눈으로 보아야 마음에 계합한다는 것은 여러 조사가 모두 전한 것인데, 스승이 엄한 연후에 도가 높아지는 것이니 어찌 사람마다 가볍게 주겠는가. 정하게 승려를 선택하여 영광스러운 구명(鷗名)을 내린다.

아무개는 범상(梵相)이 장대하고, 천기(天機)가 빼어났다. 방외로 가는 길에서 배우는 무리의 수좌가 되고, 선불장에서 심공(心空)의 급제가 되었다. 인간의 자취를 매미 껍질 벗듯이 하고, 격외의 놀이를 붕새가 날듯이 하였다. 비록 백 척의 장대 꼭대기에서 능히 걸음을 내딛었으나,[1] 외로운 산봉우리의 마루턱에서 몸을 편안히 할 겨를이 없었으며, 송광사에서 떠나 죽림방(竹林坊)에 살았다. 금봉(金鳳)은 춤추고 옥계(玉鷄)는 우니 어찌 보각(普覺)의 양중공안(兩重公案)2)을 찾으리오. 목마(木馬)는 울고 철우(鐵牛)는 울부짖으니 곧바로 형남(荊南)의 일편전(一片田)3)을 밟았다.

대신이 이 절을 창설하고 겸퇴(柑槌)의 수단을 빌어 병혁(兵革)의 재앙을 소멸시키기를 청하니, 밝은 달이 못에 비치어 성의에 응하고, 한가한 구름이 봉우리에 나와서 혜택을 뿌리었다. 봄바람에 석장을 날리고 위령(葦嶺)을 지났고, 여름날에 무리를 거느리고 화산(花山)에 왔다. 크게 법도를 떨치어 울연히 모범이 되었다. 스님이 변론을 쏟으매 세상에선 구주(九州)의 유나(維那)라 이름하였고, 경탈(敬脫)이 글월을 날리니 사람들이 사해(四海)의 논주(論主)라 일컬었다. 총림의 법규가 모두 베풀어지매 대중의 무리가 기쁘게 따랐다. 주리면 밥을 먹고 목마르면 차를 마시어 사치를 금하고 양생을 이롭게 하였으며, 고요하면 참선하고 움직이면 염불해서 힘을 함께 하여 참 진리를 닦았다. 하늘과 땅에 홀로 드러나고 해우(海宇)를 모두 맑혔다.

내가 마침 가서 보고 칭찬만으로는 부족하여 표창한다. 특수한 은전을 내리어 너의 높은 행실을 표한다. 혜능은 도덕으로 국가를 도왔기

---

1) 비록 백 척의 장대 꼭대기에서 능히 걸음을 내딛었으나 : 이 표현은 선의 용어인 '백척간두진일보(百尺竿頭進一步)'에서 나온 말이다. 백척간두를 선문에서는 수행의 결과 도달한 깨달음의 경계를 이르기도 한다. 여기서 한 걸음 더 나아가라는 것은 무한히 향상(向上)해 가는 것으로부터 향하문(向下門)의 중생세계에 전진(轉進)해서 이타행을 행하는 것을 말한다.
2) 양중공안(兩重公案) : 이중공안(二重公案)이라고도 한다. 한 가지 공안이 거듭 제시되어 있는 것이다.
3) 일편전 : 당의 선사 설봉(雪峰)과 그의 제자 현사(玄沙)와의 문답에서 나온 말이다. 설봉은 불심(佛心)·불성을 한조각 전지(田地)에 비유하여, 모든 것이 이 은력(恩力)을 입고 있으며, 다만 이 사실에 눈을 열어, 각각이 한 조각의 전지라고 보았다. 이에 대해 현사는 한걸음 나아가 구체적으로 사람들의 그것이라고 말한 데서 유래한다.

에 당나라에서 아름다운 명칭을 주었고, 덕흠(德歆)은 나라의 상서를 예언하였기에 진나라에서 큰 호(號)로 봉하였다. 이제 나도 그리하거니와 공론도 그러하다. 공경히 고신(告身)을 품하노니 다시 구안(具眼)을 돌리라. 운운

제9절 담당국사(湛堂國師)

국사가 어떤 사람인지를 알 수 없다. 세상에 전하기를, "보조국사가 일찍이 금나라에 들어가 본국으로 돌아가기를 청할 무렵 장종(章宗)이 보물을 하사한 것이 한둘에 그치지 않았다. 국사가 모두 사양하고 받지 않았으나 다만 황제의 셋째 아들이 법기(法器)임을 알고 청하여 함께 동쪽으로 왔는데, 이가 담당(湛堂)이다."라고 한다. 그러나 이것은 사실과 현격한 차이가 있다. 이른바 9세란 곧 주지의 차례이고, 당시 제자의 차례가 아니다. 제6세 주지인 원감국사도 오히려 보조의 육신을 보지 못하였는데, 하물며 제9세인 담당이 보았겠는가? 그러므로 담당을 보조의 사법제자로 삼는 것은 옳지 않은 것이다. 후일에 만약 동감하는 자가 널리 여러 서적을 찾고 정사(正史)를 보완하는 것이 어떠하겠는가?

제10절 혜감국사(慧鑑國師)

1. 비문

조계산 수선사 제10세 별전종주(別傳宗主) 중속조등(重續祖燈) 묘명존자(妙明尊者)이며 혜감국사(慧鑑國師)라는 시호를 추증 받은 [만항의] 비명과 서문

추성량절(推誠亮節) 동덕협의(同德協議) 찬화공신(贊化功臣) 벽상삼한(壁上三韓) 삼중대광(三重大匡)[1] 계림부원군(鷄林府院君) 영예문춘추관사(領藝文春秋館事)[2] 이제현(李齊賢)[3]이 교지를 받들어 짓다.

---

1) 삼중대광 : 성종 14년(995)에 중국식 문산계(文散階)가 자리 잡기 전에 사용되던 고려초기의 관계이다. 중국식 문산계가 들어온 후 향직으로 변화되었고, 향직 일품에 해당한다.
2) 영예문춘추관사 : 예문춘추관은 충렬왕 34년(1308) 국왕의 말이나 명령을 제찬(制撰)하는 문예관과 시정의 기록을 관장하는 춘추관이 합쳐진 기구이다. 그 수상이 영사(領事)이다.
3) 이제현(1287~1367) : 본관은 경주, 초명이 지공(之公), 자가 중사(仲思), 호는 익재(益齋)·역옹(櫟翁) 등이다. 1301년 성균시에 장원으로 합격하면서 출사의 길을 걸었고, 1352년 재상의 지위에까지 오르게 되었다. 주자학을 수용하면서도 직접 간화선을 수행할 만큼 불교에도 깊은 이해를 갖고 있었다. 저술은 『익재난고(益齋亂藁)』 10권과 『역옹패설(櫟翁稗說)』 2권이 있다.

만약 큰 스님이라면 나오는 곳이나 말하고 침묵하는 것이 모두 구차하지 않을 것이다. 나오는 곳은 때에 따를 것이고, 말하고 침묵하는 것도 또한 근기(根機)에 달린 것이다. [그리하여] 그 도를 드러내어 밝히고 뒤에 깨달은 자를 깨우치는 것이니, 돌아가신 혜감국사는 때에 따라 행동한 사람이다. [국사의] 이름은 만항(萬恒)이고, 속성은 박씨(朴氏)이다. 아버지는 진사이며, 이름은 경승(景升)이고, 웅진군(熊津郡)[4] 사람이다.

국사는 유가의 자제로 승려가 되었다. 어려서는 총명하고 영리하여 능히 스스로 배우는 데 힘썼으며, 장성해서는 더욱 태만하지 않았다. 구산선(九山選)[5]에 응시하여 장원급제하였다. 옷자락을 걷어 올리고 금강산에 들어갔는데, 여름에는 지리산으로 옮겨가 머물렀다. 굶주려도 두 가지 음식을 먹지 않고, 추위도 갖옷을 입지 않았으며, 자리에 눕지 아니한 것이 여러 해 되었다.

종적을 감추었어도 이름이 드러나니 충렬왕(忠烈王)이 삼장사(三藏社)에 머무를 것을 명하였다. 그의 스승인 조계 원오화상도 역시 타일러 마침내 [삼장사로] 갔다. 그 후 낭월사(朗月社)·운흥사(雲興社)·선원사 등에 두루 머물렀다. 무릇 경전을 지도하고 교수하기를 마치 귀머거리가 알아듣는 듯이 하였고, 술주정뱅이가 술에서 깨듯이 하였다. 제자가 7백 명에 이르고, 사대부로서 제자가 되어 입사(入社)한 자는 헤아릴 수 없었다. 중오(中吳)의 몽산덕이(蒙山德異)[6]가 그의 글과 게

---

4) 웅진군 : 고려시대 공주목(公州牧)을 이른다.
5) 구산선 : 승과 가운데 선종선을 이른다.
6) 몽산(1231~?) : 남송원초의 선승이다. 그는 임제종 양기파의 선승이며, 고균비구(古筠比丘)라고도 한다. 일찍이 소주(蘇州) 승천사(承天寺)의 고섬여형(孤蟾如瑩), 경산(徑山)의 허당지우(虛堂智宇) 등을 참방했고, 복주(福州) 고산(鼓山)의 완선정응을 참방하여 수학한 후 그 법을 이었다. 그가 지원 27년(1290) 편찬한 덕이본(德異本) 『육조단경』과 『몽산법어(蒙山法語)』 등은 고려말 이

를 보고, 감탄하여 칭찬을 그치지 않고 열 몇 편을 화답하고 이어 편지로 고담(古潭)이라는 호를 지어 보냈다.

황경(皇慶) 계축(癸丑)년7)에 대위왕(大尉王)8)이 영안궁(永安宮)에 계실 때에 편안한 수레와 겸손한 말로 [국사를] 서울로 맞아들였다. 그때 [서울에서는] 바야흐로 선종과 교종의 이름난 승려를 모아서 차례로 [불법을] 강론하였다. 국사가 이르러 몽둥이와 할을 하며9) 바람이 일듯이 거침없이 변론하였다. 왕이 매우 기뻐하여 같은 수레를 타고 손수 공양을 바치고, '별전종주(別傳宗主) 중속조등(重續祖燈) 묘명존자(妙明尊者)'라는 법호를 더하고, 가사·웃옷·하의·모자·버선과 은폐(銀幣) 50일(鎰)10)을 전별금으로 주었다. 국사가 산에 돌아와서는 모두 상주물로 돌리고 개인적으로 쓰지 않았다.

연우(延祐) 기미(己未)년11) 7월에 병이 들어 거처를 옮기고자 하여 여러 번 산으로 돌아갈 것을 고하였다. 전날 저녁에 남쪽 봉우리에서 큰 나무가 저절로 쓰러지고, 붉은 기운이 산과 계곡에 뻗쳤다. 8월 18

후 불교에 많은 영향을 미쳤다.
7) 황경 계축년 : 황경(皇慶)은 원 인종의 연호이며, 계축년은 황경 2년(1313)이다.
8) 대위왕 : 왕고(王暠, ?~1345)이다. 충렬왕의 손자이며, 충선왕의 조카이다. 충선왕의 사랑을 받아 동궁에서 자랐으며, 연안군(延安君)에 봉해졌다. 충숙왕 3년(1316)에 충선왕이 가지고 있던 심왕위(瀋王位)를 이어 받으면서 스스로 대위왕이라고 칭하였다. 1320년 원나라에서 영종(英宗)이 즉위하자 그의 총애를 받아 고려 왕위를 엿봄으로써 충숙왕과 대립하였으나 왕위 계승에는 실패하였다.
9) 몽둥이와 할을 하며 : 방할(棒喝)을 가리킨다. 스승이 학인을 깨닫도록 하기 위하여 몽둥이로 때리거나 '왁'하고 큰 소리로 놀라게 하는 것을 말한다.
10) 일 : 무게의 단위로 24냥 또는 20냥, 30냥이라고 한다.
11) 기미년 : 원문에는 을미년으로 되어 있는데, 잘못 필사한 것이다. 원문의 '을(乙)'은 '기(己)'로 바뀌어야 한다. 연우는 원 인종의 연호이며, 기미년은 연우 6년, 충숙왕 6년(1319)이다.

일에 머리를 깎고 목욕하고 옷을 갈아입은 뒤에 유서를 쓰고, 스스로 장사지낼 땅을 점쳤다. 밤에 시자를 불러 북을 치게 하고, 가리(伽梨)를 헤치며 선상(禪牀)에 의지하여 소리내어 게를 읊어 작별을 고하였다. 그 게에 대략 이르기를, "오온(五蘊)을 비우고 깨끗하게 하니 참되게 비추는 것이 무궁하도다. 죽고 사는 것은 달이 공중에 구르는 것과 같다. 내가 이제 다리를 내리니 누가 그윽한 발자취를 분변할까. 제자에게 고하노라. 게으르거나 헛되이 찾지 말라."라고 하였다.

선승 경호(景瑚)가 떠남과 머묾의 뜻을 물으니, "어느 곳에서 서로 만나지 않겠는가? 강을 건너면 뗏목을 사용하지 않는다."라는 등의 말을 하였다. 무릎을 치고 두 손을 마주잡은 채 웃음을 머금고 천화(遷化)[12]하였다. [화장하여] 유골을 절의 간방(艮方)[13]에 있는 언덕에 탑을 세우고 안치하였다. 나이는 71세, 법랍은 58세였다. 부고를 듣고 국왕이 슬퍼하고 애도하였으며, 혜감국사(慧鑑國師)라는 시호를 내리고, 탑을 광조지탑(廣照之塔)이라 하였다.

처음에 어머니 정씨(鄭氏)의 꿈에 하늘에서 푸른 장막이 내려오더니 동자가 있는데, 피부와 살결이 얼음이나 옥과 같았다. 가서 보니 [아기가] 마침내 합장하고 정씨의 품에 뛰어들어 왔다. 잠을 깨니 말(斗)만큼 큰 돌이 뱃속에 들어있는 것 같았는데, 침을 맞고 약을 먹어도 효험이 없었다. 기유(己酉)년[14] 8월 6일에 국사를 낳아 이름을 막아(幕兒)라고 하였다. [국사가] 입적할 때에는 백태(白太)라는 이름을 가진 대방군(帶方郡) 사람의 꿈에, 국사가 푸른 막에 올라 하늘로 갔다. 이상하게 여겨 다음날 절에 달려가니, 국사는 이미 세상을 떠났다.

명에 이르기를,

---

12) 천화 : 승려의 죽음을 이르는 말이다. 입적·열반과 같은 뜻이다.
13) 간방 : 북동방을 가리킨다.
14) 기유년 : 고종 36년(1249)이다.

"국사의 덕은 온화하고, 곧고 깊으며 성실하도다.
국사의 학문은 넓고 너그러우며 정밀하고도 정확하도다.
해인(海印)과 같은 마음이요 사자와 같은 음성이로다.
조계산을 맡으니 보조의 열쇠를 잡고 원오(圓悟)의 목탁을 울렸고 몽이(蒙異)의 흙벽을 뚫었도다.
도가 있는 곳에는 왕도 존귀함을 굽히고 소중한 폐백과 아름다운 집으로 산문에 빛나게 왔네.
승려의 오고 감이 많아서 우리에게 불법(佛法)을 부어 주네.
불법이 널리 보급되니 온갖 만물이 단비를 만난 것 같네.
감추어 숨은 것이 아닌지라 어찌 찾는 것이 많으며 일으켜 떨친 것이 아니니 누가 그 심오한 것을 궁구하겠는가.
이미 자신을 착하게 하고 능히 남을 이롭게 하였도다.
길이 전할 수 있는 옥 같은 돌에 새기노니, 천년에 환히 빛나리라."
라고 하였다.
비는 진주(晋州) 삼장사(三藏寺)에 있다.

참조

이제현은 경주 사람이다. 이진(李瑱)의 아들이며, 충렬왕대에 과거에 급제하였고, 벼슬이 문하시중(門下侍中) 계림부원군(鷄林府院君)에 이르렀다. 국사(國史)를 지을 때에 그의 집에서 사관(史官)과 삼관(三館)이 모두 모였다. 어릴 때부터 동년배가 감히 그 이름을 내놓고 부르지 않고 반드시 익재라고 불렀다. 후에 공민왕의 묘정(廟庭)에 배향되었다.

2. 『고려사』 가운데 국사의 행적

충선왕(忠宣王) 5년 계축(癸丑)[15] 12월 경오(庚午)에 왕이 2천 명의 승려에게 공양하고, 연경궁(延慶宮)[16]에서 2천 개의 등을 점화하였다. 2일에 송광사 승려 만항을 불러 법회에 오게 하였다가, 돌아갈 때에 이르러 승어(乘御)하는 초요자(軺輕子)를 하사하여 보냈다. 임신(壬申)년에 연경궁에서 반승, 점등하고 또 만항과 더불어 수레를 타고 명복사(溟福寺)에 행차하여 이후 8일 동안 점등하였다. 만항이 잔치를 베푸니 왕이 매우 기뻐하여 스스로 노래하였다.

충숙왕(忠肅王) 원년 갑인(甲寅)[17] 봄 정월 경인(庚寅)에 왕이 은자원(銀字院)[18]으로 승려 만항을 방문하였다. 정미(丁未)년에 상왕-곧 충선왕-이 원에 행차하는데 길에서 연경궁 만승회(萬僧會)[19]에 들어가 백금(白金) 130근을 승려 만항에게 시주하였다. 왕이 금교역(金郊驛)[20]에서 전별하면서 [술잔을] 받들어 올리니 상왕이 눈물을 흘렸다.

---

15) 계축 : 충숙왕 원년(1313)이다.
16) 연경궁 : 고려 이궁(離宮) 중 하나로 충선왕 1년(1309)에 중수된 이후 중요한 궁궐로 사용되었다.
17) 갑인 : 충숙왕 2년(1314)이다.
18) 은자원 : 고려후기 불전(佛典)을 사경(寫經)하던 사찰이다. 정확한 유래나 기관 구성은 알 수 없으나, 고려초부터 존재하던 사경원(寫經院)이 충렬왕대에 금자원(金字院), 은자원으로 재편된 것이 아닌가 생각된다.
19) 만승회 : 고려시대 국왕이 많은 승려를 초청하여 공양을 올리는 법회이다. 만승회란 만 명의 승려를 모은 것이 아니라 많은 승려를 제한없이 모았다는 뜻이다.
20) 금교역 : 개경 서북쪽에 위치한 개경의 관문으로 개경과 서경 사이의 교통로에 위치한 첫 번째 역이다. 이곳에서 국내외 사신들을 마중하고 배웅하였다.

제11절 자원국사(慈圓國師)

국사의 법호(法號)는 묘엄존자(妙嚴尊者)이고, 자원국사라는 시호를 내렸다. 비문이 인멸되었기 때문에 자세히 알 수 없다.

제12절 혜각국사(慧覺國師)

1. 비가 있는 곳

『동국여지승람(東國輿地勝覽)』에 경북 선산군 주륵사(朱勒寺)[1] - 지금 수다사(水多寺)이다. - 는 냉산(冷山)[2] 서쪽에 있고, 고려 안진(安震)[3]이 지은 승려 혜각(慧覺)의 비명이 있다. 그러나 비석과 비문은 모두 전하지 않는다고 한다.

부록 : 안진(安震)의 시 한 구절 '안근재(安謹齋)[4]의 죽원'이라는 제목에 차운(次韻)하여 "서당(西堂)에 후학이 많아 풍미 또한 예전과 같다. 소매를 이끌어 술 권하기를 다투니 어찌 옛 소년에게 질소냐.[5]"라

---

1) 수다사 : 『신증』에 수다사는 연악산(淵嶽山)에 있다고 하는데, 주륵사는 냉산 서쪽에 있다고 한다. 아마도 조선시대 어느 시점인가 주륵사는 폐사되어 수다사에 합쳐진 것으로 보인다.
2) 냉산 : 선산의 동쪽 15리에 있다.
3) 안진(?~1360) : 본관은 순천이며, 호는 상헌(常軒)이다. 이제현(李齊賢)과 더불어 충렬·충선·충숙왕의 실록을 편찬하였다.
4) 안근재(1282~1348) : 본관은 순천이며, 본명은 안축(安軸)이다. 자는 당지(當之)이고 호는 근재이며 시호는 문정(文貞)이다. 민지(閔漬)가 편찬한 『편년강목(編年綱目)』을 고쳐 편찬하였고, 충렬·충선·충숙왕의 실록 편찬에 참여하였으며, 경기체가인 「관동별곡(關東別曲)」과 「죽계별곡(竹溪別曲)」을 남겼다.
5) 『동문선』 권19에 실려 있다.

하였다.

2. 복천사(福川寺)[6] 하안거(夏安居)의 원각법회(圓覺法會)의 소(疏)

조문발(趙文拔)[7]이 짓다. ―『동문선』에 나온다―

3기의 안거를 맺음은 특별히 승려의 전해오는 규범이며, 상(相)을 벗어나 육도(六道)윤회가 사라지면 진실로 원각이 열어주는 문호이므로 만약에 몸과 입과 뜻의 업을 닦아 받들면 곧 과거·미래·현재에 모두 힘입게 되나이다. 생각하건대 제자는 사람됨이 용렬하면서도 높은 지위를 더럽혔으므로 조그마하지만 임금을 생각하는 뜻이 간절하고 우러러 부처님께 항상 의지하여 나라 위하는 정성을 기울여 왔습니다. 마침 뜻 있는 어떤 사람이 먼 곳으로부터 와서 "금마읍(金馬邑)[8]의 옛 경계에 옛날 앙려(鴦廬)가 무너진 터가 있으니, 이것이 바로 우리 중흥에 있어 경을 듣는 백록(白鹿)을 기다림이요, 공에게 외호(外護)를 청하니 다시 꿈에 드는 황사(黃蛇)에 부합됩니다."라고 하였는데, 이는 과연 내가 원하는 바에 맞는 것인데 누가 우리의 무리가 아니라 하겠습니까? 집안 재산을 기울여서 힘을 다해 절을 지으니, 기둥과 들보가

---

6) 복천사 : 정확하게 알 수 없으나, 전북 순창의 강천사가 아닌가 한다.
7) 조문발(?~1227) : 고종 14년(1227) 예부낭중으로 기거주사관수찬관(起居注史館修撰館)을 겸하여 『명종실록(明宗實錄)』을 편수하였다.
8) 금마읍 : 전북 익산의 옛 이름이다. 본래 마한국이었는데 백제에 통합되어 금마저라 불렸다. 신라 신문왕때 금마군이 되었고 고려시대는 전주의 속현으로 있다가 충혜왕 후 5년에 원 순제의 황후 기씨(奇氏)의 고향이라 하여 익주(益州)로 승격하였다.

하루 빨리 이룩되고 연기도 안개도 아닌 문채가 빛나며, 지금 더운 바람이 불어 누대(樓臺)가 고요하고 맑은 이슬이 어려 초목이 아름다운데, 이에 송광 사주(寺主)의 묘구(妙軀)를 맞이하여 스님의 유제(遺制)를 거행하옵니다.

여름 한철을 앉아서 금족(禁足)9)의 인연을 관찰하고, 두 권 경전을 연설하여 생각마다 지심(指心)의 종지를 깨달으며, 여섯 때를 나눠10) 도에 나아가고 삼업(三業)을 닦아 참된 진리에 돌아가니, 벼슬한 몸이 비록 조정에 매이기는 했으나 간곡한 뜻은 훈석(熏席)을 떠나지 않았으니 정근(精勤)의 인연을 곧 골고루 감응하시기 바라옵니다. 원하건대, 임금과 왕후에게 모든 아름다운 경사가 어리어 과연 이 절의 이름과 같이 백 가지 복이 냇물처럼 더하고, 저 관문에 아무런 걱정이 없도록 사방의 티끌을 깨끗이 하시며, 다음으로 돌아가신 부모께서 도는 지지(智地)를 초월하고 앎은 공종(空宗)을 통하오니, 부처님 몸에 친히 의지하고 영혼의 도움을 내려 주시어 이 쓸데없는 품종도 수복강녕을 누리게 하시며, 또한 원력을 같이한 사람들까지 모두 화락(和樂)하게 하고, 또 음양이 순조로워 백곡이 풍년 들게 하옵소서.

참조

조문발은 정융진(定戎鎭)11) 사람이다.-지금 평북 의주이다.-어려서부터 총명하고 준수하며 글을 읽는 대로 기억하였고, 그가 지은 글은 깨끗하면서도 깨우침이 많았다. 과거에 장원급제하여 [벼슬을]

---

9) 금족 : 외출을 금한다는 뜻이다.
10) 육시(六時) : 하루를 여섯 때로 나누어 진조(辰朝)·일중(日中)·일몰(日沒)·초야(初夜)·중야(中夜)·후야(後夜)라 한다.
11) 정융진 : 의주의 동쪽 80리에 있는데 흥화진(興化鎭) 북쪽에 있는 옛 석벽을 수리하여 정융진을 설치하고 영평성(永平城)의 백성을 옮겨 살게 했다.

여러 번 돌아 중서주서(中書注書)12)가 되었다. 일찍이 중서성에서 숙직할 때 어떤 서리 한 사람이 추위에 떨고 있으므로 조문발이 그를 가엾이 생각하고 자기 이불 안으로 불러들였더니 그가 함부로 발을 [조문발의] 배 위에 올려놓았다. 그날 밤에 마침 정사에 대한 발표가 있었으므로 성(省)의 아전이 와서 주서가 정언(正言)13)으로 승급된 것을 알렸다. [그때] 그 서리는 발을 슬며시 내려놓았으나, 조문발은 아직 깊은 잠이 든 듯이 하였다. [조문발은] 관직이 예부랑중(禮部郎中)에 이르렀다.

---

12) 중서주서 : 중서문하성의 종2품 관리이다.
13) 정언 : 중서문하성의 종6품 관리로 좌·우정언이 있다. 이 명칭이 사용된 것은 예종 11년부터 충렬왕 34년까지와 공민왕 5년 이후이다.

제13절 각엄국사(覺儼國師)

1. 비문

조계산 수선사 제13세 왕사(王師)[1] 대조계종사(大曹溪宗師) 일공정령(一邛[2] 正令) 뇌음변해(雷音辯海) 홍진광제(弘眞廣濟) 도대선사(都大禪師)[3] 각엄존자(覺儼尊者)이며 각진국사(覺眞國師)라는 시호를 추증받은 [복구의] 비명과 서문

성균좨주(成均祭酒)[4] 전리판서(典理判書)[5] 감찰대부(監察大夫)[6] 호

---

1) 왕사 : 고려시대에 국사와 함께 승려에게 내린 최고의 승직이다. 왕사는 국왕의 고문격이고 국사는 국가의 고문에 해당한다.
2) 邛 : 『사고』에는 印자로 되어 있다.
3) 도대선사 : 조선 전기 선종 승려들이 가졌던 승계(僧階)의 하나이다. 조선시대 고려의 양가 승록사를 폐지하고 세종 때 선교양종으로 교단을 정비한 이후 선교양종(禪敎兩宗) 판사(判事)를 두어 판선종사(判禪宗事)와 판교종사(判敎宗事)가 종무를 분담하도록 했다. 조선시대에는 승과에 합격하면 대선(大選)을 받고 중덕(中德)을 거쳐 선종은 선사(禪師)·대선사(大禪師)로 올라가 최고 승계인 도대선사가 판선종사가 되어 선종을 총괄 지도하고 선종선(禪宗選)도 주재하였다.
4) 성균좨주 : 성균관의 관리이다. 문종 때에 종3품, 예종 11년에 정4품, 충선왕 때는 종3품직이었다.
5) 전리판서 : 충렬왕 원년(1275)에 원의 압력으로 고려의 관제가 대폭 고쳐질때 이부와 예부가 병합되어 전리부가 되었는데 전리판서는 전리사의 장관으로

부상서(戶部尚書)[7] 밀직제학(密直提學)[8] 계림부원군(鷄林府院君)이며 문정(文靖)이라는 시호를 받은 이달충(李達衷)[9]이 왕명을 받들어 짓다.

지정(至正) 15년[10] 을미(乙未)에, 왕사 각엄존자(覺儼尊者)가 입적하였다. 5년이 지난 뒤에 그의 문도 원규(元珪) 등이 임금께 아뢰기를, "우리 스승의 행실이 묻히어 사라지게 할 수 없으니 원컨대 비석을 세워 기록하게 하소서."라고 하였다. 이에 임금이 신에게 비문을 짓도록 명하였다.

신이 이미 명을 받고 가만히 생각하니, 옛날에 현달한 사람은 몸담은 세상을 여관으로 생각하고, 명예와 지위를 헌 신짝과 같이 보았다. 하물며 이른바 불교는 유위(有爲)[11]를 꿈과 환상으로 여기고, 무상(無相)[12]을 지켜 청정하고 적멸하여 이름 지어 말할 수 없다. 비록 국사를 지극히 칭송하더라도 무엇이 있겠는가. 그러나 그 문도가 매우 사모하는 것은 국사의 교화가 반드시 [그들의] 마음에 느끼는 바가 있으며,

---

종3품직이다.
6) 감찰대부 : 충렬왕 원년(1275)에 종래의 어사대를 감찰사로 고쳤는데, 감찰사의 장관을 감찰대부라 하여 정삼품이었다.
7) 호부상서 : 고려시대 상서6부(尙書六部) 가운데 호부의 정3품 관직이다.
8) 밀직제학 : 고려시대 밀직사의 정3품 관직이다. 밀직사는 충렬왕 원년(1275)에 중추원을 고친 이름이다.
9) 이달충(?~1385) : 본관은 경주, 자는 상중(上中)이다. 충숙왕때 문과에 급제하여 성균관좨주를 거쳐 공민왕때 전거판서, 감찰대부를 역임하였다.
10) 지정 15년 : 『사고』에는 지원 14년으로 되어 있는데, 잘못 쓴 것이다. 지정 15년은 공민왕 4년(1355)이다.
11) 유위 : 불교에서 인연의 화합에 의하여 만들어진 모든 현상을 가리키는 말이다.
12) 무상 : 보살도의 최고 경지인 공(空)·무상(無相)·무원(無願)의 하나이다. 일체의 망집을 벗어버린 경지이다.

우리 임금께서 믿고 받드는 것은 국사의 도가 반드시 다스리는 데 도움이 있었으므로 서술하지 않을 수 없다.

옛날 우리 태조가 일찍이 국가를 만들어 모든 왕화(王化)를 도와 밝히고, 백성을 보우할 만한 것은 하지 않음이 없었다. 불교의 교화가 어질어서 우리 동방의 정교(政敎)에 보탬이 된다고 하여, 마침내 널리 인사(仁祠)13)를 두고 그 무리를 살게 하였다. 선과 교가 각각 그들의 법으로써 나라를 복되게 하는데 선종은 교종에 비하여 더욱 번성하였다. 도량을 주재하는 자는 그럴 만한 사람이 아니면 감히 그 자리에 있지 못하는 것이니, 그를 존숭하기 때문이라는 뜻이 이미 분명한 것이다. 그러나 훗날 혹시 게을러질까 염려하여 신서(信誓) 10조14)를 만들어서 조서로 반포하였다. 그 첫째 [조목]에 이르기를, "삼보를 공경하고 믿도록 하라."라고 하였다. 이로부터 그 뒤로는 반드시 그 무리 가운데 덕이 높은 자를 들어 예로써 섬기고 스승으로 삼았다. 대대로 이루어 놓은 규범이 있어서 예의가 차츰 갖추어졌다.

삼가 생각하건대 위대한 우리의 주상은 힘써 행하고 다스리기를 도모하여 밤낮으로 근심하고 부지런히 하였다. 무릇 베푸는 것은 거의 옛 법을 좇으며, 재상에게 자문하고 여러 종문(宗門)을 방문하고 이르기를, "어린 내가 왕위를 이었는데, 마침 어려운 때를 만났으니, 정사를 볼 자격이 없을까 두렵다. 장차 승려 중에서 덕이 높은 자를 받들어 스승으로 삼아 나의 다스림을 보필하고 선조의 가르침을 빛나게 하고자 하는데 누가 좋은가?"라고 하였다.

여럿이 아뢰기를, "각엄존자와 같은 이가 없습니다. 전 왕조가 존경하고 받들어 그 덕을 칭찬하였습니다."라고 하였다. 이에 유사에게 명

---

13) 인사 : 절을 가리키는 말이다. 석가를 능인(能仁)이라 하는 데서 연유한다.
14) 신서 10조 : 943년 고려 태조가 그의 자손들에게 유언한 10가지 내용으로 훈요 10조라 한다.

령하여 마침내 왕사로 책봉하였다. 그때 [국사는] 불갑사(佛岬寺)15)에 머무르고 있었는데, 연배가 높고 길이 험난하여 감히 불러오지 못하고, 화상으로 예를 거행하였으며, 익재 이제현에게 찬을 짓게 하고 크게 예물과 예의를 갖추어 국사의 거처에 가게 하였다. 정성과 공경이 돈독하고 지극하게 스승으로 섬기는 예를 표시하였다. 국사가 국서를 받고 말하기를, "노승이 일찍이 전대의 그릇된 은총을 입어 외람되게 왕사의 지위에 있었는데, 이제 또 중한 명령을 욕되게 하였으니, 깊이 두렵고 부끄럽습니다. 향화(香火)를 부지런히 받들어 임금께 복을 받들 뿐입니다."라고 하였다. 실로 임금의 즉위 2년째인 임진년이었다.

국사의 이름은 복구(復丘)이며, 스스로 호를 무언수(無言叟)라고 하였다. 고성군(固城郡)16) 사람으로 판밀직(判密直)17) 우상시(右常侍)18) 문한학사(文翰學士)19) 이존비(李尊庇)의 아들이다. 국사의 족계(族系)는 내족(內族)과 외족(外族)이 세상에 빛나므로 지금 다만 그 족보에 [국사는] 큰 스님이라고만 쓴다. 어머니가 항상 대승불경(大乘佛經)을 갖고 있었는데, 일찍이 꿈에 관복을 성대하게 차린 한 거사가 앞에 와서 말하기를, "내가 이미 왔습니다."라고 하였는데, 이로 인하여 임신하였다. 지원(至元) 경오(庚午)년20) 9월 15일에 태어났는데, 자질이 밝

---

15) 불갑사 : 전라남도 영광군 불갑면에 있는 절이다.
16) 고성군 : 경상남도 중남부에 위치한 군이다. 삼한시대에는 변진12국(弁辰十二國) 중의 고자미동국(古資彌凍國)이나 고자국(古自國)으로 비정된다. 신라는 이곳에 고자군(古自郡)을 두었는데, 경덕왕 16년(757) 고성군으로 개칭하였다. 성종 14년(995) 고주자사를 두었다가 뒤에 현으로 환원하였다. 현종 9년(1018) 거제현의 속현이 되었다가 뒤에 현으로 환원해 현령을 두었다.
17) 판밀직 : 고려시대 밀직사의 으뜸 벼슬이다. 종2품 벼슬로 충렬왕 1년(1275)에 판추밀원사를 고친 것이다. 판밀직·판밀직사·판사사라고도 한다.
18) 우상시 : 중서문하성에 속한 정3품 낭사 벼슬로 우산기상시를 고친 것이다.
19) 문한학사 : 한림원의 정3품 관직이다. 충렬왕 원년(1275)에 관직이 대폭 개정될 때 문한학사(文翰學士)로 개칭되었다.
20) 지원 경오년 : 지원 7년으로 원종 11년(1270)이다.

고 맑아서 세속의 부류와 같지 않았다. 조금 자라서 불교를 알고 공경하여, 놀 때에도 반드시 도량의 규칙을 모양내었다. 나이 겨우 10세에 조계종의 원오국사에게 가서 머리를 깎고 구족계를 받았다. 얼마 지나지 않아 원오국사가 입적하니, 유촉으로 대선사 도영(道英)을 따라 쉬지 않고 부지런히 배웠다. 10년 만에 배움이 이루어지니 총림에서 추대하여 우두머리가 되었다. 경인(庚寅)년21) 가을에 선선(禪選) 상상과에 급제하였는데 그 때 나이가 21세였다.

보는 바가 이미 초연하여서 도에 뜻을 두고 번거로운 것을 싫어하였다. 구름처럼 노닐면서 도를 찾고 흙덩이처럼 있으면서 마음을 관조하였다. 산과 물의 경치 좋은 곳에 슬슬 노닐고, 구름과 수풀 사이를 유유자적하면서, 명리를 위한 길은 밟지 않기를 맹세하였다. 자각국사(慈覺國師)는 국사의 제2의 스승인데, 지극한 예로써 대하였다. 일찍이 학도를 국사에게 맡기니, 국사가 말하기를, "자기에게 [얻은 바가] 있은 후라야 모든 이에게 전하는 것인데, 저는 진실로 감당할 수 없습니다."라 하고, 마침내 백암사(白巖寺)22)에 가서 동지 몇 명과 더불어 10여 년간 밤낮으로 참구하였다. 월남사23) · 송광사 대도량에 머무른 것이 전후 40여 년이었다. 그동안 나라를 복되게 하고 중생을 이롭게 한 일과 포상하고 높여 하사한 은총은 모두 헤아릴 수 없으나 또 [그런 일들은] 국사의 군더더기에 불과하므로 쓰지 않는다.

---

21) 경인년 : 충렬왕 16년(1290)이다.
22) 백암사 : 전라남도 장성군 북하면 백암산에 있는 백양사이다. 백암산의 바위가 흰색이므로 백암사라 불렸다고 하며, 고려시대에는 정토사(淨土寺)라고 하였다. 조선후기 이후 백양사로 이름이 바뀌고 산 이름도 내장산으로 바뀌었다.
23) 월남사 : 전라남도 강진군 성전면 월남리 월출산(月出山)에 있던 절이다. 『가람고(伽藍考)』에 기록이 있으므로 조선 후기에 사라진 것으로 추측된다. 현재의 절터에는 모전석탑(보물 제298호)과 석비(보물 제313호)가 있다.

만년에 불갑사에 머문 것은 왕명에 따른 것이다. 그 문도에게 일러 말하기를, "일찍이 이 산에서 잘 때에, 꿈에 어떤 사람이 절하고 또 말하기를, '[국사께서는] 마땅히 이 산에 머물도록 하십시오.'라고 하였다. 마음속으로 기이하게 여겼더니, 지금 [그 꿈이] 효험이 있다."라고 하였다. 이에 송(頌)을 지어 말하기를, "임금이 오성산(吳城山)[24] 불갑사(佛岬寺)를 하사하니, 사람들은 나더러 게을러진 새 돌아올 줄 안다고 하네. 공손히 간절하게 천수(天壽)를 비노니 이로부터 나라의 기틀이 만고에 편안하리라"라고 하였다. 그가 임금과 나라를 위하는 일에 힘쓰던 마음을 또한 볼 수 있다.

을미(乙未)년[25]에 백암사로 옮겨서 머물렀다. 여름 6월에 병이 났는데, 7월 27일에 병이 조금 나아서, 국왕과 재부(宰府)[26]에 하직하는 편지를 써서 읍관(邑官)에게 인신(印信)을 찍어 봉하도록 청하였다. 옷을 갈아입고 머리를 깎고 목욕하고 법복을 갖추어 입은 뒤에 시자에게 명하여 북을 치게 하고, 작은 선상에 앉았다. 이에 이르러, "마음이 곧 부처인 강서(江西)의 늙은이여. 부처도 아니고 마음도 아닌 물외(物外)의 늙은이로다. 날다람쥐 소리 속에 나 홀로 가노니 열반에는 죽고 사는 것이 본래 공이로구나."라 하고, 의연히 입적하니, 자색 구름은 골짜기에 가득하고, 얼굴빛은 분바른 것과 같았다. 이튿날 문인들이 울며 절의 서쪽 산봉우리 아래에서 화장하고, [유골] 함은 불갑사로 보냈다. 겨울 12월에 임금이 사자를 보내어 조문하고 위로하며, 각진국사(覺眞國師)라는 시호를 내리고, 탑(塔)은 자운(慈雲)이라고 하였다.

---

24) 오성산 : 『신증』에 따르면 전라남도 화순군의 동쪽 8리에 있는 산이다.
25) 을미년 : 충렬왕 21년(1295)이다.
26) 재부 : 고려시대의 최고정무기관인 중서문하성(中書門下省)을 재부(宰府)라고 하였다. 중서문하성은 재신들이 국가의 정무를 의논하는 최고의 정치기관이었으므로 재부(宰府)라 칭하였다. 그리고 이들 재신들이 모여 정사를 의논하는 곳을 정사당(政事堂)이라고 불렀다.

국사의 세수는 86세이고, 법랍은 76세였다. 사람됨이 말이 적고 맑고 순박하며 단아하고 평화로우며 곧고 정성스러웠다. 이마는 푸르고 눈썹은 반만 희고 입술은 붉고 이는 희어서, 바라보면 신선과 같이 깨끗하고, [가까이] 나아가면 온화하기가 부모와 같았다. 입으로는 남의 선악을 말하지 아니하고, 마음으로는 공경함을 지니고 있었다. 평생을 방장(方丈)으로 지냈으나 하나의 물건도 갖지 아니하였다.

  그 조파(祖派)는 보조로부터 국사에 이르기까지 모두 13대이며, 문인 가운데 뛰어난 자는 선원(禪源)·백화(白華)[27]·가지(迦智)·마곡(麻谷)[28] 이하 천여 명이 있다. 친조카인 행촌(杏村)[29] 이시중(李侍中)은 지금의 이름난 재상으로 우리들의 모범이다. 행촌의 아우 이부상서(吏部尙書)[30]는 나의 동년우(同年友)이다. 내가 또 한 번 주실(籌室)[31]

---

27) 백화 : 문맥상 선원사의 백화로 볼 수도 있다.
28) 마곡 : 문맥상 가지산의 마곡으로 볼 수도 있다.
29) 행촌 : 이암(李嵓, 1297~1364)의 호이다. 본관은 고성(固城)이고, 초명은 군해(君侅), 자는 고운(古雲)이다. 이존비(李尊庇)의 손자이며, 철원군(鐵原君) 우(瑀)의 아들이다. 충선왕 5년(1313)에 문과에 급제했으며, 충혜왕 초 밀직대언 겸 감찰집의(密直代言兼監察執義)에 올랐으나, 1332년 충숙왕이 복위해 충혜왕의 총애를 받았다는 이유로 섬으로 유배되었다. 1340년 충혜왕이 복위한 후에 지신사(知申事)·동지추밀원사(同知樞密院事)·정당문학(政堂文學)·첨의평리(僉議評理) 등을 역임하였다. 충목왕이 즉위하면서 찬성사로 제수되어 제학(提學) 정사도(鄭思度)와 함께 정방(政房)의 제조(提調)가 되었지만, 환관 고용보(高龍普)가 인사행정을 공평하지 않게 처리한다고 왕에게 진언하여 밀성(密城 : 밀양)에 유배되었다. 공민왕 초 철원군(鐵原君)에 봉해졌으나 사직하고 청평산(淸平山)에 들어갔다가, 다시 수문하시중(守門下侍中)에 제수되었다.
30) 이부상서 : 이부는 고려시대 상서육부(尙書六部)의 하나로, 문관(文官)의 인사와 훈봉 등의 사무를 관장하던 중앙관청이다. 직제로는 상서성에 속하나 중서문하성의 총재(冢宰)가 판이부사(判吏部事)를 겸하도록 되어 있어 상서성이나 중서문하성을 거치지 않고 직접 국왕과 연결되는 행정체계를 이루었다. 이부상서는 이부의 정3품 관직이다.
31) 주실 : 불도를 배우는 사람을 교화하고 지도하는 방장화상(方丈和尙)을 이른

에 참여하였더니, 그 뒤로 여러 번 편지를 받게 되어 아주 다행으로 생각한다. 그러므로 글의 낮고 졸렬한 것을 돌아보지 않고 다행으로 생각하며 국사의 비명 글을 쓴다.

그 명에 이르기를,

"높아도 위태롭지 않음은 우리 국사의 한 바이고, 몸을 낮추어 스스로 기름은 우리 임금의 복이로다.

큰 길이 갈림길로 나뉘었으나 한 근원에 근본하더라.

서로 도와서 제도하여 복지를 세상에 키우니 몇 만년 뒤에도 빛이 나고 앞에도 광채가 나네.

비석에 글을 새기는 것은 군더더기일 뿐이나 유구하고 아득한 날까지 잊지 않기를 바라노라."라고 하였다.

지정(至正) 19년[32] 기해(己亥) 3월 하순에 문한학사(文翰學士) 춘추관(春秋館) 승지(承旨) 첨시중(僉侍中) 제정(霽亭) 이익재(李益齋)가 명을 받들어 삼가 쓰다.

부(附) 이제현의 국사상찬시[33]

국사의 덕망과 연령이 모두 높구나. 왕명으로 화상을 그려내어 그를 쳐다보며 경의를 표하니 몸은 상에서 떠났고, 법은 전(詮)에서 떠났네. 국사의 진영에 찬을 지으나 신의 글 솜씨 도리어 부끄럽도다.

다. 인도 불교의 우바국다(優婆鞠多) 존자(尊子)는 한 사람을 교화할 때마다 석실(石室)에 산가지 하나씩을 던져 넣어 가득 채웠는데, 입적할 때에 이 방 가운데서 산가지로 다비한 데서 유래한다. 비슷한 뜻의 단어로 조실(祖室)이 있다.

32) 지정 19년 : 공민왕 8년(1359)이다.
33) 『익재난고』 권9, 「송광이국사진찬(松廣李國師眞贊)」을 옮겨 쓴 것이다.

참조

이달충은 경주 사람이다. 충숙왕 대에 과거에 급제하여 여러 관직을 거쳐 성균좨주(成均祭酒)에 이르렀다. 공민왕 원년에 전리판서(典理判書)를 배수하고, 감찰대부(監察大夫)를 거쳐 호부상서(戶部尙書)를 거쳤다. 15년에 [그가] 이름난 선비였기 때문에 밀직제학(密直提學)에 발탁되어 계림군(鷄林君)에 봉해지고, 문정(文靖)이라는 시호를 받았다. 성품이 강직하여 불요불굴하였으며 사람을 알아보는 감식이 있었다.

이존비의 옛 이름은 인성(仁成)이다. 원종 초에 과거에 급제하였고, 문장이 좋은 것으로 이름났다. 이부와 호부의 시랑(侍郞)을 거쳐 충렬왕 대에 원이 일본을 정벌할 때 이존비를 경상전라충청도순문사(慶尙全羅忠淸道巡問使)로 삼아, 군량과 전함의 조달에 있어서 그 조치가 적절하였으므로 백성들의 원성을 사지 않았다. 판밀직사(判密直事), 세자원빈(世子元賓)으로 있다가 죽었다. 세자가 이를 듣고 눈물을 흘리면서 "이존비는 정직한 사람인데 어찌 이와 같이 일찍 죽었는가?"라고 말하였다.

2. 여러 곳의 국사의 행적

『백암산정토사사적(白巖山淨土寺事蹟)』[34]에 이르기를, "왕사 각엄

---

34) 『백암산정토사사적』: 이 사적은 일반적인 사지와 달리 고문서를 모아 만든 것으로 특히 이두 자료가 국어학계에서 주목되었다. 철종 즉위년(1849) 기정진(奇正鎭)이 쓴 서문에 의하면, 정토사의 인정(麟淨) 상인이 자료를 모아 정토사사적을 판각하고자 하였다. 사적기의 내용 가운데 각엄(覺儼)이 전장경회(轉藏經會)를 열었던 것, 정도전 등의 글이 실려 있다. 사적기는 1912년 활자화된 『조선사찰사료(朝鮮寺刹史料)』에 실려 있다.

존자가 문인들에게 불당을 새로 중건하기를 부탁하였는데, 상국(相國) 홍수(洪綏)35)가 발원하여 재물을 희사하고 각엄의 문인 심백(心白)·지부(智孚) 등으로 하여금 바닷길로 송에 들어가 대장경을 마련토록 하였다. 지정 원년36) 신사(辛巳) 봄에 제산(諸山)의 석덕(碩德)을 불러 모아 전장법회(轉藏法會)37)를 하고 낙성하였다. 그 지(誌)에 이르기를, 공덕주 겸 주법인 조계 제13대 대화상 각엄존자가 법회에 오니 선승 중에 눈에 띄는 연온(衍昷)38)이라는 이가 있었는데 당시 감로사주(甘露社主)였다."라고 하였다.

「정토사교루기(淨土寺橋樓記)」39)에 이르기를, "송 경평(景平)40) 연간에 정토선원(淨土禪院)으로 바꾸고, 그 무리 중에 선사 중연(中延)이 이를 계승하여 다시 전당(殿堂)·문무(門廡)·장실(丈室)·빈료(賓寮) 등 무릇 80동을 지었다. 중연의 무리가 차례차례 전하여 일린(一麟)이

---

35) 홍수(생몰년 미상) : 본관은 남양(南陽), 강녕군(江寧君) 선(詵)의 아들이다. 충선왕이 세자로서 연경(燕京)에 있을 때 시종하였으며, 충선왕 2년(1310) 우부대언(右副代言)에 등용되었다. 충숙왕 15년(1328) 만호가 되어 김지겸(金之謙), 판사 김천일(金千鎰)과 함께 심양왕(瀋陽王) 고(暠)를 고려의 왕으로 옹립하려 하였다.
36) 지정 원년 : 충혜왕 복위 2년(1341)이다.
37) 전장법회 : 전장이라는 것은 대장경을 독송할 때, 처음·중간·끝 부분의 경문(經文)만을 띄엄띄엄 읽거나 책장을 띄엄띄엄 넘기면서 읽는 것이다. 경전신앙(經典信仰)을 의식화한 것으로, 고려시대에는 경행(經行)·전경(轉經)·전장경(轉藏經)과 윤경회(輪經會)등이 있었다.
38) 연온(생몰년 미상) : 호는 졸암(拙庵), 유경(柳璥)의 증손으로 수선사 13세 복구(復丘)의 문인이다. 일찍이 홍혜국사(弘慧國師) 중궁이 내원당(內願堂)에서 나와 남원 만행산(萬行山) 금강사(金剛寺)에 머물며 이 절의 증축을 시도했지만 이루지 못하고 입적하자 그가 공사를 계속하였으나 이루지 못하고, 문도들이 완성하여 승련사(勝蓮寺)라 개칭하였다.
39) 「정토사교루기」 : 정도전(鄭道傳)이 지은 「백암산정토사교루기(白巖山淨土寺橋樓記)」이다. 『조선사찰사료(朝鮮寺刹史料)』 상(上)에 실려 있다.
40) 경평 : 중국 남조 송(宋)의 2대 소제(小帝)의 연호(423~424)이다.

그 절의 주지가 되었는데, 그 처음보다 [절의 형세가] 나았다. 우리 왕사 각엄존자는 8세에 일린을 따라 출가했는데 후에 송광사 원오국사에게 가서 선법을 참구하여 법의 그릇을 크게 이루었다. 처음에 월남사에서 주석하였는데 얼마 뒤 교지를 받들어 송광사로 옮겨 20여 년을 머물렀다. 그 도가 크게 흥하고 경인(庚寅)년[41] 10월 그믐에 이르러 왕사로 봉하였다. 법으로 왕의 교화를 도운 것이 두 왕이었으니, 이에 이 절을 일러 불교를 널리 고양시켰다."라고 하였다.

전장경(轉藏經) 제3회방에 이르기를, "우리 왕사 각엄존자가 조계에 주석할 무렵 강녕군(江寧君) 홍수(洪綏)와 함께 발원하여 각각 돈과 곡식을 희사하여 대장경 전부를 조성하는 것을 성취하여 경찬 낙성회를 열었다."고 하였다. 그 처음 모임의 기록은 방(榜)에 상세히 실었다.

무자(戊子)년 봄에 단월의 보시물을 모두 기울여 문인 지목(之牧) 등에게 명령하여 인연이 있는 대중을 널리 교화하고, 여러 산의 비구를 맞이하여 모아서 다시 한 번 전경법회를 열었다. 경인(庚寅)년 81세가 되었을 때에 대중에게 예속됨을 피로하게 여겨 간절하게 절을 떠나 마음을 편안히 하고자 하는 뜻이 있어 대중에게 알리고 백암산 정토사로 돌아갔다.

전 왕조의 주상이 스님의 도덕을 흠모하여 특별히 스승의 예로 오성(筽城) 불갑사를 하산소로 삼았다. 이윽고 지금 임금이 즉위하여 왕사로 책봉하고, 아울러 국서, 증채(繒綵) 등을 더 하사하여 스님을 흠모하고 존경하였다. 매번 말하기를, "노승이 어찌 덕이 있어 여러 번 임금의 은총을 받겠습니까? 생각하면 망극합니다."라고 하였다. 갖가지 공양구를 갖추어 제3회 [전장법회]를 열었는데, 조계대화상을 주맹으로 삼고, 모든 산문(山門)의 장로 천여 명을 초청하였다.

---

41) 경인년 : 충정왕 2년(1350)이다.

계사년[42] 3월 11일 처음 10일을 기한으로 불사를 장황하게 하였는데, 낮에는 대장경을 돌리고, 밤에는 조사의 가르침을 담론하고, 혹은 선정에 들었으며, 혹은 강의하였다.

문인 월생산인(月生山人) 연온(衍昷)이 손을 모으고 삼가 쓴다.
지정 13년[43] 3월 일 상판(上板)할 때의 당좌는 혜효 달환(慧曉達桓)이고 수당좌(首堂佐)는 조선소관(祖宣紹寬)이며 기사(記事)는 일익요정(日益了貞)이며 유나(維那)[44]는 영천사(靈泉社) 도인 거눌(居訥)이며 주법은 조계 14대 화상 복암정혜(復庵淨慧)이다
공덕주 왕사 대조계종사 전 불갑사 주지 일공정령(一邛正令) 뇌음변해(雷音辯海) 홍진광제(弘眞廣濟) 도대선사(都大禪師) 각엄존자(覺儼尊者)

---

42) 계사년 : 공민왕 2년(1353)이다.
43) 지정 13년 : 공민왕 2년(1353)이다.
44) 유나 : 승당에서 승려의 수행을 독려, 감시하는 역할을 맡았고, 그 외에 갖가지 사무를 총괄하는 직무이다.

제14절 정혜국사(淨慧國師)

국사는 시호가 정혜이고, 법호가 복암(復庵)이다. 그 나머지는 상세히 알 수 없다.

충주(忠州) 억정사(億政寺)[1] 대지국사(大智國師)[2] 비명 가운데 이르기를, "나이 14세에 한강가에서 놀다가 삼봉(三峰)이 우뚝 서 있는 모습을 보고 초연히 출가할 뜻이 있어 중흥사의 원증국사(圓證國師)에게 가서 머리를 깎고 법을 받은 지 5년 만에 빼어남을 이루었다. 정혜국사는 총림에 나아가 가지산문의 제2인자가 되어 선법함에 있어 창성함이 있었고 이름이 무리들 속에서 뛰어났다."라고 하였다.

---

1) 억정사 : 충청북도 충주시 엄정면 괴동리에 있던 절이다. 고려 초기에 창건된 것으로 추정된다. 절터에는 조선 태조 2년(1393)에 세운 억정사대지국사비(보물 제16호)가 남아 있다.
2) 대지국사 : 목암찬영(木庵粲英, 1328~1390)의 시호이다. 속성은 한씨(韓氏), 자는 고저(古樗), 호는 목암(木菴)이다. 14세에 삼각산 중흥사(重興寺)로 출가하였고, 유점사(楡岾寺)의 수자화상(守慈和尙)에게 선법을 익혔다. 공민왕 8년(1359)에 양가도승록(兩街都僧錄)이 되고, 석남사(石南寺), 월남사, 신광사(神光寺), 운문사, 내원당(內願堂) 등에 머물렀다. 우왕 3년(1377) 주지직을 고사하고 보개산(寶蓋山)으로 은둔하였으나, 1383년 3월 우왕이 왕사(王師)로 봉하고 충주 억정사(億政寺)에 머무르게 하였다. 1384년 스승인 보우의 비를 삼각산 중흥사에 세웠으며, 광명사(廣明寺)로 옮겼다.

제15절 홍진국사(弘眞國師)

국사의 행적은 헤아려 생각할 수 없다. 대구 동화사1)에 비록 홍진(弘眞)의 비가 있으나 이는 유가종(瑜伽宗)이지 조계종이 아니다. 또한 송광사에 머문 적이 없다고 하는 말은 본사의 홍진이 될 수 없음이 분명하다.

---

1) 동화사 : 대구광역시 동구 도학동 팔공산 남쪽 기슭에 있는 절이다. 신라 소지왕 15년(493)에 극달(極達)이 창건했다고 한다. 흥덕왕 7년(832) 심지(心地)가 중창하였으며, 고려 태조 17년(934)에 영조(靈照)가 중창하고 1298년 홍진국사(弘眞國師) 혜영(惠永)이 중건하였다.

제16절 보제존자(普濟尊者)

1. 비문

고려국 왕사 대조계종사 선교도총섭(禪敎都總攝)[1] 근수본지(勤修本智) 중흥조풍(重興祖風) 복국우세(福國祐世) 보제존자(普濟尊者)이며, 선각(禪覺)이라는 시호를 받은 [혜근의] 탑명과 서문

전 조열대부(朝列大夫)[2] 정동행중서성(征東行中書省)[3] 좌우사낭

---

1) 선교도총섭 : 국가가 승려에게 내린 최고의 승직(僧職)이다. 언제부터 사용되었는지 알 수 없으나, 나옹(懶翁)이 선교도총섭(禪敎都摠攝)의 직명을 가졌던 것으로 보아 고려 말에도 사용된 것으로 추정된다. 그러나 이 직명이 널리 사용된 것은 조선 선조 이후이다. 명종 21년(1566) 선교양종(禪敎兩宗)과 양종판사(兩宗判事) 제도가 폐지됨에 따라 법계(法階)가 모두 없어졌다. 그러나 임란 때 의승군(義僧軍)을 이끈 휴정(休靜)에게 팔도선교십육종도총섭(八道禪敎十六宗都摠攝)이라는 직이 제수됨에 따라 전국 승려를 관할하기 위한 도총섭시대가 열리게 되었다. 전란 중에는 이 도총섭 밑에 8도마다 2인씩 16인의 총섭을 두어 승려를 관장하게 하였고, 전란이 끝난 평화시대에는 이들에게 산성을 쌓고 이를 지키는 일을 감독하게 하였다. 그러나 후대로 내려오면서 도총섭의 관할구역은 전국에서 한 지역 중심으로 바뀌게 되었다.
2) 조열대부 : 고려시대의 품계(品階)로 공민왕 18년(1369)에는 종4품의 둘째 품계였다.
3) 정동행중서성 : 원이 일본 원정을 위하여 고려에 설치하였던 관청이다. 1280년 정동행중서성을 설치하고 제2차 일본 정벌을 준비하였으나 실패하여 1282년 이를 폐지하였다. 그 후 제3차 일본 정벌을 계획하면서 1283년 다시 정동

중(左右司郎中)⁴⁾ 문충보절동덕찬화공신(文忠保節同德贊化功臣) 중대광(重大匡)⁵⁾ 한산군(韓山君)⁶⁾ 예문관(藝文館) 대제학(大提學)⁷⁾ 지춘추관사(知春秋館事)⁸⁾ 겸 성균대사성(成均大司成)⁹⁾ 지서연사(知書筵事)¹⁰⁾ 신 이색(李穡)¹¹⁾이 교지를 받들어 짓다.

행중서성을 설치하였으나, 강남 소동으로 인해 중지되고 폐지되었다. 본래 일본 정벌은 여원연합군의 형태로 시도하였기 때문에 충렬왕에게 정동행중서성의 중서좌승상행중서성사의 직함을 주었으며, 이후 공민왕대까지 존속되어 고려 국왕이 대대로 그 장관직을 겸하게 되었다. 따라서 처음 일본 정벌을 위하여 설치된 정동행성이 나중에는 고려에 대한 간섭기관으로 변모되어 70여 년간 존속되었다.

4) 좌우사낭중 : 상서도성(尙書都省)의 정5품 관직이다.
5) 중대광 : 고려 충렬왕 34년(1308)에 제정된 문관의 종1품 품계이다.
6) 한산군 : 1373년 이색이 한산군으로 책봉되었다.
7) 대제학 : 홍문관·예문관의 정2품 관직이다. 전임관(專任官)이 아니고 타관(他官)이 겸임하였다. 문관만이 할 수 있었으며, 문형(文衡)을 잡고 있었다. 대제학 아래 벼슬인 제학은 신라·고려 시대에 학사(學士 : 翰林學士·侍講學士·侍讀學士 등)라 불렸다. 충렬왕 34년(1308) 충선왕이 실권을 잡자, 문한서(文翰署)와 사관(史館)을 병합해 예문춘추관으로 하였다.
8) 지춘추관사 : 고려·조선시대에 시정(時政)의 기록을 관장한 관서이다. 고려 초기에는 사관(史館)이라고 불렸다. 관원으로는 시중(侍中)이 겸임하는 감수국사(監修國史), 2품 이상의 관원이 겸임하는 수국사(修國史)와 동수국사(同修國史), 한림원(翰林院)의 3품 이하의 관원이 겸임하는 수찬관(修撰官), 그리고 직사관(直史館) 4인이 있었다.
9) 성균대사성 : 고려시대 유교교육을 담당하던 국자감을 충렬왕 원년(1275)에 국학으로 고치고, 다시 충렬왕 34년(1308)에 성균관으로 고쳐 불렀다. 대사성은 성균관의 우두머리로 정3품의 벼슬이다.
10) 지서연사 : 고려·조선시대 왕세자의 교육을 담당하던 관리들의 총칭이다. 고려시대의 서연관에 대해서는 그 직제만 겨우 알 수 있다. 또 고려 말에 경연이 서연으로 격하됨에 따라, 서연관도 왕의 교육을 담당하던 관리들을 일컫는 말이 되었다.
11) 이색(1328~1396) : 이곡(李穀)의 아들로 본관은 한산(韓山), 자는 영숙(穎叔), 호는 목은(牧隱)이다. 1367년 대사성이 되어 성균관을 중영하고, 김구용(金九容)·정몽주(鄭夢周)·이숭인(李崇仁) 등을 학관으로 채용해 주자학의 수용에 공헌하였다. 공양왕 1년(1389) 위화도 회군 후에 조민수(曺敏修)와 함께 창

수충찬화공신(輸忠贊化功臣) 광정대부(匡靖大夫)[12] 정당문학(政堂文學)[13] 예문관(藝文館) 대제학(大提學) 상호군(上護軍)[14] 제점(提點)[15] 서운관사(書雲觀事)[16] 신 권중화(權仲和)[17]가 교지를 받들어 쓰고, 또한 붉은 글씨로 전액하다.

공민왕[18]이 재위한 지 20년인 경술(庚戌)년[19] 가을 9월 10일에 왕사

왕을 옹립하였고, 명나라에 사신으로 가서 창왕의 입조와 명나라의 고려에 대한 감국(監國)을 주청해 이성계 일파의 세력을 억제하려 하였다. 이 해에 이성계 일파가 세력을 잡자 오사충(吳思忠)의 상소로 장단(長湍)에 유배되었다. 태조 4년(1395)에 한산백(韓山伯)에 봉해지고, 이듬해 별세하였다. 시문집으로『목은문고(牧隱文藁)』와『목은시고(牧隱詩藁)』등이 있다.

12) 광정대부 : 고려시대 문산계(文散階)의 품계로 종2품이다. 1275년에 금자광록대부(金紫光祿大夫)를 원의 간섭에 의하여 광정대부로 개칭하였다. 1298년 폐지하였다가 1356년 종1품 상을 금자광록대부라 칭하다가 1372년에 폐지하였다.

13) 정당문학 : 고려시대 중서문하성의 종2품 관직이다. 문종대 정원은 1인으로 하고 품계는 종2품으로 하였다. 충렬왕 1년(1275)에 몽고의 내정간섭으로 관제가 격하 개편되어 참문학사(參文學事)로 고쳐 불렀다. 충선왕이 없앴으나 곧 복구되어 조선초까지 명칭과 기능이 이어졌다. 중서문하성의 재신(宰臣)으로서 국정을 논의하는 일을 맡았다.

14) 상호군 : 고려 공민왕대에 상장군(上將軍)을 고쳐 부른 이름으로 정3품 벼슬이다. 상장군은 고려시대 중앙군인 2군 6위의 최고지휘관으로 2군 6위에 1명씩 있어 총 8명이 있었다.

15) 제점 : 고려시대 사온서(司醞署), 사선서(司膳署), 사설서(司設署) 등에 소속된 정5품 벼슬이다.

16) 서운관사 : 서운관은 고려시대 천문·역수·측후·각루 등의 일을 맡아보던 관청이다. 정3품의 판사가 우두머리이다.

17) 권중화(1322~1408) : 원문에는 화(化)로 되어 있는데, 잘못 쓴 것이다. 자는 용부(容夫), 호는 동고(東皐), 본관은 안동(安東)이다. 우왕대에 정당문학에 이어 문하찬성사에 이르렀다. 조선 개국 후에 판문하부사에 올랐고 이후 영의정까지 올라 예천백에 봉해진 후에 치사하였다. 고사, 의학, 지리, 복서 등에 통달하였다고 하며, 특히 전서를 잘 썼다.

18) 공민왕 :『사고』의 현릉(玄陵)은 공민왕의 능호이다.

를 불러 서울에 들어오게 하였다. 16일에 왕사가 우거하고 있는 광명사(廣明寺)20)에서 양종(兩宗) 오교(五敎)21)의 모든 산문의 승려들을 크게 모아 그들의 깨우친 바를 시험하는 공부선(功夫選)22)을 열었는데, 임금이 친히 행차하여 지켜보았다. 왕사가 향을 피워 법좌에 올라서 말하기를, "고금(古今)의 함정23)을 깨트리고 범인과 성인의 자취와 유래도 모두 쓸어버리고, 납자의 명근(命根)도 베어 버리며, 중생의 의심의 그물도 털어 버리면, 조종하는 것은 손아귀에 있고, 변화하고 융통하는 것은 기틀에 있다. 삼세의 모든 부처와 역대의 조사들이 그 법은 하나이다. 모여 있는 대덕(大德)들은 바라건대 사실대로 대답하라."라고 하였다.

이에 차례로 들어와 대답하게 하니, 몸을 굽히고 땀을 흘리며 모두 [대답이] 맞지 않았다. 어떤 이는 이치에는 통하였으나 사(事)에 걸리고, 어떤 이는 횡설수설하다가 말을 잃고 일구(一句)에 문득 물러나니, 임금의 얼굴에 언짢은 빛이 있었다. 환암수선사(幻菴脩禪師)24)가 뒤에

---

19) 경술년 : 공민왕 19년(1370)이다.
20) 광명사 : 경기도 개성시 만월동에 있던 절이다. 태조 5년(922) 고려 태조가 자기가 살던 옛집을 희사하여 창건하였다. 경종 2년(1213) 왕사 지겸(至謙)이 머물렀고, 담선법회가 개최되었다.
21) 양종 오교 : 고려 중기 이후 조선 초기까지 존재하였던 대표적인 불교종파를 이르는 명칭이다. 흔히 5개의 교종과 선종, 천태종 양종을 가리킨다.
22) 공부선 : 고려·조선시대 승려를 대상으로 실시했던 과거이다. 여기서는 선종에서 행해진 법거량을 주로 다루고 있다.
23) 과구(窠臼) : 새의 둥지이다. 선에서는 정해져 항상 돌아가는 곳, 그것이 함정이 되는 것을 이른다.
24) 환암수선사 : 환암혼수(幻菴混修, 1320~1392)를 가리킨다. 자는 무작(無作)이며 성은 조(趙)씨, 풍양(豊壤) 출신이다. 22세에 승과에 급제하였다. 오대산 신성암(神聖庵)에 있으면서 고운암(孤雲庵)에 머물고 있던 나옹 혜근에게 도를 묻고 그의 의발을 물려받았다. 서운사(瑞雲寺)에서 선회(禪會)를 열고 50세에는 공민왕이 참석한 광명사의 공부선에서 나옹의 질문에게 유일하게 답하였다. 우왕이 환암을 국사로 삼았다. 공양왕 즉위 후 치악산으로 은거했다가 이

오니 왕사가 차례로 삼구(三句)[25]와 삼관(三關)[26]을 물었다. 모임이 끝나 [왕사는] 회암사(檜巖寺)[27]로 돌아갔다.

신해(辛亥)년[28] 8월 26일에 공부상서(工部尙書)[29] 장자온(張子溫)[30]을 보내 친서, 인장, 법복, 발우를 내렸으며, '왕사(王師) 대조계종사(大曹溪宗師) 선교도총섭(禪敎都摠攝) 근수본지(勤修本智) 중흥조풍(重興祖風) 복국우세(福國祐世) 보제존자(普濟尊者)'로 책봉하고, 송광사가 동방 제일의 도량이라고 하여 이에 주석하도록 명하였다.

임자(壬子)년[31] 가을에 우연히 지공(指空)[32]의 삼산양수지기(三山兩

성계와 함께 대장경을 완성하여 서운사에 안치하였다.
25) 삼구 : 삼구에 의해 선의 종지(宗旨)를 표현하는 것으로 임제(臨濟), 암두(巖頭), 운문(雲門), 덕산(德山) 등의 삼구가 있다.
26) 삼관 : 황룡혜남(黃龍慧南)의 삼관을 말한다. 『사고』에는 이관(二關)으로 되어 있는데, 잘못 필사한 것이다.
27) 회암사 : 경기도 양주군 회천읍 천보산에 있는 절이다. 창건연대는 정확하게 알 수 없으나, 『보한집(補閑集)』 권하(卷下)에 원경국사(圓鏡國師) 충희(沖曦)의 필적이 있다는 기록으로 보아 고려 중기에 어느 정도 사격을 갖춘 것으로 보인다. 지공(指空)이 중시하면서 그의 제자인 나옹이 대규모로 중수하였다. 나옹의 제자인 무학(無學)까지를 3대화상이라 부른 데서 알 수 있듯이 고려말 조선초 불교계의 중심지였다. 조선 명종 대에는 문정왕후의 후원을 받은 보우(普雨)가 이 절에서 활약하였다. 문정왕후가 죽은 후에 억불정책으로 전환되면서 절이 폐허가 되었다.
28) 신해년 : 공민왕 20년(1371)이다.
29) 공부상서 : 공부는 육조의 하나로서, 산택・공장・영조(營造) 등의 일을 맡아 보던 중앙관청이다. 상서는 육부의 정3품 벼슬이다.
30) 장자온(?~1388) : 공민왕 13년(1364) 원나라가 반원정책을 추진하던 공민왕을 폐하고 덕흥군(德興君)을 세우자, 왕명으로 이를 해명하러 간 이공수(李公遂)의 수행원으로 갔다 온 뒤 상호군에 제수되었다. 그 뒤 여러 차례 명을 왕래하면서 외교업무를 맡아보았다. 1388년 첨의찬성사로 명나라에 사은하러 들어갔다가 고려에서 보낸 말이 열등품이라는 이유로 금의위(錦衣衛)에 갇혀 옥사하였다.
31) 임자년 : 공민왕 21년(1372)이다.
32) 지공 : 인도 마갈제국왕의 아들로 8세에 출가하고, 19세에 보명(普明)에게서

水之記)33)를 생각하고, 회암사로 옮기고자 하였는데, 때마침 부름을 받고 이 절의 법회에 오게 되었으므로 [여기에] 주석해 달라는 청을 받았다. 왕사가 말하기를, "선사(先師) 지공이 일찍이 중수하려고 하였는데, 병화(兵火)로 불타 버렸으니 감히 그 뜻을 계승하지 않겠는가?"라 하고, 이에 대중과 의논하여 전우(殿宇)를 늘리고 넓혔다. 공사가 이미 끝나고 병진(丙辰)년34) 4월에 크게 낙성회를 열었다. 대간들이 논의하기를35) "회암사는 서울과 매우 가까워서 선비와 여인들의 왕래가 밤낮으로 이어지고 혹은 생업을 그만두기에 이르니 금지하는 것이 좋겠습니다."라고 하였다.

이에 영원사(瑩源寺)36)로 옮겨 머물도록 하는 왕명이 있어 바삐 길을 떠나는데 왕사가 마침 병이 났다. 가마가 삼문(三門)을 나와 못가에 이르니 스스로 가마 메는 자를 지도하여 열반문을 따라 나가게 하였다. [이에] 대중이 모두 의심하여 목 놓아 통곡하니 왕사가 돌아보며 말하기를, "노력하고 노력하여 나 때문에 중단하는 일이 없도록 하라. 내가 가는 길은 마땅히 여흥(驪興)37)에서 그칠 것이다."라고 하였다.

의발을 전해 받았다고 한다. 원나라에 왔다가 고려까지 들어와서 금강산, 양주(楊州), 운산(靈山) 등지를 유력하였다. 그 후 원나라 법원사(法源寺)에 머물면서 나옹에게 도를 전수하였다.
33) 삼산양수지기 : 뒤로는 세 봉우리의 산이 병풍처럼 둘러져 있고, 동네 앞으로는 좌우 양쪽에서 흘러 내려온 계곡 물이 합쳐지는 곳을 삼산양수지지(三山兩水之地)라 부른다.
34) 병진년 : 우왕 2년(1376)이다.
35) 대평 : 대간(臺諫)인 사헌부(司憲府)와 사간원(司諫院)의 논평이라는 뜻이다.
36) 영원사 : 경남 밀양 자씨산(慈氏山)에 있는 절이다.
37) 여흥 : 경기도 여주의 옛 이름이다. 고려시대 태조 23년(940) 황려현(黃驪縣)으로 개칭되었고, 현종 9년(1018) 강원도 원주(原州) 임내(任內)에 이속되었다가 1031년에 다시 경기도로 귀속되어 감무가 두어졌다. 고종 때에 영의(永義)로, 충렬왕 31년(1305)에는 여흥으로 개명되었다. 원종비(元宗妃) 순경태후(順敬太后)의 내향이라 하여 현에서 군으로 승격되어 지군사(知郡事)가 두어졌다.

한강에 이르러서 호송관 탁첨(卓詹)에게 "내 병이 심하니 배로 가기를 바랍니다."라고 말하였다. 강물을 거슬러 올라가 7일 만에 바야흐로 여흥에 이르렀다. 또 탁첨에게 일러 말하기를, "조금 머무르고 병이 조금 덜한 때를 기다려서 갑시다."라고 하니 탁첨이 [그 뜻을] 받아 들였다. 신륵사(神勒寺)38)에 머무는데 5월 15일에 탁첨이 또 가기를 독촉하므로, 왕사가 말하기를, "이는 어렵지 않다. 내가 마땅히 갈 것이다."라 하고, 이날 진시(辰時)39)에 조용히 입적하였다.

고을 사람들이 바라보니 5색 구름이 산 정상을 덮었다. 이미 화장하여 유골을 씻을 때, 구름도 없는데 사방 수백 보에 비가 내렸다. 사리 155과를 얻었는데, 기도하니 558개로 나뉘어졌다. 사부 대중이 재 속에서 얻어 스스로 감춘 것이 그 수를 알 수 없었다. 신령스러운 빛이 3일 동안 비쳐 빛나다가 그쳤다. 승려 달여(達如)가 꿈에 용이 다비하는 단상 아래 서려 있는 것을 보았는데, 그 모양이 말과 같았다. 상주를 실은 배가 회암사로 돌아올 때에 비가 오지 않았는데 물이 불어났으니, 모두 여강(驪江)의 용의 도움이라고 하였다. 8월 15일에 절의 북쪽 언덕 위에 부도를 세우고, 정골사리(頂骨舍利)는 신륵사에 안치하였으니 그의 마지막을 보인 것이고, 석종으로 덮은 것은 감히 와전됨이 없도록 경계한 것이다. 일이 조정에 알려지니 시호를 선각(禪覺)이라고 하고, 신 이색에게 글을 짓도록 하고, 신 권중화에게 붉은 글씨로 전액을

우왕 14년(1388)에 군에서 부로 승격되어 황려라 불리다가 공양왕 1년(1389)에 우왕이 폐위되어 이곳으로 보내지면서 다시 여흥군으로 강등되었다.

38) 신륵사 : 경기도 여주군 북내면 봉미산(鳳尾山)에 있는 절이다. '신륵'이라는 이름은 미륵 또는 나옹이 신기한 굴레로 용마(龍馬)를 막았다는 전설에 유래한 것이라고 한다. 나옹의 부도, 진영을 모셨고, 이색이 대장경 불사를 행한 곳이다. 조선시대에는 영릉의 원찰이므로 크게 중수되었으나 양란으로 소실되었다. 현종 12년(1671) 계헌(戒軒)이 중건한 후에 여러 번 중수를 거쳐 오늘에 이르고 있다.

39) 진시 : 오전 7시부터 9시까지이다.

쓰도록 명하였다.

　신 이색이 삼가 살펴보니, 왕사의 이름은 혜근(惠勤)이고, 호는 나옹(懶翁)이며, 처음 이름은 원혜(元惠)이다. 향년 57세이고, 법랍은 38세이다. 영해부(寧海府)40) 사람으로 속성은 아씨(牙氏)이다. 아버지의 이름은 서구(瑞具)이며, 선관령(膳官令)41)을 [지냈고], 어머니는 정씨(鄭氏)로, 영산군(靈山郡)42) 사람이다. 정씨가 꿈을 꾸었는데, 금빛 나는 새가 날아와서 그 머리를 쪼다가 갑자기 오색 찬란한 광채가 나는 알을 떨어뜨려 [그것이] 품안으로 들어왔다. 그로 인하여 임신하였는데 연우(延祐) 경신(庚申)년43) 정월 15일에 [왕사를] 낳았다.

　20세 무렵 이웃의 벗이 죽었을 때 여러 부로(父老)들에게 "죽으면 어떻게 됩니까."라고 물었으나, 모두 모른다고 하였다. 마음이 아프고 슬퍼 공덕산(功德山)44)으로 달려 들어가서 요연사(了然師)에게 의탁하여 머리를 깎았다. [요연] 스님이 말하기를, "너는 무슨 일로 출가하였느냐?"라고 물으니 대답하기를, "삼계를 초월하여 중생을 이롭게 하고자 합니다."라 하고, 또 가르침을 청하였다. 스승이 말하기를, "여기에 온 너는 무슨 물건인가?"라고 하니, "말할 수 있고 들을 수도 있는 자가 능히 온 것입니다. 다만 닦고 나아갈 방법을 알지 못합니다."라고 말하였다. 스승이 말하기를, "나도 또한 너와 같이 아직 알지 못하니

---

40) 영해부 : 경상북도 영덕군 영해면 일대의 옛 행정구역이다.
41) 선관령 : 나라에서 지내는 제사와 잔치에 쓸 음식을 맡은 관청인 선관서(膳官署)의 종7품 관직이다.
42) 영산군 : 지금의 경상남도 창녕군 영산면 일대의 옛 행정구역이다. 통일신라 시대 상약현(尙藥縣)이었다가, 이곳을 흐르는 영산천을 따라 영산현으로 고쳐 감무를 두었다. 조선 인조 9년(1631) 창녕현을 병합하였다가 다시 분리하고 1895년 영산군으로 승격하였다.
43) 연우 : 연우는 원 인종(仁宗)의 연호이다. 경신은 연우 7년이며, 충숙왕(忠肅王) 7년(1320)이다.
44) 공덕산 : 경상북도 문경시에 있는 사불산(四佛山)이다.

가서 다른 스승에게 구하라."라고 하였다.

　지정 갑신(甲申)년[45)]에 회암사에 이르러 밤낮을 홀로 좌선하다가 홀연히 깨달음을 얻었다. 중국에 가서 스승을 찾으려는 뜻을 결정하고, 무자(戊子)년[46)] 3월에 연도(燕都)에 이르러 지공을 뵈었는데, 묻고 대답하는 것이 서로 들어맞았다. [지정] 10년 경인(庚寅)년[47)] 정월에 지공이 대중을 모아 놓고 법어를 내리니 능히 대답하는 자가 없었다. 왕사가 대중 앞에 나와서 몇 마디 토론하고 세 번 절하고 물러나왔다. 지공은 서천(西天)[48)]의 108대 조사였다.

　이해 봄에 남쪽으로 강절(江浙)[49)] 지방을 순례하고, 가을 8월에 평산(平山)[50)]을 뵈었다. 평산이 묻기를, "일찍이 어떤 사람을 보았는가?"라고 하였다. 왕사가 말하기를, "서천의 지공은 날마다 천검(千劍)을 씁니다."라고 하였다. 평산이 말하기를, "지공의 천검은 두고 너의 일검(一劍)을 갖고 오라."라고 하였다. 왕사가 좌구[51)]로써 평산을 때리니, 평산이 선상에 쓰러지면서 "도적이 나를 죽인다."라고 크게 부르짖었다. 왕사가 말하기를, "나의 검은 사람을 죽일 수도 있고 사람을 살릴

---

45) 지정 : 지정은 원 순제(順帝)의 연호이고, 갑신은 지정 4년, 충목왕 원년(1344)이다.
46) 무자년 : 충목왕 4년(1348)이다.
47) 경인년 : 충정왕 2년(1350)이다.
48) 서천 : 중국의 서쪽에 위치한 천축(天竺), 곧 인도를 가리킨다.
49) 강절 : 현재의 강소성, 절강성 일대를 이른다.
50) 평산(1279~1361) : 원 임제종의 선승인 처림(處林)이다. 속성은 왕씨이며, 절강성 항주 출신이다. 12세에 광엄사(廣嚴寺)에 출가하고, 17세에 구족계를 받았다. 이어 절강성 금화의 급암종신(及菴宗信)의 법맥을 계승하였다. 황경(皇慶) 2년(1313)에 대자산(大慈山) 정혜사(定慧寺)에서 개당하고, 지정 3년(1343)에 항주 정자사(淨慈寺)를 중흥하였다.
51) 좌구 : 삼의(三衣), 발(鉢), 녹수낭(漉水囊)과 더불어 비구(比丘)가 항상 가지고 다녀야 하는 6종의 생활필수품 곧 육물(六物)의 하나로서 앉고 누울 적에 까는 장방형(長方形)의 포(布)로 일종의 방석과 요의 겸용이라고 할 수 있다.

수도 있습니다."52)라 하고, 곧 [평산을] 붙들어 일으켰다. [평산은] 설암(雪巖)53)이 전한 급암(及庵)54)의 옷과 불자(拂子)를 [법을 전하는] 신물(信物)로 주었다.

신묘(辛卯)년55) 봄에 보타락가산(寶陁洛迦山)56)에 이르러 관음보살을 참배하였다. 임진(壬辰)년57)에는 복룡산(伏龍山)58)에 이르러 천암(千巖)59)을 뵈었다. 마침 강호의 천여 명을 모아 놓고 입실(入室)60)할 자를 뽑고 있었다. 천암이 어디에서 왔는가를 묻자 왕사가 대답하였다.

---

52) 살인도(殺人刀)와 활인검(活人劍)에 관한 이야기이다. 살인도와 활인검은 살활을 자유자재로 하는 것이 본분종사가 사람을 다루는 수단이다.
53) 설암 : 남송말 원초의 임제종 선승인 설암조흠(雪巖祖欽, 1215~1287)이다. 16세에 담주 용흥사(龍興寺)에서 출가하였다. 무자 화두를 참구하여 무준사범(無準師範)의 법맥을 계승하였다. 저서로 『설암화상어록(雪巖和尙語錄)』 4권이 있다.
54) 급암 : 원대 임제종의 선승인 급암종신이다. 호주(湖州) 도량사(道場寺)에서 출가하여 구족계를 받은 후에 설암조흠에게 참학하여 법을 이었다.
55) 신묘년 : 충정왕 3년(1351)이다.
56) 보타낙가산 : 인도 남쪽 해안에 있는 관세음보살이 상주하는 곳을 말한다. 여기서는 중국 절강성 주산군도에 있는 보타낙가산을 말한다. 이 산에는 일찍이 신라상인들이 관음상을 안치하고 불긍거관음원(不肯居觀音院)을 세웠는데, 나옹이 참배한 관음보살은 이를 가리키는 것 같다.
57) 임진년 : 충정왕 4년(1352)이다.
58) 복룡산 : 중국 지명에 여러 개의 복룡산이 있으나 본문의 내용에 가장 근접한 것은 절강성 진락현(鎭洛縣) 서북에 있는 곳으로 일명 약산(箬山)이다. 『독사방여기요(讀史方輿紀要)』 절강(浙江), 영파부(寧波府) 정해현(定海縣) 조에는 "복룡산은 정해현의 서북 80리에 있는데, 산의 머리와 꼬리가 동서로 바닷가에 걸쳐 있다. 그 형상이 마치 용이 누워 있는 듯하다. 일명 약산(箬山)이라고 한다."라고 되어 있다.
59) 천암 : 원대 임제종 선승인 천암원장(千巖元長, 1284~1357)이다. 절강성 월주 숙산 출신이며, 19세에 출가하여 구족계를 받았다. 중봉명본(中峰明本)에게 나아가 참구하여 그의 법을 이어 받았다.
60) 입실 : 스승의 거실에 들어가서 친히 법문(法門)을 받아 잇는 것이나, 선종에서 제자가 스승의 방에 들어가서 도를 묻는 것을 뜻한다.

천암이 이르기를, "부모가 낳기 전에는 어느 곳으로부터 왔는가?"[61]라고 하였다. 왕사가 말하기를, "오늘 아침은 4월 초이틀입니다."라고 하니, 천암이 허락하였다. 이 해에 북쪽으로 돌아가 다시 지공을 뵈니 지공이 법의(法衣), 불자(佛子), 범서(梵書)를 주었다. 이에 연대(燕代)[62]의 산천을 돌아다녔으며 조용히 한가로운 도인으로 [지냈는데] 이름이 궁궐 안에 들렸다.

을미(乙未)년[63] 가을에 성지(聖旨)를 받들어 대도(大都)의 광제사(廣濟寺)[64]에 머물렀다. 병신년[65] 10월 보름에 개당법회(開堂法會)를 개설하였는데, 황제가 원사(院使) 야선첩목아(也先帖木兒)[66]를 보내어 금란가사와 폐백을 하사하고, 황태자는 금란가사와 상아 불자를 보내 주었다. 왕사가 가사를 받고 대중에게 물어 말하기를, "깊고 고요하며 공적(空寂)하여 본래 한 물건도 없다. [이 가사의] 찬란함이여! 어디에서 나왔는가."라고 하니, 대중이 대답하지 못하였다. 천천히 말하기를, "구중궁(九重宮)의 금구(金口)[67] 속에서 나왔다."라고 하였다. 곧 향을 피워서 축성(祝聖)하고 법좌에 올라가서 주장자를 가로 잡고 몇 마디 법

---

61) 부모가 낳기 전에는 어느 곳으로부터 왔는가? : 공안의 하나이다. 부모에게 태어나기 전의 상태란 인간이 본래 갖추고 있는 심성을 이른다.
62) 연대 : 연운 16주를 말한다.
63) 을미년 : 공민왕 4년(1355)이다.
64) 광제사 : 송말(宋末) 유망운(劉望雲)이 옛 집을 절로 고쳐 서유촌사(西劉村寺)로 불렀다. 원대에 보은광제사(報恩廣濟寺)라 고치고, 만송행수(萬松行秀)가 야율초재(耶律楚材)의 청을 받고 이 절에서 『종용록(從容錄)』을 저술하였다. 명·청대에도 중건을 거듭하며 명찰로 존재하였다.
65) 병신년 : 공민왕 5년(1356)이다.
66) 야선첩목아 : 원의 관리이다. 원 황실의 고려인 환관 박불화와 정적이었다. 박불화가 기황후와 황태자의 힘을 배경으로 세력을 갖자, 야선첩목아는 반감을 갖고 박불화를 탄핵하기도 하였다.
67) 금구 : 붓다의 입은 황금빛으로 빛난다는 의미에서, 또는 금강석과 같이 견고하므로 금구라고 한다. 나아가 그 입으로 설하는 진리를 나타내기도 한다.

어를 내리고 곧 다시 내려왔다.

　무술(戊戌)년68) 봄에 지공을 하직하고 수기(授記)69)를 얻어 동쪽으로 돌아왔는데, 지나고 머무는 곳마다 근기에 따라 설법하였다. 경자(庚子)년70)에는 오대산에 들어가 머물렀다. 신축(辛丑)년71) 겨울에 임금이 내첨사(內詹事)72) 방절(方節)73)을 보내어 서울로 맞아들이고 심요(心要)를 설하기를 청하였고, 만수가사(滿繡袈裟)와 수정불자(水精拂子)를 하사하였다. 공주가 마노불자(瑪瑙拂子)를 바치고, 태후는 친히 보시를 베풀었다. 신광사(神光寺)74)에 머무르기를 청하였으나 사양하였다. 임금이 말하기를, "불법에서 나도 또한 물러나겠습니다."라고 하므로 어쩔 수 없이 곧 [신광사로] 갔다.

　11월에 홍건적75)이 경기(京畿)를 유린하니, 온 나라 사람들이 남쪽으로 옮겼다. 승도들이 매우 두려워하여 적을 피하기를 청하니, 국사가 "오직 생명을 보전할 뿐이니 적이 어떻게 할 수 있겠는가?"라고 말하였다. 며칠 후 청하는 것이 더욱 급하였는데, 이날 밤 꿈에 얼굴에 검은 반점을 한 신인(神人)이 의관을 갖추고 절하며 말하기를, "대중이 흩어지면 적이 반드시 절을 없애 버릴 것이니, 원컨대 스님은 뜻을 굳

---

68) 무술년 : 공민왕 7년(1358)이다.
69) 수기 : 미래에 성불하리라고 붓다가 수행자에게 예언하는 것이다.
70) 경자년 : 공민왕 9년(1360)이다.
71) 신축년 : 공민왕 10년(1361)이다.
72) 내첨사 : 내시부의 관직이다. 공민왕 5년(1356) 환관직을 고쳐 내상시, 내시감, 내급사, 궁위승, 해관령, 내첨사 등을 두었다가 뒤에 다시 내시부를 설치하였다.
73) 방절 : 환관으로 1359년 내시감, 뒤에 온양부원군이 되었다. 1363년 홍건적이 물러간 후에 개경을 수복한 공으로 일등공신이 되었다.
74) 신광사 : 황해도 해주군 북숭산에 있던 절이다. 지정 2년(1342)에 원 순제가 원찰로 삼아 건립하였다.
75) 홍건적 : 원(元) 말기에 하북성(河北省) 일대에서 일어난 한족(漢族) 반란군이다. 머리에 붉은 두건을 둘렀다고 해서 홍건적이란 이름이 붙었다.

게 가지십시오."라고 하였다. 다음 날 토지신좌(土地神座)에 가서 그 모습을 보니 꿈에 보던 바였고 적이 과연 오지 않았다.

계묘(癸卯)년[76]에 구월산(九月山)[77]에 들어가니, 임금이 내시 김중손(金仲孫)을 보내어 돌아오기를 청하였다. 을사(乙巳)년[78] 3월에 대궐에 나아가서 물러나기를 청하여 비로소 일찍 원하던 바대로 할 수 있었다. 용문(龍門)·원적(元寂) 등 여러 산을 유람하고, 병오(丙午)년[79]에 금강산에 들어갔다. 정미(丁未)년[80] 가을에는 청평사(淸平寺)[81]에 머물렀다. 그해 겨울에 예보암(猊寶巖)이 지공의 가사와 편지를 국사에게 주고 말하기를, "[지공의] 유언[82]입니다."라고 하였다.

기유(己酉)년[83]에 다시 오대산에 들어갔다. 경술(庚戌)년[84] 봄에 사도(司徒) 달예(達睿)가 지공의 영골을 받들고 와서 회암사에 두었다. 왕사가 스승의 유골을 예배하고, 임금의 부름에 따라 광명사(廣明寺)에서 여름 결제를 지내고 초가을에 회암사로 돌아가 9월에 공부선을 하였다. 왕사가 머무는 방을 강월헌(江月軒)이라 하였는데, 평생 일찍

---

76) 계묘년 : 공민왕 12년(1363)이다.
77) 구월산 : 황해도 신천군 용진면과 은율군 남부면·일도면에 걸쳐 있는 산이다. 구월산이라는 말은 이 산이 소재하는 구문화현(舊文化縣)의 고구려 시대의 지명인 궁홀, 또는 궁올(弓兀)에서 유래하였다고 전하는데 이것이 궐구(闕口)로 변하였고, 다시 미화되어 구월산으로 되었다는 이야기가 있다.
78) 을사년 : 공민왕 14년(1365)이다.
79) 병오년 : 공민왕 15년(1366)이다.
80) 정미년 : 공민왕 16년(1367)이다.
81) 청평사 : 강원도 춘천시 북산면에 있는 절이다. 고려초에 창건되었고, 문종 22년(1068)에 이의(李顗)가 중건하여 보현원(普賢院)이라 하였다. 이자현(李資玄)이 이곳에 은거하여 절 이름을 문수원(文殊院)이라 하고, 선풍(禪風)을 드날렸다.
82) 유언 : 본문의 치명(治命)은 죽기 전 맑은 정신으로 한 유언을 뜻한다.
83) 원문에는 을미(乙未)로 되어 있는데, 잘못 필사된 것이다. 기유(己酉)년이며, 공민왕 18년(1369)이다.
84) 경술년 : 공민왕 19년(1370)이다.

이 세속의 문자를 익히지 아니하였으나 시 짓기를 청하면 붓을 잡고 쓰는 것이 마치 생각을 거치지 않는 것처럼 하지만 이치와 뜻이 깊었다. 만년에는 묵화로 산수 그리기를 좋아하고 불도의 권세를 멀리하였다. 아, 도가 이미 통달하면 다방면에 능한 것이 마땅하도다.

신 이색은 삼가 절하고 머리를 조아리며 명을 쓴다. 명에 이르기를, "살피건대 선각 왕사는 오직 기린의 뿔처럼 드물도다.

왕의 스승이며 인천(人天)의 안목이도다.

모든 납자들이 섬겨 물이 구렁으로 달리듯 모여 들었네.

충분히 아는 이는 드물고 세운 바가 높도다.

처음 날 때 새의 꿈이 신령하게 빛이 났네.

용신(龍神)이 상주를 호송하여 마지막이 진실로 아름다웠네.

더구나 사리가 있어 신령함을 드러내었다.

강물의 넓음이여, 희고 밝은 달은 공인가 색인가?

위 아래로 통철(洞徹)하니 아득히 높은 풍격은 영원히 사라지지 않네."라고 하였다.

참조

이문정공 행장(李文靖公行狀)에 이르기를, 공의 이름은 색(穡), 자(字)가 영숙(穎叔), 호가 목은(牧隱)이며, 충청도 한주(韓州) 사람이다. 지정(至正) 신사(辛巳)년[85] 공의 나이 겨우 14세로, 본국 성균시(成均試)에 합격하니 매우 뛰어나 명성이 났다. 계사(癸巳)년[86] 여름 5월에 공민왕이 과장(科場)을 열어 선비를 시험할 때 공이 장원급제하였다. 을축(乙丑)년[87]에 벽상삼한삼중대광검교문하시중(壁上三韓

---

85) 신사년 : 충혜왕 복위 2년(1341)이다.
86) 계사년 : 공민왕 2년(1353)이다.
87) 을축년 : 우왕 11년(1385)이다.

三重大匡檢校門下侍中)에 배수되었다. 기사(己巳)년88) 가을에 판문하부사(判門下府事)에 배수되었다. 을해(乙亥)년89) 가을에 관동(關東)에 놀다가 오대산에 들어가 그대로 머물렀다. 임금이 사신을 보내어 불러 맞이하고 다시 한산군으로 봉하니, 나가 뵙고 물러나올 때는 중문까지 보내고 대접하기를 옛 친구의 예로서 하였다. 병자(丙子)년90)에 공의 나이 69세가 되었다. 여름 5월에 여강으로 가서 피서하기를 청하였다. 배에 오르려 하는데 병이 나서 아들 종선(種善)을 서울로 불렀다. 7일에 병이 위독하자, 승려가 불교의 도에 대해 말하고자 하니, 공이 손을 들어 휘두르며 "생사의 이치를 나는 의심하지 않는다."라 말하고, 곧 세상을 떠났다.

2. 행장 약초(略抄)

화상 문인 각굉(覺宏)이 지은 행장에 이르기를 "신해(辛亥)년 8월 26일에 공부상서(工部尙書) 장자온을 보내어 글, 인장, 금란가사, 내외법복, 발우를 하사하고, '왕사(王師) 대조계종사(大曹溪宗師) 선교도총섭(禪敎都摠攝) 근수본지(勤修本智) 중흥조풍(重興祖風) 복국우세(福國祐世) 보제존자(普濟尊者)'로 봉하였다. 태후도 또한 금란가사를 바치고, 송광사가 동방제일도량이라 하여 이에 머물도록 명하였다. 내시 이사위(李士渭)를 보내어 모시고 가도록 하였다. 28일에 회암사를 출발하여 9월 27일에 송광사에 도착하였다. 임자(壬子)년 가을에 스님이 문득 지공의 삼산양수지기를 생각하고, 회암사로 옮길 것을 청하였다. 임금

---

88) 기사년 : 공양왕 즉위년(1389)이다.
89) 을해년 : 조선 태조 4년(1395)이다.
90) 병자년 : 조선 태조 5년(1396)이다.

이 또 이사위를 보내어 회암사로 맞아 왔다. 9월 26일 지공의 영골사리를 절의 북쪽 봉우리에 탑을 세워 모셨다. 계축(癸丑)년 정월에 서운, 길상 등 여러 산을 유람하였다. 8월에 송광사로 돌아가고, 9월에 임금이 또 이사위를 보내어 회암사 소재법석을 주관하기를 청하였다."고 하였다.

3. 부훤당기(負暄堂記)

이색(李穡)

설악상인(雪嶽上人)은 나옹의 제자이다. 스승의 석장이 신광사(神光寺)91)에서 원적(圓寂)92)·노골(露骨)93)·청평(淸平)94)·오대산을 거쳐 송광사에 머무르고, 송광사에서 회암사, 회암사에서 서운사(瑞雲寺)·길상사(吉祥寺) 등 여러 산을 거친 뒤에 다시 회암사에 머물렀다. 상인이 모두 따라가서 아침저녁으로 가르침을 받아 자못 얻은 바가 있었으니, 하룻밤에 깨달은 것95)과는 비록 다르지만, 날마다 쓰면서도 알지 못하는 자가 감히 바라볼 바는 아니다. 나에게 그 당의 이름을 지어주기를 구하였다.

나는 (결락) 신륵상인(神勒上人) 무리 가운데 그 외모가 빼어나고 진중함을 보았고, 그 말이 간략하면서도 사리에 합당함을 듣고 내 마음

---

91) 신광사 : 황해도 해주 북숭산에 있는 절이다. 고려초부터 기록이 보이나 지정(至正) 2년(1342)에 원의 황제가 원찰로 삼아 크게 중건하면서 명찰의 면모를 갖추었다.
92) 원적 : 경기도 이천과 여주 사이에 있는 원적산으로 보인다.
93) 노골 : 금강산의 다른 이름이 아닌가 한다.
94) 청평 : 강원 춘천시 북산면 청평리 오봉산(五峰山)의 다른 이름이다.
95) 일숙각 : 영가 현각이 육조 혜능을 찾아가 문답하여 곧바로 인가를 받고 그날 하룻밤을 머물렀다고 한 고사에서 나온 말이다.

에 기이하게 여겼다. 그러므로 다시 사양하지 않고 이에 부훤(負暄)으로 책임을 다하고 고하기를, "스님의 스승이 설악이라고 호를 지은 것은 대개 '천산에 새 나는 것이 끊어지고, 일만 산길에 사람의 자취 사라졌다.'[96]라고 하는 기상을 취했을 것이다. 작은 티끌도 날지 않고, 전체를 홀로 드러내어 멀리 구름 밖에 솟아 있으니, 음양과 추위와 더위가 침범하고 녹일 수 있는 것이 아님이 명백하다. 그러나 혈기가 있고 성명(性命)이 있는 바에 담담한 밥으로 그 배를 채우고, 거친 옷으로 그 몸을 가리는 것은 비록 [세속의] 학문을 끊고 하지 않는 자라도 역시 면하지 못하는 바이다.

내가 생각하건대 설악은 겨우살이에 병의 물이 얼고, 화롯불이 꺼지며, 샘물이 얼어붙어 맵도록 춥다. 아침 해가 높은 봉우리에 나와 짧은 처마에 들어오면 따스함은 친할 만할 것이다. 그 햇살을 등지고 눈을 감으면 기운이 오르고 정신이 융화하여 비록 향기로운 장막을 치고 숯불에 고기 구워 먹는 깊은 규중(閨中)의 더운 기운일지라도 이에 지나지 않을 것이니, 집에 편제(扁題)하는 것이 헛된 미사(美辭)만 되지는 않을 것이다.

대개 지극한 도는 형체가 없고 만물로 인하여 볼 수 있다. 물(物)과 나는 또한 둘이 아니다. 눈이 오면 춥고 볕이 나면 따뜻하며, 따뜻한 기운엔 피어나게 되고, 찬 기운엔 움츠리는 것은 홀로 내 몸만이 아니고 천지의 도이다. 지극한 이치가 그 사이에 있으니, 마음일 뿐이다. 마음의 미세함이 비록 사방 한 치이지만 지극한 도가 존재하기 때문에, 춥고 더운 것으로 인하여 조금도 변함이 없어 당당한 [도의] 전체가 하

---

96) 천산조비절(天山鳥飛絶) 만경인종멸(萬徑人縱滅)은 유종원(773~819)의 작품 「강설(江雪)」의 내용이다. "산에는 새 한마리 날지 않고(天山鳥飛絶), 길에는 사람의 발길 끊어졌는데(萬徑人踪滅). 도롱이 삿갓 쓴 늙은이(孤舟蓑笠翁), 홀로 눈보라치는 강에 낚시 드리웠다(獨釣寒江雪)."

늘도 땅도 덮는 것이다. 상인이 고요히 앉아 구하는 바가 바로 이에 있지 않겠는가. 나의 뜨거운 번뇌가 매우 심하니 스님과 더불어 차를 달여 마실 날은 어느 날인지 알 수 없다.

4. 운설악상인(雲雪岳上人)을 보내는 서문

권근(權近)[97]

나옹의 제자 운설악이 산으로부터 서울에 와서 우리 좌주(座主)[98] 목은 선생을 뵙고 그 당에 이름을 지어 달라고 청하니, 선생은 부훤(負喧)이라 이름하고, 이에 기(記)를 지었다. 그 기를 갖고 돌아와서 나에게 보이며 말하기를, "나는 목은의 집을 찾아가서 나의 당 이름과 기를 받았습니다. 그러나 내 몸이 머무르는 바가 없는데, 어찌 이른바 당이 있겠습니까? [그저] 억지로 당이라 이름을 갖는 것은 대도(大道)에 머무르는 것입니다. 내가 나의 스승을 섬긴 것이 20년이지만 오히려 그 도에 비슷한 것도 얻지 못했는데, 지금 우리 스승을 잃고 안으로 마음에서 구하고, 밖으로 이름에서 구하여 장차 사방의 먼저 깨달은 이에게 질문하고자 합니다. [그래서] 진신(搢紳)의 말을 얻어서 멀리 가는

---

97) 권근(1352~1409) : 공민왕 17년(1368) 성균시에 합격하고, 이듬해 급제하여 춘추관검열, 성균관직강, 예문관응교 등을 역임하였다. 조선 왕조에 출사(出仕)하여 1396년에는 표전문제(表箋問題)로 명나라에 다녀왔는데 이때 그는 외교적 사명을 완수했을 뿐 아니라 명나라 학자들과 교유하면서 중국에까지 문명을 크게 떨쳤다. 성리학자이면서도 경학과 문학을 아울러 연마하였고, 『입학도설(入學圖說)』, 『오경천견록(五經淺見錄)』, 『양촌집』 등의 저서가 있으며, 시호는 문충(文忠)이다.
98) 좌주 : 고려시대에 과거의 급제자가 시관(試官)을 이르던 말이다. 과거의 시관과 급제자는 좌주문생(座主門生)관계가 되어 이후의 관직 생활에서 깊은 유대 관계를 갖게 된다.

도움을 삼고자 하는데, 내가 머리를 깎은 이래로 일찍이 도성에 들어간 일이 없으니, 어떻게 진신을 알 수 있겠습니까? 그대는 목은의 문인이고, 목은이 나를 배척하지 않았으므로 그대가 나를 배척하겠습니까? 그러므로 오직 그대에게 청하는 것입니다."라고 하였다.

나는 대답하기를, "심하도다. 도를 전하기 어려움이여! 영산의 백만 억 중생이 석가[99]의 도를 듣지 아니한 자가 없지만, 정법안장(正法眼藏)[100]은 오직 가섭이 홀로 전하였고, 행단(杏壇)[101]의 3천 제자가 우리 부자(夫子)[102]의 도를 듣지 아니한 자가 없는데, 오직 안자(顏子)[103]만이 그 도에 가까이 갔을 뿐이니, 도를 전하기 어려운 것이 이와 같습니다. 하물며 성인이 떠난 수천 년 후는 어떠하겠습니까? 근세에 우리 동방의 승려 가운데 오직 스님의 스승 나옹이 홀로 지공과 평산의 법을 이어받고 동쪽으로 돌아와 후학을 열었습니다. 그 죽음에 이르러서는 사리의 이적이 있으니 사람이 전하지 못한 바를 전한 것이 믿을 만합니다. 비록 친히 배운 것이 오래지만 어찌 그 한계를 엿보기 쉽겠습니까?

그러나 도는 형기(刑器)를 떠나지 않으니 그윽하거나 황홀한 것을 이르는 것이 아니며, 또한 형기를 떠나지도 않고, 천하고 구차한 것을 이르는 것도 아닙니다. 안으로는 나의 마음에 갖추어져 있고, 밖으로는 사물에 나타나 있는 것이니, 내 마음을 놓아 버리면 근본이 없어서 체

---

99) 석가 : 원문의 구담씨는 석가를 가리킨다.
100) 정법안장 : 불법(佛法)의 진수라는 뜻이다. 안장(眼藏)은 일체의 것을 비추고, 일체의 것을 품고 있는 무상의 정법의 공덕을 드러낸 것이다. 또는 진리를 볼 수 있는 지혜의 눈[正法眼]으로 깨달은 비밀의 법[藏]이라는 뜻으로 석존 이후 조사를 통해 대대로 그 법이 이어져 내려오고 있는 것을 말한다.
101) 행단 : 학문을 닦는 곳을 이르는 말이다. 공자가 은행나무 단에서 제자를 가르쳤다는 고사에서 유래한다.
102) 부자 : 공자를 가리킨다.
103) 안자 : 공자의 제자 안회(顏回)를 높여 이르는 말이다.

(體)104)가 서지 않는 바이고, 사물을 벗어나면 갖추지 못하여 용(用)이 행해지지 못하는 것이니, 체와 용을 모두 갖추고 안팎을 똑같이 기르는 것이 우리 유학입니다. 불교는 제가 비록 알지 못합니다만, 또한 이 마음에서 벗어나지 않으며, 이 마음의 크기는 허공과 같아서 물아(物我)와 내외가 없습니다. 스님이 마음에서 구하고 또 이름에서 구하는 것은 안과 밖이 둘이 아닌 이치를 알 수 있기 때문이니, 다른 날 먼저 깨달은 이에게 질문하면 반드시 합치하는 것이 있을 것입니다."라고 하였다.

---

104) 체와 용 : 체용 개념은 중국불교에서 널리 사용되는 용어이며, 체가 본질이라면, 용은 그 구체적 현현을 가리키며, 형체에 대한 기능, 속성이라는 의미로 사용된다. 주자학의 성립과정에서 불교 체용론의 논리구조를 수용한 바가 있으며, 위의 권근의 글에서 알 수 있듯이 고려말 사대부와 승려의 교유에서 그러한 경향을 확인할 수 있다.

제 2 장
조선(朝鮮)

제1절 무학왕사(無學王師)

1. 비문

조선국(朝鮮國) 왕사(王師) 대조계종사(大曹溪宗師) 선교도총섭(禪敎都摠攝)[1] 전불심인(傳佛心印) 변지무애(辯智無礙) 부종수교(扶宗樹敎) 홍리보제(弘利普濟) 도대선사(都大禪師) 묘엄존자(妙嚴尊者) 탑명(塔銘)과 서문

가선대부(嘉善大夫)[2] 예문관(藝文館)[3] 대제학(大提學)[4] 동지경연춘

---

1) 총섭 : 고려 말기부터 있었던 승직(僧職)이다. 고려말 나옹(懶翁) 왕사가 선교도총섭의 직명을 받은 바 있고, 조선 선조 25년(1592)에 서산대사(西山大師)가 팔도십육종도총섭(八道十六宗都摠攝)이 되어 전국 승려의 통수권을 가진 일이 있으며, 그 뒤를 이어 사명(四溟), 벽암(碧巖), 백곡(白谷) 등이 선교도총섭이 되었다. 조선시대 승군을 통솔하는 것이 중요한 직권인 듯하다. 그로부터 남한승영(南漢僧營), 북한승영(北漢僧營), 능원사고(陵園史庫) 등 중요한 의미를 갖는 사원에는 다 총섭을 두었고 승대장(僧大將)이라 이름했다.
2) 가선대부 : 조선시대 문관으로 종2품 둘째의 품계로 초기에는 문무반(文武班)에게만 주었지만, 후기에는 종친(宗親)이나 의빈(儀賓)도 이 호칭을 받았다.
3) 예문관 : 조선시대의 관청으로 임금의 칙령(勅令)과 교명(敎命)을 기록하던 곳으로 태조 때에는 예문춘추관이라고 하던 것을 태종 1년(1401) 예문관과 춘추관을 분리하여 독립관청으로 하였다.
4) 대제학 : 조선시대의 관직으로 홍문관(弘文館)과 예문관의 우두머리로 정2품이었다. 태종 1년(1401)에 대학사를 고쳐 부른 이름이며, 문형(文衡)이라고도 한다.

추관사(同知經筵春秋館事)5) 겸 판내첨시사(判內瞻寺事) 신(臣) 변계량(卞季良)6)이 교지를 받들어 짓다.7)

우리 태조(太祖) 원년8) 겨울 10월에 왕사는 부름을 받고 개성9)에 왔다. 태조는 이 달 10일10)이 탄신일이므로 법복과 바리때11)를 갖추어, [스님을] 왕사 대조계종사(大曹溪宗師) 선교도총섭(禪敎都摠攝) 전불심인(傳佛心印) 변지무애(辯智無礙) 부종수교(扶宗樹敎) 홍리보제(弘利普濟) 도대선사(都大禪師) 묘엄존자(妙嚴尊者)에 책봉하였는데, [그 자리에는] 양종(兩宗)과 오교(五敎)의 여러 산문의 승려들이 모두 참석하였다.

왕사가 법석에 올라 향을 사르고 복을 빌기를 마친 뒤에 불자(拂

---

5) 동지경연춘추관사 : 조선시대의 경연청에 딸린 종2품 벼슬인데, 정원이 3명이다. 춘추관은 조선시대 시정을 맡아보던 관청이다. 영사(領事), 감사(監事), 지사(知事), 동지사(同知事), 수찬관(修撰官), 편수관(編修官), 기주관(記註官), 기사관(記事官) 등을 두었다. 이 제도는 고종 31년(1894)까지 내려오다가 폐지되었다.
6) 변계량(1369~1430) : 본관은 밀양이며, 자는 거경(巨卿), 호는 춘정(春亭)이다. 고려 우왕 8년(1382) 진사시에 급제하고, 1392년 조선왕조의 건국과 더불어 천우위중령중랑장 겸 전의감승이 되었다. 세종 2년(1420) 집현전이 설치된 뒤 그 대제학이 되었고, 1426년에 우군도총제부판사가 되었다. 특히 문장에 뛰어나 거의 20년간 대제학을 맡아 외교문서를 작성하였으며, 과거의 시관으로 선비를 뽑는 일에 지극히 공정을 기하여 고려말의 폐단을 개혁하였다.
7) 비문에는 "嘉靖大夫 檢校漢城尹 寶文閣提學 臣 孔俯 奉敎 書"라는 문장이 있다. 공부(?~1416)의 자는 백공(伯恭)이고, 호는 어촌(漁村)이며, 본관은 창원이다. 정몽주, 이색 등과 친했으며, 특히 초서와 예서를 잘 썼다고 전한다.
8) 원년 : 1392년이다.
9) 송원(松源) : 『춘정집(春亭集)』에는 송경(松京)으로 기록되어 있다. 송경은 지금의 개성이다.
10) 『춘정집(春亭集)』에는 11일로 기록되어 있다.
11) 약기(若器) : 반야기(般若器)의 약어로, 응량기(應量器)라고도 하며, 승려의 식기인 발우를 이른다.

子)12)를 들어 대중에게 보이며 이르기를 "이것은 삼세(三世)13)의 제불(諸佛)이 말하였어도 이르지 못했으며, 역대의 조사들이 전하였으나 다 다르지 못하였는데, 대중이 어찌 알겠는가? 알음알이로 두루두루 생각하고 입으로 말하는 것이 어찌 우리 종파에 있겠는가?"라 하였다.

다시 태조에게 아뢰기를 "유교에서는 인(仁)을 말하고 불교에서는 자비를 말하지만 그 쓰임은 같습니다. 갓난아이를 돌보듯이 백성을 보호한다면 곧 백성의 부모가 될 수 있고, 지극히 어질고 자비로운 마음으로 나라를 다스린다면 자연히 성수(聖壽)는 끝이 없고 자손들14)은 길이 번창하며 사직(社稷)15)은 편안할 것입니다. 개국한 초창기인 지금 형법에 걸린 자가 한 두 사람이 아닙니다. 바라건대 전하께서는 모두를 차별 없이 사랑하시고 너그러이 받아들이셔서 모든 신하와 백성이 함께 인수(仁壽)16)의 영역에 이르게 하신다면, 이는 우리나라의 끝없는 복이 될 것입니다."라고 하였다. 태조가 이를 듣고 기꺼이 받아들여 곧 중앙과 지방의 죄수들을 풀어주었다.

그때 한산(韓山)17) 목은(牧隱) 이색(李穡)18)이 시를 지어 왕사에게 바쳤는데, "성군(聖君)은 용이 되어 하늘에 날고, 왕사는 부처로 세상

---

12) 불자 : 불(拂) 또는 불진(拂塵)이라고도 한다. 짐승의 털이나 마(麻) 등을 묶어서 자루 끝에 매단 장식물로 벌레를 쫓을 때 사용한다.
13) 삼세 : 삼제(三際)라고 하며 시간의 개념인 과거세(過去世), 현세(現世), 미래세(未來世)의 총칭이다.
14) 금지(金枝) : 왕족(王族)을 가리킨다.
15) 사직(社稷) : 가장 중요한 국가적인 제사로 의미가 바뀌어 국가라는 뜻으로 쓰이는 경우가 많다. 사(社)는 토지의 정령(精靈)이며, 직(稷)은 곡신(穀神)으로 구별하지만, 양자를 합하여 토지의 신이라 하였고, 기원은 왕조의 시조를 제사한 데서 비롯되었다.
16) 인수 : 인덕(仁德)이 있고 수명이 긴 것을 뜻한다.
17) 한산 : 충청남도 서천군 한산면의 옛 이름으로, 여기서는 한산군(韓山君)으로 봉해진 이색을 가리킨다.
18) 문정공(文靖公) : 이색(1328~1396)의 시호이다.

에 나왔네."라는 구절이 있었다.

　태조는 왕사에게 나옹이 거처하였던 대도량인 회암사에 들어가 지내라고 명령하였다. 정축년[19] 가을에 절의 북쪽 기슭에 탑을 만들어 세우라고 명령했는데, 왕사의 스승[20]인 지공(指空)의 부도가 있는 곳이었다. 무인년[21] 가을에는 왕사가 늙었다는 이유로 사임하고 용문사(龍門寺)[22]로 돌아가서 살았다.

　임오년[23] 5월에 지금의 우리 주상 전하께서 또 [왕사에게] 회암사에 들어가도록 명령하였다. 다음 해 정월에 또 사임하고 금강산(金剛山)[24]에 들어갔는데 을유년[25] 5월[26] 11일에 돌아가셨다. 3년째인 정해년[27] 겨울 12월에 왕사의 유골을 회암사 탑에 모시고, 또 [그때부터] 4년째인 경인년[28] 가을 7월에 상왕(上王)[29]이 태조의 뜻으로 주상[30]에게 말

---

19) 정축년 : 태조 6년(1397)이다.
20) 『사고』는 師之이지만, 『춘정집』은 師師이다. 사사는 스승의 스승이라는 뜻이다.
21) 무인년 : 태조 7년(1398)이다.
22) 용문사 : 경기도 양평군 용문면 신접리 용문산 중턱에 있는 사찰이다. 신라 신덕왕 2년(913) 대경대사(大鏡大師)가 창건하였다. 일설에는 진덕여왕 3년(649) 원효가 창건하고 진성여왕 6년(892) 도선(道詵)이 중창했다고도 하며, 또 경순왕이 직접 이곳에 와서 창건했다는 설도 있다. 고려 우왕 4년(1378) 지천(智泉)이 경천사(敬天寺)에 있던 우왕 원각(願刻)의 대장경판을 이곳에 옮겨 세 칸의 대장전(大藏殿)을 지어 봉안하였으며, 조선 태조 4년(1395) 조안(祖眼)이 중창하였다.
23) 임오년 : 태종 2년(1402)이다.
24) 금강산 : 태백산맥 북부의 명산으로 비로봉을 중심으로 강원도의 회양, 통천, 고성, 인제의 4개 군에 걸쳐 있다.
25) 을유년 : 태종 5년(1405)이다.
26) 『춘정집(春亭集)』에는 9월로 되어 있다.
27) 정해년 : 태종 7년(1407)이다.
28) 경인년 : 태종 10년(1410)이다.
29) 상왕 : 정종(定宗, 1357~1410)을 가리킨다.
30) 주상 : 태종(太宗)이다.

제1절 무학왕사(無學王師) 195

하니, 주상이 [신] 계량(季良)에게 명령하여 그 탑에 이름을 짓고 또 명문(銘文)을 짓도록 명령하였다.

신 계량이 삼가 그 제자 조림(祖琳)이 지은 행장(行狀)31)을 살펴보니, 왕사의 이름은 자초(自超), 호는 무학(無學), 당호(堂號)는 계월헌(溪月軒)이라고 했고, 세수는 79세이며 법랍은 61세였다. 속성은 박씨로 삼기군(三岐郡)32) 사람이다. 아버지의 이름은 인일(仁一)인데 숭정대부(崇政大夫)33) 문하시랑(門下侍郎)34)에 추증되었다. 어머니는 고성(固城) 채씨(蔡氏)이다. 어머니가 꿈에 아침햇살이 품속에 비치는 것을 보고 임신하여 태정(泰定) 정묘년35) 9월 20일에 [왕사를] 낳았다.

[왕사는] 겨우 강보를 벗어나게 되었을 때36)부터 집안을 청소했으며, 학문을 닦음에 있어서는 다른 사람이 감히 따라올 수 없었다. 18세가 되어서 훌쩍 세속을 벗어나려는 뜻이 있어서 혜감국사(慧鑑國師)37)의 수제자 소지(小止)선사에게 나아가 머리를 깎고 구족계(具足戒)를 받았다. 용문산(龍門山)38)에 이르러 혜명국사(慧明國師) 법장(法藏)에게

---

31) 행장 : 한문체의 하나로 죽은 사람의 문생이나 친구, 옛날 동료 혹은 그 아들이 죽은 사람의 세계(世系), 성명, 자호, 관향(貫鄕), 관작(官爵), 생존연월, 자손록 및 평생의 언행 등을 서술하여 죽은 사람의 명문(銘文), 만장, 비지, 전기 등을 제작하는데 자료로 제공하려는 것이 기본 목적이다.
32) 삼기군 : 지금의 경상남도 합천군 삼가면(三嘉面)이다. 고려 현종때 합천에 이속되었는데, 조선 태조 때 군으로 승격되었다가 태종 때 다시 현으로 강등되었다.
33) 숭정대부 : 조선시대 문관으로 주로 동반(東班)에게 주던 종1품 하(下)의 품계명이다.
34) 문하시랑 : 고려시대 문하부(門下府)의 문하시랑평장사(門下侍郎平章事)의 약칭이다. 문하부는 고려시대 국가의 행정을 총괄하던 곳이다. 문하시랑은 문하부에 속했던 정2품의 관직으로 성종 때 처음으로 설치하였다.
35) 정묘년 : 충숙왕 14년(1327)이다.
36) 강보를 벗어나게 되었을 때 : 강보(襁褓)는 포대기를 뜻하므로, 포대기 신세를 면하고 비로소 걷기 시작하고 옷을 입는 때인 '어릴 적'을 이르는 말이다.
37) 혜감국사 : 수선사(修禪社) 10세 만항(萬恒)이다. 고려편 제10절 참조.

법을 물었다. 국사가 불법(佛法)을 가르쳐주고 말하기를 "바른 길을 얻을 자가 너 아니고 누가 있겠느냐?"라 하고, 드디어 부도암(浮屠庵)[39]에 살게 했다. 하루는 암자 안에서 화재가 일어났는데 왕사가 홀로 나무 인형처럼 고요히 앉아 있으니, 여러 사람들이 기이하게 여겼다.

병술년[40] 겨울에 『능엄경』을 보다가 깨달은 것이 있어 그 스승에게 달려가 아뢰니, 스승이 감탄하며 칭찬하였다. 이때부터 잠도 자지 않고 밥 먹는 것도 잊은 채 오로지 참구하였다. 기축년[41] 가을에 진주(鎭州)[42]의 길상사(吉祥寺)[43]에 이르러 살았다. 임진년[44] 여름에는 묘향산(妙香山)[45] 금강굴(金剛窟)[46]에 머물렀는데 공부가 더욱 진전되었다. 어느 날 깜빡 졸다가 종이나 경쇠치는 것 같은 소리에 깼는데, 이때 환하게 깨닫는 바가 있어서 스승을 찾아가 묻고 싶은 마음이 간절하였다.

계사년[47] 가을에 연도(燕都)[48]로 달려가서, 서천(西天)에서 [중국에 와 있던] 지공화상을 뵙고 예배하고 일어나 "3,800리를 달려와서 화상의 면목을 친견합니다."라고 말하니, 지공이 "이 고려 사람이 모두를

---

38) 용문산 : 경기도 양평군 용문면과 옥천면의 사이에 있는 산이다.
39) 부도암 : 경기도 남양주시 진건면(眞乾面) 천마산(天摩山)에 있던 절이다.
40) 병술년 : 충목왕 2년(1346)이다.
41) 기축년 : 충정왕 1년(1349)이다.
42) 진주 : 지금의 충북 진천군(鎭川郡)인데, 고려시대에 진주라고 하였다.
43) 길상사 : 진천군 서쪽 15리에 있는 태령산(胎靈山), 또는 길상산(吉祥山)에 있던 절이다. 현의 서쪽 40리에 있다.
44) 임진년 : 공민왕 1년(1352)이다.
45) 묘향산 : 평안북도 영변군, 희천군과 평안남도 영원군, 덕천군의 경계에 있는 산이다. 묘향산맥의 주봉을 이루며 예로부터 우리나라 4대 명산의 하나로 꼽혔다. 일명 태백산(太白山) 혹은 향산(香山)이라고도 한다.
46) 금강굴 : 묘향산에 있는 사찰이다. 영변군 북신면(北薪面)에 있으며, 보현사(普賢寺)의 산내암자이다.
47) 계사년 : 공민왕 2년(1353)이다.
48) 연도 : 당시 원나라 서울인 연경(燕京)으로, 지금의 북경(北京)을 가리킨다.

죽이겠구나."라고 하였는데, 대개 [입실을] 허락한다는 의미였다. 이에 여러 사람들이 매우 놀랐다.

이듬해 갑오년49) 1월에 법천사(法泉寺)50)에 이르러 나옹을 뵈니, [나옹이51)] 한 번 보고서 큰 그릇으로 여겼다. 무령(霧靈)52) 지역을 유람하고 오대산(五臺山)53)을 지나 서산(西山)54) 영암사(靈巖寺)에서 다시 나옹을 뵙고 몇 해를 머물렀다.

[왕사가] 선정(禪定)에 들었을 때에는 밥 먹을 때가 되어도 알지 못하는 경우가 있었다. 나옹이 이를 보고 "네가 죽었느냐?"라고 말하자, 왕사가 웃으며 대답하지 않았다. 하루는 나옹이 왕사와 함께 섬돌 위에 앉았다가 묻기를 "옛날 조주(趙州)55)가 수좌(首座)56)와 더불어 앉아

---

49) 갑오년 : 공민왕 3년(1354)이다.
50) 법천사 : 중국 연경(燕京)에 있던 절이다.
51) 『춘정집』에는 나옹(懶翁)이 한번 더 적혀 있다.
52) 무령 : 중국 하북성(河北省) 밀운현(密雲縣) 동북지역의 산으로 일명 복파산(伏波山)이라고 한다.
53) 오대산 : 중국 산서성 오대현 동북에 있는 산이다. 줄여서 대산 또는 청량산(淸凉山)이라고 부르기도 한다. 동서남북과 중앙 5대에 수많은 절이 있다. 예부터 신선도의 영산으로서 알려졌는데, 북위 무렵 오대산을 화엄경 보살주처품(菩薩住處品)의 문수보살이 머무르는 청량산에 해당한다고 믿어지면서 성역화되었다.
54) 서산 : 중국 호북성 황매현 서북 40리에 있는 쌍봉산(雙峰山)을 가리키는 것으로 보인다. 중국 선종의 4조 도신(道信)이 여기에 와서 30년 동안 주석하면서 크게 대중을 교화하였기에 오조 홍인(弘忍)이 머문 동산(東山 : 憑茂山) 에 대해 서산이라고 불렀다.
55) 조주(778~897) : 당나라 선승인 종심(從諗)이다. 남전보원(南泉普願)의 법을 계승하고, 하북성 조주(趙州)의 관음원(觀音院)에 머물면서 40년간 독자적인 선풍을 선양하였다. 문답·시중(示衆)이 공안으로 전해지는 것이 많다. 저술인 『조주록(趙州錄)』은 송대 이후 선종계에 많은 영향을 미쳤다.
56) 수좌 : 선림에서 모든 승려의 수위에 앉는 것, 또는 그런 승려를 가리킨다. 제일좌(第一座)·좌원(座元)·선두(禪頭)·수중(首衆)이라고도 한다. 일반적으로 선승을 수좌라고 부르기도 한다.

서 돌다리를 보고 묻기를 '이것은 누가 만들었느냐?'라57) 하니, 수좌가 '이응(李膺)58)이 만들었습니다.'라고 대답하였다.59) 조주가 말하기를 '어느 곳에 먼저 손을 대었겠느냐?'라 하니, 수좌가 대답이 없었다. 이제 누가 묻는다면 너는 어떻게 대답하겠느냐?"라고 물었다. 왕사가 곧 두 손으로 섬돌을 잡아 보이니, 나옹이 더 이상 묻지 않고 갔다. 그날 밤에 왕사가 나옹의 방에 가니, 나옹이 "오늘에야 비로소 네가 속임이 없다는 것을 알겠다."라 말했다.

뒤에 [나옹이] 왕사에게 말하기를, "서로 아는 사람이 천하에 가득하나 마음을 아는 사람이 능히 몇이나 되겠느냐? 너와 나는 일가(一家)를 이루었구나."라고 하였다. 또 "도가 사람에게 있다면 마치 코끼리에게 어금니가 있는 것처럼 비록 감추고자 하나 감출 수 없을 것이다.60) 훗날 네가 어찌 남보다 뛰어난 인물이 되지 않겠느냐?"라고 말하였다. 왕사가 깨달은 바를 대답함에 있어서는 거의 의심할 것이 없었다. 그럼에도 불구하고 산천을 두루 유람하고 스승과 벗을 찾아 나설 뜻이 그치지 않아서 강소(江蘇)와 절강(浙江) 지방61)을 유력하려 했으나, 마침 남쪽지방에 변란62)이 있어 길이 막혔으므로 그만두었다.

---

57) 『춘정집』에는 與 다음에 "수좌간석교(首座看石橋), 문시심마인조(問是甚麼人造)"라는 구절이 있다.
58) 이응 : 사고에는 응(應)만 있으나, 『춘정집』에는 이(李)가 있다. 후한(後漢) 때 하남성 양성(襄城) 사람으로 자는 원례(元禮)이다. 환제(桓帝) 때 사예교위(司隷校尉)를 지냈으며, 절조로 명성이 높았지만 환관 때문에 면직당했고 두무(竇武)와 환관을 죽이려 하다가 도리어 피살되었다.
59) 『고존숙어록(古尊宿語錄)』(『卍續藏經』 118권)에 나온다.
60) 『사고』는 '불용득야(不用得也)'이지만, 『춘정집』은 '불가득야(不可得也)'이다.
61) 강절(江浙) : 강소(江蘇)와 절강(浙江)을 가리킨다.
62) 변란 : 여기서는 한족이 원에 대항하여 일으킨 변란을 가리키는데, 1355년 2월에는 유복통(劉福通)이 한림아(韓林兒)를 추대하여 송나라 황제라 칭하였고, 1356년 7월에는 주원장(朱元璋)이 오공국(吳公國)을 칭하였다. 그 후 주원장은 1365년 1월에 명나라를 세웠다.

제1절 무학왕사(無學王師) 199

　병신년[63] 여름에 우리나라로 돌아오고자 작별하니, 나옹이 손수 한 장의 종이에 글을 써서 전송하기를 "일상에서 쓰는[64] 전기(全機)[65]를 보니 세상 사람과[66] 다른 데가 있다. 선악과 성사(聖邪)를 생각하지 않고, 인정과 의리에 따르지 않는다. 말하여 기운을 토해내는 것은 화살촉이 서로 부딪치는 것 같고, 글귀의 뜻이 기틀에 맞는 것은 물이 물로 돌아가는 것 같다. 한 입으로는 빈주구(賓主句)[67]를 삼켜버렸고, 몸으로는 불조(佛祖)의 관문을 뚫고 나갔다. 갑자기 떠난다고 하니 내가 게(偈)를 지어 송별하노라. [게송에 이르기를] "이미 주머니 속에 별천지가 있음을 믿으니 동서로 [자유롭게 다니면서] 삼현(三玄)[68]을 쓰도록 일임해 둔다. 누군가 너에게 참방(參訪)하는 뜻을 묻는 이 있거든 면전에서 쳐서 거꾸러뜨리고 다시 말하지 말라."라 하였다.

　왕사가 돌아오고 나니, 또한 나옹도 지공으로부터 삼산(三山) 양수(兩水)의 수기(授記)[69]를 받고 돌아와 천성산(天聖山)[70] 원효암(元曉庵)

---

63) 병신년 : 공민왕 5년(1356)이다.
64) 『춘정집』에는 일(日) 다음에 용(用)이 있다.
65) 전기 : 기(機)는 기용(機用)이라는 뜻으로, 선승의 자재무애한 대활동을 이른다.
66) 『춘정집』에는 여(與) 다음에 세(世)가 있다.
67) 빈주구 : 임제의현(臨濟義玄, ?~867)이 제창한 4구(句)의 빈주 구조를 말한다. 주간주(主看主), 빈간주(賓看主), 주간빈(主看賓), 빈간빈(賓看賓)인데, 이를 통해 선기(禪機)를 제시하였다. 주간주는 사가(師家)의 기민한 수단과 고매한 덕으로 학인(學人)을 대하는 것이고, 빈간주는 학인의 견식이 뛰어나 스승의 경계를 앞지르는 것이며, 주간빈은 스승이 견식이 없어 학인을 지도하기 어려운 것이고, 빈간빈은 학인이 암매(暗昧)해서 스승의 화두를 이해하지 못하는 것을 가리킨다.
68) 삼현 : 임제의현이 학인을 접득(接得)할 때 시설(施設)한 것으로, 체중현(體中玄), 구중현(句中玄), 현중현(玄中玄)을 가리킨다.
69) 수기 : 부처가 제자에게 깨달음을 예언한다는 뜻이다. 지공이 나옹에게 "귀국하거든 삼산과 양수가 합하는 중간 지점에 마치 인도의 나란타사와 꼭 같은 터가 있으니, 그곳에 절을 지으라."고 말하였다. 회암사가 삼각산이 멀리 보

에 머물렀다. 기해년71) 여름에 왕사가 가서 나옹을 만나니 [나옹이] 불자(拂子)를 주었다. 나옹이 신광사(神光寺)에 있을 때 왕사도 또한 갔으나, 나옹의 무리 가운데 왕사를 꺼리는 자가 있었다. 왕사가 알고 떠나가니 나옹이 왕사에게 이르기를 "[법맥을 전하는데 있어서] 옷과 바리때72)를 전하는 것보다 언구(言句)를 일러주는 것이 차라리 낫다."라 하고, 시를 왕사에게 주면서 "한가한 승려들이 남과 나를 구분하는 마음을 일으켜 망령되게 시비를 말하니, 매우 옳지 않도다. 산승이 다음의 네 구절 게송으로써 길이 뒷날의 의심을 끊어주노라."라 하였다. 그 게송에 이르기를, "작별함에 특별한 문답73)이 있었으니 누가 그 가운데 있는 더욱 현묘한 뜻을 알겠는가? 너에게 일체를 맡기는 것을 사람들은 모두 옳지 않다고 하지만, 나의 말은 겁공(劫空)74) 이전을 뛰어넘으리라."라 하였다.

왕사는 고달산(高達山)75) 초암(草庵)76)에 들어가 정진하였다. 신해년77) 겨울에 전 왕조의 공민왕이 나옹을 [왕사에] 책봉하였다. [나옹이] 송광사에 머무를 때 의발을 왕사에게 전하니, 왕사가 게송을 지어 사례하였다.

이고 한강과 장단강(長湍江) 사이에 있음을 예언한 일로 풀이된다.
70) 천성산 : 천성산(千聖山)이라고도 하는데, 경상남도 양산군 하북면 용연리에 있다.
71) 기해년 : 공민왕 8년(1359)이다.
72) 의발(衣鉢) : 선종에서는 법을 전하는 표시로 스승의 가사(袈裟)와 철발(鐵鉢)을 제자에게 주는 일을 '의발을 전한다.'고 한다.
73) 상량(商量) : 본래는 상인이 물품을 매매할 때에 서로 그 값을 상담해서 정한다는 뜻이다. 선종에서는 그 뜻이 바뀌어 문답하고 깊이 의논하는 것을 이른다.
74) 겁 : 불교에서 무한히 긴 시간을 말한다.
75) 고달산 : 전라북도 임실군 임실읍에서 동북쪽으로 약 15리쯤에 있다.
76) 초암 : 『춘정집』에는 탁암(卓庵)이다.
77) 신해년 : 공민왕 20년(1371)이다.

병진년78) 여름에 나옹이 회암사로 옮겨 크게 낙성회를 열었는데, 급히 편지를 보내어 왕사를 불러 수좌를 맡기려 하였으나 왕사가 애써 사양하여 나옹에게 말하기를 "많은 일을 맡는 것보다는 차라리 물러나는 편이 좋습니다. 임제(臨濟)79)와 덕산(德山)80)도 수좌 소임에서 나온 것은 아닙니다."라고 하니, 편실(便室)81)에 있게 하였다.

나옹이 세상을 떠나니,82) 왕사가 여러 산을 유력하였는데, 그의 뜻은 은둔하여 수도하는 데83) 있었고 다른 사람이 알아주는 것을 바라지 않았다. 전 왕조의 말기에 명리(名利)84)로써 불러 왕사로 책봉하고자 했으나, 무학이85) 모두 가지 않았는데, 마침내 임신년86)의 만남이 있었

---

78) 병진년 : 우왕 2년(1376)이다.
79) 임제(?~867) : 중국 임제종(臨濟宗)의 개조인 혜조선사(慧照禪師) 의현(義玄)이다. 그는 출가한 후 제방에 다니면서 경론을 많이 탐구했고 특히 계율에 정통했으며 황벽(黃蘗) 희운(希運)의 법을 이었다. 나중에 하북(河北) 진주성의 동남 호타하반의 작은 절에 있으면서 임제원(臨濟院)이라 일렀다. 대위(大尉) 묵군화(墨君和)가 성중에 있는 집으로 절을 삼고, 스님을 청하여 있게 하며 임제라고 했다. 그의 어록으로는 『임제혜조선사어록』 1권이 있다.
80) 덕산(780~865) : 당나라 선승인 선감(宣鑑)이다. 속성은 주씨(周氏)이며, 일찍 출가하여 율(律)과 성상(性相)의 학을 배우고, 『금강경』에 능통하여 주금강(周金剛)이라 불렸다. 남방의 선을 논파하고자 하였으나, 도리어 선에 돌아가 용담숭신(龍潭崇信)을 만나 그 법을 이었다. 풍양(灃陽)에서 30년을 머물다가 무종(武宗)이 파불(破佛)할 때 독부산(獨浮山)의 석실에서 난을 피했다. 대중(大中, 847~860) 연간에 덕산(德山)에 머물며 종풍을 크게 떨쳤다. 시호는 견성대사(見聖大師)이다.
81) 편실 : 편히 쉬는 방이라는 의미로 휴게실이나 편방(便房)이라고도 한다. 여기서는 소임이 없는 일반 대중이라는 뜻으로 사용되었다. 『사고』는 편공(便空)이지만, 『춘정집』은 편실(便室)이다.
82) 『사고』는 옹의(翁矣)이지만, 『춘정집』은 옹서의(翁逝矣)이다.
83) 회장(晦藏) : 회적장명(晦迹藏名)의 준말로 자신을 숨기고 은둔하여 수도에 전념한다는 뜻이다.
84) 명리 : 명예와 이익을 뜻하며 명문이양(名聞利養)의 준말이다. 『사고』는 명찰(名刹)이지만, 『춘정집』은 명리(名利)이다. 문맥상 명리가 맞다.
85) 『사고』는 사(師)이지만, 『춘정집』은 사사(師師)이다.

으니,87) 왕사의 거취가 어찌 우연한 것이겠는가?

　계유년88)에 태조가 지리를 살펴 도읍을 세우고자 왕사에게 명하여 행차를 따르게 하였으나, 왕사가 사양하였다. 태조가 왕사에게 이르기를 "예나 지금이나 서로 만남은 반드시 인연이 있는 것이다. 세상 사람들이 터를 잡는 것이 어찌 도인(道人)의 안목만 하겠는가?"라 하였다. [그리하여] 계룡산(鷄龍山)89)과 신도(新都)90)를 순행할 때 왕사가 모두 수행하였다.

　그해 9월 왕사가 선사(先師)인 지공과 나옹의 두 탑의 이름과 나옹의 진영91)을 거는 일을 맡아서 교지를 받들어 회암사에 탑명을 새기고, 광명사(廣明寺)에 진영을 거는 불사를 크게 열었다. 손수 나옹의 진영찬(眞影讚)을 짓기를, "지공의 천검(千劒)과 평산(平山)92)의 할(喝)93)이여! 어전(御前)의 공부선(工夫禪)에 뽑혔다네. 가시는 날 빛 잃고 사리(舍利)를 남기시니, 삼한의 조실(祖室)94)로서 만년토록 전해지

---

86) 임신년 : 태조 1년(1392)이다.
87) 태조와 무학과의 만남을 가리킨다.
88) 계유년 : 태조 2년(1393)이다.
89) 계룡산 : 차령산맥 중의 연맥으로서 공주군, 논산군, 대전시에 걸쳐 있는 산이다.
90) 신도 : 계룡산의 남쪽지역으로 신도안은 『정감록』등에서 주장하는 신도읍지로 유명하다. 논산군 두마면 부남리의 대궐터에는 조선의 태조가 무학대사와 정도전을 데리고 와서 새로운 수도를 건설하기 위하여 공사하였다는 주초(柱礎)와 제방이 지금도 남아 있다.
91) 진영(眞影) : 조사(祖師), 고승(高僧)이나 선지식(善知識)의 초상을 가리킨다. 주로 탱화의 형태이나 간혹 등상(等像)으로 조성하기도 한다.
92) 평산(1279~1361) : 호는 평산이고, 이름은 처림(處林)이다. 절강성 항주 출신으로 속성은 왕씨이다. 12살 때 광엄사(廣嚴寺)에서 출가하였고, 그 후 급암종신(及庵宗信)의 법을 이었다.
93) 할 : 한자의 음은 '갈'이지만 선종 용어로서 '할'이라고 부른다. 선승이 학인을 질타하거나 책려하기 위하여 큰소리로 내지르는[대갈(大喝), 일갈(一喝)] 것이다.

리."라 하였다. 10월에 나라에서 대장경판을 옮기는 불사를 연복사(演福寺)에서 베풀고 왕사에게 주석하도록 명령하였다. 왕사가 무인년[95]에 사퇴한 뒤로부터는 대중을 대하는 데 뜻이 없어, 임금이 다시 회암사에 주석하기를 명령하였으나, 도리어 금강산 진불암(眞佛庵)[96]으로 들어갔다.

을유년[97] 봄에 가벼운 병이 있어 시자가 약을 드리고자 하니, 왕사가 물리치며 "여든 나이의 병든 몸이 약은 써서 무엇하겠느냐?"라고 하였다. 여름 4월에 금장암(金藏庵)[98]에 옮겨 갔으니, 바로 왕사가 입적한 곳이다. 8월에 의안대군(義安大君)[99]이 왕사에게 사람을 보내어 편지가 이르렀는데, 왕사가 답신하기를 "멀리 산중에 살고 있어서 만나[100] 뵈올 기약이 없습니다. 다른 때 다른 날에 부처님의 회상에서 만나고자[101] 합니다."라는 말이 있었다. [그리고] 대중에게 "머지않아 나

---

94) 조실 : 방장(方丈)과 비슷한 개념으로 조사(祖師)가 거처하는 방이라는 뜻의 건물을 말하기도 하고 그 조실에 사는 스승인 조사를 가리키기도 한다.
95) 무인년 : 태조 7년(1398)이다.
96) 진불암 : 강원도 회양군(淮陽郡) 내금강면 장연리(長淵里)에 있던 절로 표훈사의 암자이다. 이이(李珥)의 「풍악행(楓岳行)」에 "선암(船庵)의 서남쪽에 있다."고 한다. 웅호봉(熊虎峯) 아래에 있는데, 동쪽에 있는 바위가 입불(立佛)과 같기 때문에 이렇게 이름을 지었다고 전한다.
97) 을유년 : 태종 5년(1405)이다.
98) 금장암 : 강원도 회양군 내랑리에 있는 절인데, 『신증』에는 금장암(金莊庵)이라고도 한다. 이이(李珥)의 「풍악록(楓岳錄)」에는 '금장암과 은장암(銀藏庵)은 장안사의 동쪽에 있다.'고 했다.
99) 의안대군 : 의안대군은 두 명인데, 한자는 다르다. 『사고』의 의안대군(義安大君) 이화(李和, 1348~1408)는 이성계의 이복동생으로 이성계를 추대하는데 참여하여 개국공신 1등에 서훈되었다. 한편 태조의 여덟째 왕자인 의안대군(宜安大君) 방석(芳碩)이 있는데, 그는 태조 7년(1398) 8월에 일어난 제1차 왕자의 난으로 죽었다. 원문의 내용과 연관시켜 생각해보면 글자는 다르지만 방석이 왕사에게 편지를 보냈을 가능성이 높다.
100) 『사고』는 시회(示會)이지만, 『춘정집』은 역회(亦會)이다.
101) 『사고』는 상봉지어(相逢之語)이지만, 『춘정집』은 상봉어(相逢語)이다.

는 갈 것이다."라고 말하였는데, 얼마 뒤 그렇게 되었다.

처음에 왕사의 병이 위독해지자 [어떤] 승려가 묻기를 "사대(四大)[102]가 제각기 흩어지면 어느 곳을 향해 갑니까?"라고 하니, 왕사는 "알 수 없다."라고 답하였다. 또 물으니, 왕사가 목소리를 높여 "알 수 없다."라고 하였다. 승려가 또 묻기를 "화상은 병이 드셨는데도 도리어 병이 없으신 듯합니다."라 하니, 왕사가 손으로 곁에 있는 승려를 가리켰다. 또 묻기를 "색신(色身)은 [본래] 지(地), 수(水), 화(火), 풍(風)일 뿐이니 모두 없어져 버린다면, 어느 것이 곧 진정한 법신(法身)입니까?"라 하니, 왕사가 두 팔을 기둥처럼 치켜들면서 말하기를 "이것이 바로 그 하나다."라고 하였다. 대답을 마치고 고요히 입적하시니 한밤중이었다.

그때 화엄종의 승려 찬기(贊奇)가 개경의 법왕사(法王寺)[103]에 있었다. 꿈에 왕사가[104] 공중의 부처 정수리 연화(蓮華)[105] 위에 서 있는데, 부처와 연화의 크기가 하늘에 가득한 것을 보았다. [꿈에서] 깨어나서 마음으로 이상하게 여기고 절의 대중들에게 그 꿈에서 본 것을 이야기하니, [듣는 이들이] 범상한 일이 아니라고 여겼다. 얼마 안 되어 [왕사의] 부고(訃告)가 왔는데, [왕사가 입적한 시간이] 바로 그 꿈[106]을 꾼

---

102) 사대 : 지(地)·수(水)·화(火)·풍(風)을 이르는데, 불교에서 말하는 세계를 구성하는 4대 요소이다.
103) 법왕사 : 경기도 개성시 연경궁(延慶宮) 동쪽에 있었던 사찰이다. 919년 고려 태조가 개성 10사(寺)의 하나로 창건하였다. 인종 7년(1129) 9월에는 여기에서 백고좌도량(百高座道場)을 개설하고 3일 동안 3만 명의 승려에게 반승(飯僧)하였고, 1131년에는 이 절에서 팔관회를 열었다. 고종은 1217년부터 1258년까지 매년 봄과 가을에 행차하여 공양을 올렸다. 원종·충렬왕·충숙왕·공민왕 등도 이 절에서 팔관회를 개설했다.
104) 『사고』는 견립(見立)으로만 되어 있지만, 『춘정집』에는 견사립(見師立)으로 적혀 있다.
105) 연화 : 『춘정집』에는 연화(蓮花)로 적혀 있다.
106) 『사고』는 기시야(其時也)이지만, 『춘정집』은 기몽시야(其夢時也)이다.

때였다.

왕사가 지은 저서로 『인공음(印空吟)』이 있는데, 문정공(文靖公)이 그 첫머리에 서문을 썼으며, 인간(印刊)한 대장경은 용문사(龍門寺)에 봉안했는데, 문정공이 그 끝에 발문을 썼다. 왕사의 성품은 질박함을 숭상하여 문채(文彩)나게 꾸미는 것을 좋아하지 않았다. 스스로 봉양하는 것은 매우 박하게 하고, 남은 것은 곧 [남에게] 베풀었다. 일찍이 스스로 말하기를 "8만 가지 행위 중에서 영아행(嬰兒行)[107]이 제일이다."라고 하면서, 무릇 베풀어 행하는 데는 그와 같이 하지 않는 것이 없었다. 또 사람을 대하는 공손함과 만물을 사랑하는 정성이 지극한 마음에서 우러나온 것이지 억지로 하는 것이 아니었으니, 대개 그 천성이 그러했다. 신 계량(季良)은 삼가 절하고 머리를 조아려 그 탑에 이름을 붙여 자지홍융(慈智洪融)이라 하고, 또 명을 붙인다.

그 명은 다음과 같다.

스님의 도, 우뚝 높으심이여!
보통 사람들은 알 수가 없네.
선각(禪覺)[108]의 적통이요 태조의 스승이었네.
스님은 평상시엔 어린아이와 같다가도 안목을 갖춘 사람을 만나면 화살촉이 서로 부딪치는 것 같았네.
평생에 가진 것은 옷 한 벌, 바리때 하나였고, 행동함에는 겸손하게 스스로를 낮추었다네.
존숭을 받아도 본체만체한 것은 마치 타고난 성품인 듯했네.[109]

---

107) 영아행 : 『열반경』에서 말한 보살의 오행(五行) 가운데 하나이다. 인(人), 천(天), 소승(小乘)의 지혜와 행은 보살의 그것에 비해서 얕고 작으므로 어린아이의 지혜와 행동에 비유한 것이다. 보살이 중생을 교화하기 위해 필요에 따라 그들과 같이 영아의 선행을 하게 됨을 일컫는 말이다.
108) 선각 : 스승인 나옹의 시호이다.

가고 옴에 자유로웠으니 선견(先見)은 구애받음이 없었네.
하늘이 내리신 스님의 수명 일흔 아홉이었네.
어디에서 오셨던가? 햇살이 품속에 비쳤다네.
어디로 가셨는가? 연꽃 위였네.
곳곳의110) 많은 제자들 왕사의 행적 드러내길 도모하니 천지 사이에 견고하기로는 돌보다 오래 가는 것이 없기에 비석에 명을 새겨 무궁한 후세에 보이노라.

참조

『여지승람』111)에 이르기를 "나옹이 송광사에 주석하다가 의발(衣鉢)을 무학에게 부촉했다."라고 했다.

---

109) 『사고』는 약개유지(若箇有之)이지만, 『춘정집』은 약고유지(若固有之)이다.
110) 『사고』는 건건기도(虔虔其徒)이지만, 『춘정집』은 처처기도(處處其徒)이다.
111) 여지승람 : 『신증』 권40, 순천도호부(順天都護府)의 불우조(佛宇條)에 이러한 구절이 있다.

제2절 보각국사(普覺國師)

1. 비문

광통무애(廣通無礙) 원묘대지보제(圓妙大智普濟) 대조계종사(大曹溪宗師) 선교도총섭(禪敎都摠攝) 오불심종(悟佛心宗) 흥자운비(興慈運悲) 복국리생(福國利生) 묘화무궁(妙化無窮) 도대선사(都大禪師) 정변지웅존자(正遍智雄尊者) 보각국사(普覺國師) 비명과 서문

화산군(花山君) 권근(權近)이 교지를 받들어 짓다.

임금이 즉위한 해[1] 봄 2월 기해일-즉위한 다음 해 계유년 봄-에 회암사(會巖寺)에 행차하셔서 신 근에게 명하기를 "혼수국사(混修國師)가 전 왕조에서 그 도행이 일세를 풍미했는데, 내가 즉위한 초기에 갑자기 죽으므로 몹시 슬퍼하였다. 이제 그 문도들이 석탑을 쌓아 유골을 안치하고 또 비를 새겨 후세에 보이고자 하니, 너는 마땅히 명을 지으라."라고 하셨다. 신 근은 명령을 받고 두렵지만 글재주가 없다고 감히 사양하지 못하였다.

국사의 이름은 혼수(混修)요, 자는 무작(無作)이며, 호는 환암(幻菴)

---

[1] 즉위한 해 : 『양촌집』 권37에는 "즉위한 지 3년 후"라고 하여 태조 3년(1394, 갑술년)으로 기록하고 있다.

이다. 본래 성은 조씨(趙氏)로서 광주(廣州)2) 풍양현(豊壤縣)3) 사람이다. 아버지 이름은 숙령(叔䲶)으로 헌부(憲部)4)의 산랑(散郎)5)이요, 어머니는 경씨(慶氏)로서 본관(本貫)이 청주(淸州)이니 모두 사족(士族)이다. 아버지가6) 용주(龍州)7)의 수령으로 나갔는데 연우(延祐) 경신년8) 3월 13일에 국사를 근무지에서 낳았다.

[국사의 아버지가] 일찍이 하루는 사냥을 나갔는데, 사슴 한 마리가 달아나다가 멈추어 두 번씩이나 뒤돌아보는 것을 보고 활을 당기려하다가 이상한 생각이 들어 뒤돌아 보았더니, 사슴 새끼가 그 어미를 뒤따라오고 있었다. [국사의] 아버지는 곧 "짐승이 새끼를 생각하는 것이 사람과 무엇이 다르랴?"하고 탄식하면서 사냥을 그만 두었는데, 몇 달이 안 되어 용주에서 병으로 세상을 떠났다. [그리하여] 어머니는 상을 치르고서 아이를 데리고 귀향하였다.

국사가 어렸을 때 병을 앓아 점을 친 일이 있는데, [그 점쟁이의] 말이 "이 아이가 출가하면 평생 병도 없을 것이요, 큰 스님이 될 것입니

---

2) 광주 : 풍양현은 양주의 속현인데, 여기서 광주로 한 것은 착오가 있는 듯하다.
3) 풍양현 : 경기도 양주목의 속현이다. 양주의 동쪽 50리 지점에 있다. 본래 고구려의 골의노현(骨衣奴縣)이었는데, 신라에서 황괴(荒壞)로, 고려에서 풍덕으로 고쳤다. 현종 9년에 양주에 예속되었다가 뒤에 포천에다 예속되었다. 조선 세종 원년(1419)에 다시 양주에 내속되었다.
4) 헌부 : 사헌부(司憲府)라고도 하며, 고려와 조선시대를 통하여 시정(時政)을 비판하고 모든 관리들을 규찰하여 억울한 일을 바로잡아 주던 관청으로 지금의 감찰사무를 맡아보던 곳이다.
5) 산랑 : 좌랑(佐郎)이라고도 한다. 조선시대 6조(六曹)에 예속되어 있던 정5품 벼슬아치를 가리킨다.
6) 헌부(憲部) : 그 벼슬을 맡았던 대사의 아버지를 가리키는 용어로 보아야 할 것이다.
7) 용주 : 경상북도 예천군 용궁현(龍宮縣)의 고려시대 때의 이름이다.
8) 경신년 : 충숙왕 7년(1320)이다. 연우는 송나라 인종(仁宗)의 연호이다.

다"라고 하였다. 나이 12세⁹⁾가 되었을 때 어머니가 국사에게 이르기를 "네가 갓 태어났을 때, 네 아버지가 너를 매우 어여삐 여겼다. 그리하여 사슴의 모정에 감동하여 곧 사냥을 그만 두었으니, 이는 너의 생명을 지키려는 자애롭고 인자함이 이미 강보에 있을 때부터 드러난 것이다. 더욱이 점쟁이의 말도 그러하였다."라 하고, 대선사인 계송(繼松)에게 보내 머리를 깎게 하였다. 내전과 외전을 익히고, 총명한 지혜가 비상하여 달마다 계발되고 날로 더해져 탁월하다는 명성이 있어서, 마침내¹⁰⁾ 그 스승 다음의 자리를 차지하였다.

지정(至正) 기원(紀元) 신사년¹¹⁾에 선시(禪試)에 응시하여 상상과(上上科)로 합격하였다. 유가와 불가의 친구들과 교유하여 날이 갈수록 친해졌으나 늘 몸과 목숨은 헛되이 변화하고 무상함을 탄식하여 초연히 명리의 굴레에서 벗어나려는 생각이 있었다. 갑자기 이웃 동네에 비명에 죽은 자가 있다는 소문을 듣고 더욱 비감한 생각이 들어 입산하기로 결심하였다.

어머니를 하직하고 떠나갈 무렵에 해가 국사의 얼굴을 비추는 꿈을 꾸었는데, 깨어나 경사스러운 조짐에 기뻐하며 금강산으로 들어갔다. 이때는 지정 8년 무자년¹²⁾ 가을로 국사의 나이는 29세였다. 마음을 다잡고 잠을 자지 않았으며 잠시도 몸을 흩트리지 않았다. 공부가 날로 진전된 지 2년이 지났는데, 어머니가 애태우며 기다린다는 말을 듣고 즉시 돌아와 [어머니를] 뵙고는 경산(京山)¹³⁾에 우거(寓居)하면서 멀리

---

9) 일기(一紀) : 12년을 가리킨다. 목성(木星)이 하늘을 일주(一周)하는데 걸리는 시간으로 『서경(書經)』에 사용례가 보인다.
10) 『사고』는 유성종불위(有聲終不爲)이지만, 『양촌집』은 유성수위(有聲遂爲)이다.
11) 신사년 : 충혜왕 2년(1341)이다. 지정은 원나라 순제(順帝)의 연호이다.
12) 무자년 : 충목왕 4년(1348)이다.
13) 경산 : 지금의 경북 성주(星州)이다. 고려시대 경산부(京山府)로 부르다가 조

나가지 않은 것이 무릇 5, 6년이었다.

어머니가 돌아가시자, 사람을 시켜 큰 글씨로 『법화경』을 사경(寫經)하여 어머니의 명복을 빌었다. 선원사의 식영감(息影鑑)[14]을 뵙고, 『능엄경』을 배워 깊이 그 정수를 얻었다. 작고한 재상 조쌍중(趙雙重)[15]이 휴휴암(休休庵)을 새로 짓고 국사를 맞이하여 『능엄경』의 요지를 강연하게 하였는데, 변론하는 재주를 청아하게 쏟아내니 사람들을 기쁘게 하였다. 이로 인해 3년 동안 머물다가 충주(忠州) 청룡사(靑龍寺)[16]로 갔다. [청룡사] 서쪽 산기슭에서 시내를 따라 올라가면 산봉우리가 사방에 둘러져 있고 주위가 고요한 옛 집터가 있었는데, 국사가 몸소 흙과 돌을 날라 경영함에 주저함이 없었다. 집이 완성되자 연회암(宴晦庵)이라는 편액(扁額)[17]을 걸었으니, 대개 스스로 마음의 자취를 드러낸 것이다.

현릉(玄陵)[18]이 국사의 행적이 바른 것을 높이 여겨 회암사에 머물기를 청하였으나 나아가지 않고 곧 금오산(金鰲山)[19]으로 들어갔다.

　　선시대에 성주목이 되었다.
14) 식영감 : 식영암(息影菴)으로 추정된다. 『동문선』에 「선원사단청기(禪源寺丹靑記)」, 「문대가환국축상소(聞大駕還國祝上疏)」 등이 있다.
15) 조쌍중 : 『고려사』 권37, 충정왕 1년(1349) 10월 1일조에 밀직부사(密直副使)가 되었다는 기록이 있다.
16) 청룡사 : 충청북도 중원군 소태면 오량리에 있는 청계산(淸溪山) 중턱에 있는 사찰이다. 언제 창건되었는지 알 수 없으며 태조 1년(1392) 보각국사(普覺國師) 혼수(混修)가 이곳에 은거하다가 입적하자, 태조가 그의 죽음을 애도하고 크게 중창하였다.
17) 편액 : 널빤지나 종이 혹은 비단에 글씨를 쓰거나 그림을 그려 문 위에 거는 액자로 흔히 현판(懸板)으로 통칭된다. 대개 가로로 걸기 때문에 횡액(橫額)이라고도 하지만 글씨의 경우에는 세로로 쓰기도 한다.
18) 현릉 : 고려 제31대 공민왕의 능을 가리킨다. 현릉은 경기도 개풍군 중서면 여릉리 정릉동에 있다.
19) 금오산 : 『신증』에 경주부의 산 또는 전남 장성읍의 산으로 설명되나 어느 곳인지는 확실하지 않다.

또 오대산(五臺山)에 들어가 신성암(神聖庵)에 머물렀다. 그때 나옹 혜근 화상 또한 고운암(孤雲庵)에 있었기 때문에 자주 뵙고 도의 요지를 질의하였는데, 나옹은 뒤에 금란가사(金襴袈裟), 상아불자(象牙拂子), 산형장(山形杖)을 국사에게 주어 신표로 삼았다.

신축년[20] 가을에 강릉도(江陵道) 안렴사(按廉使)[21]에게 명령하여[22] 국사를 모셔다 대궐에 나아가 계단(戒壇)을 주관하게 하였으나, 국사는 도중에 달아나 산수 속에 자취를 감추고 명산을 두루 다니며 그 지조를 지킴이 더욱 굳었다. 기유년[23]에는 백성군(白城郡)[24] 사람 김황(金璜)이 원찰(願刹)[25]인 서운사(瑞雲寺)[26]에 국사를 맞이하였는데, 국사가 이르자 승당(僧堂)을 열고 곁채[27]를 수리하여 선회(禪會)를 크게 여니, 사중(四衆)[28]이 이를 듣고 뵙는 사람이 많았다.

---

20) 신축년 : 고려 공민왕 10년(1361)이다.
21) 안렴사 : 고려시대의 지방장관이다. 초기에는 절도사(節度使)가 있었는데 현종 3년(1012)에 없애고 안찰사(按察使)를 두었다가 문종 18년(1064)에 도부서(都部署)로 개칭했다가 예종 8년(1113)에는 안찰사로 환원했다. 충렬왕 2년(1276) 안찰사를 안렴사로 고치고 충렬왕 24년(1298)에는 지역이 넓은 경상, 전라, 충청의 3도에 안렴부사(按廉副使)를 두고 동계(東界)의 안집사(按集使)를 없애어 교주(交州)의 안렴사가 겸하게 했다.
22) 『사고』에는 없지만 『양촌집』에는 추(秋) 다음에 명(命)이 있다.
23) 기유년 : 공민왕 18년(1369)이다.
24) 백성군 : 경기도 안성군 지역에 있었던 통일신라 때의 군(郡)이다. 본래 고구려의 내혜홀(奈兮忽)이었는데, 백제의 영토가 된 뒤에도 그대로 사용하였다. 신라 경덕왕 16년(757)에 백성군으로 고쳐 한주(漢州)에 속하였으며, 사산(蛇山)과 적성(赤城)의 두 속현을 두었다. 고려 태조 때 안성(安城)으로 이름을 바꾸어 현으로 하였으며, 공민왕 11년(1362)에 군으로 승격하여 오늘에 이른다.
25) 원찰 : 창건주(創建主) 자신의 소원을 빌거나 죽은 사람의 명복을 빌기 위하여 건립하는 사찰이다.
26) 서운사 : 경기도 안성군 서운면 서운산 청룡사인데, 서운암(瑞雲庵)이라고도 한다.
27) 낭무(廊廡) : 정전(正殿)에 부속된 건물로 곁채를 가리킨다.

홍무(洪武) 3년 경술년29) 가을 7월에 임금이 공부선장(功夫選場)을 열어 선교(禪敎) 산문의 승려들을 크게 모으고, 나옹에게 그들을 시험하도록 명령하고 임금이 몸소 지켜보았다. 나옹이 한 마디 말을 내리니, 모든 승려들은 한 사람도 대답할 수 없었다. 임금이 기뻐하지 않아 [시험을] 그만두게 하였는데, 국사가 늦게 와서 위의(威儀)를 갖추고 당문(堂門) 섬돌 아래에 서 있었다.

나옹이 "무엇이 당문구(當門句)30)인가?"라고 물으니, 국사가 즉시 섬돌에 올라가 "좌측이나 우측으로 치우치지 않고, 가운데에 서는 것입니다."라고 대답하였다. 또 입문구(入門句)31)를 물으니, 국사가 문을 들어서면서 "들어온 것은 도리어 들어가지 않은 때와 같습니다."라고 대답하였다. 또 문내구(門內句)32)를 물으니,33) "안과 밖이 본래 공(空)34)인데 중(中)이라는 것이35) 어떻게 성립되겠습니까?"라고 대답하였다.

나옹이 또 삼관(三關)으로 묻기를 "산은 어찌하여 묏부리에서 그치

---

28) 사중 : 불교교단을 구성하는 4종류의 사람을 가리킨다. 비구(比丘), 비구니(比丘尼), 우바새(優婆塞), 우바이(優婆夷)나 비구, 비구니, 사미(沙彌), 사미니(沙彌尼)를 뜻한다.
29) 경술년 : 고려 공민왕 19년(1370)이다. 홍무는 명나라 태조의 연호이다.
30) 당문구 : 분양선소(汾陽善昭)가 학인의 다섯 가지 질문에 대하여 대답한 것 가운데 세 번째 구이다. 당문구란 '천차만별의 길을 모두 꺾어 버리고 다양한 근기를 가진 모든 중생에게 지혜의 빛을 열어 주는 것'이다.
31) 입문구 : 분양선소(汾陽善昭)의 5구 가운데 첫 번째 구이다. 입문구란 '멀리서 객승이 자신을 알고 투탁(投託)해오니 잠시 앉아 미소지으며 읊조려 주는 것(遠客投知己 暫坐笑吟吟)'이다.
32) 문내구 : 분양선소(汾陽善昭)의 5구 가운데 두 번째 구이다. 문리구(門裏句)라고도 한다. 문내구란 '사상(四相)의 반열(班列)을 배척하고 서서 정식(情識)을 응결시켜 성인의 얼굴을 바라보게 하는 것(四相排班立 凝情望聖容)'이다.
33) 『사고』에는 없지만 『양촌집』에는 시(時) 다음에 문(問)이 있다.
34) 공 : 일체의 사물은 인연에 의해 생긴 것이므로 고정적 실체가 없다고 하는 불교의 기본 개념이다.
35) 『사고』에는 없지만 『양촌집』에는 공(空) 다음에 중(中)이 있다.

는가?"라 하니, "높으면 곧 낮아지고, 낮아지면 곧 그치게 됩니다."라고 대답하였고, "물은 어떻게 흘러 개울을 이루는가?"라고 물으니,36) "바다가 숨어 흐르는 곳마다 개울이 됩니다."라고 대답하였고, "밥은 어찌하여 백미(白米)로 짓는가?"라고 물으니,37) "모래와 돌로 찐다면 어떻게 좋은 음식이 될 수 있겠습니까?"라고 대답하였다. 나옹이 이에 인정하니,38) 임금이 유사(攸司)에게 명령하여 [문답한 구절을] 격식에 맞는 문장으로 만들어 종문(宗門)에 남기도록 하였다. 국사는 임금이 내원(內院)39)에 머물게 할 것을 알아차리고, 임금에게 알리지 않고 도성을 빠져나가 위봉산(圍鳳山)에 숨었다.

5년 임자년40)에는 임금의 명에 못 이겨 불호사(佛護寺)41)에 머물렀다. 이듬해에는 왕명으로 내불당(內佛堂)에 불려갔으나, 국사는 한밤중에 몰래 빠져나와 곧바로 평해(平海)42)의 서산(西山)으로 갔다. 조정에

---

36) 『사고』는 문(問)이지만, 『양촌집』은 문(門)이다.
37) 『사고』는 왈(曰)이지만, 『양촌집』은 문(問)이다.
38) 『사고』는 긍(肯)이지만, 『양촌집』은 함(頷)이다.
39) 내원 : 궁전 안에 있는 사람들이 자유롭게 불교를 신행할 수 있도록 하기 위한 목적으로 궁 안에 설치한 법당을 이른다. 내불당(內佛堂)·내도량(內道場)이라고도 한다.
40) 임자년 : 공민왕 21년(1372)이다.
41) 불호사 : 전라남도 나주시 다도면 덕룡산 중턱에 자리잡고 있는 절이며, 백제 침류왕 원년(384)에 인도 승려 마라난타가 세웠다고 전해진다. 그 후 도선국사가 중창, 조선 태종 2년(1402)에는 원진국사가 삼창하였다. 정조 22년(1789)에는 큰 화재로 건물이 대부분 불타서, 1800년에 다시 중건하였다. 원래는 '불호사(佛護寺)'라 불렀지만, 중건 이후 '불회사(佛會寺)'로 부르기 시작했다.
42) 평해 : 경상북도 울진군 평해읍 지역에 있었던 조선시대의 현(縣)이다. 본래 고구려의 근을어현(斤乙於縣)인데 신라 경덕왕 16년(757)에 평해로 고쳐 유린군(有隣郡)의 영현으로 하였으며, 고려 현종 때 예주(禮州)의 영현으로 하였다. 고려 명종 2년(1172) 감무를 두었고, 충렬왕 때 지군사(知郡事)로 승격하였는데, 이는 이곳 사람이 왕의 원나라 입국시 왕을 배종하여 공을 세웠기 때문이다. 조선 세조 12년(1466) 군으로 승격하였다.

서 모든 도에 칙명을 내려 [국사를] 찾기를 그치지 않으므로 이에 나와서 왕명에 응하였다. 갑인년43) 정월에 비로소 내원에 들어갔는데, 임금이 자주 법요(法要)를 물었고 왕대비(王大妃)44)가 더욱 존경하였다. 9월에 임금이 승하하자 강선군(康宣君)45)이 왕위에 올라 '광통무애(廣通無碍) 원묘대지보제(圓妙大智普濟)'라는 존호를 내렸다.

을묘년46) 가을에는 송광사에 옮겨 머물렀고, 병진년47) 3월에는 글을 올려 내원을 떠나서 서운사(瑞雲寺)로 돌아갔다. 무오년48)에 치악산(雉岳山)49)에서 연회암으로 돌아왔다. 하루는 문 앞에 손님이 찾아오자 국사는 곧 방으로 들어가 병을 핑계하고 나오지 않았는데, 그 손님은 과연 조정에서 보낸 사신이었다. 국사에게 광암사(光巖寺)50)에 머물 것을 청하였는데, 국사가 병으로 사양하였으나 허락을 얻지 못하여 끝내 나왔다. 거의 3년을 지내고 나서 다시 물러가기를 청하였으나 끝내 답이 없자, 국사는 즉시 달아나 원주(原州)51) 백운암(白雲庵)으로 갔다.

---

43) 갑인년 : 공민왕 23년(1374)이다.
44) 왕대비 : 비문은 왕태후(王太后)이다. 태후라면 공민왕의 어머니이자 충숙왕의 비(妃)인 업국공주(漢國公主)이고, 대비라면 공민왕의 비가 된다.
45) 강선군 : 고려 32대 왕인 우왕(禑王)을 가리킨다.
46) 을묘년 : 우왕 1년(1375)이다.
47) 병진년 : 우왕 2년(1376)이다.
48) 무오년 : 우왕 4년(1378)이다.
49) 치악산 : 태백산맥의 오대산에서 남서쪽으로 갈라진 차령산맥의 줄기로 영서지방의 명산이며 원주의 진산이다.
50) 광암사 : 보제사의 다른 이름이다.
51) 원주 : 강원도의 남서부에 위치한 군으로 고구려 장수왕 때 고구려의 영토가 되면서 평원군(平原郡)이 설치되었고, 신라의 북상으로 진흥왕 때 신라의 영토가 되었고 문무왕 때는 북원소경(北原小京)이 설치되었다. 신라 경덕왕 16년(757) 북원경(北原京)이 되었다. 고려 태조 23년(940) 원주로 개칭되었다. 1291년 익흥도호부(益興都護府)로 개칭되었고, 1308년 원주목(原州牧)으로 승격되어 행정의 중심지가 되었다. 충선왕 2년(1310) 행정구역 변경에 따라 성안부(成安府)로 되었다가, 공민왕 2년(1353) 치악산에 왕자의 태(胎)가 봉안되

이로부터 용문산(龍門山),52) 청평산(淸平山), 치악산 등을 옮겨 다니면서 다시는 주지가 되지 않기로 맹세하였다.

계해년53) 3월54) 조정의 의논이 옛 제도에 따라 불문(佛門)에서 덕망이 있는 승려를 골라 세워서 사범(師範)55)을 삼고자 하였는데, 당시에 모든 사람이 국사에게 [관심이] 쏠렸다. 국사가 듣고서 은거하기를 꾀하니, 문인 감로장로(甘露長老) 경관(慶觀)이 말하기를 "이는 혼자 편안하려는 계책일 뿐입니다. 지금 임금이 불법을 존숭하는 의미에서 이 일을 하려는 것이니, 그 취지가 매우 훌륭합니다. 원컨대 스승께서는 불법을 위해 다소56) 불편하시더라도 급히 결정하지 마십시오."라고 하니, 국사가 과연 결정하지 못하였다.

여름 4월 초 1일 갑술일에 왕이 재상 우인렬(禹仁烈)57) 등에게 어서(御書), 인장(印章), 법복(法服), 예폐(禮幣)를 받들어 [선사가] 계신 연회암에 가서 국사로 책봉하고 동시에 '대조계종사 선교도총섭 오불심종 홍자운비 복국이생 묘화무궁 도대선사 정변지웅존자'라는 존호를 올렸고, 충주(忠州)의 개천사(開天寺)58)를 하산소로 삼게 하였다. 그해

고 원주목으로 복귀되었다.
52) 용문산 : 경기도 양평군과 경상북도 예천군 용문면에 용문산이 있는데, 어디를 가리키는지 확실하지 않다.
53) 계해년 : 우왕 9년(1383)이다.
54) 『양촌집(陽村集)』에는 2월로 되어 있다.
55) 사범 : 스승으로서 모범이 될 만한 사람으로 사표(師表)라고도 한다.
56) 『사고』는 소(少)이지만, 『양촌집』은 소(小)이다.
57) 우인렬(1337~1403) : 여말선초의 무신으로 본관은 단양(丹陽)이다. 홍건적과 왜구를 격파하여 공을 세웠으며, 창왕 즉위년(1388)에는 문하찬성사(門下贊成事)로서 명나라에 들어가서 창왕의 습위(襲位)를 알렸다. 1392년 조선 개국 후 문하시랑찬성사로서 사은사가 되어 명나라에 갔다가, 이듬해 귀국하여 판개성부사가 되었으며 개국원종공신(開國原從功臣)에 올랐다. 1403년 검교좌정승(檢校佐政丞)에 올랐으나 병사하였다. 시호는 정평(靖平)이다.
58) 개천사 : 충청북도 충주시 동량면 하천리 정토산(淨土山)에 있었던 사찰이다.

가을에 서운산(瑞雲山)59)으로 가니, 왕은 또 정랑(正郞)60) 박원소(朴元素)를 보내 안마(鞍馬)를 바쳐 모셔오게 하였다.

이듬해 갑자년61)에 해적이 깊이 들어와 충주의 경계를 노략질하므로, 조정에서 걱정하기를 "개천사의 숲과 골짜기가 해적의 소굴이 될 것인데, 국사께서 그곳에 계시니 어찌 안녕할 수 있겠는가?"라 하고 왕에게 아뢰니 [왕이] 사신을 보내 광암사(光巖寺)로 맞아왔다.

[국사가] 광암사에 이르러서 말하기를 "노승이 개천사도 사양하지 못하였는데, 또 광암사에 머물게 되었습니다. 절 하나를 맡는 것도 오히려 평소의 뜻에 어긋나는데 하물며 겸할 수 있겠습니까? 전하께서 만약 노승으로 하여금 선왕(先王)의 명복을 비는데 전심하게 하시려면 개천사는 다른 사람에게 맡기소서."라 하였다. 왕이 이르기를 "개천사는 국사가 평생 머물러서 음덕을 줄 곳이요, 광암사는 내가 청하여 법(法)을 펴게 한 곳이니, 겸하여 이끌더라도 어찌 해롭겠는가?"라 하므로, 국사가 사양하지 못하였다.

을축년62) 가을 50일 동안의 백산개도량(白傘盖道場)63)을 설행하여 천재지변을 물리치게 하였는데, 이름난 유생들과 학식 있는 승려들이

고려 역대 실록을 보관하였던 사찰로서 창건연대는 미상이다. 처음 해인사에 있던 실록을 왜구의 침략 때문에 선산(善山) 득익사(得益寺)로 옮겼다가, 우왕 9년(1381)에 칠장사(七長寺)로 옮겼고, 공양왕 2년(1390)에 다시 이 절로 옮겨 『고려사』를 편찬하기 위해 서울로 운반하여 세종 때까지 보관했다. 조선 정조 3년(1779) 이전에 폐사되었다.

59) 서운산 : 경기도 안성시 서운면과 충청북도 진천군 백곡면 경계에 있는 산이다. 경기도의 최남단인 안성시 서운면과 충청북도 진천군 백곡면을 경계로 차령산맥의 중간지점에 위치하고 있다.
60) 정랑 : 고려시대 및 조선 초기의 6조(六曹)에 속한 정5품의 관직이다.
61) 갑자년 : 우왕 10년(1384)이다.
62) 을축년 : 우왕 11년(1385)이다.
63) 백산개도량 : 『능엄경』을 강설하고 능엄주인 백산개신주를 외워 국가의 재난을 물리치기 위한 법회를 말한다.

많이 와서 강연을 들었고, 법회의 마지막에는 임금도 행차하여 예를 다하였다. 병인년64)에 대비(大妃) 안씨(安氏)65)가 현릉(玄陵)을 천도하기 위하여 보국사(輔國寺)66)에 불정회(佛頂會)를 베풀 것을 청하였다. 왕도 또한 수창궁(壽昌宮)67)에 소재법석(消災法席)을 주관할 것을 청하였다, 돌아갈 때에는 대언(代言)68) 이직(李稷)69)에게 함께 모시고 갈 것을 명령하여 존경을 드러내었다.

무진년70) 여름에 왕이 외지71)에서 왕위를 물려주어 어린 임금이 계

---

64) 병인년 : 우왕 12년(1386)이다.
65) 대비 안씨 : 우왕의 어머니이다.
66) 보국사 : 고려 태조 4년(921)에 창건된 사찰로 경기도 개성에 있었다. 원래는 정궁(正宮)의 동쪽과 서쪽에 두 개의 절이 있었다.
67) 수창궁 : 고려시대 궁궐의 하나로 도성의 서소문 안에 있었다. 공민왕 10년 (1361) 홍건적의 침입으로 연경궁이 불타 이곳으로 옮겼으며 1370년 다시 수창궁 옛터를 보고 궁궐짓기를 명하였다. 우왕 7년(1381) 3월 다시 수창궁을 경영하여 1384년 윤 10월에 낙성하였다. 1388년 창왕 때 기휘(忌諱)로 수창궁을 일시 수령궁(壽寧宮)으로 개칭하고 대비 이씨(李氏)를 옮기었다. 그 뒤 공양왕과 조선왕조를 개창한 태조 이성계가 이곳에서 즉위하였으며, 정종과 태종도 이곳에서 임어(臨御)하였다. 조선 성종 연간에는 이미 허물어져 개성부의 창고로 사용되었다.
68) 대언 : 고려시대의 관직으로 충선왕 2년(1310)에 승지(承旨)를 대언이라 개칭하였는데, 공민왕이 한때 대언을 승선(承宣)으로 고쳐 부르다가 다시 대언으로 환원하였다.
69) 이직(1362~1431) : 자는 우정(虞庭)이고, 호는 형재(亨齋)이다. 고려 우왕 3년 (1377) 16세로 문과에 급제하여 그 뒤 사헌지평, 성균사예, 전교부령(典校副令), 밀직사우부대언(密直司右副代言) 등을 거쳐 공양왕 때 예문제학을 지냈다. 1392년에 이성계 추대에 참여하여 개국공신 3등이 되었고, 성산군(星山君)에 봉하여졌다. 이후 이조판서, 우의정을 역임하였으며 황희와 함께 충녕대군의 세자 책봉을 반대하다가 성주에 안치되었다. 1422년에 풀려나와 1424년에 영의정에 오르고, 이해 등극사(登極使)로 명나라에 다녀왔다. 1426년 좌의정으로 전직되었다가 이듬해 사직하였다. 저서로는 『형재시집』이 남아 있고, 시호는 문경(文景)이다.
70) 무진년 : 우왕 14년(1388)이다.

승하자, 국사가 개천사로 돌아갈 것을 청하였다. [창왕(昌王)이] 사신으로 하여금 호위하여 가게 하였다. 기사년72) 겨울에 공양군(恭讓君)이 즉위하자, 국사의 직인과 편지를 봉인하여 조정에 보내고 치악산으로 들어갔다. [임금이] 몇 달이 안 되어 다시 국사로 책봉하고 사신을 보내 개천사로 도로 모셔오게 하였다.73) 지금의 주상이 잠저(潛邸)74)에 있을 때 일찍이 국사와 함께 발원하여 대장경을 간행하였다. 신미년75) 가을에 장정과 교감이 끝났으므로 서운사에 두고 크게 경축하는 법회를 베풀었다. 공양군이 내신(內臣)에게 명하여 향을 내리고 국사를 맞아 증명하였다.

임신년76) 가을 7월에 우리 주상께서 혁명하여 왕업을 열자, 국사는 이에 표문을 올려 축하하였다. 갑자기 노병으로 그 직위와 절에서 물러날 것을 청하여 전문(箋文)77)과 함께 국사의 인(印)을 되돌려 보낸 다음 청룡사(靑龍寺)로 옮겨 주석했다. 시자 담원(湛圓)이 전문과 도장을 받들고 대궐에 나아가니, 임금은 그대로 국사를 섬기고자 하여 곧

---

71) 외지(外地) : 우왕이 쫓겨난 강화도를 가리킨다.
72) 기사년 : 창왕 1년(1389)이다.
73) 『사고』에는 개천사부터 이 부분까지 "전사호행(專使護行), 기사지동(己巳之冬), 공양군즉조(恭讓君卽祚), 구전봉인(具牋封印), 송납우조(送納于朝), 입치악산(入稚岳山), 미수월(未數月), 갱봉국사(更封國師), 견사복우개천(遣使復于開天)"까지 빠져 있다. 『양촌집』의 기록을 참고하여 덧붙였다. 아마 필사과정에서 착오가 있었던 듯하다.
74) 잠저 : 새 나라를 건국한 임금이나 종실(宗室)에서 들어와 된 임금으로서, 아직 즉위 전에 살던 집이나 또는 그 기간을 잠저라고 한다.
75) 신미년 : 공양왕 3년(1391)이다.
76) 임신년 : 조선 태조 1년(1392)이다.
77) 전문 : 한문 문체의 하나로 전(牋)자와 통용하여 쓴다. 전의 뜻은 '나타내다(表)'로 자기의 의사를 남에게 표현하는 것이다. 중국 고대 한위(漢魏) 때는 천자에게 상주하는 서장이나 태자나 제왕에게 올리는 서장을 모두 전이라고 하였다. 후대에는 천자에게는 표(表)라 칭하고, 황후나 태자에게만 전(箋)이라고 일컬었다. 문체는 보통은 변려문을 썼으나 산문으로 지은 것도 있다.

그 인장을 되돌려 보냈다. 담원이 와서 알리니, 국사가 이마를 찌푸리면서 "내가 늙고 또한 병이 들어 오래 살 수 없는데, 영명한 주상께서는 어찌하여 나의 소원을 막는가?"라고 하였다. 얼마 안 되어 이질에 걸려 10여 일 동안 낫지 않았다. 용변이 잦았으나 남에게 부축을 받지 않았으며, 피곤해도 바로 눕지 않고 언제나 옆으로 누웠다.

9월 18일 병신일 유서를 쓰게 하면서 문인에게 이르기를 "내가 갈 때가 오늘 저녁이라, 고을의 관원을 불러 인(印)을 봉해야 하겠다."고 하더니, 저녁때가 되자 앉아서 말하기를 "내가 지금 법랍이 다한 것 같으니 이제 갈 것이다."라 하고, 곧 게를 읊고 근엄하게 입적하였다. 8일 동안 자리에 앉았는데 용모가 평상시와 같았다. 25일 계묘일에 이르러 문인들이 연회암 북쪽 산기슭에 섶을 쌓고 다비하였는데, 전날 밤에 비가 내려 아침까지 그치지 않다가 불을 붙이기 시작할 무렵에 구름이 걷히고 맑게 개이므로 신령의 도움이 있는 듯하였다. 다음날 새벽에 유골을 모으니, 그 색깔이 눈과 같이 희었는데, 정골(頂骨)이 더욱 두텁고 깨끗하였다.

문인 소안(紹安)이 유서를 받들어 알리니, 임금이 애도하는 심정에서 유사(攸司)에게 명령하여 시호를 내려 보각(普覺)이라 하고, 탑은 정혜원융(定慧圓融)이라 하였고, 내신(內臣)을 보내 그의 유골을 안치하는 일을 감독하게 하였다. 또 조칙을 내려 부도를 정교하게 만들게 하였다. 그해 연말 12월 갑신일에 청룡사 북쪽 봉우리에 장례를 치르는데, 전날 밤 별빛이 빛나더니 닭이 울 때부터 비가 내리다가 돌을 쌓아올릴 무렵에 이르러 그치므로, 대중이 기이하다고 말하였다.[78] 나이가 73세이고, 법랍은 60세였다.

---

[78] 『사고』의 북봉(北峯) 다음에 "시야성랑(是夜星朗), 계명우작(鷄鳴雨作), 태루석내헐(迨累石乃歇), 중이위이(衆以謂異)"이라는 구절이 누락된 것을 『양촌집』을 근거로 보충하였다.

국사의 용모는 맑고 빼어났으며 기품이 맑고 온화하여 예절이 바르고 말씨가 간절하므로 사람들이 모두 친애하고 공경하였다. 계율을 지킴에 굳건하였고, 도를 지킴에 부지런하였다. 위계가 높을수록 마음은 더욱 겸허하였고, 나이가 들수록 행동에 더욱 힘썼다. 선과 교의 모든 경전을 깊이 연구하지 않은 것이 없었으나 거의 스승에게서 배우지 않고 스스로 통하였다. 남을 가르침에 게으르지 않았고 강론과 해석 또한 상세하고 밝아 이르는 곳마다 제자가 많았고, 그 문하에 들어간 자 가운데 석덕(碩德)79)으로 불리는 사람들이 많았다. 글짓기를 좋아하지 않았으나 붓만 들면 그 문장과 말이 정치(精緻)하였는데, 편지글80)에 더욱 능하여 식자(識者)들이 모두 칭송하였다. 문인들이 부도 곁에 비를 세우고자 하여 제자 만우(卍雨)81)로 하여금 행장을 짓게 하고, 소안(紹安)이 이를 받들어 임금에게 알리니 이 명령이 내려졌다.82)

신 근이 조용히 생각하건대 불씨(佛氏)의 도는 선(禪)보다 더 높은 것이 없으나 그 말이 기괴하고 헤아릴 수 없는 것이 많으니 '삼베 세 근',83) '마른 똥막대기'84) 같은 것이 더욱 해괴하며 그 전승이 멀어질수

---

79) 석덕 : 덕이 높은 승려를 가리키는 말이다.
80) 간독(簡牘) : 옛날 글을 쓰던 대쪽과 나무쪽을 가리키는 말로 책 또는 편지를 뜻한다. 간찰(簡札)이라고도 한다.
81) 만우(1357~?) : 여말선초의 학승으로 이름은 만우(萬雨)라고도 쓰고, 호는 천봉(千峰)이다. 구곡각운(龜谷覺雲)의 제자이다. 내외의 경전에 두루 통달했으며, 시와 글씨에 능하여 이색(李穡)・이숭인(李崇仁) 등과 시로 사귀고, 집현전 학사들과 교유하였다. 사절로 내조(來朝)한 일본의 승려 분케이(文溪)에게 한시(漢詩)로서 응대, 그를 놀라게 하였다. 『동문선(東文選)』에 이색이 만우에 대해 쓴 「천봉설(千峰說)」이 실려 있다.
82) 『사고』에는 "문인등(門人等), 모욕수비우부도지측(謀欲竪碑于浮圖之側), 사기도만우(使其徒卍雨), 찬행장(撰行狀), 소안지이문우상(紹安持以聞于上), 이유시명(以有是命)"이 없는데, 『양촌집』에 있으므로 보충한다.
83) 화두(話頭)의 하나이다. 어떤 승려가 동산(洞山) 수초(守初)에게 부처가 어떤 것이냐고 묻자, 동산이 '삼베 세 근'이라고 대답했다.

록 말이 더욱 허황하다. 오직[85] 조계(曹溪)의 대감(大鑑)선사가 말한 '마음은 평안하고 행동은 올바르게 하라.'는 것이 이치에 맞고 평이하지만 선사의 도가 더욱 높아 모든 조사 중에 홀로 뛰어나니 요즈음 선을 배우는 이들이 모두 그를 높였다.

지금 우리 국사가 선불장(選佛場)에서 대답한 말을 보니 사리가 뚜렷하고 분명하다. 또 평소 배우는 자들을 반드시 진상(眞常)으로 훈도하여 쉽게 [도에] 들어가게 하였으니 육조(六祖)와 같은 분이라, 해괴하고 허황된 것으로 사람들을 놀라게 하는 것과는[86] 비교할 수 없다. 이로써 도의 근본이 넓고 진실하여[87] 국사가 이룩한 일들이 심원함을 알 수 있다. 더욱이 국사는 이미 아름다운 자질이 있음에도, 더욱 힘써 노력하여 그가 얻은 것이 다른 이들과 다르니, 또한 어찌 의심하겠는가? 이에 마땅히 명문을 짓는다.[88]

명에 이르기를

"자성(自性)의 바다(性海)[89]는 오묘하고 담담한데

물거품이 생겼다 사라졌다 하는 것이

자취가 없이 항상 깊고 맑은 것은 우리 국사의 덕이로다.

참으로 대성하였으니

지혜와 깨달음이 출중하여 일찍부터 명성이 높았도다.

---

84) 화두(話頭)의 하나이다. 어떤 중이 운문(雲門)에게 "어떤 것이 부처냐?"고 묻자 운문이 "마른 똥 막대기"라고 대답했다는 이야기이다.
85) 『사고』는 유(惟)이지만, 『양촌집』은 유(唯)이다.
86) 『사고』는 해(駭)이지만, 『양촌집』은 해자(駭者)이다.
87) 『양촌집』은 원(垣) 다음에 실(實)이 있다.
88) 의(矣) 다음에 "황사기유자품지선(況師旣有資稟之羨), 우가공력지근(又加功力之勤), 기소득필이어인(其所得必異於人), 역하의재(亦何疑哉), 시의위명(是宜爲銘)"이 『사고』에 누락된 것을 『양촌집』을 근거로 보충하였다.
89) 성해 : 자성(自性)인 진여(眞如)가 광활하고 깊은 것을 대해(大海)에 비유한 것이다.

감탄하고 분발하여 어머니를 떠나 수행하였고
마음을 다잡고 힘을 다하여
기대거나 눕지도 않았도다.
좌우에 치우치지 않아 중도(中道)를 잡았으며
미세한 번뇌조차 끊어 지혜90)의 햇빛이 항상 밝았도다.
궁벽한 산중에 자취를 감출 땐
병(甁) 하나 석장 하나였지만91)
문답이 서로 부합될 땐
임금도 기뻐하였네.
많은 승려들이 그 기풍을 따랐고
온 나라가 그 덕을 추앙했으니
나가면 스승으로 대접받았고
들어오면 종단이 활기를 얻었도다.
처음에 둥근 해를 꿈꾸어 그 영험이 빛났으며
마침내 죽어서는 징험이 있어
법우(法雨)가 널리 흡족하였도다.
왕명으로 비를 만들어
돌에 이 글을 새기나니
무궁한 내세에 모두 보각(普覺)대사를 스승 삼으리."92)라 한다.

---

90) 『사고』는 혜일(慧日)이지만, 『양촌집』은 혜일(惠日)이다.
91) 『사고』에는 없지만, 『양촌집』에는 일병일석(一甁一錫)이 있다.
92) 『사고』에는 "만납추풍(萬衲趍風), 일국앙덕(一國仰德), 출작사빈(出作師賓), 재동미종(在動彌宗), 시몽일륜(始夢日輪), 궐령사혁(厥靈斯赫), 기종유징(曁終有徵), 법우보흡(法雨普洽), 왕명작비(王命作碑), 각사우석(刻辭于石), 진미래제(盡未來際), 개사보각(皆師普覺)"이 누락되어 있는 것을 『양촌집』에서 보충하였다.

제3절 고봉화상(高峰和尙)

조계산 수선사 중창조 고봉화상 행장

대사의 이름은 법장(法藏)이다. 속성은 김씨이고, 신주(愼州) 사람이며, 어머니는 임씨(林氏)다. 어릴 때[1] 출가하여 삭발하고 구족계를 받았다. 스무 살 무렵[2]에 승과에 합격했으나 오래지 않아 명리를 버리고 산에 들어가 도를 닦았다.

보제존자 나옹 대화상을 만나 뵙고 스승으로 삼아 법을 받았으니, 승명은 지숭(志崇)이고, 호는 고봉(高峰)이다. 머리카락이 자라서 몇 촌이나 되도록, 표주박 하나를 들고 여러 곳을 돌아다녔으며, 특히 풀피리를 잘 불었는데 사람들은 그의 현명함을 알지 못했다. 화상이 안동부(安東府)[3] 청량암(淸凉庵)[4]에서 손수 암자를 세웠는데, 암자가 완성

---

1) 관세(丱歲) : 총각머리를 할 나이 또래로 어린 나이를 뜻한다. 관(丱)이란 아이의 머리를 두 가닥으로 나누어 땋아서 머리를 양쪽에 뿔 모양으로 잡아맨 상투를 뜻하나, 변하여 동남동녀(童男童女)의 뜻으로 쓰인다.
2) 묘년(妙年) : 나이가 스무 살 안팎의 젊은 나이를 뜻한다.
3) 안동부 : 안동은 본래 신라의 고타야군(古陁耶郡)으로 경덕왕(景德王)이 고창군(古昌郡)으로 고쳤다. 고려 태조가 후백제의 견훤(甄萱)과 전투를 할 때에 이 지역의 김선평(金宣平)·김행(金幸)·장길(張吉)이 태조를 도와서 이긴 공로가 있었으므로 군을 승격시켜 부(府)로 삼고 이름으로 안동으로 고쳤다. 이후 성종(成宗)이 길주자사(吉州刺史)로, 현종(顯宗) 대에 안무사(安撫使), 지길주사(知吉州事) 등으로 고쳤다가, 다시 안동부(安東府)로 하였다. 명종(明宗)

되자 출세간⁵⁾과 세간⁶⁾을 마음대로 소요(逍遙)⁷⁾하며 30여 년간 성태(聖胎)를 길렀다.⁸⁾

홍무(洪武) 28년 을해⁹⁾에 남쪽 지방을 유력하다가 낙안군(樂安郡) 금수(金藪)에 머물렀는데 꿈에 경치가 뛰어난 곳에 범찰(梵刹)을 짓는 것을 보고, 다음날 곧장 조계산 송광사의 옛 터에 들어가 사방을 둘러 보았더니 전날의 꿈과 똑같았다. 화상이 개연히 거듭 탄식하여 제자에게 말하기를 "이와 같은 곳에 어찌 선대 조사의 뛰어난 자취가 없겠는가? 누군가 반드시 다시 선찰(禪刹)을 중건해야 하겠지만, 나 혼자의 힘으로는 지을 수 없겠구나."라 했다.

건문(建文) 기묘년¹⁰⁾에 대궐에 들어가 여쭙기를 "신승(臣僧) 지숭(志崇)은 원컨대 선사(先師)인 보조(普照), 보제(普濟)¹¹⁾ 등 여러 조사들이

때에 김삼(金三)・효심(孝心) 등의 반란을 평정할 때에 안동부가 공이 있다고 하여 승격시켜 도호부(都護府)로 하였다. 또 신종(神宗) 때에 동경(東京)의 야별초(夜別抄)의 반란을 막은 공로가 있으므로 승격시켜 대도호부(大都護府)로 하였다. 충렬왕이 복주목(福州牧)으로 고쳤으나 공민왕이 홍건적을 피해 이곳에 머무를 때에 고을 사람들이 정성을 다하였으므로 다시 승격시켜 안동대도호부로 하였다.

4) 청량암 : 경상북도 봉화군 명호면 북곡리에 있는 사찰이다. 신라 문무왕 3년(663) 원효대사가 창건했다고 전한다. 원효대사가 머물렀던 응진전과 공민왕이 현판을 쓴 유리보전(琉璃寶殿)이 남아 있다.
5) 녹수청산(綠水靑山) : 산골짜기에 흐르는 맑은 물이라는 뜻인데, 의역하였다.
6) 홍진자맥(紅塵紫陌) : 홍진은 무상한 이 세상의 먼지라는 뜻 또는 세속적인 사항을 말하며, 자맥은 도성(都城)의 길이라는 뜻이다.
7) 소요 : 기분이 내키는 대로 거닐거나 바람을 쐬는 일을 가리키거나 자적(自適)하여 즐기는 일을 뜻한다.
8) 성태를 길렀다 : 성태란 보살의 수행 계위인 십주(十住)・십행(十行)・십회향(十回向)의 삼현위(三賢位)를 가리키거나 불(佛)의 종자를 이른다. 성태를 기른다는 것은 수행해서 불의 과보(果報)를 얻는 것을 이른다.
9) 을해년 : 태조 4년(1395)이다.
10) 기묘년 : 정종 1년(1399)이다.
11) 보제 : 나옹선사를 가리킨다.

[계셨던 곳에] 대도량을 중창하고자 합니다."라 하니, 임금이 허락하고 교지를 내렸다.

경진년12) 7월 왕의 교지를 받고 와서 여러 승려와 속인들에게 권하니 어떤 이는 화주가 되고 어떤 이는 시주가 되었다. 대목(大木)인 운비(雲庇), 상제(尙濟) 등 30여 명을 고용하여 공사할 때 나무의 길고 짧음과 터의 트이고 좁음을 모두 측량하니 옛날과 비교하여 차이가 없었다. 불, 법, 승의 전당(殿堂) 두세 곳이 거의 완성될 무렵 늙음을 핑계로 사퇴하였다.

갑신년간13)에 김해부(金海府)14) 수어산(袖魚山)15) 각암(覺庵)에 머물 때 꿈에 보제존자(普濟尊者)가 나타났다. 존자는 크고 둥근 물건16)을 칼로 잘라서 마신 다음 화상에게 나머지 반쪽을 마시게 하였다. 화상이 "맛이 어떻습니까?"라고 물으니, 존자가 손을 떼면서 답하기를 "하나의 헛된 모양일 뿐이다."라 했다.

또 계묘년17) 여름 경주(慶州) 봉서산(鳳栖山)18) 원원사(遠源寺)19)에

---

12) 경진년 : 정종 2년(1400)이다.
13) 갑신년 : 태종 4년(1404)이다.
14) 김해부 : 경상남도 동남부에 위치한 지역으로 옛 이름은 금관(金官) 또는 금녕(金寧)이다. 삼한시대에는 구야국(狗耶國)이라는 이름으로 역사에 등장하였고, 그것이 가락국으로 발전하여 가야연맹체의 중심세력이 되었다. 고려 충선왕 2년(1310)에 김해부로 개편되었고, 조선 태종 13년(1413)에 김해도호부로 승격하였다.
15) 수어산 : 신어산(神漁山)으로 보인다.
16) 원문은 대륜물(大倫物)이나 윤(輪)의 오자(誤字)인 듯하다.
17) 계묘년 : 세종 5년(1423)이다.
18) 봉서산 : 경주에서 울산에 걸쳐 있는 관문산은, 산의 북쪽 산을 별도로 나누어서 남봉(南峯)을 사성산(四聖山), 또는 사영산(四靈山)이라고 하고 북봉(北峯)을 봉서산(鳳棲山)이라고 한다.
19) 원원사 : 원원사(遠願寺)의 오기로 보인다. 원원사는 경상북도 경주군 외동읍 모화리에 있는 사찰이다. 신라 신인종(神印宗)의 개조인 명랑법사(明朗法師)가 세운 금광사(金光寺)와 더불어 문두루비법(文豆婁秘法)의 중심도량이 되

머무를 때 꿈에 [다시] 존자(尊者)를 뵙고 화상이 "원하옵건대 [존자의] 증명(證明)[20]이 되어 훗날 반드시 밝히겠습니다. [제가] 이미 깨달았으니 환화(幻化)는 미치지 못할 것입니다."라고 말했다. 잠시 후에 또 말하기를 "존자[21]께서 완주(玩珠),[22] 고해(枯骸),[23] 백납(百衲)[24] 등 3종의 노래[25]를 지었는데, 남명천(南明泉)[26]이 『증도가(證道歌)』[27]에 송

었던 사찰이다. 또한 명랑의 후계자인 안혜(安惠), 낭융(朗融) 등과 김유신, 김의원, 김술종 등이 함께 뜻을 모아 세운 호국사찰이기도 하다. 창건 이후의 역사 및 폐사시기 등은 알 수 없다.

20) 증명 : 각종 법회에서 옳고 그름을 관찰하여 밝혀주는 법사(法師)를 가리키거나 어떤 사물의 판단이나 진위를 정하는 근거를 표시하는 것이다.

21) 원문은 화상(和尙)이지만 이 행장의 주인공인 고봉화상과 구별하기 위하여 보제존자 나옹을 뜻하는 존자로 바꾸어 풀이했다.

22) 완주 : 완주가는 염주를 자성(自性)에 비유하여 읊었는데, 총 60구로 되어 있고, 완주(翫珠)라고도 적고, 영주가(靈珠歌)라고도 부른다.

23) 고해 : 고루(枯髏)와 비슷한 의미이다. 고루가는 수도 정진하는 가운데 수척해진 몸이 보기(寶器)임을 말하고, 불타와 여러 조사들도 이에 의지하여 성도하였음을 노래하였는데, 총 52구로 되어 있다.

24) 백납 : 승려의 남루한 장삼에 의탁하여 송경(誦經)과 좌선을 권면하는 내용으로 총 40구의 노래이다.

25) 삼종가 : 완주·고해·백납은 흔히 나옹삼가(懶翁三歌)라고 부르는데 나옹선사가 지은 한문 표기의 불교가요이다. 이 3수의 노래는 나옹 자신이 수도의 계제에서 터득한 바를 가요화한 것이다. 후대에 이르러 불광산(佛光山) 대원암(大源庵)의 법장(法藏)이 나옹의 이 세 노래를 장편으로 부연하여 널리 유포하였는데, 완주가는 300구, 고루가는 144구, 백납가는 200구로 만들어 『보제존자삼종가(普濟尊者三種歌)』라 하였다. 『사고』는 가(詞)이지만, 가(歌)가 맞다.

26) 남명천 : 송대의 운문종 승려로 속성은 시(時)씨이며 용거산(龍居山) 지문원(智門院)의 신기(信記)에게 출가하였다. 수계 뒤에 운거효순(雲居曉舜)의 법맥을 이었다. 시호는 불혜선사(佛慧禪師)이다. 엄청난 독서량으로 천만권(泉万卷)으로 불렸다.

27) 『남명천화상송증도가(南明泉和尙頌證道歌)』 : 당나라의 영가현각(永嘉玄覺)이 지은 「영가증도가(永嘉證道歌)」에 송나라 남명법천선사가 각 구절의 끝마다 7언 3구의 송을 붙인 책이다.

(頌)을 붙인 것처럼 저 역시 존자의 삼종가(三種歌)28)에 구절마다 송을 지어 성스러운 뜻이 세상에 유통되도록 하겠습니다."라 하니, 존자가 "훌륭하구나. 글로써 이와 같이 [삼종가에] 답하도록 하라."라 했다. 화상이 말하기를 "제자가 자획(字劃)29)은 알지 못하지만 글씨는 잘 써서 여러 사람이 칭찬합니다. 어찌 잘 써서 남겨 두지 않겠습니까?"라 했다. 이윽고 [존자가] 가셨으니, 3월 15일 밤 자시30)와 축시31) 무렵이었다.

또 병오년32) 여름 송광사에 돌아와 있을 때 꿈을 꾸었는데, 존자와 함께 있으면서 존자가 설법하자 화상33)은 뜻은 알았지만 말이 어눌하여 드러낼 수 없어 다만 조용히 듣기만 했다. 그때가 4월 초8일 새벽이었으니, 이와 같은 경사스러운 꿈은 세상에서 헤아릴 수 있는 것이 아니었다. 다만 작은 책에 썼으니, 이는 화상이 손수 쓴 것이다. 또 삼종가의 구절마다 송을 이어서 짓고 잡영(雜詠) 1백여 수로 원고를 만들어 문인에게 맡겼다.

또 경자년34)에 조계종 대선사 중인(中印)35)이 이 절의 소임을 맡아서 [고봉]화상의 뜻과 발원을 본받고 아울러 보조, 보제 등 역대 여러 조사들이 주석한 곳을 흠모하였다. 이에 원우(院宇)가 좁아서 총림의

---

28) 『사고』는 가(詞)이지만, 가(歌)가 맞다.
29) 원문에는 주(畫)로 되어 있으나 획(劃)의 오기로 보이므로 고쳤다.
30) 자시 : 밤 11시부터 1시 사이이다.
31) 축시 : 새벽 1시부터 3시 사이이다.
32) 병오년 : 세종 8년(1426)이다.
33) 원문에는 제자로 되어 있으나 문맥을 통하기 위해 화상으로 풀이했다. 고봉화상을 가리킨다.
34) 경자년 : 세종 2년(1420)이다.
35) 중인 : 고봉화상의 제자로 송광사의 주지가 되어 1420년에 스승의 뜻을 이어받아 사찰의 증축을 시작하였다. 이때 고봉화상이 방문(榜文)을 지어 그의 노고를 치하하였다.

자리가 충분하지 않았기 때문에 [고봉]화상의 문제(門弟)인 홍수(洪修), 상제(尚濟) 등 10여 인을 청하고36) 아울러 자기의 문도인 상우(尚愚) 등 10여 인을 이끌고 당우를 늘려 세웠다. 경자년37)에 공사를 시작하여 무신년38)에 모든 일이 거의 마칠 즈음에 중인은 서울로 옮겨 머물렀다.

[고봉]화상이 직접 방문(榜文)을 지어 홍수(洪修) 등에게 명하여 경자년 겨울에 경찬낙성회(經讚落成會)를 열고 아울러 좌선상법석(坐禪上法席)을 열었다. 이는 중인과 여러 사람이 이전 20여 년 동안 대도량 90여 칸을 이룬 공적을 축하한 것이었다.

[고봉]화상이 무신년39) 7월 11일에 병을 얻었으나 평상시와 같이 앉고 누웠으며, 한시도 빠뜨리지 않고 바리때를 펼쳐 놓았다. 21일 새벽40)에 고당(古堂) 웅(雄) 법사를 청하여 임종게 두 수를 쓰게 했다. 게에 이르기를

"청정 본연한 마음이 지극히 영롱하니
산하대지도 한 점 허공에 떨어졌네.
비로(毘盧)41) 일체(一體)가 있는 곳을 따라
해인(海印)42) 능인(能仁)43) 삼매(三昧)에 통하네.

---

36) 『사고』는 청(淸)이지만, 청(請)이 맞다.
37) 경자년 : 세종 2년(1420)이다.
38) 무신년 : 세종 10년(1428)이다.
39) 무신년 : 세종 10년(1428)이다.
40) 인시 : 새벽 3시부터 5시를 가리킨다.
41) 비로 : 비로자나불(毘盧遮那佛)의 약칭으로, 비로사나(毘盧舍那), 노사나(盧舍那), 차나(遮那) 등으로도 쓴다.
42) 해인삼매 : 붓다가 『화엄경』을 설할 때에 들어간 삼매를 이른다. 바다에 일체의 사물이 두루 찍혀 나오는 듯이 마음이 고요한 것을 이르며, 화엄사상에서는 모든 것이 이것에 의해 드러난다고 한다.
43) 능인 : 원문의 능인(能印)은 능인(能仁)의 오기이다.

제3절 고봉화상(高峰和尙) 229

78년 만에 고향으로 돌아가니
대지산하가 시방44)에 다하네.
찰찰진진(刹刹塵塵)45)을 모두 내가 지었으니
두두물물(頭頭物物)46)이 본래 진정한 고향이라네."라 했다.

게송을 마치고 "내가 죽은 후 유골이 되면, 3년을 기다린 후에 편안한 곳에 안치하라."고 부탁하고 조용히 입적하였다. 문도와 절의 대중이 화장47)하여 유골을 거두어 함에 담아 침실에 안치했다. 해를 넘겨 기유년48) 3월 28일에 문인 신준(信俊) 등 5인이 이상한 향기를 맡고 함을 열어보았는데, 아름답고 맑은 사리 2과(顆)를 얻고 기뻐하였다.

경술년49) 3월 24일에 산에서 정근(精勤)하여 또 사리 12과를 얻었다. 그 달 그믐날에 정근하여 사리 15과를 얻었고, 또 12월 부처님 성도일(成道日)50)에 산에서 정근하여 또다시 사리 8과를 얻었으니, 모두 합쳐 37과였다.

[사리를] 받들어 모시고 곳곳에 공양하고 나서 그 가운데 큰 것 4과와 유골을 수정통(水淨筒)에 담아 백동(白銅)으로 만든 통에 넣고 푸른

---

44) 시방(十方) : 동·남·서·북의 4방과 동북·동남·서남·서북의 네 간방과 상·하를 말한다.
45) 찰찰진진 : 찰은 찰마(刹摩)라고도 쓰며 토전(土田)·토(土)·국(國)·처(處) 등으로 번역한다. 곧 국토(國土)라는 뜻으로 찰토(刹土)라고도 한다. 또 진(塵)은 미진(微塵)을 뜻한다. 따라서 찰진은 무수한 국토를 일컫는다.
46) 두두물물 : 모든 종류의 여러 가지 또는 가지가지를 의미하며 사사물물(事事物物)과 같은 뜻이다.
47) 도유(闍維) : 죽은 이를 화장하는 일로 다비(茶毘)와 같은 뜻으로 사용된다.
48) 기유년 : 세종 11년(1429)이다.
49) 경술년 : 세종 12년(1430)이다.
50) 성도일 : 석존(釋尊)은 부다가야의 보리수 밑에서 성도(成道)한 것으로 전해오지만, 그 시기에 대해서는 여러 설이 있다. 중국에서는 12월 8일 납팔설(臘八說)이 행해지고 있으며, 이 날 행하는 법회를 성도회(成道會), 납팔회(臘八會), 성도재일이라 한다.

명주로 감쌌다. 문인 신찬(信贊), 혜성(惠性), 상제(尙濟), 홍인(洪仁), 홍연(洪延) 등 십여 인이 경술년51) 가을에 돌을 깎아 부도를 만들기 시작하여 겨울에 마치자 절의 북쪽 산등성이에 세워 안치하였는데, 문인 홍수(洪修), 신담(信淡), 신주(信珠) 등 십여 인이 [고봉]화상의 유촉을 받들어 여러 신도들52)에게 시주를 권했다. 그 해 겨울 10월 15일에 먼저 미륵회(彌勒會)를 열고 다음에는 무차회(無遮會)53)를 열었다. 잇따라 좌선안거(坐禪安居)54)하는 [선원(禪院)을] 열어 승려 280명에게 공양하고 왕을 축원하는 법회를 백일 동안 베풀었다.

산인 육미(六眉)가 스승인 본사 당두(堂頭)55) 대화상56)을 뵙기 위하여 사굴산(闍屈山)57)에서 왔는데, 이에 스승이 제자에게 이르기를 "너는 듣고도 보지 못했는가? 이 분이 바로 중창조 고봉인데 이 절에 공덕이 있다. 또 적멸한 후에는 사리를 남겼고, 살아 있을 때는 가사(歌辭)를 지었으니, 실로 말년의 기이한 일은 네가 기록할 만하다."라 했

---

51) 경술년 : 세종 12년(1430)이다.
52) 단월(檀越) : 보시한 공덕으로 생사의 고해를 초월하여 열반의 피안에 도달한다는 의미를 가지고 있다. 시주(施主)라고 번역하며, 보시를 행하는 사람을 뜻한다. 즉 승단에 의식(衣食) 등을 시여(施與)하는 재가신도 전체를 가리키는 말이다.
53) 무차회 : 무차시(無遮施) 또는 무차대회(無遮大會)라고도 한다. 상하와 귀천을 막론하고 평등하게 재(財)와 법(法) 이시(二施)를 행하는 법회이다.
54) 안거 : 본래는 인도에서 강우기(降雨期)인 4월 15일부터 7월 15일까지 3개월간 실시되던 연중행사를 말한다. 여름철 강우기에는 일정한 장소에 머물러서 오로지 연구·정진·수양에 힘쓰는 것을 말한다. 안거의 첫날을 하안거(夏安居)의 제도를 맺는다는 뜻으로 결하(結夏) 혹은 결제(結制)라고 하고, 7월 16일 이후 안거의 제(制)를 푸는 것을 해하(解夏) 또는 해제(解制)라 한다. 또한 중국 등 북방불교권에서는 하안거 이외에 동안거(10. 15~1. 15)를 실시한다.
55) 당두 : 당상(堂上), 당두화상이라고도 하는데, 선사(禪寺)에서 한 절의 우두머리인 주지를 가리키거나 선사에서 주지가 있는 방인 방장(方丈)을 의미한다.
56) 대화상 : 육미의 스승인 운곡(雲谷)을 가리킨다.
57) 사굴산 : 강원도 강릉군 구정면에 있다.

제3절 고봉화상(高峰和尙) 231

다.

　육미가 절하고 답하기를 "옛날 문장가와 학사들은 왕명을 받든 후에야 찬술합니다. 어찌 제자가 감히 그 사유를 서술할 수 있겠습니까?"라 했다. 제자가 또 말하기를 "아주 훌륭한 문장[58]의 재주가 아니면[59] 진실로 하기 어렵습니다."라고 고사했다. 스승이 일러 말하기를 "이와 같은 때에 유가들은 우리 불교의 기이한 일을 싫어하니 누가 기록할 수 있겠는가? 너는 좋지 않은 글 솜씨라서 불가하다고 하지 말고 다만 기록하여 스승의 가르침에 어긋남이 없도록 하라. 그러므로 사람들이 '사람이 도를 넓힐 수 있는 것이지, 도가 사람을 넓히는 것이 아니다.'라고 말한다."라 하였다.

　아! 장공(藏公)[60]의 꿈은 공자가 꿈에 주공(周公)을 보았다는 것과 같구나. 사리를 남긴 것은 불조(佛祖)의 유풍(遺風)과 같은 것이다. 그래서 삼가 머리를 조아리고 찬(讚)하여 이른다.

　"해동의 불일(佛日)[61]이 장차 무너지려 하니

---

58) 황견유부외손(黃絹幼婦外孫) 제구지재(齊臼之才) : 이를 해석하면 절묘호사(絶妙好辭)라는 말이 나온다.『삼국지연의』에 나오는 말인데, 채옹의 딸 채염이 거주하던 남전에 적혀 있는 글귀를 주부 양수가 해석했다고도 하고, 한나라 때 효녀로 유명했던 조아(曹娥)의 무덤 앞 비석에 적혀 있던 글귀라고도 한다. 뜻은 '아주 훌륭한 문장'이다. 황견(黃絹)은 누런 누에고치 옷감을 뜻하는 것이니 곧 실의 색(絲色)을 뜻한다. 이 두 글자를 더하면 절(絶)이 나온다. 유부는 어린 소녀를 뜻한다. 어린 소녀는(幼婦) 곧 젊은 여인(少女)이니, 두 자를 합치면 묘(妙)가 나온다. 외손은 딸의 자식이다. 딸은 여(女), 아들은 (外孫) 자(子)이니, 두 자를 합치면 호(好)가 나온다. 제구는 다섯 가지 맛의 음식을 담는 그릇이다. 이는 매운 것(辛)을 담는 것이니(受), 두 자를 합치면 사(辭)가 된다.
59) 문맥상 부정의 뜻이 있어야 하므로 이렇게 의역하였다.
60) 장공 : 고봉화상을 이른다.
61) 불일 : 붓다의 덕이 무명의 어두움을 깨뜨리는 것을 해에 비유한 말이다.

보제존자(普濟尊者)께서 다시 빛내셨네.62)
송광사 조사의 전통이 무너지려 하니
고봉화상이 범망(梵網)을 만들어 다시 펼치시니
마치 천당의 현묘함으로63) 후생(後生)을 이끄시는 듯했네.
백장(百丈)64)의 도를 지키고
선조의 삼종가(三種歌)를 이어 송을 지었도다.
남명(南明)의 송과 다르지 않았고
백여 수의 시를 지으셨으니 설두(雪竇)65)의 구(句)와도 같았고
임종하실 때 유촉하시니
분명하기가 보화(普化)66)의 관(欵)과 같았으며

---

62) 의미상으로 볼 때 이 구절 뒷부분에 몇 글자가 빠진 듯하다.
63) 『사고』는 묘(眇)이지만, 묘(妙)가 맞는 듯하다.
64) 백장(749~814) : 당대(唐代) 선승인 회해(懷海)이다. 백장은 그가 주석한 산 이름이다. 속성은 왕씨이고, 복건성 복주(福州) 장락(長樂) 출신이다. 20세에 출가하여 사천성 여강(廬江)에서 대장경을 열람하고, 마조도일에게 나아가 참구하고 인가를 받았다. 이후 강서성 홍주(洪州)에서 선풍을 크게 고취하였다. 그는 청규(淸規)를 제정하여 중국의 생활과 풍토에 맞는 규범을 제시한 것으로 널리 알려졌다. 그의 『백장청규(百丈淸規)』는 현재 남아 있지 않고 서문만이 전하나 송대 이후 청규 편찬에 영향을 미쳤다. 한편, 『송고승전』, 『전등록』에는 그의 세수가 95세로 기록되어 있어 생몰연대가 다른 경우도 있다.
65) 설두(980~1052) : 송대(宋代) 운문종의 설두중현(雪竇重顯)이다. 설두는 그가 주석한 산 이름이다. 속성은 이씨이고, 사천성 축주 출신이다. 어려서 출가하여 교학을 연구한 후에 호북성 수주(隨州)의 지문광조(智門光祚)의 문하에서 깨달음을 얻었다. 이후 절강성 명주의 설두산에서 문풍을 크게 진작하였으므로 운문종의 중흥이라 불렸다. 그가 고칙(古則) 100여 가지를 뽑아 송고(頌古)를 지은 『설두송고(雪竇頌古)』는 송대 선사상의 문학적 경향을 대표하는 것이다. 그 외의 저술로 『동정어록(洞庭語錄)』, 『폭천집(瀑泉集)』, 『조영집(祖英集)』, 『송고집(頌古集)』, 『염고집(拈古集)』 등이 있다.
66) 보화(?~861) : 중국 보화종(普化宗)의 개조로서 보적(寶積)의 교화를 받아 깊이 깨닫고 성품이 기이하여 북지(北地)로 다니면서 요령을 흔들며 "명두래야타(明頭來也打) 암두래야타(暗頭來也打)"라 했고, 또 여러 곳으로 다니면서

제3절 고봉화상(高峰和尙) 233

세상에 머무르며 밀행(密行)하심이여.[67]
풍간(豊干)[68]의 어리석음과 흡사했도다.
늙은 몸에서는 사리가 나옴이여.
알알이 단단하고 훌륭하도다.
수습하여 부도를 세웠으니
해가 갈수록 더욱 단단해지리라.
[고봉]화상의 진정한 사적을 알겠도다.
비범하여 득도하였네.
[고봉]화상의 종지를 일으킴이여!
어찌 직로(直路)가 없으리오?"

황명(皇明) 선덕(宣德) 6년 신해년[69] 봄 정월 일에 쓰다.
주지 전 판사종사(判事宗師)[70] 도대선사(都大禪師) 운곡(雲谷)
시자 전 수증사(修證寺) 주지 대선사 육미(六眉)가 스승의 뜻을 받들어 기록하고 쓰다.
고봉제자(高峰弟子) 대선사 상제(尙濟)가 상판(上板)하다.
입실(入室) 전 금동사(金洞寺) 주지 대선사 해선(海禪)
상실(上室) 전 백운사(白雲寺) 주지 대선사 각웅(覺雄)[71]

사람을 만나면 요령을 귀에 대고 흔들다가 돌아보면 손을 내밀려 "한푼만 달라."고 했다. 한때 임제 의현(義玄)과 사귀었고, 임제를 위하여 교화를 도왔다.
67) 밀행 : 은밀하게 계율을 지켜 남이 보아도 알 수 없는 행이라는 뜻이다. 오로지 불도의 수행에만 힘쓰는 행업(行業)이라는 의미로 사용되기도 한다.
68) 풍간(생몰년 미상) : 당대(唐代)의 거사로 절강성의 천태산 국청사(國淸寺)에 숨어 살던 국청 삼은(三隱)의 한 사람이다. 누가 불법(佛法)을 물으면 단지 수시(隨時)라고만 대답하였다고 한다.
69) 신해년 : 세종 13년(1431)이다.
70) 판사종사 : 조선시대 승직의 하나로서 한 종파의 승무(僧務)를 총괄하는 총책 임자를 말한다.

2. 부록

역대 조사가 법을 전한 지 오래되어 금비(金錍)[72]로 눈에 가린 것을 깎아내어도 거울이 아직 다듬어지지 않은 것과 같다. 오호라, 매우 드물게도 고봉화상이 불도가 쇠퇴해가는 마지막 무렵에 태어나 개연히 이미 떨어진 가르침을 북돋아 세웠으니 진실로 우리나라의 큰 인물[73]이며 불가의 중흥자라 할 만하다.

애석하다! 화상의 행장이 절의 영당(影堂)[74]에 걸려 있었으나 바람에 닳고 비에 씻겨서 많이 누락되니, 보는 사람들이 안타깝게 여겼다.

응(應) 선사가 이르기를 "내가 옛날 자료를 묶어서 베껴 전하고자 했으나 상자 안에 있은 지 오래였다. 이제야 다시 써서 새로 보니 다행스럽다."라고 했다. 하물며 이 절의 위토(位土)[75]는 비록 문서에 기록되어 있지만 임진년의 난리[76]에 간 곳이 없이 이름만 남았고 향교의 위답과 궁둔토(宮屯土)[77]로 흩어져 들어간 것이 많았으나 절에서는 말을 삼가고 있을 따름이었다.

---

71) 각웅(생몰년 미상) : 여말선초의 고승으로 호는 중영(仲英)인데 자세한 생애는 전하지 않는다. 나옹(懶翁)의 제자이며, 이색(李穡)이 그에게 지어준 「중영설(仲英說)」이 있다.
72) 금비 : 금비(金錍)라고도 쓰며, 의사가 안막(眼膜)을 긁어내어 맹인을 치료하는데 쓰던 금으로 만든 화살촉처럼 생긴 도구이다. 이것이 하는 역할이 마치 부처님께서 방편지혜로 중생의 무지를 도려내어 차츰 깨달음의 눈을 뜨게 해주는 것과 같다는 뜻에서 비유한 것이다.
73) 거벽(巨擘) : 엄지손가락을 뜻하며, 뛰어난 인물을 의미한다.
74) 영당(影堂) : 그 절의 개산조(開山祖)나 중흥조(中興祖) 또는 그에 준하는 고승 대덕의 영상(影像)을 안치한 전각을 가리킨다. 또는 조사당이라 한다.
75) 위토 : 조선(祖先), 선현(先賢)의 제향(祭享) 경비나 관청의 경비에 충당하기 위해 설치한 토지이다.
76) 난리 : 1592년부터 1598년까지 일어난 임진왜란을 말한다.
77) 궁둔토 : 각 궁방(宮房)이 소유하거나 수조권(收租權)을 가지고 있는 토지인데 세금이 면제된 땅이다.

[응]선사가 떨쳐 일어나 몸을 돌보지 않고 고을을 두루 다니고 궁궐을 드나들며 정소(呈訴)하고 상언(上言)하여 한 마디로 해결했으니, 정녕 임금이 듣고서 절에 되돌려 주기에 이른 것을 누가 알겠는가? 20년 동안 쌓인 억울함이 [그리하여] 하루아침에 눈 녹듯 사라졌다. 비로소 남쪽의 밭을 기재하고 서쪽에서 수확한 것을 거두었다.

위로는 항하(恒河)[78]의 천불(千佛)을 공양하고 아래로는 임금의 만수무강을 축원하게 되니 그 공덕이 크다. 더욱 귀한 것은 임진년부터 정유년까지 전쟁터를 누비고 나라를 위하는 마음은 아무런 직책이 없을 지라도 변치 않았다. 보조, 임경(臨鏡), 천자(天子) 등의 암자가 왜적이 불을 질러 모두 타버려서 담쟁이덩굴만 가득한[79] 황량한 곳이 되어 흰 구름만 깊이 차니 지나가는 사람들의[80] 탄식과 벽안(碧眼)[81]의 한숨이 많았다. 이에 선사가 재물을 기울여 화주가 되어 삼전(三殿)을 세웠다. 비록 이것이 선사 혼자서 마련한 것은 아니라 할지라도 그 공로를 헤아리면 힘을 다함이 많았으니 그 공적이 있다고 하겠으나 매양 겸손하게 낮추니 사람들이 이를 알고서 잘한 것을 자랑하지 않는다고 말했다.

나는 선사에 대해 실은 잘 모르지만 대개 옛 기록을 더듬어서 그 처음과 끝[82]을 대략이나마 알기에 이에 기록하고 쓴다.

만력 47년 기미년[83] 봄 정월 일에 기록하다

---

78) 항하 : 인도의 갠지스강이다.
79) 나월(蘿月) : 담쟁이덩굴 사이로 보이는 달이라는 뜻인데 의역했다.
80) 子는 者로 보는 것이 옳은 듯하다.
81) 벽안 : 여기서는 벽안호승(碧眼胡僧)이 달마대사를 가리킨다는 일에 연유하여 선사를 뜻하는 말로 보아야 할 것이다.
82) 단예(端倪) : 일의 처음과 끝이며 일의 본말(本末)과 시종(始終)을 의미한다. 또는 본말과 시종을 미루어 추측한다는 의미로도 쓰인다.
83) 기미년 : 광해군 11년(1619)이다.

나는 을묘년[84] 19세 때 처음 조계산 풍암선노(楓巖先老)가 은적(隱寂)하는 회중(會中)에 들어와 전후로 출입한 지 지금까지 40여 년 가까이 되었는데 어둡고 밝음이 여러 차례였고, 펼치고 굽힘이 거의 반반이었다.

그러나 대개는 집안의 문제에 빠져 옛 자취를 깊이 찾을 틈을 내지 못하였다. 갑오년[85]에 다리를 고쳤는데 가을 8월 1일에 홀연히 지팡이를 짚고 동쪽 방장에 이르러 사람을 시켜 대들보에 있는 옛날 현판을 내려 보니, 곧 고봉(高峰)화상의 일평생을 적은 행장이었다. 길이는 12척이고, 넓이는 1척 2촌이며, 두께는 1촌으로 황명(皇明) 선덕(宣德)-명나라 제5대 선종(宣宗)의 연호다. 재위에 있을 때 연호를 바꾸었는데, 선덕 원년은 병오년[86]이다.-6년 신해년[87] 봄 정월에 고봉화상의 제자였던 상제(尙濟)가 내걸었던 것이다.

지금까지 373년이나 되었으나 글자와 현판이 모두 검어서 자세히 살펴야 알 수 있을 정도였다. 문인 유정(有正)과 함께 검은 것을 파내고 이어 맞추어서 예전에 적힌 행장과 대비하여 교정하였다. 또 만력 연간에 지은 발문을 그 아래에 덧붙여 후대에 보는 자로 하여금 백대(百代)에 참고할 만한 문권(文卷)을 만들어 전하니, 옛 현판에서 상고할 수 없는 것은 이 때문이다.

행장과 뒤에 있는 발문과 법론(法論)은 육미(六眉)가 기록한 것이다. 거기에 이르기를 "비록 스승의 가르침을 받들어 썼으나 문장이 이어지지 못하고 말이 맑지 못함이 많다. 문장이 이와 같으니 고봉화상의 밝은 빛을 다 드러내지 못할까 두렵다."라 했다.

---

84) 을묘년 : 영조 11년(1735)이다.
85) 갑오년 : 영조 50년(1774)이다.
86) 병오년 : 세종 8년(1426)이다.
87) 신해년 : 세종 13년(1431)이다.

대저 만력 연간에 지은 것은 비록 필자는 누구인지 모르지만 문장의 기세와 어맥(語脈)은 전에 비해 다소 부드럽다. 기록 중에 "예전에 책에서 옮겨 적은 것은 잡다하므로, 내가 생각하기에 탈자와 행간이 잘못된 것은 현판과 책을 대조하고 일일이 고증하여 성내의 젖먹이 같은 견해에 빠지지 않게 하였다."라 하였다.

그러나 임종게 가운데 첫 번째 게송 끝의 도(道) 자를 운(韻)으로 고증했으나 응당 통(通)자가 옳을 것이다. 이와 같은 종류가 많으니 보는 자는 마땅히 이와 같은 형편을 고려해야 할 것이다.

건륭(乾隆) 39년 갑오년[88] 중추(仲秋)에 풍암문인(楓巖門人) 구적헌(扣寂軒) 과허자(課虛子) 묵암당(默庵堂) 이식옹(耳食翁) 최눌(最訥)[89]이 [문장을] 바로잡아 짓고 문인 유정(有正)으로 하여금 쓰게 했다.

---

88) 갑오년 : 영조 50년(1774)이다.
89) 최눌(1717~1790) : 조선편 제12절 참조. 최눌의 호가 묵암이며 자가 이식이다. 『묵암집』 상권에 묵암, 과허자, 구적헌, 최눌이라는 제목으로 각각 7언 절구의 시가 있는 것으로 볼 때, 묵암이 자신의 여러 호를 나열한 것이다.

제4절 부휴대사(浮休大師)

1. 비문

부종수교(扶宗樹敎) 변지무애(辯智無礙) 추가(追加) 홍각등계(弘覺登階) 대선사 부휴당(浮休堂) 비명과 서문

흥비운지(興悲運智) 변재무애(辯才無礙) 부종수교(扶宗樹敎) 복국우세(福國祐世) 대각등계(大覺登階) 겸(兼) 팔도선교(八道禪敎) 십육종도총섭(十六宗都摠攝) 백곡사문(白谷沙門)[1] 처능(處能)[2]이 삼가 짓다.

전(前) 종일품(從一品) 숭정대부(崇政大夫) 행법부대신(行法部大臣)

---

1) 비문에는 법손백곡사문(法孫白谷沙門)으로 되어 있다.
2) 처능(1617~1680) : 법명이 처능이고, 법호가 백곡이다. 12세에 의현(義賢)에게 글을 배우다가 불경을 읽고 그 깊은 이치에 감동하여 출가를 결심하였다. 15세에 승려가 된 뒤 다시 신익성(申翊聖)으로부터 경사(經史) 및 제자(諸子)와 시문(詩文)을 배웠다. 그 뒤 지리산 쌍계사의 각성(覺性)을 찾아가 23년 동안 수선(修禪)과 내전(內典)을 익혀 그의 법을 이어받았다. 현종 15년(1674) 김좌명의 주청으로 팔도선교십육종도총섭이 되었으나 곧 사퇴하고, 속리산·청룡산·성주산·계룡산 등지에서 산림법회를 열어 후학들을 지도하였다. 현종의 척불정책에 대하여 전국의 승려를 대표하여 「간폐석교소(諫廢釋敎疏)」를 올렸고, 1680년 금산사에서 대법회를 열고 그해 7월에 입적하였다. 저술로는 『백곡집』 2권과 『임성당대사행장(任性堂大師行狀)』 1권이 전한다.

겸(兼) 규장각제학(奎章閣提學)3) 훈(勳) 2등(等) 안동(安東) 김가진
(金嘉鎭)4)이 쓰다.
전 동몽진사(童蒙進士) 호산(壺山) 송태회(宋泰會)5)가 전서(篆書)를
쓰다.

임제 이후 24세 적손은 부휴(浮休)라 한다. 부휴는 호이고, 법명은
선수(善修)이다. 속성은 김씨요, 옛날 대방군(帶方郡) 오수(獒樹)6)사람
이다.
아버지는 적산(積山)인데, 선대에는 신라의 큰 성씨였다가 신라가
망한 후에 몰락하여 서인이 되었다. 처음에 어머니 이씨가 임신이 되
지 않음을 근심하여 부부가 서로 서약하여 말하기를 "아들을 낳으면

---

3) 규장각 : 조선시대의 왕실도서관이다. 정조 1년(1776) 3월에 궐내에 설치되어
역대 왕들의 친필, 서화, 고명(顧命), 유교(遺敎), 선보(璿譜) 등을 관리하던 곳
이다. 관원으로는 제학 2인, 직제학 2인, 직각(直閣) 1인, 대교(待敎) 1인 외에
검서관(檢書官) 4인이 있다. 규장각제학은 종1품과 정2품 관직이다.
4) 김가진(1846~1922) : 1877년 문과에 급제하였으며, 그 뒤 규장각 참서관(參書
官)등을 거쳐 병조참의, 공조판서 등을 역임하였다. 1895년에는 농상공부대
신, 1896년에는 중추원 1등 의관을 지냈다. 1906년에는 충청도관찰사를 지냈
고, 대한자강회가 조직되자 이에 참여하였다. 1910년 비밀결사인 대동단(大同
團)의 총재 및 고문으로 추대되어 상해로 건너가 독립운동을 하였다. 1920년
3월에는 대동단 총재의 명의로 포고문을 배포하였으며, 그 뒤 단원들이 붙잡
혀 대동단이 해체된 뒤에는 대한민국임시정부의 요인으로 활약하였다.
5) 송태회(1872~1940) : 자는 평숙(平叔)이고, 호가 염재(念齋)다. 전라남도 화순
(和順) 출생으로 1888년에 진사, 1900년 박사시(博士試)를 거쳐 성균관에서
수업하였다. 1901년부터 1907년까지 중국에서 학문을 연구하고 귀국하였다.
1908부터 1910년까지는『대한매일신보』기자로 활약하였으며, 한일합방 이후
는 육영에 뜻을 품고 낙향하여 후진 양성에 전념하였다. 1918년 전라북도 고
창군(高敞郡)에 오산고보(吾山高普)를 설립, 학생들에게 민족사상을 고취하였
다. 서예와 그림에도 뛰어났는데, 송광사 등 곳곳에 글씨 및 그림이 남아 있
다.
6) 오수 : 지금의 전라북도 임실군 오수면이다.

마땅히 출가시키겠다."라 했다. 이윽고 길옆에 있던 글씨가 없는 오래된 돌에 기도하였는데, 열흘 동안 게으르지 않았다. 어느 날 저녁에 [어머니가] 잠을 자는데 꿈에 어떤 신승(神僧)이 둥근 구슬 하나를 주어 삼켰더니, 임신하여 계묘년7) 2월 무자일에 아들을 낳았다.

어릴 때 어머니가 고기를 먹였더니 문득 기뻐하지 않고 눈물을 흘리고는, 잠시 말린 물고기의 등뼈를 씹었을 뿐 그 기름진 부분은 먹지 않았다. 어릴 때 부모에게 여쭙기를 "뜬구름 같은 인생이 덧없이 흐르니, 저는 장차 세간에서 벗어나고자 합니다."라 했다.

[부모에게] 하직하고 두류산(頭流山)8)에 들어가 신명(信明) 장로(長老)9)에게 삭발하였고, 부용(芙蓉)10)대사를 뵙고 그의 경지를 남김없이 체득했다.11) 생김새는 배가 불룩하고12) 긴 눈썹에 키가 크고 뺨이 통통한데 왼쪽 손이 불편했다.

법을 얻은 후에는 재상인 노수신(盧守愼)13) 집안의 장서를 빌려 7년

---

7) 계묘년 : 중종 38년(1543)이다.
8) 두류산 : 지리산을 가리킨다.
9) 장로 : 학덕이 높고 대중의 존경을 받는 이를 일컫는 말이며, 연로한 승려에 대한 존칭으로 쓰이도 한다. 상좌(上座)·상수(上首)·수좌(首座)·기숙(耆宿)·노숙(老宿)이라고도 한다.
10) 부용(1485~1571) : 법명은 영관(靈觀)이고, 자는 은암(隱庵)이며, 자호가 연선도인(蓮船道人)이다. 진주 삼천포 출신으로 13세에 출가하였고, 금강산 미륵봉에서 9년 동안 수도하였다. 중종 25년(1530) 지리산에서 벽송지엄(碧松智嚴)을 만나 크게 깨닫고 태고보우의 법통을 계승하여 이후 청허휴정에게 법을 전하였다. 고성의 연곡사에서 입적했다.
11) 파리변물(笆籬邊物) : 파리는 대나무로 엮은 울타리이다. 울타리 안의 물건을 모두 얻었다는 말을 이렇게 의역했다.
12) 파복(皤腹) : 커다란 배로 배가 불룩하고 살찐 모양을 가리킨다.
13) 노수신(1515~1590) : 1543년 식년문과(式年文科)에 장원한 뒤 전적(典籍), 수찬(修撰)을 거쳐 시강원사서(侍講院司書)가 되었다. 을사사화 이후 이조좌랑의 직위에서 파직되고, 순천으로 유배되었다. 이어 양재역(良才驛) 벽서(壁書) 사건에 연루되어 진도로 이배되어 19년간 귀양살이를 하였다. 1567년에 선조

제4절 부휴대사(浮休大師) 241

동안14) 열람하여 읽지 않은 것이 없었다. 글씨도 아름다웠는데 종요(鍾繇)15)와 왕희지(王羲之)16)의 서법(書法)을 본받아 송운유정(松雲惟政)17)과 함께 명성을 떨쳐 당시 이난(二難)18)이라 일컬어졌다.

일찍이 문하의 한 승려가 스승의 글씨 몇 글자를 얻어 서울을 지나가다가 글씨 잘 쓰는 한인(漢人)을 만나 글씨를 보이니, 오랫동안 보다가 말하기를 "필법이 정교하고 굳건한 것이 옛날에도 쉽게 얻을 수 없

    가 즉위하자 풀려나와 교리(校理)에 기용되었고, 이어서 대사간, 부제학, 대사헌, 이조판서, 대제학 등을 지냈으며, 1585년에 영의정에 이르렀다. 1588년에 영의정을 사임하고 영중추부사(領中樞府事)가 되었으나, 이듬해 10월에 정여립의 모반사건으로 기축옥사가 일어나자 예전에 정여립을 천거했다는 이유로 파직되었다. 시·문·서예에 능했으며 양명학도 깊이 연구하였다. 한편 승려인 휴정(休靜), 선수(善修) 등과도 교유하였다.
14) 한서(寒暑) : 추위와 더위 또는 겨울과 여름을 뜻하며 세월이라는 의미로 사용된다. 그래서 칠열한서(七閱寒暑)를 7년 동안 열람했다고 의역하였다.
15) 종요(151~230) : 삼국시대 위(魏)나라의 서예가로 자는 원상(元常)이다. 문제(文帝)를 섬겨 벼슬은 태부(太傅)에 이르렀으며 특히 초서(草書)에 능하였다.
16) 왕희지(321~379) : 진(晉)나라의 서예가로 자는 일소(逸少)이고 서성(書聖)으로 불리워진다. 특히 초서(草書)는 고금의 제일로 평가되며, 아들 헌지(獻之)와 더불어 이왕(二王)으로 일컬어진다.
17) 송운유정(1544~1610) : 1559년에 김천 직지사(直指寺)로 출가하여 신묵(信默)의 제자가 되었다. 3년 뒤 승과에 합격한 다음 많은 유생들과 교유하였고, 당시의 재상이었던 노수신으로부터 제자(諸子)와 시를 배웠다. 보현사(普賢寺)의 휴정(休靜)을 찾아가서 선리(禪理)를 참구하였다. 1592년 금강산에 들어가서 수도하던 중 임진왜란이 일어나자 의승병을 모아 큰 공을 세웠다. 그 뒤 일본과의 강화회담 과정에서 쇄환사로도 활약하였다. 저서로는 『사명당대사집』 7권과 『분충서난록(奮忠紓難錄)』 1권 등이 있다. 시호는 자통홍제존자(慈通弘濟尊者)이다. 『부휴당대사집』에는 부휴가 지은 송운의 만장(挽章) 2편, 소상소(小祥疏), 송운과 주고받은 3편의 시가 실려 있다.
18) 이난 : 두 가지 얻기 힘든 것으로 현명한 임금과 훌륭한 빈객(賓客)을 이르거나 우열을 가리기 어려운 두 사람을 가리키는 말이다. 여기서는 유정(惟政)과 선수(善修) 두 사람이 모두 초서를 잘 써서 우위를 가리기 힘들 정도였다는 뜻으로 붙인 말로 풀이된다.

으나, 점과 획을 보면 이것은 필히 손이 불편한 도인이 쓴 것이다."라 했다.

선조 임진년에 섬 오랑캐가 침략하여 산야를 크게 유린[19]할 때 대사가[20] 덕유산(德裕山)[21]의 깊은 골짜기에 은거하며[22] 적의 칼날을 피하려 했다. 어느 날 저녁 왜적이 지나간 줄 알고 시냇가 길을 따라 암자[23]로 돌아왔는데, 왜적 10여 명이 숲속에서 나왔다. 대사가 팔짱을 끼고 서 있자 왜적이 칼을 휘두르는 기세를 취했는데도 대사는 온화한 모습으로 움직이지 않았다. 왜적이 크게 기이하게 여겨 모두들 둘러싸 절하고 물러났다.

난리가 평정되자 대사가 가야산(伽倻山)[24]으로 갔다. 때마침 명나라 장수[25] 이종성(李宗城)[26]이 황제(皇帝)[27]의 명을 받고 와서 관백(關白)[28]을 책봉하러 가던 길에 해인사(海印寺)[29]에 들렀다가 대사를 한

---

19) 『사고』는 유(踩)이지만, 비문은 유(輮)이다.
20) 『사고』는 시사(時師)이지만, 비문은 사시(師時)이다.
21) 덕유산 : 전라북도 무주군, 장수군과 경상남도 거창군, 함양군에 걸쳐 있는 산이다.
22) 『사고』는 서(捿)이지만, 비문은 서(棲)이다.
23) 『사고』는 암(庵)이지만, 비문은 암(菴)이다.
24) 가야산 : 경상남도 합천군 가야면을 중심으로 거창군과 경상북도의 성주군과 고령군의 경계에 있는 산이다.
25) 천장(天將) : 명(明)나라 장수를 지칭한다.
26) 이종성 : 1595년 4월 도요토미 히데요시를 일본국왕으로 책봉하기 위해 명군(明軍)의 도독첨사(都督僉事)가 되어 우리나라에 왔다. 그러나 부산에 이르러 일본군이 많고 길이 험한 것을 보고 도망하여 돌아갔기 때문에 옥에 갇히기도 했다. 성(城)자는 성(誠)을 잘못 쓴 것이다.
27) 황제 : 명나라 신종(神宗)을 가리킨다.
28) 관백 : 일본 헤이안시대(平安時代, 794~1185) 천황(天皇)의 최고 보좌관 또는 섭정을 가리킨다. 표면적으로는 천황을 대행하여 정무를 수행하였으나, 종종 정권의 실세로 행동하였다. 이 직책은 도쿠가와시대(德川時代, 1603~1876)까지 계속되었으나 도요토미 히데요시(豊臣秀吉) 이후에는 실권이 없어졌다.
29) 해인사 : 경상남도 합천군 가야산에 있는 사찰이다. 의상(義相)의 화엄(華嚴)

번 뵙고는 문득 돌아가기를 잊고 머물러 며칠 동안 정답게 이야기를 나누었다.30) 헤어질 때 [이종성이] 시 한 장(章)을 대사에게 바쳐 훗날 다시 만날 것을 기약하였다.31)

얼마 안 있어 대사는 구천동(九千洞)32)에 은거하였다. 하루는 눈을 감고 원각경(圓覺經)33)을 독송하는데, 끝나기도 전에 이상한 소리가 들려 눈을 뜨고 보았더니 커다란 이무기가 계단 아래에 엎어져 있었다. 대사가 독송을 그치고 한쪽 발을 들어 올려 꼬리를 밟았더니, 이무기가 고개를 숙이고 꿈틀거리며 가서 따라가 보았으나 찾을 수 없었다. 그날 밤 [대사의] 꿈에 노인이 나타나 절하고 "화상의 설법에 힘입어 고해(苦海)를 벗어날 수 있었습니다."라고 말했으니, 대사의 신이함이 대개 이와 같은 종류이다.

광해군 때 대사가 두류산에 있었는데 미친 중에게 무고(誣告)를 당하여 감옥에 갇혔다. 옥리관(獄理官)이 대사의 기개와 도량이 높고 넓으며34) 언설이 찬란함35)을 보고 광해군36)에게 아뢰니 광해군이 대사

10찰 가운데 하나로 신라 애장왕 때 순응(順應)과 이정(利貞)이 창건하였다고 한다.
30) 『사고』는 간(侃)이지만, 비문은 간간(侃侃)이다. 간간은 강직한 모양이나 화락(和樂)한 모양을 뜻한다.
31) 千里面目을 이렇게 의역했다. 『부휴당대사집』 제4권에 부휴가 쓴 「이천사태좌하(李天使台座下)에 드림」이라는 시가 있다.
32) 구천동 : 덕유산의 북동사면에는 금강 상류의 한 지류인 원당천(元唐川)이 많은 계곡과 폭포를 형성하여 절경을 이루고 있다.
33) 『원각경』 : 당나라 불타다라(佛陀多羅)가 번역한 위경(僞經)이며, 본래 명칭은 『대방광원각수다라료의경(大方廣圓覺修多羅了義經)』이다. 석존이 문수 등 12보살들과의 문답을 통하여 대원각(大圓覺)의 묘리(妙理)와 그 관행(觀行)을 설한 경전이다. 조선후기 이후 사교과(四敎科)의 하나로 중시되었다.
34) 헌지(軒輊) : 헌(軒)은 수레의 앞이 높은 것을 뜻하고, 지(輊)는 수레의 앞이 낮은 것을 의미하여 고저(高低), 상하(上下), 대소(大小), 경중(輕重), 우열(優劣)이 있음을 이르는 말이다. 여기서는 문맥상 헌(軒)의 뜻을 취해 의역하였다.
35) 최찬(璀璨) : 옥의 광채 또는 옥이 드리워진 모양을 뜻하거나 아름다운 색채

의 죄가 아님을 밝혔다. 다음날 날이 밝자 임금이 대궐 안으로 불러 도의 요지를 물어보고 크게 기뻐하여 붉은 난삼 겨울 옷 1벌, 푸른 장삼 1벌, 녹색 비단 저고리 1벌, 금강주 한 꾸러미 등을 하사하였는데, 그 나머지 진기한 물건을 후하게 준 것은 이루 다 기록할 수 없다.

또 봉인사(奉印寺)[37]에서 재(齋)를 열고 대사를 보내 증명을 삼았다. 대궐을 나갈 때는 좋은 말 1필과 하인이 따랐으며 마부로 하여금 앞에서 인도하게 했다. 서울사람들이 [대사의] 풍모를 보고 나아가 다투어 절했으며 재를 마치고 대사가 사양하여 돌아가고자 하니 승려와 속인이 앞을 다투어 가마를 번갈아[38] 매면서 따라갔다.

대사는 평생 뛰어난 덕이 있어 사방 먼 곳에서도[39] 재물[40]을 바치는 사람이 끊이지 않았으나 곧 흩어버리고 한 물건도 가지지 않았다. [대사의] 기량(器量)은 침착하고 넓어 헤아릴 수 없었다. 승려들[41] 가운데 인연이 있는 자들이 그치지 않고 이어져 모여든 무리가 7백에 이르렀다.

만력 갑인년[42] 대사의 나이 72세 때 조계산의 송광사에서 방장산(方丈山)[43]의 칠불암(七佛庵)[44]에 가서 조용히 지냈다.[45] 다음 해 가을 7

를 의미하여 남의 편지 따위의 아름다움을 형용하는 말이다.
36) 『사고』는 광해(光海)이지만, 비문은 광해(光海)가 두 번 나온다.
37) 봉인사 : 경기도 남양주시 진건면 송릉리에 있었던 사찰이다. 누가 언제 창건했는지는 알 수 없다. 광해군 11년(1619) 중국에서 부처사리를 가져오자 이듬해 5월 광해군이 예관(禮官)에게 이 절에 석가법인탑과 부도암을 세우게 했다. 영조 41년(1765) 풍암이 석가법인탑이 낡은 것을 보고 왕실의 시주를 받아 중수하였다.
38) 『사고』는 체(遞)이지만, 비문은 체(遆)이다.
39) 사원(四遠) : 사방의 멀리 떨어진 토지를 가리킨다.
40) 『사고』는 하(賀)이지만, 비문은 화(貨)이다.
41) 취도(毳徒) : 승려의 법복인 취의(毳衣)를 입는 무리로 풀이했다.
42) 갑인년 : 광해군 6년(1614)이다.
43) 방장산 : 지리산을 가리킨다. 『사기(史記)』에 중국 전설에 발해만의 동쪽에 봉

월 가벼운 병을 보이자 상족(上足) 벽암대사(碧巖大師)[46]를 불러 법을 부촉하면서, "나의 뜻은 너에게 있으니, 너는 삼가라."고 말했다. 11월 초하루에 이르러 해가 아직 있을 저녁 무렵[47]에 목욕을 마치고 시자를 불러 종이와 붓을 가져오게 하여 게송 한 수를 써서 이르기를,

"73년[48]을 환해(幻海)에 노닐다가

오늘 아침에야 껍질을 벗고 근원으로 돌아가네.

확연(廓然)한 공적(空寂)[49]은 원래 한 물건이 없으니[50]

어찌[51] 보리(菩提)[52]와 생사의 뿌리가 있으리오?"라 했다.

게를 마치고 고요히[53] 돌아가시니, 나이는 73세요 법랍은 50세[54]였

래산(蓬萊山), 방장산, 영주산(瀛州山)의 삼신산(三神山)이 있다고 하는데 이 곳에 신선과 불사약(不死藥)과 황금과 백은으로 만든 궁궐이 있다고 한다. 지리산은 이 가운데 방장산에 대비가 되고, 금강산은 봉래산에, 그리고 한라산은 영주산에 대비된다.

44) 칠불암 : 경상남도 하동군 화개면 범왕리 지리산 반야봉에 있는 사찰이다. 가락국 일곱 왕자가 성불하고 창건하였다고 칠불선원(七佛禪院) 또는 칠불사(七佛寺)라고도 한다. 선조 1년(1568)에 부휴(浮休)가 중창하였고, 순조 30년(1830)에는 금담(金潭)과 그 제자 대은(大隱)이 각각 중창하였다.

45) 의계수족(擬啓手足) : 의족투적(擬足投跡)이 함부로 걷지 않고 남의 발자국을 밟아 걷는다는 뜻으로 '두려워 삼가면서 걸어감'을 비유하여 이르는 말이고, 계거(啓居)가 집에서 편안하게 지낸다는 뜻이므로 의역했다.

46) 『사고』는 암(巖)이지만, 비문은 암(嵓)이다.

47) 포(晡) : 오후 4시를 전후하는 신시(申時)를 가리키거나 저녁 무렵이나 해질 무렵을 가리킨다.

48) 『부휴당대사집』 4권에는 七十餘年이다.

49) 『부휴당대사집』 4권에는 진성(眞性)이다.

50) 『사고』는 무물(無物)이지만, 『부휴당대사집』 4권에는 무애(無碍)이다.

51) 『사고』는 하유(何有)이지만, 『부휴당대사집』 4권에는 나유(那有)이다.

52) 보리 : 부처의 정각(正覺)을 이르며, 지혜에 의해 무명(無明)이 소멸된 상태를 가리킨다.

53) 박연(泊然) : 박호(泊乎) 또는 박여(泊如)라고도 쓰는데, 마음이 고요하고 욕심이 없는 모양이나 물이 넓은 모양을 뜻한다.

54) 비문에는 57세로 되어 있다. 비문이 맞는 것 같다.

다. 문인들이 다비하여 영골을 거두어 해인사, 송광사, 칠불암, 백장암(百丈庵)[55] 등 모두 4곳에 부도를 세웠다. [돌아가신 지] 5년이 지난 후 광해군이 홍각등계(弘覺登階)라는 존호를 추증하였다.

명에 이르기를

"임제 24세의 적통이니

용(龍)이 용을 낳음이요, 봉(鳳)이 봉을 낳음이라.

석상(石像)을 안아 보내니 깨물 수도 태울 수도 없었고

몸이 작지 않고[56] 필법과 독송에도 뛰어났네.

손을 들어 붓을 휘두르니 얼마나 안타까웠으랴![57]

가을 뱀과 봄 지렁이가 서로 끌어당겼네.

바다 오랑캐가 창을 메고 칼날을 세웠으나

쥐며느리[58]를 보는 듯 두려움이 없었네.

천장(天將)이 동쪽으로 와서 적군의 배를 물리치려 할 때

대사 때문에 머뭇거리며[59] 갑자기 재갈을 멈추었네.

눈을 감고[60] 묵묵히 수다라(修多羅)를 외웠는데

이무기가 무슨 마음으로 [대사를] 모셨을까?

---

55) 백장암 : 전라북도 남원시 산내면 입석리 지리산에 있는 사찰로 실상사(實相寺)의 부속암자이다. 실상사와 같이 9세기 초에 창건되었으며, 임진왜란으로 실상사가 폐사된 이후 약 2백 년 동안 실상사 승려들이 이 절에서 머물렀다고 한다.
56) 초요(僬僥) : 난장이가 사는 나라의 이름이며 초료(僬僚) 또는 초요(焦僥)라고도 쓴다.
57) 기양(技癢) : 자기 기능을 가지고 있으면서도 이를 발휘할 수 없어 안타깝게 생각하는 일로 기양(伎癢) 또는 기양(伎痒)으로도 쓴다.
58) 이위(蛜蝛) : 쥐며느리로 썩은 나무나 음습한 곳에 사는 곤충을 뜻한다. 여기서는 보잘 것 없는 존재라는 의미로 사용되었다.
59) 지주(踟躕) : 주저하거나 머뭇거림을 뜻하거나 물건이 이어진 모양을 가리킨다.
60) 『사고』는 폐(閉)이지만, 비문은 폐(閇)이다.

미친 이리와 같은 마승(魔僧)61)이 비방하여 참소했으나
잡힌 자62)가 누구길래 기상이 서릿발 같은가?
군왕이 마주 앉아 이야기 나누니 웃음이 돌았고
칙령으로 진기한 보물을 내리고 예의가 자못 중했네.
아름다운 궁녀들 직접 요리해 주어
묘미가 뛰어났으나 채소와 떡만 먹었네.
인연이 다하자 외짝 신63)으로 훌쩍 떠나며
의발을 전하고 법을 부촉하면서 게송을 남겼네.
사리를 나누어 네 곳에 부도64)를 세우니
오호라! 슬프도다! 진일몽(眞一夢)을 보내노라"

대정(大正) 9년65) 4월 일에 세우다.

2. 비석의 뒷면

[부휴대사는] 청허(淸虛)66)를 법형(法兄)으로 삼았고, 벽암(碧巖)67)을

---

61) 『사고』는 마(魔)이지만, 비문은 마(麽)이다.
62) 남관(南冠) : 포로(捕虜)를 뜻한다. 초(楚)나라의 종의(鍾儀)가 남관(南冠)을 쓰고 포로가 된 고사에서 유래한 말이다. 남관은 초나라 사람이 쓰던 모자를 가리킨다.
63) 척리(隻履) : 달마가 서쪽으로 돌아갈 때 신발 한 짝만 들고 간데서 유래한다.
64) 솔도파(窣屠波) : 탑을 가리키는데 본래는 부처님의 사리를 묻고, 그 위에 돌이나 흙을 높이 쌓은 무덤을 의미했다.
65) 대정 9년 : 대정은 일본의 연호이며, 1920년이다.
66) 청허(1520~1604) : 휴정(休靜)의 호이다. 숭인장로를 스승으로 모시고 출가한 뒤 영관으로부터 인가받고 명종 4년(1549) 승과(僧科)에 급제하였고, 대선(大選)을 거쳐 선교양종판사(禪敎兩宗判事)가 되었다. 1592년 임진왜란이 일어나자 의승군을 통솔하였으며, 명나라 군사와 함께 평양을 탈환하였다. 선조는

제자로 삼았으며, 위로 법맥을 거슬러 올라가면 실로 태고(太古)[68]국사가 6세조이다. 아래로 보면 운손(雲孫)과 잉손(仍孫)[69]이 해동총림(海東叢林)을 이루어 무려 수천 명이다. 이것이 우리 부휴선사 법문의 정맥(正脈)이다. 선사[70]는 스스로 불법을 얻었으며 곁으로는 유교의 경전[71]과 문학에도 밝았다.

전쟁[72]의 어지러운 와중에도 자제하여 당시 조정에서 존숭하여 받들었다. 미친 참소가 무고로 드러난 것과 곤충을 감화시켜 윤회[73]의 고통에서 벗어나게 한 것은 대개 심인(心印)[74]이 제대로 이어져 정법

그에게 팔도선교도총섭(八道禪敎都摠攝)이라는 직함을 내렸다.『청허당집』 4권 2책과『선교결(禪敎訣)』,『심법요초(心法要抄)』,『선교석(禪敎釋)』등의 저서가 있다.
67) 벽암 : 각성(覺性)의 호이다. 조선편 5절 참조.
68) 태고(1301~1382) : 고려말의 선승인 보우(普愚, 또는 普虛)의 호이다. 속성은 홍씨(洪氏)이며, 홍주(洪州) 출신이다. 13세에 출가하여 19세에 만법귀일(萬法歸一) 화두를 참구하여 의심을 타파하였다. 이후 무자 화두를 참구하여 깨달음을 이루었다. 46세에 원에 들어가 석옥청공(石屋淸珙)의 인가를 받았다. 귀국한 후에 공민왕에게 정치적 자문을 하였고, 왕사・국사를 역임하였다. 어록으로『태고화상어록(太古和尙語錄)』이 있다.
69) 잉손 : 곤손(昆孫)의 아들로 칠대 손자를 뜻하거나 세대가 먼 자손으로 원손(遠孫)을 뜻한다.
70) 비문은 아사(我師)이다.
71) 분전(墳典) : 삼분오전(三墳五典)의 준말로 삼황오제(三皇五帝)의 책이나 성현(聖賢)이 쓴 책을 뜻한다. 분사(墳史) 또는 분적(墳籍)이라고도 쓰며, 일반적으로 유교 경전을 가리킨다.
72) 봉적(鋒鏑) : 창끝과 화살촉으로 무기(武器)를 뜻하며, 전쟁을 이르는 말이다.
73) 제취(諸趣) : 인천(人天) 등의 오취(五趣) 또는 육취(六趣)를 말한다. 오취는 오도(五道) 또는 오악취(五惡趣)라고도 하는데, 우리의 현실생활에 있어서 공죄(功罪)에 의하여 생기는 다섯 가지의 경계(境界), 다섯 가지의 영역(領域), 다섯 가지의 생활방법 등 지옥과 아귀와 축생과 인간과 천(天)이 있는 곳을 가리킨다. 여기에 아수라를 더하여 육취라고도 일컫는다.
74) 심인 : 불심인(佛心印)이라고도 하는데, 선종에서는 언어나 문자로 나타낼 수 없는 내심(內心)의 깨달음을 불심(佛心)이라 한다.

제4절 부휴대사(浮休大師) 249

을 전하는 기이한 조짐이었다. 스스로 떨쳐 일어나 일세에 빛나고 백세에 교화를 드리우고 임종할 무렵에 게송을 부르고 붓을 놓은 지 이제 305년이다.

비는 예전에 속리산(俗離山)75) 법주사(法住寺)76)에 있었는데, 백곡처능(白谷處能)이 명문(銘文)을 썼다. 세월이 이미 오래되어 뽕밭이 바다가 되고77) 구릉이 계곡이 되어78) 돌아보고자 하나 돌아볼 수 없음은 후예의 한이 되니, 진실로 우리나라 승려와 속인79) 모두의 공통된 한탄이 된다.

이에 송광사의 모든 상인(上人)80)들이 더불어 의논하기를81) "우리 스승이 창업하여 교화한 인연과 바리때를 전하여 법맥이 이어진 것이 우리 절과 같은 것이 없다. 벽암선사 이후에도 훌륭한 분들이 계속 이어져 각지로 분파한 것을 이루 다 헤아릴 수 없을 정도다. 우리 풍암

---

75) 속리산 : 충청북도 보은군, 괴산군과 경상북도 상주군의 경계에 있는 산으로 태백산맥에서 남서방향으로 뻗어 나온 소백산맥 줄기 가운데 위치한다.
76) 법주사 : 충북 보은군 내속리면 사내리 속리산에 있는 사찰이다. 진흥왕 14년(553)에 의신(義信)이 창건하였고, 그 뒤 혜공왕 12년(776)에 진표(眞表)가 중창하였다. 절 이름을 법주사라고 한 것은 창건주 의신이 서역으로부터 돌아올 때 나귀에 불경을 싣고 와서 이곳에 머물렀다는 설화에서 유래한다. 그러나 이 절은 진표와 그의 제자들에 의하여 미륵신앙의 중심도량이 됨으로써 대찰의 규모를 갖추게 되었다. 법주사는 8차례의 중수를 거쳐 60여 동의 건물과 70여 개의 암자를 거느린 대찰이 되었으나, 임진왜란으로 전소된 것을 인조 2년(1624)에 벽암(碧巖)이 중창하였다.
77) 상해(桑海) : 상전벽해(桑田碧海)의 준말로 뽕나무밭이 푸른 바다로 바뀌어 진다는 뜻으로 세상의 변천이 덧없음을 이른다.
78) 능곡(陵谷) : 구릉과 계곡을 가리키거나 세사(世事)의 변천을 이른다.
79) 치소(緇素) : 치(緇)는 물들인 옷을 입은 승려, 소(素)는 흰 옷을 입은 속인(俗人)을 가리킨다. 곧 승려와 속인을 함께 부르는 말로 승속(僧俗)이라고도 한다.
80) 『사고』는 상선인(上善人)이지만, 비문에는 선(善)자가 없다.
81) 비문에는 상여의(相與議)가 없다. 비문에는 함왈(咸曰)로 되어 있다.

(楓巖) 문중에 이르러 묵암(默庵),82) 응암(應庵),83) 제운(霽雲),84) 벽담(碧潭)85)을 사걸(四傑)이라 부른다. 지금 산문에 있는 사걸의 후예가 200여 명이나 되니 과연 많지 않은가? 이런 것을 보면 탑 하나로 우리 스승을 기릴 수 없으며, 하물며 다른 산에도 옛날에는 [비석이] 있었는데 지금은 없어졌으니 어찌 참을 수 있으랴!"라고 했다.

주지 설월용섭(雪月龍燮)86)이 돌아다니며 여론87)을 모아서, 문인들에게 돈을 조금씩 거둬 천안(天安)에서 큰 돌을 사서 육지와 바닷길로 운반하여 명문을 새겨 비를 세웠다. 아! 우리 스승의 공덕이 이미 사람들에게 잘 알려져 있는데 굳이 비를 만들 필요가 없지만 후인들에게 [그 공덕을] 알리기 위한 것이니 어찌 비를 세우는 일을 그만둘 것인가?

설월대사의 부탁으로 음기에 이와 같이 쓴다. 이미 아름다운 제자들이 잘 계승하여 서술하여88) 단서가 없음에도89) 여러 제자들에게 모범을 보였으니, 나와 같은 유자들을 거듭 부끄럽게 만든다.

염제거사(念齊居士) 송태회(宋泰會)가 삼가 적다.

---

82) 묵암 : 최눌(最訥)이다. 조선편 제12절 참조.
83) 응암 : 응암낭윤(應庵郎允)이다. 조선편 제13절 참조.
84) 제운 : 조선편 제14절 참조.
85) 벽담 : 조선편 제15절 참조.
86) 설월용섭(1868~1938) : 전남 순천시 주암면 출신으로 이름은 용섭, 호는 설월이다. 고종 22년(1885)에 출가하였다. 1911년부터 1922년까지 송광사 주지를 역임하고, 1919년부터 송광사 사립보명학교장 및 사립불교지방학림 학장을 겸임하였다. 1929년부터 1932년까지 송광사 주지에 재임하였다.
87) 『사고』는 여론(輿論)이지만, 비문은 여론(與論)이다.
88) 계술(繼述) : 선인(先人)이 남긴 일이나 뜻을 이어서 명백히 서술함을 뜻하며 소술(紹述)이라고도 한다. 비문은 계능술이(繼能述而)이다.
89) 비문에는 전(傳)이 아니라 유이(由以)로 되어 있다.

제4절 부휴대사(浮休大師) 251

직원

    주지 이설월(李雪月)

    감무(監務)[90] 김대우(金大愚)

    감사(監事)[91] 문석옹(文石翁)[92]

    법무(法務) 박보운(朴普芸)[93]

    서기(書記)[94] 강철월(姜哲月)[95]

    산감(山監) 김응월(金應月)[96]

    감원(監院)[97] 이석하(李石河)[98]

    대정(大正) 9년 4월에 세우다.

    각공(刻工) 경성(京城) 황대인(黃大仁), 정봉상(鄭鳳祥)

    운석(運石) 차춘성(車春聖)

    석공(石工) 지나(支那)[99] 이종원(李宗元)

돌은 남포(藍浦)[100]에서 나왔는데, 당시 대중은 2백여 명이었다.[101]

---

90) 감무 : 삼직(三職)의 하나로 주지를 보좌하여 절의 모든 사무를 감독하는 직임이다.
91) 감사 : 선원(禪院)에서 주지를 대신하여 그 절의 모든 일을 감독하는 소임이다.
92) 문석옹 : 석옹승호(石翁承昊)이다.
93) 박보운 : 보운두신(普芸斗愼)을 이른다.
94) 비문에는 서무(書務)로 되어 있다.
95) 강철월 : 철월종진(哲月鍾晋)이다.
96) 김응월 : 응월문성(應月文成)이다.
97) 감원 : 선원에서 모든 사무를 총괄적으로 감독하는 소임이다. 감사(監寺)라고도 한다.
98) 이석하 : 석하봉기(石河奉基)이다.
99) 지나 : 중국(中國)을 이르는 말이다.
100) 남포 : 현재의 충청남도 보령시 남포면을 가리킨다. 본래 백제의 사포현(寺浦縣)이었는데, 신라 경덕왕 16년(757) 남포로 고쳐 서림군(西林郡)의 영현(領縣)이 되었다.

부역을 맡은 리(里)는 금성(錦城), 장안(壯安), 이읍(梨邑), 봉산(鳳山), 덕산(德山), 신평(新坪) 신흥(新興)이었다.

돌을 운반한 경로 : 천안역(天安驛)에서 기차에 실어 목포(木浦)에 이르렀고, 목포에서는 목선(木船)에 실어 벌교(筏橋)에 도착했고, 벌교에서는 혹은 차로 혹은 끌어서 본사(本寺)에 도착했다.102)

3. 돌아가신 부모를 위하여 명복을 비는103) 글104)

법계(法界)의 함령(含靈)이
모두 불법(佛法)의 가피력(加被力)105)을 입었으니
[그 공덕은] 높은 하늘과 같이 끝이 없사옵니다.
부모의 은혜는 넓고 커서 다함이 없으니 갚기 어렵습니다.
부모께서 나를 낳아주신 은혜는 갚기 어려우나
마땅히 자비의 문을 두드려
[부모의] 저승길을 닦아야 하리니 귀의함에 간절함이 있다면
그 감응(感應)106)이 어찌 늦겠습니까?

---

101) 비문에는 시중이백남포석(時衆二百藍蒲石)으로 되어 있다.
102) 비문에는 이 문단이 없다.
103) 추천(追薦) : 추선(追善), 추복(追福), 추선공양(追善供養)이라고도 쓴다. 죽은 뒤 망령(亡靈)의 고통을 덜고 명복을 축원하기 위하여 선근복덕(善根福德)을 닦아 그 공덕을 회향하는 것을 말한다.
104) 『부휴당대사집』 5권에 실려 있는 글이다.
105) 가피력 : 부처와 보살이 자비의 마음으로 중생을 위해 일종의 힘을 더하는 것이다.
106) 감응 : 감응도교(感應道交)의 뜻으로 중생이 감화되고 부처님이 응하는 것이 서로 잘 교섭되는 관계를 이른다. 곧 가르치는 사람과 가르침을 받는 자의 기분이 서로 통함을 나타내는 말로서, 중생의 기감(機感)과 부처의 응용(應用)이 상통하는 것 또는 스승과 제자가 감응하는 관계를 말한다.

엎드려 생각하니 제자는 태어난 지 겨우 12살 때 어머니를 여의었고
또 18살 때는 아버님마저 돌아가셨습니다.
병이 드셨어도 약을 맛보고 달여 드리는 효를 올리지 못했으며
돌아가신 후에도 제사를 올리는 정성조차 행하지 못했습니다.
오랫동안107) 남몰래 두 눈의 눈물을 닦았고
봄이 오고 가을이 가도 오장(五腸)의 애통함을 면할 수 없었습니다.
밤이 조용하고 깊을수록 수심(愁心)은 더욱 겹치고
한스러움은 꽃잎이 날고 나뭇잎이 떨어질 때마다 더욱 커집니다.
아버님의 훈계는 오늘날에도 엄숙하고
어머님의 자애로운 얼굴은
살아계신 듯하옵니다.
슬퍼하고 또 슬퍼하면
도리어 여러 성인들의 꾸지람을 받을 것이요,
느끼고 또 느끼더라도
외로운 혼에는 아무런 이익이 없을 것입니다.
이에 길한 날을 택하여 법회를 열어
낮에는 법화경의 오묘함을 펴고
밤에는 수륙재(水陸齋)108)를 베푸오니
차린 것은 비록 적사오나
두루 살피소서!

---

107) 일거월저(日居月諸) : 해와 달 또는 임금과 신하, 임금과 왕비, 부모에 비유한다. 여기서 거(居)와 저(諸)는 조자(助字)이다. 또한 세월이 흘러감을 이르는 말로 사용하기도 한다.
108) 수륙재 : 수륙회(水陸會)나 수륙도량(水陸道場)이라고도 한다. 물이나 육지에 있는 고혼(孤魂)과 아귀에게 공양하는 법회이다.

제5절 벽암대사(碧巖大師)

1. 행장

사(賜) 보은천교(報恩闡敎) 원조국일(圓照國一) 도대선사(都大禪師) 행장[1]

화상의 이름은 각성(覺性)이고, 자가 징원(澄圓)이며, 자호는 벽암이다. 삼산(三山)[2]에서 태어났는데, 성은 김씨(金氏)이다. 선세(先世)에 호서(湖西)지방에서 벼슬살이를 하였는데, 이로 인해 삼산에서 살았다.

14세[3]에 설묵(雪默) 장로를 따라 출가하여 15세에 머리를 깎고 보정(寶晶) 대덕에게 구족계를 받았다. 사람됨이 키는 작았으나 기상이 높았고, 얼굴 모습은 순수하고 아름다웠다. 39세에 눈빛이 밖으로 뿜어져 나와 사람들이 모두 우러러 보았다.

처음 어머니 조씨(曺氏)가 오래된 거울 하나가 품속에 떨어져 들어오는 꿈을 꾸고 깨어나 임신하였는데, 만력 을해년[4] 12월 정해일에 대사를 낳았다. 대사는 어릴 때부터 이미 계율을 따랐고, 경전과 율전(律典)을 외우고 익혔으며, 그 뜻을 남김없이 탐구하였다. 그때 부휴대사

---

1) 백곡처능의 『대각등계집』 하권에 실려 있다.
2) 삼산 : 충청북도 보은군의 옛 이름이다.
3) 『사고』는 十四이지만, 『대각등계집』은 十歲이다.
4) 을해년 : 선조 8년(1575)이다.

제5절 벽암대사(碧巖大師) 255

가 속리산에서 법문을 크게 열었는데, 대사가 법기(法器)5)임을 알고 입실(入室)하게 하여 그 정수를 전수하니, 배우려는 자들이 따랐다.

무술년6)에 부휴대사가 가야산으로 옮기자 대사도 그를 따랐다. 명나라 장수 대인(大人) 이종성(李宗誠)이 명령을 받아 왜적을 물리치다가, 잠시 해인사에 가서 놀 때에 대사의 골상이 크고 훤칠함을 보고, 부휴대사에게 말하기를 "백락(佰樂)7)의 마구간에 빼어난 말이 많은데, 선사의 시자는 천리마의 새끼라 할 만합니다."라 했다.

송운유정(松雲惟政) 대사가 일찍이 편지를 써서 부휴대사가 그 법사(法嗣)를 얻었음을 축하했다. 얼마 안 되어 부휴대사가 두류산으로 옮기니 대사도 또한 옷자락을 추스르고8) 따랐다. 어떤 벼슬아치가 부휴대사를 방문하여 선지(禪旨)를 여쭈니, 문도에게 명하여 각기 게송을 짓게 하여 재주가 있는지 없는지를 시험하였다. 그때 운곡충휘(雲谷沖徽),9) 소요태능(逍遙太能),10) 송월응상(松月應祥)11)을 삼걸(三傑)이라

---

5) 법기 : 불도(佛道)를 수행할 수 있는 근기(根機)를 가진 사람이라는 뜻이다.
6) 무술년 : 선조 31년(1598)이다.
7) 백락 : 천마(天馬)를 주관한다는 별을 가리키거나 말에 관하여 밝음을 의미한다. 또는 말거간꾼을 가리키는 말로 바뀌어 물물교환을 의미하기도 한다. 특히 중국 주대(周代)의 손양(孫陽)을 가리키는 말인데, 그는 말의 좋고 나쁨을 잘 감별하였다고 한다.
8) 구의(摳衣) : 심의(深衣)의 앞자락을 걷어 잡는다는 뜻이다. 『예기(禮記)』, 「곡례(曲禮)」에 "어른의 신발도 밟지 말고 자리도 넘어가지 말며, 구의(摳衣)하여 모퉁이로 닫는다."라 하였다. 후세에 스승 앞에 나아가 강론을 듣는 것을 구의라 하였다.
9) 운곡충휘(?~1613) : 호는 운곡이고 정관일선(靜觀一禪, 1533~1608)의 제자로 시에 매우 능하였다. 당대의 문장가인 이안눌(李安訥), 이수광(李睟光), 장유(張維) 등과 교유하며 수많은 시를 지었다. 해인사, 백련사(白蓮社) 등지에 오래 머물렀다고 하지만 자세한 행적은 전하지 않는다. 저서로는 1663년에 적멸암(寂滅庵)에서 발간한 『운곡집』 1권이 있다.
10) 소요태능(1562~1649) : 성은 오씨이며 호남 담양 출신이다. 13세에 백양사에서 출가했으며, 부휴에게서 대장경을 배웠다. 그 후 묘향산의 휴정 문하에서

일컬었는데 그 모임에 함께 있었다.

[벽암]대사가 먼저 게송 한 연(聯)을 지어 읊기를 "주렴 아래 파리한 승려 달을 바라보니, 창밖 맑은 향기에 새 한 마리 매화를 스치네."라 했다. 삼걸(三傑)이 모두 그 다음 구절을 잇지 못해 멈추었고 재상은 그 아름다움을 크게 칭찬했다. 그 시의 산뜻함이 대략 이와 같았다.

또 대사는 유교 경전에도 뜻을 두어 이교(二敎)[12]와 백가(百家)로부터 여러 역사책과 패기(稗記)[13]에 이르기까지 두루 열람하지 않은 것이 없었다. 또 초서와 예서를 잘 썼고 필세가 아름다웠는데, 특히 왕희지[14] 서체에 뛰어났다. 이때 부휴대사의 모임에 있던 어떤 승려가 돌림병을 만나 갑자기 죽었는데 사람들이 전염될까 기피하였다. 대사가 평복으로 갈아입고 시신을 메고 깊은 골짜기에 작은 구덩이를 파고 묻었는데 때마침 밤이라 달도 없고 곰과 호랑이가 울부짖었으나 두근거

20년 동안 공부하고 법을 받았고, 금강산, 오대산, 구월산 등지에 머물면서 교화를 펼쳤다. 만년에는 지리산 연곡사에 머물렀다. 효종이 혜감선사(慧鑑禪師)라는 시호를 내렸다. 심원사, 연곡사, 금산사에 탑이 있으며, 저술로는 『소요당집』 1권이 전한다. 그의 행장은 11세 법손인 예운혜근(猊雲惠勤)이 썼고, 비명은 백헌(白軒) 이경석(李景奭)이 썼다.

11) 송월응상(1572~1645) : 성은 방씨이고, 황해도 문화(文化) 출신이다. 부모가 일찍 죽자 출가하여 성연(性衍)의 제자가 되었고, 후에 사명유정에게서 법맥을 이었다. 인조 2년(1624)에는 왕이 승려들을 모아서 남한산성을 쌓게 할 때 그에게 공사를 감독하게 하고, 전후양도팔도도총섭(前後兩度八道都摠攝)을 제수하였으나 두 번이나 사양하여 받지 않았다. 이에 조정에서는 그의 덕을 높이 사서 묘담국일도대선사(妙湛國一都大禪師)라는 법호를 내렸다. 그의 제자 가운데 허백명조(虛白明照)와 춘파쌍언(春坡雙彦)이 가장 뛰어났다.

12) 이교 : 두 가르침으로, 노자(老子)의 가르침과 불교를 이른다.

13) 패기 : 『사고』에는 비기(裨記)라고 적혀 있지만, 『대각등계집(大覺登階集)』에는 패기(稗記)로 적혀 있다. 패기는 정사(正史)가 아닌 항간에 전해오는 여러 이야기를 기록한 것이다.

14) 우군(右軍) : 중국 동진(東晉)의 서예가인 왕희지(王羲之)가 우군장군(右軍將軍)의 벼슬을 하였으므로 왕우군이라고 불렀다.

리거나 떨지 않았다.

　어느 날 부휴대사에게서 물러나 수국암(壽國庵)15)에 머무를 때 혼자 선정(禪定)에 들었는데, 마치 매미가 [나무에] 가만히 붙어있는 것 같았다.16) 열흘이 지나 어떤 물새가 날아와 대사의 머리털17)을 물고 가버렸고, 또 살모사가 땅에서 나와 [대사의] 손가락을 깨물었는데도 조금도 다치지 않았다.

　광해군 때 부휴대사가 미친 중의 무고를 입어 감옥에 갇혔고, 대사 또한 이에 연좌되었다. 비록 감옥에 있었지만 태연하게 꺾임이 없었으니, 옥리들이 대불(大佛)과 소불(小佛)이라 칭하였다. 다음날 광해군이 궁전 뜰에서 국문(鞠問)할18) 때 그 도기(道氣)가 높고 말이 확실하고 정당함을 보고 마음으로 이상히 여기고 묶인 줄을 풀어주었다. 그리고는 오랫동안 자문을 구하니 광해군이 매우 기뻐하여 비단 두루마기 2벌을 하사하였다. 임금의 명에 의해 돌아갈 무렵에는 성 안의 뛰어난 인물들이 뵙고자 하는 자가 매우 많았다.

　부휴대사가 입적하자 뭇사람들이 계승하기를 요청하였으나 대사께서 겸양하여 대중의 뜻을 따르지 않고 더욱 수행하였다. 드디어 칠불난야(七佛蘭若)에서 개당(開堂)하니 뛰어난 중들이 모여 들었다. 대사가 부휴대사를 따라 입실한 것이 거의 30년19)이었다. [그런데도] 직접

---

15) 수국암 : 위치는 미상이나 벽송지엄(1464~1534)이 입적한 곳이다.
16) 약승조자(若承蜩者)를 이렇게 의역했다.『동문선』제65권, 기(記),「일재기(逸齋記)」에 이중약(李仲若)의 수행 모습에 대해 "하루 종일 홀로 앉아 있는데, 나무 앞에 붙어 있는 매미나 눈을 감고 있는 거북과 같았다(燕坐彌日, 如抱葉之蟬, 凝目之龜)"라 했다.
17) 정면(頂綿) : 정사(頂絲)가 머리털이므로 같은 뜻으로 새겼다.
18) 국문 : 중대한 범법행위자를 체포한 다음 왕의 명령에 의해 범인의 최고 신문관인 위관(委官)을 정하고, 위관의 주재 하에 국청(鞠廳)에서 범인을 신문하는 일을 의미한다.
19)『사고』는 이십(二十)이지만,『대각등계집』은 삼십(三十)이다.

부엌일을 하고 수건을 잡고 바리를 드는 일까지 노고를 아끼지 않았고, 의심나고 어두운 것이 있으면 묻는 것을 게을리 하지 않았다. 드디어 비인(秘印)을 전수받고 임제종의 종지를 크게 떨쳤다.

무오년[20] 가을에 신흥사(神興寺)로[21] 옮기니 무리가 7백 명에 이르렀다. 대사는 번거롭게 여겨 밤중에 도망쳐 태백산(太白山) 전천동(箭川洞)[22]에 들어가 은둔하였다.[23]

이듬해가 되자 오대산으로 옮겨 상원암(上院庵)[24]에서 동안거를 지냈다. 그때 광해군이 청계사(淸溪寺)[25]에서 재(齋)를 열고 궁궐의 사신을 보내 대사를 맞이하여 설법하게 하고 금란가사와 푸른 수를 놓은 장삼을 주었다.

인조대왕(仁祖大王)이 임금 자리에 오른[26] 이듬해 갑자년[27]에 조정

---

20) 무오년 : 광해군 10년(1618)이다.
21) 신흥사 : 경상남도 하동군 화개면 범왕리 신흥에 있던 쌍계사 산내 암자이다. 휴정이 찬한 「두륜산 신흥사 능파각기」(1564)가 전한다.
22) 전천동 : 강원도 동해시의 하천으로 임진왜란 때 격전지였다. 살내라고도 부른다.
23) 도광(韜光) : 빛을 감추어 밖에 나타내지 않음이나 재덕(才德)을 감추어 밖에 드러내지 않는다는 의미로 사용된다. 도회(韜晦)라고도 쓴다.
24) 상원암 : 강원도 평창군 진부면 오대산에 있는 사찰로 오대산의 중대(中臺)에 위치한다. 신라 성덕왕 4년(705)에 보천(寶川)과 효명(孝明)의 두 왕자가 창건하여 진여원(眞如院)이라 하였다. 고려말 나옹(懶翁)의 제자인 영령(英靈)이 오대산을 유람하다가 중창의 원을 세웠다. 판서 최백청과 그의 부인 김씨가 그 뜻을 듣고 재물을 희사하였으며, 우왕 2년(1376)에 공사에 착수하여 이듬해 가을에 낙성을 보았다.
25) 청계사 : 경기도 의왕시 청계동 청계산 남쪽에 있는 사찰이다. 신라시대에 창건되었으며, 대찰의 모습을 갖춘 것은 충렬왕 10년(1284) 시중 조인규(趙仁規)가 막대한 사재를 투입하여 중창하고 그의 원찰로 삼은 뒤부터이다. 조선 태종대 이 절을 자복사(資福寺)로 지정하고 천태종에 소속시켰고, 세종 13년(1431) 조인규의 영당을 중건하였으며, 연산군이 도성내의 사찰에 대한 철폐령을 내렸을 때 이 절은 봉은사(奉恩寺)를 대신하여 선종본찰(禪宗本刹)의 기능을 행하는 도량이 되었다.

에서 남한산성(南漢山城)28)으로 대사를 불러 팔방도총섭(八方都摠攝)29)으로 삼았다. [성을 쌓는] 일을 마치자 보은천교(報恩闡敎) 원조국일(圓照國一) 도대선사(都大禪師)라는 호를 하사했고, 또 의발을 내리고 사신을 파견하여 술30)을 내어 위로하였다.

대사가 땅에 엎드려 절하고 말하기를 "빈도(貧道)31)는 술을 마시지 않는 계율을 가지고 있는데, 어찌 좋은 술에 취하겠습니까? 다만 성덕(聖德)이 광대하니 감히 한번 마시지 않을 수 없습니다."라 하니 사신이 옳게 여겼다. 이로부터 공덕과 빼어난 명성이 알려져 원근에 크게 떨쳤다. 명리를 다투는 자들이 비방하고 욕하고 속이며 사지에 몰아넣고자 했으나, 대사는 화내는 기색도 없이 헐뜯음을 기꺼이 받아들였

---

26) 천조(踐祚) : 천조(踐阼)라고도 쓰는데, 임금의 자리에 오름 또는 임금의 자리를 계승함을 뜻한다.
27) 갑자년 : 인조 2년(1624)이다.
28) 남한산성 : 경기도 광주군 중부면에 있는 조선시대의 석축산성이다. 둘레는 약 8km이고 북한산성과 함께 도성을 지키던 남부의 산성이었다. 1624년에 대대적으로 개수하였다. 후금(後金)의 위협이 고조되고 이괄(李适)의 난을 겪고 난 뒤 인조는 총융사(摠戎使) 이서(李曙)에게 축성할 것을 명하여 2년 뒤에 완성하였다.
29) 도총섭 : 조선 중기 이후의 승직 가운데 최고 직위이다. 나옹이 선교도총섭(禪敎都摠攝)이라는 직명을 가졌던 것으로 보아 고려말에도 사용되었던 것으로 추정된다. 명종 21년(1566) 4월 선교양종(禪敎兩宗)과 양종판사(兩宗判事) 제도가 폐지됨에 따라 법계(法階)가 모두 없어졌다. 그러나 임진왜란 때 전국 의승군(義僧軍)을 일으킨 휴정(休靜)에게 팔도선교십육종도총섭(八道禪敎十六宗都摠攝)이라는 직이 제수됨에 따라 전국의 승려를 관장하기 위한 도총섭 시대가 열리게 되었다. 전란 중에는 이 도총섭 밑에 팔도마다 2인씩 16인의 총섭(摠攝)을 두어 승려를 관장하게 하였고, 전란 이후에는 이들에게 산성(山城)을 쌓고 이를 지키는 일을 감독하게 하였다. 휴정의 뒤를 이어 유정(惟政), 벽암(碧巖), 처능(處能) 등이 팔도도총섭이 되었다.
30) 내온(內醞) : 임금이 신하에게 하사하던 술이다.
31) 빈도 : 비구가 자신을 낮추어 일컫는 말로 수행력이 아직 많이 모자란다는 뜻이다.

다.32)

　임신년33)에 화엄사(華嚴寺)34)를 보수할 때 재화를 바치는 사람이 길거리를 메웠고, 모여드는 사람들로 총림을 이루었다.

　병자년35)에 변란이 일어나자 의승(義僧) 3천 명을 모집하여 항마군(降魔軍)이라 하였다. 대사는 승대장(僧大將)36)이 되어 호남의 관군과 기각(掎角)의 세37)를 이루어 정의롭게 도왔으니, 인조가 이를 듣고 가상히 여겼다. 전쟁이 끝난 후에 지리산으로 돌아갔는데 배우려는 자들이 의문을 하소연하니 『도중결의(圖中決疑)』, 『참상선지(參商禪旨)』 등을 저술하였다. 언어로 논지를 세우는 것이 매우 합당하였고 이치를 분석함이 뛰어났기 때문에 감동하여 분발하는 사람이 매우 많았다.

---

32) 감심여제(甘心如薺) : 마음이 가라앉고 편안하여 고통을 느끼지 않음을 이른다.
33) 임신년 : 인조 10년(1632)이다.
34) 화엄사 : 전라남도 구례군 마산면 황전리 지리산 남쪽에 있는 사찰이다. 연기(緣起)에 의해 세워졌으며, 신라말 도선(道詵)에 의해 크게 확장되었고, 고려 광종 때에 홍경(洪慶)선사가 퇴락한 건물을 중수하였다. 세종 6년(1424) 화엄사는 선종대본산(禪宗大本山)으로 승격되었지만 임진왜란때 소실되었다. 각성(覺性)이 1636년에 대웅전을 비롯한 약간의 건물을 이룩하였고, 그 이듬해에 선종대가람(禪宗大伽藍)으로 승격되었다. 1702년에 장륙전이 중건되자 숙종이 이를 각황전(覺皇殿)이라 사액(賜額)하고 선교양종대가람으로 격을 높였다.
35) 병자년 : 인조 14년(1636)이다.
36) 승대장 : 임진왜란 당시 승군은 왕명으로 8도 사찰에서 1년에 6차례 교대로 의승(義僧)을 뽑아 올리게 하여 11개 사찰에 주둔시켰다. 승군의 정원은 360명이고, 11개 사찰에는 각각 수승(首僧) 1인과 승장(僧將) 1인을 두었으며, 이들을 총지휘하는 본부로 승영(僧營)을 두고 승대장(僧大將) 1명을 임명하여 8도도총섭(八道都摠攝)을 겸하게 하였다.
37) 기각지세 : 사슴을 붙잡을 때 뒤에서 다리를 붙드는 '기(掎)', 앞에서 뿔을 붙잡는다는 '각(角)'의 뜻으로, 전후상응(前後相應)하여 적에게 대항함을 이르는 말이다. 의각지세(犄角之勢)라고도 한다. 전쟁할 때에 '기각지세'를 이룬다는 것은 양쪽으로 포진하여 적을 제어하는 형세를 말한다.

경진년38) 봄에 쌍계정사(雙溪精舍)39)로 옮겼는데, 옛 가람을 증축하였다. 8월에 재상(宰相) 원두표(元斗杓)40)가 호남지방을 순찰하다가 임금에게 아뢰어 대사에게 규정도총섭(糾正都摠攝)의 인수(印綬)41)를 내려서 적상산성(赤裳山城)42)에 머무르게 하였다. 승려들43)이 안렴사(按廉使)에게 상소하여 [대사가] 송광사로 옮겨 교단의 우두머리가 되게 하기를 청했다.

이듬해 임오년44)에 [도총섭의 직에서] 물러나 해인사로 돌아갔다. 그 해 6월 조정에서 대사를 불러 일본사신으로 충원하고자 했다. 대사가 역마를 타고 서울에 가다가 병으로 사퇴하고, 백운산(白雲山)45) 상

---

38) 경진년 : 인조 18년(1640)이다.
39) 쌍계사 : 경상남도 하동군 화개면 운수리 지리산 남쪽에 있는 사찰이다. 성덕왕 23년(723)에 의상(義湘)의 제자인 삼법(三法)이 창건하였다고 한다. 그 뒤 문성왕 2년(840)에 진감국사(眞鑑國師)가 머물렀고, 정강왕 때 쌍계사로 이름을 바꾸었다. 임진왜란 때 소실된 것을 벽암(碧巖)대사가 인조 10년(1632)에 중건하여 오늘에 이르고 있다.
40) 원두표(1593~1664) : 인조반정 모의에 참여하였고, 그 공으로 정사공신(靖社功臣) 2등에 책록되고, 원평부원군(原平府院君)에 봉하여졌다. 1654년 병조판서가 되어 김육(金堉)이 적극 추진하려는 대동법(大同法)의 실시를 반대하였으며, 동전의 유통과 보급방법을 논의하는데 참여하였다. 우의정을 거쳐 1662년에는 좌의정에 올라 내의원과 군기시의 도제조를 겸임하였다. 시호는 충익(忠翼)이다.
41) 인수 : 옛날에 관리가 몸에 지니고 있던 인장과 그 끈을 가리킨다.
42) 적상산성 : 전라북도 무주군 적상면 적상산에 있는 산성이다. 이 산은 적색 계통의 퇴적암이 절벽으로 산의 중턱을 감싸듯이 노출되어 있어서 마치 치마를 두른 것 같다 하여 적상산이라는 이름을 붙였다. 적상산은 상산(裳山), 상성산(裳城山)이라고 불린다.
43) 치도(緇徒) : 승복이 검은 색이므로 승려를 가리키는 말로 사용된다.
44) 임오년 : 인조 20년(1642)이다.
45) 백운산 : 경상남도 함양군 마천면과 전라북도 남원군 산내면의 경계에 있는 산이다. 지리산 북쪽에 위치해 있어 동남쪽으로는 창암산, 지리산 천왕봉과 연결되고, 남쪽으로는 경상남도와 전라북도의 경계가 되는 능선을 따라 삼정산, 명선봉에서 노고단에 이른다. 그리고 북쪽으로는 삼봉산과 연속된다.

선암(上仙庵)에 은거하였다. 다음 해에 보개산(寶盖山)⁴⁶⁾으로 가서 크게 법석을 여니, 관서관찰사(關西觀察使)⁴⁷⁾ 구봉서(具鳳瑞)⁴⁸⁾가 대사의 도와 명성을 흠모하여 묘향산(妙香山)으로 맞아들였다.

효종대왕(孝宗大王)이 잠저에 있을 때 대사가 안릉(安陵)⁴⁹⁾의 객사에서 뵙고 『화엄경』의 종요(宗要)를 자세히 이야기해 주었는데, 효종이 크게 기뻐하여⁵⁰⁾ 칭찬하고 상을 내렸다. [효종이] 보위에 올라 연성군(延城君) 이시방(李時昉)⁵¹⁾에게 "대사는 나이가 들었는데 아직 괜찮은가?"라고 묻기를 4번이나 했으니 임금의 은혜가 이와 같았다.

병술년⁵²⁾ 가을에 속리산으로 돌아가 고한희언(孤閑熙彥)⁵³⁾ 노사(老

---

46) 보개산 : 『세종실록지리지』에 따르면 경기도 용인시와 강원도 철원에 있다. 어느 곳인지 단정하기 어렵다.
47) 관서관찰사 : 평안도의 관찰사를 가리킨다. 관찰사는 조선시대의 지방장관이다. 각 도 마다 1명씩 두었으며, 품계는 종2품이고, 감사(監司)라고도 하며, 문관직으로서 절도사(節度使)의 직을 거의 겸하고 있었다. 중요한 정사(政事)에 관해서는 조정의 지시에 따라서 행하였으나, 관할하고 있는 도에 대해서는 경찰권, 사법권, 징세권 등을 행사하였다.
48) 구봉서(1597~1644) : 조선 광해군과 인조대의 문신이다. 광해군 9년(1617) 증광문과에 병과로 급제한 이후 여러 관직을 거쳤다. 1638년에 전라도관찰사가 되고, 이어 경상도관찰사를 재임하였다. 후에 평안도 관찰사로 재직 중 임지에서 죽었다.
49) 안릉 : 조선 태조의 고조모인 효공왕후(孝恭王后) 이씨(李氏)의 능으로 함경남도 신흥군 가평면 능리에 있다.
50) 원문의 가(加)는 가(嘉)의 오류로 보인다.
51) 이시방(1594~1660) : 1623년 인조반정 때 유생으로 아버지와 함께 가담하여 정사공신(靖社功臣) 2등으로 연성군(延城君)에 봉해졌다. 그 뒤 김자점(金自點)의 모역사건이 일어나자 그와 가까웠다는 이유로 파직되었다. 현종이 즉위하자 공조판서로서 판의금부사를 겸하여 호남지방에 대동법(大同法)을 실시할 것을 역설하였고, 남한산성을 개수하다가 다음 해에 병으로 죽었다. 저서로는 『서봉일기』가 있으며, 시호는 충정(忠靖)이다.
52) 병술년 : 인조 24년(1646)이다.
53) 고한희언(1561~1647) : 성은 이씨이며, 함북 명천(明川) 출신이다. 12세에 칠보산 운주사(雲住寺)에 들어가 이듬해에 승려가 되었고, 18년 동안 경론(經

師)와 함께 더불어 가까이 지내면서 소요하였다. 희언노사가 입적하자 대사는 화엄사에서 편안하게 숨어 여생을 보냈다.54)

대사는 평생 동안 수행에 힘썼고 사람들을 잘 가르쳤는데, 승려들이 유익한 가르침을 부탁하면 '무자(無字)' 화두를 참구하게 하였다. 담론에 빼어나서 사대부들이 그 날카로운 기세를 감당하지 못했다. 사람을 대함에 공손하고 부지런하여 교만함과 거만함이 없었다. 외롭고 곤궁한 사람들에게 [하루에] 두 번 죽과 밥을 나누어주겠다고 게시하니 가난하고 구걸하는 사람들이 문에 가득 찼다. 새와 소리개가 항상 따랐으니 손 안에서 먹을 것을 주었다. 사냥과 고기잡이하는 사람들에게 살계(殺戒)를 말해주니 그물을 불태우고 참회하며 감사하는 사람도 있을 정도였다.

기해년55) 12월 경오일에 가벼운 병이 있었는데, 경자년56) 1월 계미일 동틀 무렵에 무리를 모아서 이별할 것을 알리니, 모두들 애통해 하며 목이 멘 채 [대사를] 끼고 부축하여 방장실로 모시고 들어가 임종게57)를 청했다.

論)을 공부하였다. 그 후 덕유산의 부휴선수를 찾아가 3년 동안 모셨다. 광해군 14년(1622)에 왕이 청계사(淸溪寺)에서 재를 베풀고 그를 증사(證師)로 삼아 금란가사를 내렸으나 재가 끝난 뒤 가사를 벗어놓고 몰래 도망하였다. 인조 20년(1642) 팔공산에 있을 때 왕명으로 서울로 가던 벽암각성을 만나 형제처럼 지냈고, 다시 가야산에 은거하였다. 인조 24년(1646)에 벽암과 함께 속리산으로 옮겨 후학들을 지도하다가 1647년 11월 22일 입적하였다. 『대각등계집』 하권에 그의 행장이 있다.
54) 파롱(簸弄) : 번롱(飜弄)으로도 쓰며, 희롱하여 놀린다는 뜻이나 말을 꾸며 시비(是非)를 전도시키거나 선동하여 문제를 일으키게 한다는 의미로도 사용한다. 원문은 파(簸)의 오자로 보인다.
55) 기해년 : 효종 10년(1659)이다.
56) 경자년 : 현종 1년(1660)이다.
57) 가타(伽陀) : 9분교(九分敎)나 12분교 가운데 부처를 찬미하는 노래나 게송을 가리킨다.

대사께서 불자(拂子)를 집어 휘두르며 어수선한 무리들을 멀찌감치 서게 명하고 게송 하나를 지어 이르기를
"염송(拈頌) 30편[58]과 팔만대장경은
어찌하여 갈등[59]만 일으키는가?
가소롭구나, 많은 일이 있음이여!"라고 했다.

이윽고 붓을 던지고 앉아서 입적하였으니, 대사의 나이는 86세였고 법랍은 71세였다. 길일을 택하여 마침내 절의 동쪽 고개에서 다비하였는데, 장례에 참석한 자가 만여 명이었다.

장례를 치르는 의례와 제기와 제수의 풍성함이 예전에는 볼 수 없었다. 막 불을 붙이자 흰 기운이 일어나 세 길로 공중에 뻗쳐 서쪽으로 향해 갔고, 갑자기 상서로운 회오리바람이 일어났으며 삼림의 색이 변하여 애타고 슬퍼하는 듯했다. 3일이 지나 문인들이 영골을 거두어 향기로운 물에 씻어 말리고[60] 반야봉(般若峯)[61] 금강굴(金剛窟)에서 간절히 기도하여 세 개의 흰 사리를 얻었다. 이에 영골을 나누어 부도를 네 곳에 세웠는데, 지리산 화엄사, 조계산 송광사, 가야산 해인사, 속리산 법주사였다.

2. 비문

사(賜) 보은천교(報恩闡敎) 원조국일(圓照國一) 도대선사(都大禪師) 벽암(碧巖)의 비명과 서문

---

58) 염송 30편 : 『선문염송집(禪門拈頌集)』 30권을 가리킨다.
59) 『사고』는 갈등(葛藤)이지만, 『대각등계집』은 갈등(葛縢)이다.
60) 『사고』는 목훈(沐薰)이지만, 『대각등계집』은 훈목(薰沐)이다.
61) 반야봉 : 지리산의 제2봉우리이다.

원임(原任)⁶²⁾ 대광보국(大匡輔國) 숭록대부(崇祿大夫)⁶³⁾ 의정부(議政府)⁶⁴⁾ 영의정(領議政)⁶⁵⁾ 겸 영경연 홍문관 예문관 춘추관 관상감사(領經筵⁶⁶⁾弘文館⁶⁷⁾藝文館春秋館觀象監⁶⁸⁾事) 세자사(世子師) 이경석(李景奭)⁶⁹⁾이 짓다.

숭록대부(崇祿大夫) 행(行) 의정부(議政府) 좌참찬(左參贊)⁷⁰⁾ 겸 지

---

62) 원임 : 전에 관작을 가졌던 관리를 가리키는 용어이다. 시임(時任) 또는 현임(現任)의 반대말로, 조선시대 정3품 당상관(堂上官) 이상의 퇴직자로서 특별한 경우에는 봉조하(奉朝下)에 임명하여 종신동안 녹봉을 주었다.
63) 숭록대부 : 조선시대 종1품 상계(上階)의 관품이다.
64) 의정부 : 조선시대 백관(百官)의 통솔과 서민정치를 총괄하던 최고의 행정관청으로 도당(都堂), 묘당(廟堂), 정부(政府), 황각(黃閣)이라고도 하였다.
65) 영의정 : 조선시대 최고의 중앙관직으로 품계는 정1품 대광보국숭록대부(大匡輔國崇祿大夫)이고 정원은 1인이다. 흔히 영상(領相)으로 불렸으며, 상상(上相) 또는 수규(首揆)라고도 했다. 영의정은 대개 좌의정을 역임한 원로대신이 임명되었으며, 좌의정, 우의정과 함께 삼의정(三議政) 또는 삼정승이라 하였다.
66) 경연관 : 국왕의 학문 지도와 치도 강론을 위하여 설치한 경연의 관직이다. 학문과 인품이 탁월한 문관으로서 겸직시키는 것이 보통이었다. 경연관은 왕조시대에 가장 명예로운 벼슬로서 여러 가지 특별대우를 받는 청화직(淸華職)이었다. 경연관들은 왕의 학문 지도가 주임무였지만, 군주의 치도를 강론하기도 하였고 중요한 정치문제를 토의하기도 했다.
67) 홍문관 : 조선시대 궁중의 경서(經書), 사적(史籍)의 관리와 문한(文翰)의 처리 및 왕의 각종 자문에 응하는 일을 맡아보던 관부이다. 사헌부, 사간원과 더불어 삼사(三司)라 하였다. 옥당(玉堂), 옥서(玉署), 영각(瀛閣), 서서원(瑞書院), 청연각(淸讌閣)이라고도 하였다.
68) 관상감 : 조선시대에 천문, 지리, 역수(曆數), 점산(占算), 측후(測候), 각루(刻漏) 등에 관한 일을 담당했던 관청이다. 영사(領事)는 영의정이 겸임하였다.
69) 이경석(1595~1671) : 1623년 알성문과(謁聖文科)에 을과로 급제하였다. 1636년 병자호란이 일어났을 때 인조를 호종하여 남한산성에 들어갔고, 이듬해「삼전도비문(三田渡碑文)」을 지었다. 1641년에는 청나라에 볼모로 가 있던 소현세자의 스승이 되어 심양으로 가서 대청외교(對淸外交)를 풀어나갔다. 저서로는『백헌집』등 유집 50여 권이 간행되었다.
70) 좌참찬 : 조선시대 의정부에 소속된 관직으로, 품계는 정2품이고 정원은 1인

경연춘추관사(知經筵春秋館事) 홍문관제학(弘文館提學) 오위도총부(五衛都摠府)71) 도총관(都摠管)72) 오준(吳竣)73)이 쓰다.
  가의대부(嘉義大夫)74) 행(行) 승정원(承政院)75) 도승지(都承旨)76) 겸 경연참찬관(經筵參贊官)77) 춘추관수찬관(修撰春秋館官)78) 예문관

이다. 우찬성, 우참찬과 함께 삼정승을 보좌하면서 대소 국정에 참여하였다.
71) 오위도총부 : 조선시대 오위(五衛)를 총괄하던 최고 군령기관(軍令機關)이다. 세조 3년(1457) 중앙군의 조직이 오위로 개편될 때 설치된 오위진무소(五衛鎭撫所)가 1466년 관제개혁 때 오위도총부로 확립되어『경국대전』에 수록되었다. 오위도총부는 중종 때 비변사가 설치되어 군국기무를 전담하게 됨에 따라 점차 기능을 상실하고 법제상의 관부로만 남게 되더니, 고종 19년(1882) 군제개혁으로 완전히 폐지되었다.
72) 도총관 : 조선시대 오위도총부의 최고책임자로 정2품직이었다. 도총관의 수는 5인으로 문관(文官), 음관(蔭官), 무관(武官)이 겸한다고 하였으나, 대개 종실 등이 겸하는 경우가 많았다. 오위의 입직(入直), 행순(行巡)을 감독하고 지휘하였으며, 임기는 1년이었다. 후기에 오위제가 유명무실화하자 관명(官名)만 남아있던 문관과 무관의 보직이 없는 자가 이에 속하기도 했다.
73) 오준(1587~1666) : 조선 후기의 문신이자 서예가이다. 관직이 형조판서, 대사헌을 거쳐 판중추부사에 이르렀다. 문장에 능하고 글씨를 잘 써서 왕가의 길흉책문(吉凶冊文)을 비롯하여 수많은 공사(公私)의 비명을 썼다. 저서로는 시문집인『죽남당집』이 있다.
74) 가의대부 : 조선시대 문산계(文散階)의 하나로 문관 종2품 상급의 품계이다. 중종 17년(1522) 1월에 가정대부에서 가의대부로 개칭되었는데, 이는 당시 명나라 세종이 새로 즉위하여 연호를 가정(嘉靖)으로 정하였기 때문에 이를 피해 고쳤다. 처음에는 가정(嘉正)으로 고쳤다가, 음이 같다 하여 다시 가의로 개정하였다.
75) 승정원 : 왕명의 출납을 관장하던 관아로 정원(政院), 후원(喉院), 은대(銀臺), 대언사(代言司) 등으로 불리기도 했다.
76) 도승지 : 승정원(承政院)의 장관으로 품계는 정3품이며 정원은 1인이었다. 도승지라는 명칭은 충렬왕 24년(1298)에 처음 나타난다. 왕의 측근에 시종하며 전선(銓選)에 깊숙이 관여하고 예문관의 직제학과 상서원의 정(正)을 겸하였다.
77) 경연참찬관 : 경연(經筵)의 정3품 벼슬이다. 기록상 고려 공양왕 때 처음 나타나는데, 정원 4인이 모두 대언(代言) 즉 승지였다. 조선 태조 때는 5인이었다가, 태종 때 승지가 6인으로 늘면서 참찬관도 6인이 되었다. 성종 때 홍문관

직제학(藝文館直提學)[79] 상서원정(尙瑞院正)[80] 조계원(趙啓遠)[81]이 전(篆)한다.

 무릇 유교와 불교는 도에 도달하는 방법이 달라서 함께 할[82] 수는 없지만 공평한 생각과 품행은 보고 느끼는 것이 서로 닮았다. [유교에서는] 빈 골짜기에서 나물을 캐는 의리[83] 따위는 오히려 독선으로 여겨 싫어하듯이 [불교에서는] 사찰[84]에 보시하는 공덕은 [자기만의 구원이 아니라] 대중을 널리 구제하고자 하는 데 있는 것과 같다.
 길이 큰 비석을 영구히 드리우는 것은 실은 선림(禪林)의 뜻에 맞추

  을 설치한 뒤 그 부제학이 역시 정3품으로 참찬관을 겸하게 되어, 정원 7인으로 『경국대전』에 법제화되었다.
78) 수찬관 : 조선시대 춘추관의 정3품 당상관인데 타관(他官)이 겸하였다.
79) 직제학 : 조선시대 홍문관, 예문관의 정3품직으로, 예문관의 직제학은 도승지가 겸하였다. 제학의 제도는 고려 때 학사(學士)를 고친 이름이다.
80) 상서원 : 조선시대 국왕의 새보(璽寶), 부신(符信) 등을 관장하던 관청이다. 부인(符印)과 제수(除授) 등의 일을 관장하였으며, 관직으로는 판사, 윤(尹), 소윤(少尹), 승(丞), 주부, 직장(直長), 녹사(錄事) 등을 두었다. 그 뒤 세조 12년(1466)에는 상서원으로 개칭되었고, 관직도 윤을 정(正), 승을 판관(判官), 녹사를 부직장(副直長)으로 고치고 소윤은 폐지하였다.
81) 조계원(1592~1670) : 조선시대 문신으로 1636년 병자호란 때 유장(儒將)으로 활동하였다. 효종 5년(1654) 사은부사(謝恩副使)로 청나라에 다녀오고 경기감사, 전라감사를 거쳐 1659년 함경감사, 형조와 공조참판, 동지의금부사 등을 역임했다.
82) 『사고』는 모(謀)이고, 비문은 모(謨)인데, 뜻은 같다.
83) 백이(伯夷) 숙제(叔齊)는 주대(周代) 고죽군(孤竹君)의 두 아들이다. 주(周) 무왕(武王)이 상(商)나라를 칠 때 형제가 말고삐를 잡고 신하의 도가 아님을 간하였으나 듣지 않으므로, 주나라의 녹을 먹기를 부끄럽게 여겨 수양산(首陽山)에 들어가 고사리를 캐어 먹으며 숨어살다가 굶어 죽었다는 고사가 전한다.
84) 기원정사 : 중인도 사위성 기수급고독원에 지은 절의 이름이다. 기타태자와 수달장자가 정사를 지어 부처님과 제자들에게 공양한 사찰이다.

는 것85)이다. 벽암대사(碧巖大師)의 상족이 천릿길을 달려와 서호(西湖)86)에서 나를 본 후로 편지로써 명(銘)을 청함이 날이 갈수록 더욱 간절했다. 내가 그 정성을 저버릴 수 없어서, 드디어 행장에 의거해서 서술하였다. 그 행장에 이르기를 "대사의 법명은 각성(覺性)이고 벽암은 그 호이다. 충청도 보은(報恩) 사람으로 속성은 김해 김씨이며, 그 선조대부터 벼슬을 지낸87) 집안이었다."라 했다.

대사의 부친이 일찍이 고을의 서쪽에 살고 있을 때 관상을 보는 사람이88) "아들을 낳으면 반드시 큰 스님이 될 것이다."라고 말했다. 어머니 조씨(曺氏)가 자식이 없어 부부가 함께 몸을 정결히 하고 북두칠성(北斗七星)에 기도하였는데 꿈에 오래된 거울을 보고 임신하여, 만력 을해년89) 12월 정해일에 대사를 낳았다.

[대사는] 풍채와 골격이 깨끗하며 바르고 눈동자는 밝게 빛났으며, 부모에게 효성이 도타웠다. 어릴 때도 장난을 좋아하지 않았으며, 9세에 아버지를 여의었는데 몸을 훼손하면서 상을 근근이 마쳤다. 상이 끝난 후에 문득 지나가던 승려를 만나 선(禪)을 배우는 것에 마음이 기울었다. 어머니가 이별하는 것을 어렵게 여겼는데, 설득하여 느껴 깨닫게 하였다. 마침내 화산(華山)90)으로 가서 설묵(雪默)에게 예를 드리고

---

85) 뜻에 맞춘다라고 하기보다는 맞추지 않는다고 하는 것이 옳은 듯하다.
86) 서호 : 서울 마포에서 서강에 이르는 15리 지역에 대한 조선시대의 옛 지명이다. 이 지역은 조선시대에 번창했던 어항이며 물자를 육지로 실어내리는 포구였다.
87) 의관(衣冠) : 의복과 관을 가리키며 특히 조정에 나갈 때 입는 예복 또는 예복을 입고 예모를 갖추는 일을 가리킨다. 전하여 의관을 갖춘 사람 즉 관리나 귀인을 지칭하거나 훌륭한 집안을 뜻한다.
88) 상자(相者) : 회합 같은 데서 의식을 행할 때 주인을 보좌하는 사람이나 들러리를 가리키거나 관상쟁이를 의미하는 상인(相人)과 같은 뜻으로 쓰인다.
89) 을해년 : 선조 8년(1575)이다.
90) 화산 : 경기도 화성시 태안읍(台安邑) 안녕리(安寧里)에 있는 산이다.

스승으로 모셨다. 14세에 머리를 깎고 보정노사(寶晶老師)에게 구족계를 받았다. 부휴대사가 화산에 왔다가 크게 기이하게 여겨 힘써 참된 가르침91)을 주니 이에 부휴대사를 따라 속리산으로 들어갔다. 덕유산, 가야산, 금강산 등을 두루 돌아다니며 날마다 경전을 열람하니 이로부터 함께 다녀 잠시도 떨어지지 않았다.

임진왜란 때 송운유정 대사가 의승군을 일으켜 관동에 군사를 주둔하고 있었는데, [벽암이] 부휴대사를 위해 가서 산에서 왜구를 피할 방책을 묻고 물은 바를 손수 기록했다.

계사년92)에 송운(松雲)이 부휴대사를 조정에 천거하니 [부휴가] 진중에 격문을 돌려93) 동지를 불러 모았다. [벽암]대사도 칼을 쥐고 명나라 장수 이종성을 따라 해중(海中)에서 왜적을 물리쳤는데, 한인(漢人)이 대사를 보고 크게 칭찬했다.

경자년94)에 칠불난야에서 하안거를 하였는데, 부휴대사가 병으로 강론을 그치고 벽암대사에게 물려주자 대사가 사양하여 자리에 올라 토론할 기회를 열지 못하였고 현풍(玄風)이 진작되지 않았다. 병오년95) 가을에 모친상을 당하자 무리와 헤어져 속리산 가섭굴(迦葉窟)에서 재를 거행하고 명복을 빌었는데, 다른 사람들이 감당하기 어려운 일을 능히 해냈다.

부휴대사의 문하에서 20여 년을 배웠는데, 스승의 방에 들어가 법을 이어받았다. [대사는] 계행(戒行)이 빼어나고 높았으며, 인연을 따름에

---

91) 진전(眞筌) : 전(筌)은 물고기를 잡는 통발을 뜻한다. 즉 목적을 이루기 위한 방편을 이른다.
92) 계사년 : 선조 26년(1593)이다.
93) 격치(檄致) : 격소(檄召)와 같이 쓰이는데, 격문을 돌려 동지를 불러 모은다는 뜻이다.
94) 경자년 : 선조 33년(1600)이다.
95) 병오년 : 선조 39년(1606)이다.

마음이 고요하고 욕심이 없었고, 식사를 끊어도 주리지 않았으며, 밤을 새워도 졸지 않았으며, 항상 옷은 떨어질 때까지 입었다. 장실(丈室)에 결가부좌하자 배우려 하는 사람들이 96) 운집했고 감로가 두루 뿌려졌다.

스스로 삼잠(三箴)을 지어 문도를 훈계하여 "생각이 망령되지 않아야 하고, 얼굴에 부끄러움이 나타나지 않도록 해야 하고, 허리는 구부리지 말아야 한다."라고 하였다. 신령스러운 구슬이 한번 비추니, 물이 빛을 머금었고, 화엄경을 엄숙하게 외우니 악귀가 물러갔고, 땅을 깨끗이 하고 시신을 묻으니 큰 화가 갑자기 없어졌다. 심지어 맹호가 [대사를] 길에서 호위하고, 갈가마귀를 길들이니 어깨에 모여들고, 잡힌 닭을 살려주니 보답이 있었다. 물고기를 위해 그물을 불사르니 감흥이 있었다. 날짐승과 길짐승도 오히려 이처럼 감화되는데 하물며 인간에게 있어서랴! 여러 산의 가람97)을 혹은 창설하고 혹은 수리하였으니 쌍계사의 동찰(東刹)과 화엄사를 크게 중창하고 송광사의 가람을 크게 한 것 등이 그것인데, 나머지는 생략한다.

광해군 때의 옥사(獄事)에 부휴대사와 함께 요승(妖僧)의 무고를 받아 대사가 [부휴대사와] 함께 서울로 갔다. 광해군이 두 대사를 보고 기이하게 여겨 풀어주니, 부휴대사는 산으로 돌아가고 [벽암]대사는 봉은사(奉恩寺)98)에 남아 판선교도총섭(判禪敎都摠攝)이 되니 벼슬아치

---

96) 부급자 : 책상자를 지고 온다는 뜻으로 타향으로 공부하러 가는 일을 가리킨다. 전하여 먼 곳에 유학하는 일을 의미한다.
97) 충원 : 승가남마(僧伽藍摩)나 가람(伽藍)이라고 음역(音譯)하며 승원(僧院)이라고도 한다. 많은 비구들이 모여 사는 정원이라는 뜻으로 지은 이름이다.
98) 봉은사 : 서울시 강남구 삼성동에 있는 사찰이다. 이 절은 원성왕 10년(794)에 연회국사(緣會國師)가 창건하여 견성사(見性寺)라 하였다고 한다. 연산군 4년(1498)에는 정현왕후(貞顯王后)가 성종의 선릉(宣陵)을 위하여 능의 동편에 있던 이 절을 크게 중창하고, 절 이름을 봉은사라고 개칭하였으며, 명종 6년(1551)에는 이 절을 선종의 수사찰(首寺刹)로 삼았는데, 이때 보우(普雨)를 주

와 사대부들이 많이 따랐다.

특히 동양위(東陽尉)[99]와 잘 지냈는데 오래지 않아 남쪽으로 돌아갔다. 인조(仁祖) 때 남한산성을 쌓을 적에 의논하는 자가 임금에게 아뢰어 대사를 불러 팔도도총섭(八道都摠攝)으로 삼아 승려들을 통솔하게 했다. 축성을 감독한 지 3년 만에 [공사를] 마치니, [조정에서] 보은천교(報恩闡敎) 원조국일(圓照國一) 도대선사(都大禪師)의 호와 의발과 석장(錫杖)을 하사했다.

병자년[100]에 지리산에 있다가 임금의 수레가 남한산성으로 행차했음을 듣고 곧 북을 울려 울면서 무리를 깨우쳐 말하기를 "우리들도 왕의 백성이다. 하물며 [불교는] 널리 구제함을 종지로 삼는데, [지금] 나라일이 위급한데 어찌 차마 앉아서 지켜만 보겠는가?"라고 하였다. 즉시 군복을 입고 격문을 지어 남쪽의 승려들을 불러 모으니, 수천 명의 승려가 왔다. 이들을 거느리고 북쪽으로 가는 도중에 적이 물러갔음을 듣고, 통곡하며 남쪽으로 돌아갔다. 후에 [임금이] 사신으로 명하여 동쪽으로 일본에 가게 했는데,[101] 감히 사양하지 못하고 가던 도중에 늙고 병이 있어 청하여 산으로 돌아갔다.

효종이 잠저에 있을 때[102] 편지를 보내고 물품을 보내어 공양하였다. 즉위하자 조정의 의논을 들어 총섭(摠攝)의 인(印)을 주고 적상산(赤裳山)의 사각(史閣)을[103] 지키게 하였다. [그곳에서] 교화하니 남쪽

지로 삼아 불교를 중흥하는 중심도량이 되게 하였다. 그러나 이 절은 임진왜란과 병자호란 때 병화로 소실되었고, 인조 15년(1637)에 경림(敬林)과 벽암(碧巖)이 중건하였다.

99) 동양위 : 신익성(申翊聖, 1588~1644)을 가리킨다. 병자호란 때 척화오신(斥和五臣)의 한 사람이다.
100) 병자년 : 인조 14년(1636)이다.
101) 쇄환사 : 임진왜란 이후 포로를 데려오기 위한 공식적인 사절을 말한다.
102) 용잠(龍潛) : 임금이 될 사람이 아직 즉위하기 전을 일컫는 말이다. 잠룡(潛龍)이라고도 한다.

에 승풍(僧風)이 널리 퍼졌고, 진승(眞乘)104)을 널리 폈다. 머문 지 얼마 안 되어 여러 명산을 떠돌다가 부안(扶安)의 변산(邊山)에 올랐으며, 남해(南海)에 숨었다가 돌아와서 방장산의 화엄사에 머물렀다.

기해년105) 여름에 효종이 돌아가시자106) [국상을 치르는 동안]107) 슬피 울부짖었다. 가을 9월에 가벼운 병세가 있자 문도들에게 힘써 맡은 일을 하도록 했고, 국은(國恩)에 보답하라고 이르고, 비를 세우지 말 것을 분부했다.

경자년108) 정월 12일에 제자들이 [스승이] 곧 입적하려 함을 보고 게를 청하였다. 이에 [대사가] 붓을 잡고 손수 써서 이르기를

"팔만대장경과 염송 30권은

충분히 자리와 이타109)를 겸했는데

어찌 따로 송(頌)을 쓰리오?"라고 했다.

---

103) 적상산 사각 : 전라북도 무주군 적상면 적상산성(赤裳山城) 안에 설치하였던 조선 후기 5사고(史庫) 가운데 하나이다. 이 사고는 묘향산사고(妙香山史庫)가 후금(後金)의 위협이 고조되고, 관리의 소홀로 소장도서가 망실(亡失)될 우려가 있어 옮겨야 한다는 논의에 따라 위치가 결정되었다. 1614년 산성 안에 실록전(實錄殿)을 건립하였으며, 4년 뒤인 1618년 9월부터 실록이 봉안되기 시작하여 인조 11년(1633)까지 묘향산사고의 실록을 모두 옮겼다. 또 1614년에는 선원각(璿源閣)을 건립하고,『선원록(璿源錄)』을 봉안함으로써 적상산사고는 완전한 역할을 하게 되었다.
104) 진승(眞乘) : 진실한 교법(敎法)이라는 뜻이다.
105) 기해년 : 효종 10년(1659)이다.
106) 빈천(賓天) : 하늘의 빈객(賓客)이 된다는 뜻으로 '천자(天子)의 죽음'을 이르는 말이다.
107) 봉휘(奉諱) : 죽은 사람을 존경하여 살아있을 때의 이름을 피한다는 뜻이며, '남이 상(喪)에 있음'을 이르는 말이다.
108) 경자년 : 현종 1년(1660)이다.
109) 이타 : 자리(自利)와 이타(利他)를 말한다. 상구보리(上求菩提)는 자리(自利)이고, 하화중생(下化衆生)은 이타(利他)이다.

이윽고 차분히 입적하시니, 세수는 86세요, 법랍은 72세였다. 모든 사람들이 받들어 다비했는데, 삼남의 모든 절의 칠중(七衆)110)이 골짜기에 가득 찼다. 사리 3개가 나와서 절의 서쪽 기슭의 여러 석종(石鍾)111)에 보관했다.

대사는 부용영관(芙蓉靈觀)112)으로부터 시작하는 불교의 맥을 이었다. 임제의 유풍을 접한 실마리는 부휴(浮休)와 청허휴정(淸虛休靜)이 함께 영관(靈觀)을 섬김으로부터 비롯하는데, 휴정은 송운(松雲)에게 전수했고 부휴는 벽암(碧巖)에게 전수했다고들 말한다.

저서로는113) 『선원집도중결의(禪源集圖中決疑)』 1권과 『간화결의(看話決疑)』 1편,『석문상의초(釋門喪儀抄)』114) 1권 등이 있다. 그의 제자들 중에는 도의 깊은 경지115)에 이른 사람들이 많았다. 비명을 부탁

---

110) 칠중 : 출가(出家)와 재가(在家)를 포함하여 교단을 구성하는 불제자(佛弟子)를 일컫는다. 출가 5부중으로 만 20세 이상의 출가한 남자인 비구(比丘), 만 20세 이상의 출가한 여인인 비구니(比丘尼), 20세 미만의 출가한 남자인 사미(沙彌), 20세 미만의 출가한 여인인 사미니(沙彌尼), 사미니가 비구니로 되기 직전 2년 동안을 가리키는 식차마나(式叉摩那), 재가의 남자 불자인 우바새(優婆塞), 재가의 여자 불자인 우바이(優婆夷)를 총칭하는 말이다.
111) 석종 : 종 모양으로 만들어 고승의 유골을 안치한 부도이다.
112) 부용영관(1485~1572) : 연산군 4년(1498) 몰래 출가하여 1501년에 신총(信聰)으로부터 참선을 배웠다. 그 뒤 구천동에 들어가서 초암을 짓고 9년 동안 머물렀다. 이후 여러 스승을 만나 공부하였고, 1530년 지엄의 가르침을 받았다. 수행한 뒤 40여 년 동안 후학을 지도하였다. 제자 법융(法融) 등이 연곡사(燕谷寺) 서쪽 기슭에 부도를 세웠다.
113) 『사고』에는 없지만 비문에는 저(著)자가 있다.
114) 『석문상의초』 : 인조 14년(1636)에 각성(覺性)이 편찬한 불교 의례서이다. 이 책은 『선원청규(禪院淸規)』·『석씨요람(釋氏要覽)』 등을 기반으로 하였는데, 상권에 승가의 오복제(五服制)를 서술하고, 이어 장지의 행렬 절차와 기물의 배치, 제전(祭奠) 절차 등을 서술하였다. 하권에는 사리를 탑에 모시고 상례를 치르는 사리입탑법이 있고, 「다비문(茶毘文)」이 첨부되어 있다. 이 책은 조선 후기 주자학적 사회질서가 자리 잡으면서 유교의례가 확산되던 상황에 대응하는 차원에서 불교의 상례가 지닌 의미를 밝히고 있다.

한 사람은 율계(律戒)였다.

내가 일찍이 남쪽으로 내려갈 때,[116] 벽암대사가 와서 구례현(求禮縣)에서 만났는데, 나에게 주장자를 주셨고, 율계도 그를 따라왔다. 수년 전에는 율계가 또 서울로 나를 찾아왔었다. 대사를 위해 왔으니 진실로 매우 근실하도다.

이어서 명에 이르기를

"대사의 고매한 행동은 효친(孝親)에서 비롯되지만

대사는 속세를 버려 스승의 참됨을 얻었네.

지혜의 칼로 의심을 끊고 무리[117]에서 으뜸이었네.

자비의 배로 중생을 제도[118]하며 보배로운 뗏목[119]으로 나루를 건네주네.

중생의 미혹함을 단박에 뚫으니 깜깜한 밤이 가고 새벽이 온 듯했네.

바다에는 큰 고래가 살고 산에는 맹호가 숨었으나

물고기는 맑은 물에서 즐겁고 새는 하늘에서 길들여졌네.

지혜는 대천세계(大千世界)[120]에 두루 미쳤고 의기(義氣)는 급난(急

---

115) 현관 : 깊고 오묘한 이치에 통하는 관문이라는 뜻으로, 도에 들어가는 단서(端緒) 또는 현지(玄旨)에 출입하는 관문을 의미한다.
116) 도남(圖南) : 붕(鵬)이 날개를 펴고 남명(南冥)으로 날아가려고 한다는 뜻으로, '웅대한 사업을 계획하고 있음'을 비유하여 이르는 말이다.
117) 각원(覺苑) : 깨달음의 동산이라는 뜻으로 부처가 있는 정토(淨土)를 이르는 말로 사용되거나 '마음'을 비유하는 말이다.
118) 자항(慈航) : 부처가 자비심으로써 중생을 제도함을 배에 비유한 말이다.
119) 보벌(寶筏) : 보물로 만든 뗏목을 타는 것과 같다는 뜻으로, '불법(佛法)에 귀의함'을 비유하여 이르는 말이다. 부처님의 묘법(妙法)으로 생사(生死)의 고해(苦海)를 건너감을 비유한다.
120) 대천세계 : 삼천대천세계(三千大天世界)라고 하는데 고대 인도인의 세계관에 따른 우주관이다. 수미산을 중심으로 그 주위에 네 개의 대주(大洲)가 있고, 그 둘레에 구산(九山)과 팔해(八海)가 있는데, 이 한 세계를 모은 것을 소천세

難)에 빼어났네.

　공은 축성(築城)에 있고 도는 산봉우리만큼 높았으며
　발자취는 선림(禪林)에 있으나 마음에는 나라가 있었네.
　외로운 구름은 머무르지 않고 부딪히는 파도는 멈추지 않고
　학이 보금자리를 떠나지만 갈매기는 잔 깨지는 소리에 놀라네.
　산천은 색이 변하고 용과 코끼리가 함께 슬퍼하며
　가릉빈가121)의 남긴 노래는 구름 가려진 곳을 늘 둘러싸네.
　혜안은 비치고도 남음이 있고
　정신은 [육신과] 함께 사라지지 않았으니
　바위가 우뚝 솟음이여, 언제까지나 홀로 푸르리라.122)"

　강희(康熙) 2년 계묘123) 8월에 세우다.

　　계(小千世界)라 한다. 이 소천세계를 천 개를 모은 것을 중천세계(中千世界)
　　라 하고, 중천세계를 다시 천 개 합한 것을 대천세계(大千世界)라 한다. 이 대
　　천세계 천 개를 3회 합한 것 즉 소·중·대의 3종의 천세계(千世界)가 되므로
　　삼천대천세계라 한다. 삼천의 세계라는 의미가 아니라, 천(千)의 삼승(三乘)의
　　수(數)로 형성된 세계라는 의미이다.
121) 빈가(頻伽) : 극락정토에서 아름다운 소리로 운다는 인두조신(人頭鳥身)의 새
　　를 가리킨다.
122) 이 구절은 벽암대사의 호인 벽(碧)과 암(巖)을 비유하여 읊은 것이다.
123) 계묘년 : 현종 4년(1663)이다.

제6절 대가대사(待價大師)

1. 사적(事蹟)

천은사(泉隱寺)[1] 정대하(鄭大夏)[2] 스님이 『승문족보(僧門族譜)』의 서문에 이르기를 "선조(先祖)이신 화엄대선(華嚴大選) 겸 선교판(禪敎判) 윤눌(潤訥)은 임진왜란 때 통제사(統制使)[3] 이순신(李舜臣)[4]의 부

---

1) 천은사 : 전라남도 구례군 광의면 방광리 지리산에 있는 절이다. 흥덕왕 3년 (828) 인도 승려 덕운(德雲)이 창건하였으며, 앞뜰에 있는 샘물을 마시면 정신이 맑아진다고 하여 감로사(甘露寺)라 하였다고 전한다. 그 뒤 신라 헌강왕 1년(875)에 도선국사(道詵國師)가 중건하였고, 고려 충렬왕 때에는 남방제일선찰(南方第一禪刹)로 승격되었다가 임진왜란의 전화로 완전히 불타버렸으나, 광해군 2년(1610)에 혜정(惠淨)이 중창하였고, 조선 숙종 5년(1679)에 단유(袒裕)가 중건하여 천은사라 하였다. 영조 50년(1774)에 혜암(惠庵)이 그 전년에 화재로 소실되었던 전각을 남원부사 이경륜(李敬倫) 등의 도움을 받아 중창하였다.
2) 정대하 : 용성진종(1864~1940)의 제자인 대하우성인 듯하다.
3) 통제사 : 조선 후기 서반(西班) 종2품 관직이다. 유래는 조선 초기의 수군절도사에서 비롯되었으며, 임진왜란 중인 선조 26년(1593) 이순신이 경상·전라·충청도의 삼도수군통제사로 처음 제수되었다. 삼남 수군을 통할하는 해상 방어의 총수로서 지방 병권의 대표적인 존재가 되었다. 삼도수군통제사(三道水軍統制使)로 통칭되며, 경상우도수군절도사가 겸임하여 통제사·통수(統帥) 등으로도 불렸다.
4) 이순신(1545~1598) : 선조 9년(1576) 식년무과에 병과로 급제하여 권지훈련원봉사(權知訓鍊院奉事)로 처음 관직에 나갔다. 전라도관찰사 이광(李洸)에게

장(副將)이었다. 진주성(晋州城)5) 탈환 때 함께 한 공훈이 있었기에 나라에서 자운대장(慈雲大將)이라는 직첩을 내리고 좌수영(左水營)6) 충무사(忠武祠)에 함께 배향하여 나라에서 제사지냈다."라고 하였다. 윤눌의 친동생 대가당(待價堂) 희옥(熙玉)7)대사에게도 나라에서 팔도도승통(八道都僧統) 겸 남한도총섭(南漢都摠攝)의 직첩을 정해 내렸다.

그런데 [대가]대사는 생각지도 못했던 일이라 온갖 방책으로 면하기를 구하니, 관사(官使)가 직접 와서 재촉했다. 대가(待價)와 벽암(碧巖)은 부휴의 법제자인데, 대가가 좋아하지 않으므로 부휴대로(大老)가 대신 벽암을 보내 공직을 행하게 했다.8) 대가에게 친동생이 둘 있는데, 한 사람은 비능(斐能)이고 또 한 사람은 급암(汲巖)이다. 비능 또한 후세에 영예를 남길 인연이 있었든지 담양(潭陽)9) 금성(金城)10)의 승장

발탁되어 전라도의 조방장(助防將)·선전관 등이 되고, 1589년 정읍현감으로 있을 때 유성룡에게 추천되어 고사리첨사(高沙里僉使)로 승진, 이어 절충장군(折衝將軍)으로 만포첨사(滿浦僉使)·진도군수 등을 지내고, 47세가 되던 해에 전라좌도수군절도사가 되었다. 1592년 임진왜란이 발발하자 옥포해전 등 많은 해전에서 일본수군을 격파하였다.

5) 진주성 : 경상남도 진주시에 있는 조선시대의 산성으로 촉석성(矗石城)이라고도 한다. 외성은 경상우도병마절도사영(慶尙右道兵馬節度使營)으로 축성되었다. 광해군 41년(1608)에 창원에서 옮길 것을 품의하여 윤허를 받고 축조한 것인데, 성벽 높이 25척, 둘레 1만330척으로 대규모이다.

6) 좌수영 : 조선시대 전라도와 경상도에 설치한 수군의 주진(主鎭)이다. 서울에서 보아 각 도의 서편 즉 우편을 담당하는 주진을 우수영, 동편 즉 좌편을 담당하는 주진을 좌수영이라 하였다.

7) 희옥 :『조계고승전』에 따르면 이름이 희옥이고, 호가 융묘(融妙)이며, 자가 대가(待價)로 인조 4년(1626) 11월에 태어났다고 한다.

8) 『송광사지』(2001)에 따르면 인조 6년(1628)에 송광사 사천왕소상(四天王塑像)을 중수하는 증명법사였으며, 부도의 탑명은 융묘(融妙)로 감로암 동쪽 기슭에 있었다고 한다.

9) 담양 : 전라남도 북단에 위치한 군으로 백제시대에는 추자혜군(秋子兮郡)으로 불렸고, 경덕왕 16년(757)에는 추성군(秋成郡)으로 고쳐 불렀다. 성종 14년 (995) 담주(潭州)로 고치고 도단련사(都團練使)를 두었다가 담양으로 고쳐서

(僧將)이 되어 9년 동안 공적인 일을 했다. 급암도 입암(笠巖)¹¹⁾의 승장이 되었다가 죽었다. 선조(先祖)로 선의(宣義)라는 시호를 받은 자운대사 윤눌의 친동생이 대가 희옥대사이다.

-시냇가 누각에 바람 물 달에 의지한 삼청(三淸)은 무한한 아취가 있으니 진세(塵世)에 몇 사람이나 알랴! -¹²⁾

2. 교지(敎旨)

전라도 총섭(摠攝) 승려 희옥(熙玉)은 남한산성을 쌓을 때 승려들을 이끌고 온 힘을 다해 완성하여 국가에 공이 있음이 극히 중하고 칭찬할 만하여 보은(報恩) 선교융묘(善敎融妙) 도대선사(都大禪師)로 삼고 특별히 의발을 내리노라.

천계(天啓) 6년¹³⁾ 11월 일

　　나주(羅州)의 속현이 되었다.
10) 금성 : 담양도호부의 북쪽 20리에 옛날 돌로 쌓은 산성이 있었는데, 선조 30년(1597)에 개축하였고 효종 4년(1653)에 중수하였다. 현재 전라남도 담양군 용면의 산성산에 금성산성이 있다.
11) 입암산성 : 전라남도 장성군 북하면 신성리에 있는 고려시대의 산성이다. 노령산맥에 연하여 전라북도 정읍과 경계를 이루고 있으며, 기암단애가 많고 산세가 험준하여 옛날부터 전략요새지로 알려진 곳이다. 산성의 형태는 상봉을 둘러싸듯 하였으며, 지금도 남문과 북문이 남아 있다.
12) 대가대사는 초서와 시에 능하여 송광사 삼청각(三淸閣)을 노래한 이 시가 순종 2년(1908)까지 우화각(羽化閣) 천정에 보관되어 있었다고 한다.
13) 천계 6년 : 인조 4년(1626)이다. 천계는 명나라 희종의 연호이다.

제7절 취미대사(翠微大師)

1. 행장

돌아가신 대사의 이름은 수초(守初)이고, 자는 태혼(太昏)이며, 취미(翠微)는 그 호이다. 성은 성(成)이고 본관은 창녕(昌寧)인데, 본조(本朝)의 유명한 재상인 삼문(三問)[1]의 방계 후손이다. 만력 경인년[2] 6월 초 3일에 경성(京城) 성균관(成均館)[3]의 북쪽에서 태어났다. [어머니가] 임신했을 때 해를 낳는 상서로운 꿈을 꾸었으나 생략한다.

어릴 때부터 불사(佛事)놀이를 즐겼는데, 뽐내는 듯 가만히 앉아 있는 것이 편안히 선정(禪定)에 든 스님 같았다. 보는 사람들이 모두 이상히 여겨 "이 [아이는] 속세 사람이 아니다."라 했다. 부치(賦鴟)의 나이에 부모가 돌아가시자 형과 형수에게 의지하였다. 15세[4]가 되자 재물을 멀리했으며 뜻은 크고 원대했다.

---

1) 성삼문(1418~1456) : 조선 초기의 문신으로 집현전학사로 뽑혀 세종의 총애를 받았으며, 세종이 훈민정음 28자를 만들 때 이를 도왔다. 세조가 즉위하자, 단종 복위운동을 도모하였다. 이로 인해 세조 2년(1456) 6월 8일에 군기감 앞에서 능지처사(凌遲處死)를 당하였다. 숙종 17년(1691) 신원(伸冤)되었다.
2) 경인년 : 선조 23년(1590)이다.
3) 반궁(頖宮) : 주대(周代) 제후(諸侯)의 학교 이름이다. 제후가 향사(饗射)를 익히게 하던 곳으로 여기서는 성균관을 가리킨다.
4) 지학(志學) : 『논어(論語)』「위정편(爲政篇)」의 "나는 나이 열다섯에 학문에 뜻을 두었다(吾十有五而志于學)"는 말에서 유래한다.

어느 날 밤 꿈에[5] 흐릿한 모습의 어떤 승려가 "오는 것이 어찌 이리 더딘가?"라 외쳤다. 그런 꿈을 두 번이나 꾸었는데 [그때마다 대사는] 자리에서 벌떡 일어났다. 날이 밝기를 기다려 형에게 꿈꾼 것을 말하고 출가하고자 하니 [형이] 손으로 입을 막고 "다시는 이런 말을 꺼내지 마라."고 했다. 묵묵히 물러나 여러 날 고민하다가 10여 일이 지나서 한밤중에 집을 나와 설악산의 고승[6]인 경헌(敬軒)[7]대사에게서 머리를 깎았다.

병오년[8]에 남쪽으로 내려가 두류산에 이르러 먼저 부휴대사를 뵙고 구족계를[9] 받았는데, 그림자처럼 가까이에서 모셨다. 이때 벽암(碧巖)대사는 젊은 장로로 제일 수좌였다. 하루는 부휴대사가 취미의 머리를 쓰다듬으며 제일 수좌에게 말하기를 "훗날 우리의 도를 크게 할 사람은 반드시 이 사미(沙彌)[10]일 것이다. 나는 늙고 병들어 세상에 오래 있지 못할 것 같아 너에게 부탁하니 잘 보호하라."라 했으니, 그 그릇

---

5) 천침(薦枕) : 원래는 잠자리에서 시중든다는 뜻으로, '남녀의 인연 맺음'을 이른다. 여기서는 잠이 들었다는 의미로 해석했다.
6) 기숙(耆宿) : 연로하고 학덕이 있는 사람이나 늙어서 명망이 있는 사람을 가리킨다.
7) 제월경헌(霽月敬軒, 1544~1633) : 허한거사(虛閑居士)라고도 한다. 성은 조씨(曹氏)이며 호남 장흥 사람이다. 15세에 천관사(天冠寺)에서 출가하여 삼장에 두루 통했으며, 선조 3년(1570) 휴정에게 선지를 듣고 크게 깨달았다고 한다. 임진왜란 때에는 휴정의 휘하에서 좌영장(左營將)을 지냈다. 광해군 10년(1618)에 금강산 은선동에서 7년 동안 머물면서 선을 참구하였고, 치악산에서 입적했다. 신익성(申翊聖)이 지은 비문과 송암도인(松巖道人) 홍택(洪澤)이 지은 행장이 있고, 저서로는 『제월당집』 2권 1책이 있다.
8) 병오년 : 선조 39년(1606)이다.
9) 시라(尸羅) : 범어 sila의 음사로서, 청량(淸凉)이라고 풀이하거나 계율 또는 율(律)이라고 번역한다. 부처님이 제정하신 법을 잘 지켜 허물이 없도록 하는 것이다. 청량계(淸凉戒)를 뜻하며, 선도(善道)를 즐겨 행하고 스스로 방일(放逸)하지 아니하는 일을 뜻한다.
10) 사미 : 십계(十戒)를 받은 7세 이상 20세 미만의 출가한 승려를 가리킨다.

을 중히 여김이 이와 같았다.

스무 살이 넘어서 천하를 두루 돌아다녔는데, 노장들을 찾아가 이르는 곳마다 그 가르침을 받았다. [대사가] 일찍이 탄식하여 "옛날의 덕이 있는 고승들은 다른 종지와 학문도 섭렵하여 익혔다. 유자를 만나면 유학을 이야기하고 도가를 만나면 노장(老莊)을 논했다. 업신여김과 책망을 받더라도 부처와 성인의 교화를 번창시켰는데, 어찌 지금의 마음이 꽉 막힌 자들과 같겠는가?"라 했다.

이윽고 서울로 올라가 재상들의 집에 드나들면서 스승과 벗처럼 사대부[11]와 사귀며 유가의 경전을 토론하였는데, 그 핵심을 잘 이해하여 학업이 나날이 발전하였다. 어느 암자에 머무를 때 학생[12] 4~5명이 있었는데, 구오(癯烏)로 운(韻)을 삼아 시를 청하자 대사가 시를 읊었다. 시의 마지막 구절에 "평생 동안 만물을 기름이 없었는데, 오직 대나무 가지에 까마귀가 있었구나."라 하여, 당시에 대사를 '죽지오승(竹枝烏僧)'이라 불렀다.

때마침 벽암대사가 관동으로 갔는데, 대사가 홀연히 마음속으로 "무릇 세속에 물든 선비도 공자의 도를 본받음을 즐거움으로 삼는데 [내가] 어찌 세속의 경전만 볼 것인가?"라 하였다. 지팡이[13]를 짚고 곧장 벽암의 승좌(陞座)[14]로 달려가서 즉시 평상을 세 번 돌고 좌구(坐具)를 펼쳐 예를 갖추고 의심스러운 것을 물었다. 벽암대사가 "어느 곳에서 한 짐 명주를 짊어진 녀석이 왔느냐?"라 하니, 대사가 "내려놓고자 하

---

11) 진신(薦紳) : 고귀한 사람이나 지체가 높은 사람을 가리키며, 진신(搢紳)과 같이 쓰인다.
12) 청금(靑衿) : 청금(靑襟)으로도 쓰는데, 푸른 깃의 옷을 뜻하며 학생(學生)이 입는 옷을 가리킨다. 바꾸어 학생을 이르기도 한다.
13) 원문은 즐표(櫛標)인데 즐률(櫛栗)로 보는 것이 옳은 듯하다.
14) 승좌 : 선종의 용어로 높은 자리에 올라간다는 뜻으로 법사(法師)가 높은 자리에 올라 설법하는 것을 가리킨다.

나 내려 둘 곳이 없습니다."라고 대답했다. 벽암대사가 "물러났다가 다음에 보자."라 하니, 대사가 소매를 털고 숙소로 돌아갔다.

벽암대사는 부휴 선사(先師)의 부탁을 받들어 은밀히 가르치기도 하고 드러내어 깨우쳐 주기도 하여 대사의 마음을 격발시키니, 그윽이 뜻이 서로 부합되는 것이 [마치] 화살이 기둥에 꽂히는 듯했다. 불법이 남쪽으로 내려가자[15] [취미]대사도 모시고 돌아갔다. 여러 해 동안 곁에서 모시며 [무명(無明)의] 싹과 말뚝을 자르고 뽑아 [법의] 요체를 꿰뚫어 계발하여 심오한 경지에 깊이 들어갔다.

벽암대사가 대사를 인가하여 말하기를, "종문의 표준이다."라 하였다. 이때부터 [경계에] 물들어 훈습되지 않아서 공적으로 교장(敎場)의 우두머리가 되었다. 전국의 학승들이 바람처럼 몰려와 학문을 힘써 배웠다. 대사는 예로써 [그들을] 대했고 경전의 오묘한 뜻을 더욱 연마하였다. 이로부터 선(禪)에는 돈점(頓漸)을 겸하고 교(敎)에는 성(性)과 상(相)[16]을 회통하고, 또 경사자집(經史子集)[17]을 모두 모으고 널리 연구하니 [이로써] 폭넓게 가르칠 수 있었다.

대사가 한번 말하면 [모두들] 머리를 숙여[18] 따르는 것이 바람이 한번 불면 풀이 눕는 듯했다.[19] 대사가 제자를 격양시킬 때 혹은 뺨을 때

---

15) 상가(象駕) : 불교의 동점(東漸)을 비유하는 말이다. 코끼리가 경(經)을 싣고 왔다는 의미로, 여기서는 벽암대사가 남쪽으로 내려간 것을 의미한다.
16) 성상 : 성(性)은 불변(不變), 평등, 절대, 진실의 본체나 도리 또는 사물 그 자체를 가리키고, 상(相)은 변화, 차별, 상대의 현상적인 모습이나 상상(相狀)을 가리킨다. 성은 원성실성(圓成實性)의 진여(眞如)이고, 상은 의타기(依他起)의 만법(萬法)이라 한다.
17) 경사자집 : 서적의 분류법으로 경서(經書), 역사서(歷史書), 제자류(諸子類), 시문집(詩文集)을 이른다. 이 분류법은 『수서(隋書)』「경적지(經籍志)」에서 비롯되었다.
18) 붕각(崩角) : 머리를 땅에 대거나 머리를 조아리는 일을 가리키며, 계수(稽首)와 같은 뜻이다.
19) 추하풍(趍下風) : 추(趍)는 추(趨)와 통하는 글자이다. 추풍(趨風)은 웃사람을

리고 수염을 쓰다듬었으니, 이는 평범한 사람들[20]이 받아들여서 생각하고 의논할 수 있는 것이 아니었다. 그러므로 좁은 길로 가는 것이 심하여 일반적인 생각으로는 접근할 수 없었으니, [이는] 마치 임제와 황벽(黃檗)[21]의 관계와 같았다.

 몇 년 동안 대중과 더불어 지냈는데,[22] 숭정(崇禎) 기사년[23]에 대중이 세상에 나오기를 청하였다. 옥천(玉川)[24]의 영취산(靈鷲山)[25]에서 개당하자 학도(學徒)가 몰려들었다. 당시의 재상 장유(張維)[26]가 희고상인(希古上人)에게 북산(北山)에서 결사(結社)하도록 하였는데, 대사의 도풍을 흠모하여 누차 편지[27]로 대사에게 중책을 맡아줄 것을 청했

　　공경하여 그 앞을 바람처럼 빨리 지나 지체하지 아니하는 일을 뜻한다.
20) 하사(下士) : 선비 계급에서 가장 낮은 신분이나 어리석은 사람 또는 초야에 있는 선비나 범부(凡夫)를 이르는 말이다.
21) 황벽(?~850) : 희운(希運)선사를 가리킨다. 당나라의 희운선사는 복주(福州) 사람으로 어려서 황벽산에서 출가하였는데, 천태산과 경사(京師)에서 배우다가 뒤에 강서(江西) 백장산(百丈山)으로 회해(懷海)선사를 찾아가서 그의 법을 이어받았다. 848년 배상국의 청으로 원릉(苑陵)의 개원사에 있으면서 사방에서 모여드는 학인들을 제접하였다. 시호는 단제(斷際)이고 그의 설법을 모은 『전법심요(傳法心要)』가 유명하다.
22) 육침(陸沈) : 물에 가라앉는다는 의미로, 속인(俗人)과 함께 생활하며 겉보기에 속인과 조금도 다름이 없는 은자(隱者)를 가리킨다.
23) 기사년 : 인조 7년(1629)이다.
24) 옥천 : 지금의 순창으로 삼한시대에는 마한의 영토로 오산(烏山) 또는 옥천(玉川)이라 불렸다. 삼국시대에는 백제의 영토로 도실군(道實郡)이 되었다. 신라 경덕왕 16년(757) 순화군(淳化郡)으로 개칭되어 적성현(赤城縣)과 구고군(九皐郡)을 관할하였다. 고려 태조 23년(940) 순창(淳昌)으로 개칭되었다.
25) 영취산 : 전라북도 순창군 적상면 석산리에 있다. 곧 이 산에 있던 취암사(鷲巖寺)를 말한다.
26) 장유(1587~1638) : 선조 39년(1605) 사마시를 거쳐 광해군 1년(1609) 증광 문과에 을과로 급제하였다. 1623년 인조반정에 가담해 정사공신(靖社功臣) 2등에 봉해졌다. 1636년 병자호란 때 공조판서로 최명길(崔鳴吉)과 더불어 강화론을 주장하였다. 이듬해 예조판서를 거쳐 우의정을 지낸 후 사퇴하였다.
27) 절간(折簡) : 전지(全紙)를 둘로 끊어서 적은 짧은 편지나 관리를 임면(任免)할

으나 굳게 사양하고 가지 않았다. 이에 장유가 더욱 중하게 여겨서 옥구슬 한 꿰미를 보내주었다.

임신년28)에 요청을 받고 함경도29)에 이르러 오도산(悟道山)30)과 설봉산(雪峰山)31)에서 도를 주창하니 여러 산에 도성(道聲)이 멀리 퍼졌고 사방에서 승려들이 모여들었다. 법석이 가득 차서 영외(嶺外)에 선학(禪學)의 번성함을 크게 떨쳤다. 이곳에 머문 지 얼마 안 되어 황해도32)로 가서 승려들의 의문을 풀어주고자 했다. 드디어 동지 4명을 모아 행장을 짊어지고 떠나 양덕(陽德)33)에 이르렀으나, 이때 병자호란34)을 만나 길이 막혀 갈 수 없었다.

정축년35)에 동쪽의 태백산36)에서 백일을 지냈고, 이듬해 남쪽으로 돌아와 벽암대사를 뵈었는데, 벽암대사는 바야흐로 교화행각을 끝내고 방장산의 옛 거처로 돌아와 있었다. [벽암의 뜻을] 받들어 계족산(鷄足山)37) 정혜사(定慧寺)38)와 백운산(白雲山) 용문사(龍門寺)에서 대중을

때의 서찰을 가리킨다.
28) 임신년 : 인조 10년(1632)이다.
29) 관북(關北) : 마천령의 북쪽 지방으로 함경도 지방을 이른다.
30) 오도산 : 안주목(安州牧) 주의 남쪽 30리에 있는데, 원통산(元通山)이라고도 한다.
31) 설봉산 : 안변도호부(安邊都護府) 서남쪽 35리에 있는데 산 위에 세 개의 석봉(石峰)이 높이 서 있기 때문에 속칭 검봉 또는 검봉산(劒峯山)이라고 한다.
32) 해서(海西) : 황해도를 가리킨다.
33) 양덕 : 평안남도 동부에 위치한 군으로 삼한시대 지금의 성천지방을 중심으로 한 비류국(沸流國)에 속하였다.
34) 건이(建夷) : 『건주기정도기(建州紀程圖記)』에 따르면, 건주(建州)의 여진족(女眞族)을 가리킨다. 여진족은 고려 때부터 남만주(南滿州) 일대에 거주하면서 우리나라의 변방을 괴롭혔으며, 후일 청태조(淸太祖)인 건주좌위(建州左衛)의 누르하치(奴兒哈赤)가 1616년 만주를 통일한 후 후금(後金)을 세웠다.
35) 정축년 : 인조 15년(1637)이다.
36) 태백산 : 강원도 태백시와 경상북도 봉화군 석포면에 걸쳐 있는 산이다.
37) 계족산 : 순천도호부(順天都護府)의 북쪽 45리에 있는 산이다.

교화하였다.

계미년39)에 진주목사(晋州牧使) 이소한(李昭漢)40)의 청으로 칠불사(七佛寺)로 옮겼는데 대중이 3백 명에 이르렀으나 사람들을 대하고 스스로를 닦음에 어둑한 새벽까지 게으르지 않았다. 강대수(姜大遂)41)가 이 지방의 목사를 계승하였는데, 자주 찾아와 늘 해가 저물도록 담론하다가 돌아갔다. 현묘한 말을 한번 시작하면 줄줄 흘러나와 막힘이 없었으니 [강대수가] 기이하게 여기고 "진실로 스님 가운데 뛰어난42) 사람이다."라 말했다.

임진년43)에 장산(長山)의 진원사(珍源寺)로부터 석장을 돌려 지리산으로 갔는데, 마침 이지온(李之蘊)44)이 용성(龍城)45)의 수령으로 있었는데, 그곳으로 [대사를] 모셔서 며칠 동안 머물게 하고 [대사로부터] 자못 격조 높은 설법을 들었다. [이지온이] "선학(禪學)의 고명함을 대사에게서 보았습니다."라 하고, 항상 자(字)를 불렀으며 이름은 부르지 않았다.

---

38) 정혜사 : 전라남도 순천시 계족산에 있는데, 절에 불치(佛齒)가 있다. 정혜사(定惠寺)라고도 한다.
39) 계미년 : 인조 21년(1643)이다.
40) 이소한(1598~1645) : 인조대 문신인데 풍부한 학식으로 수찬, 정언, 교리 등의 문관 요직에 있으면서 정사와 왕실의 잘못을 간쟁하였다. 시문에 능하고 글씨에 조예가 깊었다.
41) 강대수(1591~1658) : 광해군과 인조 연간의 문신이다.
42) 기재(杞梓) : 멀구슬나무와 가래나무를 가리키는데, 둘 다 좋은 목재이므로 '유용한 인재'를 이른다.
43) 임진년 : 효종 3년(1652)이다.
44) 이지온(1603~1671) : 병자호란 때에는 의병을 모집해 싸웠으며, 청나라와 화의가 성립되자 사직하고 귀향했다가 1638년 고산도찰방(高山道察訪)에 재임했다. 1669년 형조참판 겸 동지중추부사·의금부도사·한성부좌윤 등에 임명되었다.
45) 용성 : 남원도호부(南原都護府)의 옛 이름 가운데 하나이다.

병신년46)에 보개산(寶盖山) 반룡사(盤龍寺)에 있을 때 내한(內翰)47) 신최(申最)48)가 함경도의 수령이 되었는데, 그 일행이 덕원(德源)49)을 지나갈 때 역졸(驛卒)50)을 보내 올린 글에서 "가까운 거리51)에 있지만 직접 찾아뵙지 못하니 제자의 인연이 적은 것 같습니다."라 했으니, 존경하고 귀히 여김이 이와 같았다.

기해년52) 초겨울 벽암노사(老師)가 병이 들자 화엄사로 돌아가서 모셨다. 봄 정월에 벽암대사께서 순연히 입적하시니 이로부터 거처를 정하지 않은 채 때로는 남쪽으로 때로는 북쪽으로 다니며 가르치는 것을 자기의 맡은 일로 삼았다. 배우는 이들을 가르침에 반드시 참된 자비로써 잘 이끌고도 자랑하지 않았다. 막힌 것을 격발시키고 그 어두운 것을 밝게 하는데 조금도 싫어하는 빛이 없었으니, 사람들이 모두 공경하고 복종했다.

대사의 경지는 현재와 과거를 뛰어넘어 어디에도 걸림이 없었으니 [마치] 산과 바다를 움직여 하나로 융회하는 듯한 깊은 맛이 있었다. 배우는 이들의 고지식한53) 병폐를 경계하는 것은 마치 의사들이 흔한

---

46) 병신년 : 효종 7년(1656)이다.
47) 내한 : 문필(文筆)을 맡은 관직으로, 조정에 참여하여 간쟁(諫諍)하는 것을 주된 임무로 삼는다.
48) 신최(1619~1658) : 인조 연간에 벼슬길에 나와서 효종 1년(1650)에 봉교로 임명되어 춘추관기사관을 겸임하면서 『인조실록』편찬에 참여하였다. 그 뒤 전적(典籍), 낭천현감을 거쳐 1656년 함경도사로 나갔다.
49) 덕원 : 함경남도 문천·원산지역의 옛 지명이다.
50) 우졸(郵卒) : 역참(驛站)에서 일을 보는 하급 관리인 우리(郵吏) 또는 역졸(驛卒)이나 우체부와 비슷한 뜻으로 사용되었다.
51) 유순(由旬) : 인도의 거리 단위로, 멍에를 황소 수레에 걸고 하루의 길을 가는 여정을 말한다.
52) 기해년 : 효종 10년(1659)이다.
53) 수주(守株) : 수주대토(守株待兎)의 준말로, 변통성이 없이 어리석게 고집하여 지키기만 함을 의미한다. 옛날 송(宋)나라의 한 농부가 밭일을 하다가 우연히

병을 치료하는 것 같았다. 벌떼처럼 일어나 따져 묻더라도 판결하는 것이 물 흐르듯 했으니, 마치 곤(鯤)54)과 두더지가 함께 강물과 바닷물을 마셔서 각자의 배를 채우는 듯했다. 빈 채로 [대사에게] 왔다가 채워서 돌아가게 하니, [제자들이] 끊임없이 오고감이 그치지 않았다. 조계도량(曹溪道場)에 주석하여 전후 12년55)을 지냈다.

절의 네 개의 큰 건물에 초상이 없어서, 장인에게 소상(塑像)을 만들게 하여 6구(軀)를 안치하고, 이어서 그림 그리는 것도 똑같이 하였다. 무릇 여러 곳에 머물며 그림과 소상을 만든 것이 수천이나 되었다.

어떤 이가 [이를] 비난하여 "어찌 유위(有爲)로써 합니까? 반드시 무위(無爲)로써 해야 하지 않겠습니까?"라고 물었다. [대사가] 대답하기를 "너는 외다리로 가는 자를 보았느냐? 부처님께서 부처님이 되심은 복(福)과 혜(慧)를 두 다리 삼아 가시기 때문에 양족존(兩足尊)56)이라고 칭하느니라."라 했다. 그 지키는 것이 치우치지 않음이 대략 이와 같았다.

병오년57)에 구월산(九月山)58) 원정사(元淨寺)59)에 진홍빛 가사를 보

　나무그루에 토끼가 부딪쳐 죽은 것을 잡은 후, 또 그와 같이 토끼를 잡을까 하여 일도 하지 않고 나무그루만 지켜보고 있었다는 고사에서 온 말이다. 각주(刻舟)는 각주구검(刻舟求劍)의 준말이다. 배에서 칼을 물속에 떨어뜨렸는데 그 떨어진 위치를 뱃전에 표시해 놓고, 후에 그 표시한 데를 따라 찾으려고 했다는 고사에서 나온 말이다.
54) 곤 : 『장자(莊子)』에 나오는 상상속의 큰 물고기로, 모습을 바꾸면 대붕(大鵬)이 된다고 한다.
55) 일기(一紀) : 12년을 가리킨다.
56) 양족존 : 양족선(兩足仙) 또는 이족존(二足尊)이라고도 한다. 부처님의 칭호로 양족은 계(戒)와 정(定), 복덕과 지혜, 대원(大願)과 수행(修行) 등을 구족하였다는 뜻이다.
57) 병오년 : 현종 7년(1666)이다.
58) 구월산 : 황해도 신천군 용진면과 은율군 남부면·일도면에 걸쳐 있는 산이다. 우리나라 4대 명산 중의 하나로 아사달산(阿斯達山)·궁홀(弓忽)·백악

시하였다. 이듬해 황강(黃岡)60)의 심원사(深源寺)61)에서 머물 때 절도사(節度使) 성익(成杙)62)과 별승(別乘)63) 윤우갑(尹遇甲)이 함께 대사의 도를 전해 들었다. [대사가] 갑자기 병이 들자 절도사는 여러 번 심부름꾼을 통해 약을 보내 위문하였다.

그 해 가을 7월에 묘향산(妙香山)으로 자리를 옮기자 수백여 명의 대중이 몰려들었다. 이보다 앞서 『선문염송(禪門拈頌)』을 읽다가 정엄(淨嚴) 수(邃)64) 선사의 게(偈)에 "봄이 되자 온 천지가 아름답고, 비가 큰 나무숲에 내리니 두견새가 우네."라고 한 대목에 이르러, 마치 차를 한잔 마셔서 상기된 기운이 가라앉고 가슴이 시원해진 듯하였다. 이에 [대사가] 책을 덮고 말하기를 "모든 언어 문자가 모두 지게미 같으니, 어찌 남은 맛이 있겠는가?"라 했다.

이때 예좌(猊座)65)에 올라 설법하면서 주장자를 한번 휘둘러 선지(禪旨)를 자유자재로 펼치니 문풍이 우뚝하였다. 모든 대중이 우러러보

(白岳)·증산(甑山)·삼위(三危)·서진(西鎭) 등으로도 불린다.
59) 원정사 : 황해남도 은율군 일도면 우산리 구월산(九月山)에 있는 절이다. 『신증』에는 '원정사(元正寺)'로, 『범우고(梵宇攷)』와 『가람고(伽藍攷)』에는 '원정사(圓井寺)'라고 되어 있다. 고려 충숙왕 때 원나라 순제(順帝)의 원찰로 창건하였다.
60) 황강 : 황해도 황주목(黃州牧)을 가리키는데, 조선 순조(純祖)대에 황강현으로 강등되었다.
61) 심원사 : 황해도 황주 여계산(餘界山)에 있다.
62) 성익 : 『잠곡유고(潛谷遺稿)』 권13의 「정경부인(貞敬夫人) 신씨(申氏)의 묘갈음기(墓碣陰記)」에 선조대의 현감 성문준의 차남으로 기록되어 있다.
63) 별승 : 지방관의 다음 자리인 별가(別駕)의 별칭이다.
64) 정엄수 : 송나라 조동종 선승인 대홍수수(大洪守邃, 1072~1147)이다. 속성은 장씨(章氏)이며, 사천성 수녕 연계 출신이다. 대홍보은(大洪報恩)의 법맥을 계승하고, 중화(重和) 1년(1118)에 정엄대사라는 호를 받았다. 금의 침입으로 인해 남방으로 옮겨 와 수남선원(水南禪院)을 개당하고, 광산, 대홍산(大洪山) 등지에 머물렀다.
65) 예좌 : 부처나 고승이 앉는 자리로 사자좌(獅子座)라고도 한다.

고 공경하며 따르고 "일찍이 없었던 일이다."라 하고 심지어 눈물을 흘리면서 설법을 경사스럽게 여기는 사람도 있었다. 도량이 좁은 사람들66)은 [대사의] 끝없이 넓은 경지를 헤아릴 수 없어서 스스로 물러나는 자도 많았다.

다음해 봄 정월67)에 대중에게 고하기를 "이 하나의 보신(報身)을68) 버리고 장차 꼭 돌아가야 할 곳은 영북(嶺北)69)이다."라 하고 지팡이와 신을 챙겨서 2월 갑신일에 중주(仲州)70) 오봉산(五峰山)의 삼장사(三藏寺)71)로 옮겼다. 여름 4월 기사일에 병이 들자 도호부사(都護府使) 홍석구(洪錫龜)72)가 약사(藥師) 성(成) 아무개와 함께 수차례 방문했으나

---

66) 지려지도(持蠡之徒) : 표주박으로는 바닷물을 잴 수 없다는 말에서 유래한다. 여기서 표주박을 가진 무리라는 말은 도량이 좁은 사람을 가리킨다.
67) 춘왕정월(春王正月) : 『춘추좌전(春秋左傳)』 은공(隱公) 원년(元年)조에 보이는 글귀로, 노(魯)나라 은공 원년은 주(周)나라 왕의 정월(正月)에 해당한다는 뜻이다. 각 제후국이 주나라의 정삭(正朔)을 받든다는 것을 의미하고 왕자(王者)의 대일통(大一統)을 나타낸 글귀로서, 후대에는 춘련(春聯)에 이 글귀를 차용(借用)하기도 하였다.
68) 보신 : 삼신(三身)의 하나로 과보와 수행의 결과 주어진 불신(佛身)으로 오랜 수행의 과정을 겪어 무궁무진한 공덕이 갖추어진 몸을 의미한다.
69) 영북 : 마천령 이북의 함경도 지방을 가리킨다.
70) 홍석구와의 관련을 생각하면, 중주는 정평도호부(定平都護府)라고 생각된다. 정평은 북쪽으로 함흥, 남쪽으로 영흥, 서쪽으로 평안남도 영원, 동쪽으로는 바다와 접하고 있다.
71) 『범우고』와 『가람고』에 의하면 삼장사는 정평부 서쪽 45리 장곡(長谷)에 있다. 용연사(부의 서쪽 40리), 청계사(부의 서쪽 43리), 성불사(부의 서남쪽 50리), 쌍계사(부의 서쪽 47리)와 함께 오봉산에 있다고 한다.
72) 홍석구(1621~1679) : 효종 1년(1650) 증광문과에 병과로 급제, 해주목사가 되고 이어 정평부사, 경서교정관(經書校正官)을 거쳐 1672년부터 평산부사를 역임하였다. 독서에 힘써 천문학에 정통하여 나무로 혼천의(渾天儀)를 만들어 성관(星官)들의 연구에 표본이 되게 하였다. 글씨는 특히 전서를 잘 써서 현종의 격찬을 받았다. 『조선왕조실록』에 따르면, 그가 정평도호부사를 지낸 것은 1668년 전후로 추측된다.

물리쳐 "살고 죽는 데는 운수가 있으니 어찌 약을 쓰겠습니까?"라고 말했다.

6월 기유일에 목욕을 한 다음 옷을 갈아입고 작은 종73)을 울려 대중과 이별하여 말하기를 "아침부터 일하고 날이 저물면 쉬는데, 계속 일하면서 쉬지 않는 자는 없다. 나도 장차 쉬려 하니 너희들은 각기 자신의 마음을 믿고 바깥 경계에 휘둘려 함부로 행동하지 말라. 노승은 태어난 지 79년이요, 좌선한 지는 65년이니, 나이는 들만큼 들었고 법랍도 높으니 무슨 꺼릴 바가 있겠는가? 슬퍼하거나 한탄하지 말고, 후하게 장사지내지도 말며, 부도를 세우거나 명(銘)을 구하지도 말라."라는 세 개의 조항을 손가락을 꼽으면서 유시하였다. 세상을 떠나면서 남기는 게(偈)를 바라는 자에게 대사가 "나는 항상 여러 곳에서 게를 하는 것을 웃었노라. 하물며 내가 할 것인가? 부디 떠들썩하거나 어지럽게 하지 말고 마음을 고요히 하라."라 말했다.

3일 뒤인 정해일 정오 무렵74)에 시자를 불러 "오늘은 재를 일찍 올려라."라 했다. 재를 마치자 여러 승려들이75) 방장실을 둘러싸고 각기 무량수불(無量壽佛)76)을 10번 외웠는데, [대사는] 서쪽을 향해 결가부좌하고 합장한 채 입적하였다. 7일이 지난 계사일에 절의 동쪽 기슭에서 다비했는데, 여섯 고을의 승려와 신도들이 모두 모였다. [그때] 정수

---

73) 본문은 건(楗)으로 되어 있으나 건(犍)이 옳은 듯하다. 건추(犍椎)는 건치(犍稚)라고도 하는데, 절에서 때를 알리기 위해 사용하는 악기이다.
74) 우중(禺中): 오전 9시부터 11시까지를 가리키는데, 사시(巳時)와 같은 의미이다.
75) 유애(幼艾): 젊고 예쁜 사람, 미소년이나 미소녀를 이른다. 또는 어린이와 어른을 가리키는 말이기도 하다.
76) 무량수불: 아미타불(阿彌陀佛)의 의역(義譯)으로 정토교(淨土敎)의 주존불이다. 수명이 한없는 불타의 덕을 찬양하여 이르는 말이다. 아미타불은 중생구제의 48가지 본원(本願)을 가지고 오랫동안 수행하여, 십겁(十劫) 이전에 그 원을 성취하여 성불하였으며, 현재 극락세계에 머물며 설법하고 있다고 한다.

리 뼈 하나가 땔나무 밖으로 튀어나왔는데 문인 각흘(覺屹) 등이 받들고 설봉산(雪峰山) 벽송대(碧松臺)로 돌아가 주문을 외우며 21일 동안 간절히 기도하여 이듬해 3월 7일에 사리 2알을 얻었다.

세 곳에 부도를 세웠는데 중주(仲州)의 오봉산(五峰山), 학성(鶴城)77)의 설봉산(雪峰山), 승평의 조계산이다. 돌아가신78) 후 탑을 세우던 날까지 상서로운 징조가 하나둘이 아니어서 이루 다 기록할 수 없다.

일찍이 교리(校理)79) 조중려(趙重呂)80)가 과거에 합격하기 전부터 영예로운 이름이 일세에 떨쳤는데, 대사와 더불어 방외의 사귐을 맺었다. 당대의 이름난 관리와 걸출한 선비들의 글 속에 불교81)에 대한 것은 드물고 좋아하지 않았다. 오직 동악(東嶽) 이안눌(李安訥),82) 택당

---

77) 학성 : 함경북도 서남부에 있는 군으로 동남쪽은 동해, 서쪽은 함경남도 단천군, 북쪽은 길주군에 접하고 있다.
78) 역책(易簀) : 『예기(禮記)』 단궁편(檀弓篇)에 증자(曾子)가 죽을 때를 당하여 대자리를 바꾸었다는 고사에서 유래한 것으로, 학식과 덕망이 높은 사람의 죽음을 이르는 말이다. 증자가 장차 임종하려 할 때 그가 깔고 있는 대자리가 대부(大夫)의 쓰는 물건이어서 곱고 화려하므로, 자신의 신분에 맞지 않는 물건을 쓰게 한 가신(家臣)들을 꾸짖고 이내 그것을 바꾸게 한[易簀] 뒤 곧 임종하였다고 한다.
79) 교리 : 조선시대 집현전・홍문관・승문원・교서관 등의 정・종5품의 관직이다. 집현전과 홍문관의 교리는 정5품직이었으며, 승문원과 교서관의 교리는 종5품직이었다.
80) 조중려(1603~1650) : 인조대의 문신으로 1633년 증광문과에 병과로 급제하여 승문원정자가 되었다. 이어 시강원설서, 형조좌랑, 병조좌랑 겸 지제교를 역임하고 삼사에 들어가 지평, 장령, 정언, 헌납, 수찬, 교리 등 청요직(淸要職)을 여러 차례 지냈다. 이어 세자시강원필선, 성균관사예, 상의원(尙衣院)과 사도시정 등을 역임하였다. 문관이었으나 장재(將才)에 뛰어났으며 효행이 널리 알려졌다. 저서로 『휴천집(休川集)』이 있다.
81) 진승(眞乘) : 진실한 승물(乘物)이라는 뜻으로 진실한 교법(敎法)을 가리킨다. 여기서는 불교를 가리키는 말로 풀이된다.
82) 이안눌(1571~1637) : 문과에 급제한 이후 여러 언관직(言官職)을 거쳐 예조, 이조, 형조를 비롯하여 함경도관찰사와 충청도도순찰사에 제수되었다. 이안

(澤堂) 이식(李植),[83] 재상 김육(金堉),[84] 시랑(侍郎) 임유후(任有後)[85] 등이 선연(禪宴)의 여가에 서로 두텁게 지냈다.

또 [대사는] 게구(偈句)를 잘 읊어 시가집(詩歌集) 1권도 있었는데, 문하 제자들이 각기 그 가죽과 골수를 얻어 다른 사람의 스승이 된 자가 32명이나 되었다. 그 중 설봉산(雪峰山)의 해란(海蘭),[86] 천관산(天冠山)[87]의 민기(敏機),[88] 오봉산(五峰山)의 철조(喆照),[89] 반룡산(盤龍山)의 광륵(廣泐),[90] 구월산(九月山)의 천눌(天訥)[91]이 으뜸이었다. 어떤 이는 바위 동굴에 숨어서 홀로 닦았고, 어떤 이는 몸과 목숨을 바쳐 [불법을] 수호하는 자가 70여 명에 이르렀다.

[대사는] 태어나기 전에 빛이 비춘 기이함이 있었고, 떳떳한 모범에

놀은 시작에 주력하여 문집에 4,379수라는 방대한 양의 시를 남기고 있다. 저서로는 『동악집(東岳集)』 26권이 있다.
83) 이식(1584~1647) : 남한강변에 택풍당(澤風堂)을 짓고 학문에 전념하다가 1623년 인조반정이 일어난 뒤에 이조좌랑에 등용되었다. 이어 대사간・대사성・좌부승지 등을 지냈다. 1632년까지 대사간을 세 차례 역임하였다. 그의 문장은 우리나라의 정통적인 고문으로 높이 평가되었다. 문집으로는 『택당집(澤堂集)』이 전한다.
84) 김육(1580~1658) : 인조・효종대의 문신으로 충청도관찰사, 한성부우윤, 병조참판, 이조참판 겸 비변사유사제조(備邊司有司提調), 개성부유수 등을 지냈다. 1649년 5월 효종의 즉위와 더불어 대사헌이 되고 이어서 9월에 우의정이 되자, 대동법의 확장 시행에 적극 노력하였다.
85) 임유후(1601~1673) : 효종・숙종대의 문신으로 문장이 뛰어나고 행실이 뛰어나 조신(朝臣)들의 의논으로 특채되었다. 1663년 승지를 거쳐 예조참의가 되었고, 1672년 경기감사로 나갔다가 돌아와 호조참판을 역임하였다.
86) 해란 : 취암해란(翠岩海蘭)이다.
87) 천관산 : 전라남도 장흥군 관산읍과 대덕읍에 걸쳐 있는 산으로, 옛 이름은 천풍산(天風山)・지제산(支提山)이다.
88) 민기 : 설파민기(雪坡敏基)이다.
89) 철조 : 성곡철조(聖谷喆照)이다.
90) 광륵 : 귀봉광륵(龜峰廣泐)이다.
91) 천눌 : 종암천눌(鍾岩天訥)이다.

서 벗어난 적이 없었다. 임제의 종풍을 밝고 크게 연 지 40년이 되었으니, 과연 아름답도다! 성총(性聰)은 일찍이 대사의 문하에 노닐더니 최고의 법을 이어 큰 은혜를 입어 동량이 되었다. [대사가] 홀연히 하루 아침에 덕음(德音)을 영원히 닫았으니 갑자기 천고(千古)의 슬픔이 되었다. [이에 성총이] 회한을 이기지 못하여 세상 사람들에게 보고 들은 글을 모아 삼가 행장을 쓴다.

제8절 백암대사(栢庵大師)

1. 비문

임제 28대 적손 해동홍양화엄(海東弘揚華嚴) 중흥불일(中興佛日) 백암대사(栢庵大師) 비명과 서문

대광보국(大匡輔國) 숭록대부(崇祿大夫) 의정부(議政府) 우의정(右議政) 겸 영경연감(領經筵監) 춘추관사(春秋館事) 김상복(金相福)[1] 이 짓다.

전(前) 진사(進士) 정랑(正郎)[2] 김상숙(金相肅)[3]이 쓰다.

---

1) 김상복(1714~1782) : 영조 16년(1740) 알성 문과에 을과로 급제했고, 곧 한림(翰林)에 천거되어 문장으로 이름이 났다. 삼사를 두루 거치고 중앙 여러 관직의 장관을 지냈다. 1763년 우의정에 임명되었고, 1772년에는 영의정에 오르는 등 14년간 정승을 지냈다.『묵암집(默庵集)』중권에 묵암과 김상복이 주고 받은 편지 2통이 있다.
2) 정랑 : 조선시대 육조(六曹)의 정5품 관직으로 중견실무 책임자들이다.
3) 김상숙(1717~1792) : 영조 20년(1744)에 진사가 되고, 1752년에 명릉참봉에 제수되었다. 그 뒤 장례원봉사(掌隸院奉事)·사옹원봉사(司饔院奉事)·한성부참군(漢城府參軍)·종부시직장(宗簿寺直長)·공조좌랑·낭천현감·양근군수를 두루 역임하고, 1764년 세자익위사사어(世子翊衛司司禦)·사옹원주부·공조정랑을 거쳐, 첨지중추부사에 이르렀다.『묵암집』중권에 묵암이 김상숙에게 보낸 편지 2통이 실려 있는데, 김상숙의 호가 배와거사(坏瓦居士)였다고 한다.

제8절 백암대사(栢庵大師)

나는 불교의 도에 대해서는 일찍이 들은 바가 없으나 공과 덕이 있다고 하는 것은 무엇을 통해서 알 수 있는가? 지금 그 문도들이 말하기를 "불교는 본래 널리 자비를 베풀어 두루 중생을 제도함을 공덕으로 삼는데, 그 요체는 남겨진 경전을 밝혀 후진들을 깨우침에 있다. 근세의 백암대사가 바로 그런 사람이다."라고들 한다.

대사의 법명은 성총(性聰)이고 속성은 이씨(李氏)이며 남원(南原)4) 사람이다. 고려조의 안평부원군(安平府院君) 아무개5)의 10세손이다. 아버지의 이름은 강(棡)이고 어머니는 하씨(河氏)이다. 숭정(崇禎) 신미년6) 11월 15일7) 신시(申時)에 태어났다. 대사는 13세에 출가하여 16세에 법계(法戒)를 받았으며, 18세에 방장산에 들어가 취미대사를 뵙고 9년 동안 배워 그 법을 다 얻었다. 30세부터 경전을 강의하기 시작하여 대중을 가르쳤으며, 명산을 두루 돌아다녔다. 낙안(樂安)8)의 징광사(澄光寺)9)와 하동(河東)의 쌍계사(雙溪寺) 두 절을 왕래하면서 항상 미혹하고 어리석은 사람을 깨우쳐10) 불교의 가르침을 선양하는데 마음을

---

4) 남원 : 전라북도 남동부에 위치하며, 태종 13년(1413) 남원도호부로 되어 1군 18현을 관할하였다. 세조 때 진관체제가 성립됨에 따라 남원에도 진관이 설치되었으며, 남원부사가 첨절제사를 겸임해 담양·순창 등을 거느렸다.
5) 안평부원군 : 백암의 10대조(祖)라는 시간을 고려해 보면 여말선초의 문신인 이서(李舒, 1332~1410)라고 생각된다. 이서의 본관은 홍주(洪州)이고, 자는 맹양(孟陽) 또는 양백(陽伯)이며, 호는 송강(松岡)이다. 1357년에 문과에 급제하였고, 조선 개국공신 3등으로 안평군에 봉해지고, 태종이 즉위한 후 우정승으로 부원군에 진봉(進封)되었고, 고명사(誥命使)로 명나라에 다녀온 뒤 영의정에 올랐다. 효행이 널리 알려졌고, 시호는 문간(文簡)이다.
6) 신미년 : 인조 9년(1631)이다.
7) 망일 : 음력 15일 보름날이다.
8) 낙안 : 전라남도 순천지역의 옛 지명이다. 고려 태조 23년(940) 낙안군(또는 陽岳)으로 고치고 나주에 소속시켰다. 명종 2년(1172) 감무관(監務官)으로 독립 고을이 되었으며 뒤에 감무가 지군사(知郡事)로 승격하였다. 조선 세조 12년(1466) 군수로 바뀌었고 장흥에 속하였다가 뒤에 순천에 속하였다.
9) 징광사 : 전라남도 낙안군 금화산(金華山)에 있다.

다했다. 『치문(緇門)』11) 3권에 직접 주(註)를 달았고 외전(外典)12)에도 함께 통하였다. 시를 짓는 일도 좋아하여 당시의 이름난 사대부들인 김문곡(金文谷),13) 정동명(鄭東溟),14) 남호곡(南壺谷),15) 오서파(吳西坡)16) 등의 여러 사람들과 모두 공문(空門)의 벗이 되었다.

일찍이 포구 해변에 큰 배가 정박한 것을 발견하고 그 안에 실린 것을 보았는데, 명나라 평림(平林)17)의 섭(葉)거사가 교간(校刊)한 『화엄

---

10) 환성 : 잠자는 사람을 깨움이나 어리석은 사람을 깨우쳐 줌을 뜻한다.
11) 치문 : 승려가 입문하였을 때에 처음 배우는 『치문경훈(緇門警訓)』의 준말이다. 중국 원의 영중(永中)이 증보하고, 명나라 때 가화(嘉禾) 여근(如巹)이 중간(重刊)하였다. 지원(智圓)의 면학(勉學), 영우(靈祐)의 대원경책(大圓警策), 연수(延壽)의 지각수계(智覺垂誡), 지의(智顗)의 관심송경법(觀心誦經法) 등 주로 중국 고승의 권학(勸學)·경유(警諭)·서장(書狀) 등이 실려 있다.
12) 외전 : 불교 전적(典籍)인 내전(內典) 이외의 서적들을 가리키는 말이다.
13) 김문곡(1629~1689) : 인조와 숙종대의 문신으로 육조의 판서를 두루 거쳤고, 특히 이조판서로 있으면서 명사들을 조정에 선임하는 데 힘썼다. 1672년 44세의 나이로 우의정에 발탁되고, 좌의정으로 승진해 세자부(世子傅)를 겸하였다.
14) 정동명(1597~1673) : 이름은 두경(斗卿)이고, 호가 동명이다. 14세 때 별시 초선(初選)에 합격하여 문명을 떨쳤다. 병자호란 때 척화·강화의 양론이 분분하자, 그는 어적십난(禦敵十難)의 상소를 올렸다. 그 뒤 여러 차례 벼슬을 내렸으나 모두 나아가지 않았으며, 저서로『동명집』이 있다. 사후에 이조판서·대제학을 추증받았다.
15) 남호곡(1628~1692) : 인조 26년(1648) 정시문과에 병과로 급제한 뒤, 시강원설서·성균관전적과 삼사를 거쳐, 병조좌랑·홍문관부수찬 등을 지냈다. 효종·현종·숙종 3대에 걸쳐 청화요직을 두루 역임하였다.
16) 오서파(1645~1703) : 현종 14년(1673) 춘당대문과에 을과로 급제하여, 지제교(知製敎)를 거쳐 1694년 개성부유수를 거쳐 청나라에 사신으로 다녀와 대사간·부제학·강원도관찰사에 이어 다시 부제학을 거쳐 1696년 도승지·부제학·대사헌을 지냈다. 다음 해 예문관제학·사직·이조참판, 1698년 이조참판·공조참판을 지내고 양양부사로 좌천, 삭출(削黜)되었다가 다시 대제학·한성부판윤 등을 역임하고 병조판서에 이르렀다.
17) 평림 : 지금의 중국 호북성(湖北省) 수현(隨縣) 동북쪽에 있다.

경소초(華嚴經疏鈔)』,[18] 『대명법수(大明法數)』,[19] 『회현기(會玄記)』,[20] 『금강기(金剛記)』,[21] 『기신기(起信記)』,[22] 『사대사소록(四大師所錄)』,[23] 『정토보서(淨土寶書)』[24] 등 경전 190권이었다. 이에 대사가 크게 놀라고 기이하게 여겨 대중들과 함께 깍듯이 예를 올리고 삼가 받들고 신심(信心)을 내어 수년 안에 여러 경전을 간행하여 세상에 전하였다. 이로부터 사방의 불교를 배우려는 자들이 따르고 존경하여 종사(宗師)로 추대하였다. 경진년[25] 7월 25일에 쌍계사 신흥암(神興庵)에서 입적하

---

[18] 『화엄경소초』 : 청량징관이 80권 『화엄경』의 가장 중요한 부분을 논술하고 그 문의(文義)를 해석한 『화엄경소』 60권을 다시 90권으로 해석한 『대방광불화엄경수소연의초』의 약칭이다. 백암이 인조 13년(1635) 징광사에서 간행하였다.

[19] 『대명법수』 : 『대명삼장법수』, 『삼장법수』라고도 한다. 명나라 때(1419) 일여(一如)가 태조의 명을 받들어 널리 대장경으로부터 법수(法數)와 관련된 항목을 모두 글자의 낮은 획수에서 높은 획수에 따라 법수의 항목을 분류하여 편찬한 것이다. 50권 분량으로 약 1,500여 항목의 법수가 수록되어 있다. 백암이 인조 13년(1635) 징광사에서 간행하였다.

[20] 『회현기』 : 당나라 때 청량징관(淸涼澄觀)이 『화엄수소연의초』 40권 가운데서 화엄의 개설에 관한 것을 모은 『화엄현담』 9권을 원나라 보서(普瑞)가 40권 분량으로 주석하여 지은 『화엄현담회현기』, 줄여서 『회현기』라고 한다. 백암이 인조 21년(1643) 쌍계사에서 간행하였다.

[21] 『금강기』 : 송나라 때(1038) 자선(子璿)이 주석한 『금강경찬요간정기』 7권을 말한다. 혹은 『간정기』라고도 한다. 백암이 인조 12년(1634) 징광사에서 간행하였다.

[22] 『기신기』 : 『대승기신론소필삭기(大乘起信論疏筆削記)』를 줄여서 부른 말이다. 당말 종밀의 『대승기신론소(大乘起信論疏)』에 대해 석벽전오(石壁傳奧)가 그 이해를 돕기 위해 저술한 기를 다시 송대 장수자선(?~1038)이 번잡하고 곤란한 내용을 지적하고 고친 저술이다. 이 필삭기는 법장의 『대승기신론의기(大乘起信論義記)』로부터 종밀과 전오 그리고 자선에 이르기까지의 중국 화엄사상가들의 기신론에 대한 이해가 반영되어 있다.

[23] 『사고』에는 없지만, 비문에는 소록(所錄) 다음에 여(與)가 있다.

[24] 『정토보서』 : 조선 후기 승려 성총(性聰)이 정토신행(淨土信行)을 권하기 위하여 지은 책이다. 숙종 12년(1686) 징광사에서 개간하였다.

니, 나이는 70세였다. 화장한 날26) 저녁에 정골(精骨) 2매를 얻었는데 이를 나누어 송광사와 칠불사(七佛寺) 두 절에 탑을 세웠다.27)

대사의 법손은 대를 이어 최눌(最訥)에 이르렀는데, [최눌은] 대사의 공덕이 오래되어 없어질까 근심하였다. [이에] 장차 돌에 새겨 후손에게 보이려고 제자 2명을 시켜 나에게 와서 글을 구하였다. 나는 "기이하도다. 예로부터 경전을 구하는 자는 목숨을 아끼지 않고 산과 바다를 건너 이역만리까지 들어가서 구한다. 그런데 배에 실린 자비로운 보전(寶典)이 구하지 않았는데도 스스로 이르렀다 하니, 이와 같이 기이한 일은 들어보지 못했다."라 말했다.

우리나라의 불교는 신라와 고려시대에 가장 성행했는데 해인사의 팔만대장경만큼 풍부하게 들어 있는 것이 없다. 또 곧장 요체를 지적하여 [진리에] 들어가는 데는 『화엄소초(華嚴疏鈔)』에 비교할 만한 것이 없다고 들었다. 이는 깊은 인연이 이곳에 있어서이지 사람의 힘으로 이룰 수 있는 것이 아니다. 어찌 우연한 일이었다고만 말할 수 있으랴! 대사가 불교에 큰 공덕이 있다고 말하는 것 또한 옳다. 평상시에도 기이하고 탁월한 행동이 있고 견해에는 걸림이나 막힘이 없었는데 이러한 사정으로 보건대 당대의 이름난 사대부의 사랑을 많이 받았을 것이다.

그러므로 나는 사양하지 못하고 명문(銘文)을 쓴다.

"말세에 **빼어난** 인물이 선문(禪門)에서 많이 배출되니
마음은 주송(呪誦)에 전념하고 뜻은 갈라지고 나눠지지 않네.

---

25) 경진년 : 숙종 26년(1700)이다.
26) 『무용당집』 하권에 무용이 최창대에게 보낸 편지에 이 날에 있었던 상서로운 일이 적혀 있다. 이 외에도 『무용당집』에는 무용이 백암에게 보낸 시 1수, 「백암화상문서(栢庵和尙文序)」, 백암에게 제사드리는 글 등이 실려 있다.
27) 『묵암집』 하권에 묵암이 지은 백암비석(栢庵碑石)의 권선소(勸善疏) 3편이 실려 있다.

법을 보호하고 가르침을 전함에 바르고 속임이 없었으니
대중들은 우리 성총대사를 존경했네.
바닷가 배에서 경전을 얻었는데 도가 여기에 있어
용맹하게 비전(秘傳)을 전했으니 보배로운 소(疏)와 론(論)이라네.
이제 그를 얻어 어리석고 어두움을 깨닫게 했으니
불법에서의 업적과 큰 공이 도탑네.
길이 대사의 가르침을 사모하여 이어져 온 법손이 있으니
옥돌에 새긴 생애와 업적, 나 또한 그렇게 말하노라."

2. 비석의 뒷면

석존이 마음을 전한 정맥을 살펴보니 육조(六祖) 이하에 임제(臨濟)만한 이가 없다.[28] 임제는 곧 석존의 38대 적손이다. 임제의 도는 10여 세를 지나서 태고에게 이르렀는데, 그는 해동의 비조가 되었다. [이후] 환암(幻庵), 구곡(龜谷),[29] 벽계(碧溪),[30] 벽송(碧松),[31] 부용(芙蓉), 부휴,

---

28) 무출기우(無出其右) : 가장 뛰어나서 따를 만한 사람이 없다는 뜻이므로 이렇게 의역했다. 여기서 우(右)는 상(上)과 같은 뜻이다.
29) 구곡 : 각운(覺雲)의 호이다. 성은 유씨(柳氏)이고, 자는 소은(小隱)이다. 호남 용성(龍城) 사람이다. 보우(普愚)의 법통을 이어 남원 만행산 승련사(勝蓮寺)에 있었다. 내원당(內院堂) 감주(監主)로서 궁중에서 『전등록』을 강의하고 간행하였으며, 공민왕이 그를 존경하여 '구곡각운(龜谷覺雲)' 글씨를 내렸다.
30) 벽계 : 정심(淨心)의 호이다. 성은 최씨이고, 금산(金山) 사람이다. 명나라에 들어가 임제종의 총통(摠統)화상의 법맥을 계승하였다. 황악산에 은거하여 자호를 회은(晦隱)이라 했다. 선은 벽송지엄에게 전했고, 교는 정연법준(淨蓮法俊)에게 전했다.
31) 벽송(1464~1534) : 지엄(智嚴)의 호이다. 성은 송씨이며, 자는 야로(野老)이다. 28세에 계룡산 상초암(上草庵)으로 출가하여 조징(祖澄)의 제자가 되었다. 그 뒤 선정(禪定)을 즐겨 닦다가, 연희(衍熙)를 찾아가서 『능엄경』을 배웠다. 중

벽암, 취미에게 [차례로] 전하였고, 아홉 번째는 백암대사에게 전해졌다. [대사는] 대방군에서 태어나 순창(淳昌) 취암사(鷲巖寺)에 출가하여 27세 때에는 곡성현(谷城縣) 신덕암(神德庵)에 머물렀다. 이로부터 이름난 인물들을 두루 사귀고 아래로는 수많은 중생을 교화하였다.

50세 되던 신유년32)에 정박해 있던 빈 배에서 경전을 얻어 을해년33)까지 15년 동안 목판 5천 매를 간행하여 징광사와 쌍계사 두 절에 보관하고, 천등불사(千燈佛事)를 크게 베풀어 낙성하였다. 이는 백년34) 동안에 없었던 거국적인 간행사업이었다. 법보를 열람하는 사람들이 옛것을 버리고 새것을 따르게 되니 목마른 자가 강으로 달려가는 것과 같아서 계곡 사이에 인적이 끊이지 않았다.

신미년35)에 선암사(仙巖寺)36)에서 화엄대회(華嚴大會)를 여니 전국 곳곳37)에서 [대중들이] 구름처럼 가득 모여들어 성대한 행사를 이루었다. 행사를 열 때 날씨가 좋았으며 신이한 방광(放光)38)이 있었다. 대사의 저술은 『사집(私集)』39) 2권, 여러 경전의 서문(序文) 9수(首), 『정토찬백영(淨土贊百詠)』40) 등이 세상에 전하는데, 이는 그 중 대표적인 것

종 3년(1508) 금강산 묘길상암(妙吉祥庵)에 들어가서 『대혜어록(大慧語錄)』을 보다가 '무자'화두를 참구하여 깨달음을 얻었다. 문인 영관(靈觀)·원오(圓悟)·일선(一禪) 등 60여 명에게 대승경론과 선을 가르쳤다.

32) 신유년 : 숙종 7년(1681)이다.
33) 을해년 : 숙종 21년(1695)이다.
34) 『사고』에는 없지만 비문은 년(年)이 있다.
35) 신미년 : 숙종 17년(1691)이다.
36) 선사(仙寺) : 뒤에 나오는 참조 부분의 동일한 기록을 참고하여 선암사로 고친다.
37) 팔표(八表) : 팔방(八方)의 한없는 끝을 의미한다. 팔방은 동·서·남·북·동북·동남·서북·서남의 여덟 방위를 가리킨다.
38) 『사고』에는 구교이광(俱敎異光)이지만, 비문은 구방이광(俱放異光)이다.
39) 『사집』 : 성총의 문집인 『백암집(栢庵集)』 상하권을 가리키는 것으로 보인다.
40) 『정토찬백영』 : 백암이 정토삼부경에서 100가지 주제를 뽑아 그 각각에 대한 내용을 게송으로 정리한 책이다.

들이다.

　대사는 이것을 무용(無用)에게 전하고, 무용은 영해(影海)에게 전하고, 영해는 풍암(楓巖)에게 전했다. 풍암의 뒤를 잇는 사람이 많았는데, 오직 최눌만이 판각을 보관하는 곁에서 오랫동안 노닐었다. 신인(神人)의 바람으로 하루아침에 분연히 일어나 70여 동문들과 서울에서 돌을 가져오는 것을 독려하여 선조(先祖)의 도량에 공덕을 선양했다.[41] 아! 선사의 법이 연화장(蓮華藏)[42] 세계에 두루 미치니 지금 사바(娑婆)[43] 세계에서 따라 섬겼도다.

　선사의 공덕이 온 나라에 펼쳐졌으니 지금 한 조각 비석 돌에다 그 내용을 모아서 새긴다. 선사의 도는 과연 여기에 있는 것인가 없는 것인가? 후세에 눈물을 흘리며 감응하는 사람은 시험 삼아 일전어(一轉語)[44]를 내려보라.

　　　　　현법손(玄法孫)[45] 최눌(最訥)이 삼가 적고, 의린(宜璘)이 삼가 쓰다.

　숭정(崇禎) 기원(紀元) 후 세 번째 되는 병술년[46] 6월 일에 세우다.

---

41) 『사고』는 대교야(大敎也) 다음에 공어(功於)로 이어지지만, 비문은 두 글자 사이에 "師以是, 傳之無用, 用傳之影海, 海傳之楓巖, 巖之後咬人者多, 而獨最訥, 長遊於板藏之側, 因其神人之望, 一朝奮然, 與七十餘同門庭, 鞭石於京洛, 旋"라는 구절이 있다. 비문을 참조하여 추가하였다.
42) 화장 : 연화장세계의 약칭이다. 『화엄경』의 설로 비로자나불의 행원에 의하여 장엄된 국토를 가리킨다.
43) 사바 : 인간이 갖가지 고뇌에 견디고 있는 곳으로, 이 세상·현세·인간계 등을 가리킨다.
44) 일전어 : 선의 용어로 한마디를 내리는 것으로 상대를 깨닫게 하는 강한 의미가 있는 말이다.
45) 현법손 : 증손(曾孫)의 아들에 해당하는 5대 아래의 법손을 말한다.
46) 병술년 : 영조 42년(1766)이다.

302 제2장 조선(朝鮮)

제자질(弟子秩)

수연(秀演) 명안(明眼) 만훈(萬訓) 준각(俊覺) 준익(俊益) 초경(初冏)
현안(玄眼) 혜영(惠英) 위재(偉哉) 성학(性學) 성수(性修) 운권(雲捲)
성민(性敏) 충면(忠勔) 경영(慶永) 삼기(三機) 각현(覺玄) 덕민(德敏)
청변(淸卞) 원변(圓卞) 노이(櫨以) 응찬(應贊) 성능(性能)

영비후손질(營碑後孫秩)[47]

학수(鶴樹) 회경(懷景) 현서(現瑞) 혜우(惠雨) 숭신(崇信) 세찰(世詧)
본정(本淨) 달민(達敏) 투명(透明) 비현(丕玹) 석명(釋明) 조훈(照㷱)
할붕(割鵬) 쾌붕(快鵬) 우징(宇澄) 채명(采明) 장우(長佑) 일명(日明)
염화(念華) 획린(獲獜) 등수(等守) 위징(偉澄) 호녕(好寧) 능원(能遠)
함관(咸寬) 신상(信祥) 팔정(八晶) 징안(澄眼) 낭원(朗圓) 사인(思仁)
현간(玄偘) 여심(呂諶) 쾌연(夬沿) 은현(銀絢) 최눌(最吶) 낭윤(朗潤)
신징(愼澄) 지익(智益) 성감(性鑑) 덕겸(德兼) 유애(有崖) 염휴(稔眭)
거순(巨淳) 해징(海澄) 성우(性宇) 책현(策賢) 간혜(揀慧) 돈화(頓華)
행인(幸仁) 치경(致慶) 우성(祐性) 각초(覺初) 의수(義修) 극원(克圓)
성심(性深) 낙현(樂賢) 여옥(礪玉) 약운(若運) 화일(華一) 낙유(樂囿)
관혜(寬蕙) 경현(擎賢) 지형(志泂) 서학(序學) 무민(務旻) 원일(元日)
척오(陟悟) 영준(英俊) 식민(湜敏) 회정(回定) 체성(体性) 선기(禪基)
경린(景璘) 의린(宜璘) 체징(体澄) 유화(有華)

시주질(施主秩)

---

47) 영비후손질 : 비석을 조성할 때의 후손 명단이라는 뜻인 듯하다.

도원(道元) 안원(鴈遠) 최철태(崔哲太) 송천사(松川寺) 화엄사(華嚴寺) 개흥사(開興寺) 쌍봉사(雙峰寺) 대원사(大原寺) 능가사(楞伽寺) 개천사(開天寺) 쌍계사(雙溪寺) 보림사(寶林寺) 유마사(維摩寺) 홍국사(興國寺) 동화사(桐華寺) 봉갑사(鳳岬寺)
주지(住持) 간욱(偘郁), 유나(維那) 석란(釋蘭), 지전(持殿) 수징(水澄)

전함(前啣)[48]
호윤(好允) 호안(好眼) 달민(達敏) 자인(慈仁) 자신(慈信) 섭초(攝初) 경잠(鏡岑) 우경(宇敬) 관영(冠英) 관희(冠希) 창오(昌悟) 탄일(坦日) 관계(冠桂)
삼강(三綱) 영우(永祐) 인호(印浩) 일영(一英)
서기(書記) 성관(性冠)

연화질(緣化秩)[49]
각공(刻工) 박태익(朴泰益), 건운(建云), 이필만(李必萬), 밀현(謐絢)
석공(石工) 최봉수(崔奉壽), 솔천(率天), 김석규(金錫圭), 의초연한(儀初蓮閑)
야공(冶工) 정덕창(鄭德昌)
공양주(供養主) 궁현(亘玄) 화민(華旻)
도화주(都化主) 최눌(最吶) 해징(海澄)
대도감(大都監)[50] 책현(策賢) 관계(冠桂)

---

48) 전함 : 문서의 첫머리에 쓰는 관직과 성명 또는 이전의 벼슬을 가리키는 말이다.
49) 연화 : 권화(勸化)라고도 하며, 법을 들을 인연이 있는 사람을 인도하여 교화하는 것을 가리킨다. 여기서는 불사의 화주에 관련된 일련의 소임자를 말한다.
50) 『사고』는 도감(都監)이지만, 비문은 대도감(大都監)이다.

화주(化主) 현간(玄偘), 염화(念華), 탄연(綻衍)
별좌(別座) 행인(幸仁)

비석 대시주질(大施主秩)
신명씨(信明氏), 문간영가(文侃靈駕), 조김양주(曺金兩主), 김일만(金一萬), 신문립(申文立), 심아금(沈阿金), 진상(眞尙), 득향(得香), 옥헌(玉軒), 김씨왕김(金氏王金), 이도문(李道文), 법탄(法坦), 계신(그信), 하성이(河性巳), 심철생(沈哲生), 최궁적(崔弓赤), 송(宋)

돌은 강원도 니천(尼川)51)에서 나왔다. 당시 대중은 4백여 명이었다. 3월 27일에 진석(眞石)을 끌어오기 시작하여 4월 21일에 본사(本寺)에 도착했다.

참조

순치(順治) 정유년52) 27세 때 곡성(谷城) 신덕암(神德庵)53)에 입실하였다.
강희(康熙) 임자년54) 42세 때 영광(靈光) 해불암(海佛庵)55)에 머물렀다.
강희 병진년 46세 때 송광사 은적암(隱寂庵)56)에 머물렀다.

---

51) 니천 : 『삼국사기』 신라 자비왕대 기사의 주에 의하면 니하는 일명 니천(泥川)이라고도 한다고 하였는데, 이는 진내(긴 내) 곧 장천(長川)의 의미를 풀이한 표기일 것이다. 연곡천 중류 지역인 강릉시 연곡면 삼산리에는 마을 앞으로 연곡천이 길게 흘러 지금도 마을 이름을 장천(長川) 또는 장내라 한다.
52) 정유년 : 효종 8년(1657)이다.
53) 신덕암 : 전라남도 곡성군 동락산(動樂山)에 있다.
54) 임자년 : 현종 13년(1672)이다.
55) 해불암 : 전라남도 영광군 불갑면 모악산(母岳山) 불갑사(佛甲寺)의 암자이다.

강희 정사년 47세 때 대광사(大光寺)57)에 머물렀다.

강희 무오년 48세 때 송광사에 보조국사의 비와 사적비를 세웠다.

강희 신유년 51세 때 임자도에서 풍랑을 만난 배에서 흩어진 법보를 얻어 수 년 동안 널리 모아 모두 장엄하였다.

강희 을축년 55세 때 여러 경전을 가지고 징광사(澄光寺)로 돌아갔다.

강희 병인년 봄에 먼저 『금강기(金剛記)』를 간행하고, 다음에 『사경지험(四經持驗)』58)을 간행하고 나서 『사집(四集)』을 간행했다.

강희 정묘년 57세 때 낙안 징광사에 돌아와 먼저 화엄각(華嚴閣)을 세우고 『화엄경』과 『대명법수』를 간행하고 또 화엄탱화와 영산탱화를 그리게 했다.

강희 경오년 천중절(天中節)59)에 천등불사(千燈佛事)를 낙성했다.

강희 신미년 61세 때 선암사 창파각(滄波閣)에 가서 화엄대회를 열었다.

강희 을해년 65세 때 쌍계사로 가서 성능상인(性能上人)에게 『회현기(會玄記)』 40권과 『필삭기(筆削記)』 4권을 간행하도록 했다.

강희 병자년 66세 때 능가사(楞伽寺)로 가서 팔상전(八相殿)60)을 세

---

56) 은적암 : 송광사 산내 암자로 동암이라고 부르며, 고려시대 제13대 각진국사의 창건으로 전한다. 1908년 일본군 헌병대의 방화로 소실되어 현재는 터만 남아 있다.
57) 대광사 : 전라남도 순천시 모후산(母後山)에 있다. 『신증』에는 부(府)의 서쪽 80리에 있다고 한다. 절의 옛터가 순천군 주암면 대광리에 있는데, 사동부락(寺洞部落) 중앙에 부도 2기가 있다.
58) 『사경지험』: 4권으로 백암스님이 『화엄경』·『금강경』·『법화경』·『관음경』을 지송하여 영험을 체험한 사례들을 모아 기록한 책이다.
59) 천중절 : 단오절(端午節)로 음력 5월 5일을 가리킨다.
60) 팔상전 : 부처님의 팔상(八相)의 그림과 존상(尊相)을 봉안한 법당이다. 팔상은 부처님의 생애에서 여덟 가지 중요한 사항을 말한다. 부처의 일생을 헤아리는데 여러 의견이 있으나 보통 강도솔상(降兜率相)·탁태상(託胎相)·출태

우고 팔상의(八相儀)를 마련했으며, 또 석가와 아미타 불상 2, 3개를 새겨 조각했다.

강희 경진년 7월 25일 신흥난야(神興蘭若)에서 입적하였다.

상(出胎相)·출가상(出家相)·항마상(降魔相)·성도상(成道相)·전법륜상(轉法輪相)·입멸상(入滅相) 등을 이른다.

제9절 무용대사(無用大師)

1. 행장

　대사의 법명은 수연(秀演)이고, 자는 무용(無用)인데, 먼 곳과 가까운 곳의 승속(僧俗)이 모두 무용이라고 불러 헌호(軒號)[1]로 삼았기 때문에 그대로 호로 사용했다. 속성은 오씨(吳氏)이니 용안(龍安)[2] 사람이다. 고려 때 태위(太尉)[3]를 지낸 문양공(文襄公) 연총(延寵)[4]의 후예로서 세대가 끊이지 않고 우리 왕조에까지 이어져 내려왔다.

---

1) 헌호 : 불교에서 남의 당호(堂號)를 높여 이르는 말이다.
2) 용안 : 전라북도 익산지역의 옛 지명이다. 본래 고려시대에 함열현(咸悅縣) 임내의 도내산(道內山) 은소(銀所)였다. 충숙왕 8년(1321)에 이 곳 출신인 백안부개(伯顔夫介)가 원나라에서 고려에 유리한 공을 세웠으므로 용안현으로 승격시켰다.
3) 태위 : 고려시대의 관직으로 삼사(三師)와 함께 고려시대 최고의 명예직이었던 삼공(三公)의 하나로 왕의 고문이었다. 다른 삼사·삼공직과 마찬가지로 적임자가 없을 경우 비워 두었고, 왕족에게 검교직(檢校職), 수직(守職)으로 수여되기도 했다.
4) 오연총(1055~1161) : 고려 숙종대 요·송에 사신으로 갔으며, 송나라에서 『태평어람(太平御覽)』을 구해 오기도 했다. 윤관과 함께 여진을 정벌하고 9성을 쌓는 등 대여진관계에 큰 역할을 하였다. 1109년 윤관과 더불어 길주성을 포위한 여진을 다시 치다가 실패해 화친을 맺고 돌아왔다. 이것으로 재상 최홍사(崔弘嗣) 등의 탄핵을 받아 한때 관직과 공신의 자격을 박탈당했으나 다시 회복되었다. 시호는 문양(文襄)이다.

증조(曾祖) 하몽(下蒙)은 벼슬이 통훈대부(通訓大夫)[5]에 올라 정의(旌義)[6]와 무안(務安)[7] 등의 현감(縣監)[8]을 지냈다. 할아버지 응정(應鼎)[9]은 벼슬이 통정대부(通政大夫)에 이르러 순천부사(順天府使)를 지냈으며, 가선대부(嘉善大夫) 한성좌윤(漢城左尹)에 추증되었다. 아버지 섬(暹)은 무인(武人)으로서 벽단첨사(碧團僉使)[10]를 지냈다. [아버지의] 꿈에 누런 무늬의 큰 벌레가 꿈틀거리며[11] 공중으로 올라갔다가 금방[12] 도로 떨어져 집을 두르고 몇 번을 돌았다. 그로부터 임신하여 순치(順治) 8년 신묘년[13] 3월 13일 경인일에 [대사가] 태어났다. 생김새가 기이했는데 몸체는 곱고 깨끗했으며 머리는 가운데가 솟아 도톰했다. 어려서부터 총명하고 지혜로웠고 말이 별로 없었다. 나이 8세 때 비

---

5) 통훈대부: 조선시대 문신 정3품 하계(下階)의 품계명이다. 문산계에서는 정3품 상계인 통정대부 이상을 당상관(堂上官)이라 하고, 하계인 통훈대부 이하를 당하관(堂下官)이라 하였다. 통훈대부는 기술관(技術官)이나 서얼(庶櫱)의 한품(限品)이기도 하였다.
6) 정의: 제주도 남제주지역의 옛 지명이다. 본래 제주 동도(東道)였는데 태종 16년(1416) 이 중 한라산 남쪽의 토산(兎山)·호아(狐兒)·홍로(洪爐) 등을 통합하여 정의현을 신설하였다.
7) 무안: 전라남도 서남부에 위치한 군이다. 백제 때는 물아혜군(勿阿兮郡)으로 불렀고, 신라시대인 경덕왕 16년(757)에 무안군으로 고쳤다.
8) 현감: 조선시대 최하위의 지방행정구역 단위였던 현(縣)의 종6품직 관직이다.
9) 응정(1548~1597): 오응정으로 본관은 해주(海州), 자는 문중(文仲), 호는 완월당(翫月堂) 또는 응정(應井)이다. 선조 7년(1574) 무과에 급제하였다. 1592년 선조를 호종하였으며, 수탄장(守灘將)으로 평양탈환전에 참가하였다. 정유재란에도 순천을 수비하는 등의 활약을 펼쳤으며, 남원성전투에서 전사하였다.
10) 벽단첨사: 벽단은 평안도 벽동군(碧潼郡)인데, 세조 때 진(鎭)을 설치하였다. 벽단진은 석성으로 병마첨절제사영(兵馬僉節制使營)이 있었는데, 그 책임자가 첨절제사이다.
11) 완연(蜿蜒): 용이나 뱀 따위가 구불구불 꿈틀거리며 기어가는 모양이나 꾸불꾸불 길게 이어진 모양을 뜻한다.
12) 소선(少選): 극히 짧은 시간을 의미한다.
13) 신묘년: 효종 2년(1651)이다.

로소 글과 역사를 배우기 시작했는데, 한두 번 읽고는 곧 돌아앉아 외 웠는데 그 뜻을 남김없이 궁구하였다. 아! 나이 13세에 갑자기 부모님 을 모두 여의고 오직 형에게만 의지하였으나, 곤궁하고 의지할 바가 없는 가운데도 삼분오전(三墳五典)과 제자백가(諸子百家)의 글을 두루 읽었지만 한군데에 천착하는 태도[14]가 조금도 없었는데 그로부터 그 의 이름이 원근에 널리 퍼졌다.

나이 19세가 되자 덧없는 인생이 잠깐임을 깨닫고 출가하려는 큰 뜻 을 내었다. 어느 날 아침에 형에게 알리지도 않고 몸을 숨겨 무작정 남 쪽을 향해 길을 떠났다. 우연히 조계산 송광사에 들어가 혜관(惠寬)노 사에게 귀의하여 출가했고, 그 산의 혜공(慧空)대사[15]에게 구족계를 받 았다.

[무용]대사는 체격이 장대하고 얼굴은 반듯하며, 도량이 넓고 깨끗 하였다. 남의 장단점을 말하지 않았으며, 오직 도를 좇아 명리를 좋아 하지 않았고, 문을 닫고 묵묵히 앉아 참선하였다. 나이 22세가 되자 모 시던 스승이 말하기를 "옛날부터 큰 도를 통하고 마음의 근원을 깨달 은 자는 선과 교를 함께 행하였는데, 오직 선문에만 오로지하는 것이 어찌 이치에 맞겠는가?"라 했다. 이에 [대사는] 갑자기 뜻을 바꿔 침굉 (枕肱)[16]의 문하에 들어갔다. 오묘한 법문을 한번 들으면 두 번 다시

---

14) 심장적구(尋章摘句) : 자그마한 장(章) 하나 구(句) 하나를 천착한다는 뜻으로, 시문(詩文)을 짓는데 '자구를 다듬음'을 이르거나 옛 사람의 글귀를 여기저기 서 따온다는 뜻이다.
15) 혜공대사 : 송광사 부도전에 그의 부도가 있다.
16) 침굉(1616~1684) : 9세에 천봉산 처우화상(處愚和尙)에게 출가하여 승려가 되 었다. 13세 때 지리산으로 서산의 수제자인 태능(太能)을 찾아가 그의 법을 계승하였다. 19세에 윤선도(尹善道)가 양자로 삼아 환속시키려 하였으나 울 면서 끝까지 응하지 않았다. 선교(禪敎)에 밝았을 뿐 아니라 유교와 도교에도 조예가 깊었고 서예와 문학에도 능통하였다. 선암사 주지를 비롯하여 송광사 ·연곡사(燕谷寺) 등 호남지방의 대찰에 머물렀으며, 금화사(金華寺)에서 입

되풀이하지 않아도 잘 이해하였다. [그러므로] 침굉이 "원돈법계(圓頓法界)가 모두 너에게 있다."라 했다. [대사는] 분연히 일어나[17] 백운산(白雲山)[18]의 상백운암(上白雲庵)[19]에 들어가 1년 동안 선정을 닦고 지혜를 가다듬었다.

26세 때에는 침굉의 부탁을 받들어 조계산 은적난야(隱寂蘭若)로 가서 백암(栢庵)대사를 뵈었다. [백암대사가 대사를] 한번 보고는 크게 기특하게 여겨 그 문도들에게 말하기를 "이 사람은 옛날 현인들의 자리를 빼앗고 부처[20]를 드러낼 것이다."라 했다. 문도들이 모두 [대사를] 공경하고 우러렀다. 이로 인해 대사가 이곳에 주석했는데 [백암이] 경전[의 뜻]을 물어보면 이치에 맞지 않는 것[21]이 없고 새로 깨닫는 것이 더욱 많았다. 때문에 수년 동안에 대장경을 모두 읽었으며, 용문산(龍門山)으로 옮겨서는[22] 다시 내관(內關)[23]을 단련하였다.

경신년[24] 가을에는 일찍이 금화동(金華洞) 신불암(新佛庵)에 들어가 선과 교를 배우던 자들이 [대사를] 매우 간절히 초청하니 인연을 따라

적하였다.
17) 불의(拂衣) : 옷자락을 추어올림, 분연히 일어나는 모양이나 옷의 먼지를 떠는 일을 가리킨다.
18) 백운산 : 전라북도 장수군 반암면과 경상남도 함양군 백전면에 걸쳐 있는 산이다. 북쪽의 민주지산(珉周之山)·덕유산(德裕山)·남덕유산과 남쪽의 지리산 등과 함께 소백산맥의 일부가 된다.
19) 상백운암 : 전라남도 광양시 옥룡면 동곡리 백운산(白雲山)에 있는 절이다. 처음에는 백운암·상백운암·하백운암이 한 사찰의 암자였는데, 지금은 백운암이 하백운암을 겸하며 상백운암은 토굴(土窟) 형태로 존재한다. 『무용당집』에 「백운암불전모연문」이 실려 있다.
20) 금선 : 금빛을 한 선인(仙人)이라는 의미로 부처의 별호(別號)이다.
21) 문합(吻合) : 입술이 딱 맞는다는 뜻으로, 사물이 서로 합치됨을 이른다.
22) 『사고』에는 주(住)이지만, 『무용당유고』에는 주(駐)이다.
23) 내관 : 자기 마음 속의 진리를 고요히 정관(正觀)하고 관찰하는 수행을 말한다.
24) 경신년 : 숙종 6년(1680)이다.

이에 좇았다. 새로 모여든 사람들이 많아서 절이 비좁으므로 본사(本寺) 미타전(彌陀殿)으로 옮겨서 머물렀다.

또 임술년25) 가을에는 선암사의 요청으로 부임했고, 계해년26) 여름에는 송광사의 요청을 받고 부임했는데 배우려는 자가 더욱 많아져서 자기 공부에는 도움이 되지 않았다. [그래서 어느 날] 밤에 몰래 도망쳐 희양현(曦陽縣)27)의 백운산 옛 암자28)로 가서 지혜를 닦는데 더욱 힘썼다. 또 이듬해 봄에는 팔영산(八影山)29)으로 옮겨 제7봉 아래에서 한 터를 얻어 띠풀을 베어내고 자그마한 집을 짓고 선관(禪關)을 깊이 닦으니 지혜와 깨달음이 더욱 빛났다.

병인년30)에는 또 대중의 요청을 거스르기 어려워 선암사31) 능인전(能仁殿)으로 옮겨가서 머물렀다. 무진년32)에는 조계산으로 가서 다시 백암대사를 뵙고 『화엄소초(華嚴疏鈔)』를 받아 자세히 살피고 연구하여 그 정수를 남김없이 얻었다. 기사년33) 봄에 백암대사가 징광사34)로 가서 『화엄연의(華嚴演義)』, 『대명법수(大明法數)』, 『간정기(刊定記)』, 『정토서(淨土書)』 등을 출판35)하여 인천(人天)의 안목을 열어주고자

---

25) 임술년 : 숙종 8년(1682)이다.
26) 계해년 : 숙종 9년(1683)이다.
27) 희양현 : 전라남도 광양시의 신라시대 지명이다.
28) 상백운암을 가리킨다.
29) 팔영산 : 전라남도 고흥군 영남면과 점암면에 걸쳐 있는 산이다. 『신증』에는 팔전산(八顚山)으로 되어 있다.
30) 병인년 : 숙종 12년(1686)이다.
31) 『사고』는 선사(仙寺)이지만, 『무용당유고』는 본사(本寺)이다.
32) 무진년 : 숙종 14년(1688)이다.
33) 기사년 : 숙종 15년(1689)이다.
34) 원문에는 징사(澄寺)이지만, 백암대사 행장을 살펴서 바로잡는다.
35) 기궐(剞劂) : 조각하는 칼이나 새김칼을 의미한다. 기는 굽은 칼이고, 궐은 굽은 끌을 가리킨다. 따라서 기궐은 새김, 팜, 조각을 뜻하거나 나무 판에 새김 또는 문서를 인쇄하는 일을 뜻한다.

할 때 대사도 이 일을 도왔다.

　또 임신년36) 봄에는 선암사37)의 선승들이 백암대사를 모시고 화엄회(華嚴會)를 크게 베풀자 사부대중이 떼를 지어 모였는데 대사도 그를 따라갔다. 그해 늦겨울에 백암대사가 방호산(方壺山)38)으로 옮기자, 대사도 선암사39)의 창파각(滄波閣)40)으로 옮겨 살았는데 대중이 백여 명이나 되었다. 갑술년41) 봄에는 요청을 받고 송광사 은적암으로 갔다. 기묘년42)에는 동리산으로 가서 머물렀다.

　경진년43) 가을 7월에 백암이 머무르던 지리산 신흥사(神興寺)에서 입적하자 부고를 듣고 급히 달려가서 곡했다. 7월 7일에 화장한 후에 대중들이 [백암대사의] 법석을 이을 것을 청하자 [대사는] 겸양하고44) 받아들이지 않았는데, 대중의 요청이 더욱 굳건하였으므로 이에 개당을 허락하였다. 이듬해 봄에 칠불암에 들어가자 선승과 학승들이 더욱 많이 몰려들었다. 낮에는 강의하고, 밤에는 선정(禪定)에 들면서, 사람들을 지도하고 자신을 닦음에 새벽45)까지 게으르지 않았다.

　갑신년46) 봄에 갑자기 대중을 물리치며 "부질없이 혓바닥을 놀리는 일이 어찌 마음을 오로지하여 염불하는 것만 하겠느냐?"라 말하고, 옷

---

36) 임신년 : 숙종 18년(1692)이다.
37) 『사고』는 선사(仙寺)이다.
38) 방호산 : 지리산의 별칭 가운데 하나이다.
39) 『사고』는 선사(仙寺)이지만, 『무용당유고』에는 본사(本寺)이다.
40) 창파각 : 지금의 선암사 창파당(滄波唐) 건물이다. 예전에는 선암사의 살림살이를 맡는 도감원으로 사용하였으며 지금은 종무소와 강원으로 사용하고 있다.
41) 갑술년 : 숙종 20년(1694)이다.
42) 기묘년 : 숙종 25년(1699)이다.
43) 경진년 : 숙종 26년(1700)이다.
44) 휘겸(撝謙) : 손을 높이 들어 겸양의 뜻을 나타내는 것으로 겸손함을 뜻한다.
45) 홀흔(曶昕) : 어둑한 새벽을 가리킨다.
46) 갑신년 : 숙종 30년(1704)이다.

깃을 떨치고 용문산 은봉암(隱峰庵)으로 가서 머물렀다. 이로부터는 대중을 가르치기도 하고 때로는 그만두기도 하여 일정한 기준이 없었으나, 배우는 자들이 [대사를] 따르는 것이 마치 뭇 새들이 비상하는 난새47)를 따르는 것과 같았다.

경인년48) 봄에는 산양(山陽)49)의 개흥사(開興寺)50)로부터 조계산의 고사(古社)로 돌아와 날마다 강의하는 여가에 원(院)의 동쪽 시내 위에 손수 대(臺)를 쌓고 정자를 짓고 수석정(水石亭)이라 하였다. 그 정자의 이름을 풀이하였는데 간단히 말하면 "돌은 견고하면서 고요하니, 나도 움직이지 않는 마음을 지니고자 한다. 물은 흐르면서도 맑으니, 나도 막히지 않고 만물에 응하고자 한다."라 하였다.51) 이것은 그때그때 형편에 따라 거침없이 행동하면서 자유롭게 사물에 응대하는 길이니, 이전의 빛을 잉태하여 후대에 오는 자들의 모범이 되려는 것이다.

기해년52) 봄에 호남과 영남의 여러 절에서 남의 사범이 되는 승려와 이름난 승려 3백여 명이 이곳에 모여 대사에게 화엄과 선문을 강의해 줄 것을 청하였다. [대사가] 사양하여 말하기를 "내가 바르지 못한데 어찌 남을 바로잡을 수 있겠는가?"라 했다. 사양함이 굳건할수록 요청함이 더욱 돈독하였으므로 [마침내] 법좌에 올라 불자(拂子)를 휘두르

---

47) 난새 : 봉황(鳳凰)의 일종인 신령스러운 새이다. 닭과 비슷한데 털빛은 붉은 바탕에 오채(五彩)가 섞였으며 소리는 오음(五音)에 맞다는 새이다. 일설에는 푸른빛이 짙은 봉(鳳)을 이른다고도 한다.
48) 경인년 : 숙종 36년(1710)이다.
49) 신양 : 전라남도 보성군의 옛 이름이다.
50) 개흥사 : 전라남도 보성군 오봉산(五峰山)에 있다. 『신증』에는 옛터는 보성군 득량면(得粮面) 삼정리(三亭里)에 있는데, 보성읍에서 동쪽으로 약 30리 떨어져 있다고 한다.
51) 『무용당집』 하권과 『송광사고』 건물부에 「조계산 송광선원 수석정기」가 있으며, 무용이 수석정에서 읊은 시 2수도 전한다.
52) 기해년 : 숙종 45년(1719)이다.

며 오묘한 뜻을 설파하였다. 심오한 뜻이 높고 큰 원음(圓音)53)이 거듭 서로 비추니 그곳에 모인 대중 가운데 복종하지 않는 자가 없었다. 이것이 어찌 비인(秘印)을 받아 차고 임제의 종풍을 크게 드날린 것이 아니겠는가?

오호라! [그 해] 여름 끝 무렵에 가벼운 병이 있어 앉기도 하고 눕기도 하였다. 겨울 10월에는 뛰어난 장인을 불러 미타전(彌陀殿)의 세 금상(金像)54)을 개금(改金)하였다. 17일 병진일 낮에 마음을 다하여 염불하면서 왼쪽 발을 오른쪽 무릎에 올리고 돌아가시니 나이는 69세요 법랍은 51세였다. [11월] 7일 임술일에 절의 백호(白虎)55) 바깥의 오도치(悟道峙)56) 아래에서 다비했는데, 승속이 모두 장례에 모였는데 장례 지내는 의식과 다양한 깃발의 성대함이 일찍이 없었을 정도였다. 불을 붙이자마자 상서로운 구름이 홀연히 일어났고, 숲과 산등성이의 색이 변하니, 보는 이들이 기이하게 여겼다.

이듬해 경자년57) 봄에 문인 낭형(朗炯) 등이 돌을 다듬어 절의 서쪽 바깥 높은 언덕에 돌을 다듬어 탑을 세웠으니 [그곳은] 곧 백암대사의 옆쪽이었다. 당시에 높은 벼슬을 한 사람58)으로서 [대사와] 더불어 친하게 지내지 않는 자가 드물었지만, 특히 영상(領相) 이광좌(李光佐),59)

---

53) 원음 : 원만구족(圓滿具足)한 음성이란 뜻으로 '부처의 말씀'을 이른다.
54) 세 금상 : 미타삼성(彌陀三聖)으로 아미타불, 관세음보살, 세지보살(勢至菩薩)을 가리킨다. 그런데『무용당집』상권에 지택(智擇)과 여신도 여원명(呂圓明) 등이 모연하여 석가여래, 제화(提花), 미륵의 삼대존상을 조성한 일에 대해 무용이 읊은 회향 발원의 게송이 있다.
55) 백호 : 혈 자리의 오른쪽을 감싼 산이나 산맥을 일컫는다. 서쪽 방향을 가리킨다.
56) 오도치 :『만기요람(萬機要覽)』「군정편(軍政編)」4 관방조(關防條)에 전라도 장흥의 남쪽 통로이자 순천의 서쪽 통로로 되어 있다.
57) 경자년 : 숙종 46년(1720)이다.
58) 진신(搢紳) : 홀(笏)을 큰 띠에 꽂는다는 뜻으로, 높은 벼슬아치나 행동이 점잖고 지위가 높은 사람을 이르는 말이다.

대사성(大司成)[60] 최창대(崔昌大)[61] 참판(參判)[62] 이진유(李眞儒)[63] 교리(校理)[64] 임상덕(林象德)[65] 양양(襄陽) 최계옹(崔季翁)[66] 삼연(三

---

[59] 이광좌(1674~1740) : 숙종 20년(1694) 별시문과에 장원급제했다. 예조참판·호조참판을 거쳐 사직(司直)에 있으면서 경종 보호에 명분을 가지고 적극적으로 나섰다. 영조대 소론으로 영의정까지 올랐다.

[60] 대사성 : 조선시대 성균관의 정3품 당상관직이다. '사장(師長)'으로도 불렀으며, 문과 출신의 학문이 뛰어난 자를 임명하였다.

[61] 최창대(1669~1720) : 1694년 별시문과에 병과로 급제하였다. 1711년 대사성에 승진하였으며, 그 뒤 이조참의·부제학 등을 역임하였다. 문장에 뛰어나 박세채(朴世采)·김창협(金昌協)에 비교되었고, 제자백가(諸子百家)와 경서에 밝아 사림의 추앙을 받았으며, 글씨에도 능하였다. 저서로『곤륜집(昆侖集)』20권 10책이 있다.

[62] 참판 : 조선시대 육조의 종2품 관직이다. 육조의 장관인 판서를 정경(正卿)이라 한 데 대하여 차관으로서 아경(亞卿)이라 하였다.

[63] 이진유(1669~1730) : 숙종 33년(1707) 사마시에 합격하여 진사가 되고, 그 해 별시문과에 병과로 급제하였다. 경종 1년(1721) 정언에 기용되고, 이듬해에 사간으로서 세제(世弟 : 영조)의 대리청정(代理聽政)을 건의한 노론의 4대신을 탄핵하여 이들을 제거하였으며, 이어 김일경(金一鏡) 등과 함께 신임사화를 일으켜 노론을 숙청하였다. 경종 때에는 이조참의·부제학·좌부빈객·대사성 등을 역임하였다. 노론이 등용되자 유배되었다가 중앙에 압송되어 문초를 받던 중 옥사하였다.

[64] 교리 : 조선시대 집현전·홍문관·승문원·교서관 등의 정·종5품의 관직이다. 집현전과 홍문관의 교리는 정5품직이었으며, 승문원과 교서관의 교리는 종5품직이었다. 교서관에는 1인, 기타 기관에는 2인씩 정원을 두었다.

[65] 임상덕(1683~1719) : 숙종 31년(1705) 증광문과에 갑과로 장원, 문학·수찬을 거쳐 1709년 남평현감(南平縣監)이 되었다. 이조정랑·홍문관교리를 거쳐 진산군수·능주목사(綾州牧使) 등을 역임, 대사간에 올랐으나 37세에 병사하였다. 저서로는『동사회강(東史會綱)』·『노촌집(老村集)』이 있다.『무용당집』에 무용이 임상덕에게 부친 시 2수가 실려 있다.

[66] 최계옹(1654~?) : 본관은 삭녕(朔寧)이고, 자는 내심(乃心)이며, 호는 동량(㠉梁)이고, 남원(南原) 출생이다. 숙종 연간에 동지사(冬至使)의 서장관으로 청나라에 다녀왔다. 1704년 장령(掌令)으로서 단종이 폐위될 때, 이를 지지한 대신들의 관작추탈(官爵追奪)을 주장하다 파직, 1706년 보덕(輔德)으로 기용되어 집의(執義) 등을 역임, 홍문관(弘文館)에 등용되었다가 1710년 과격한 상

淵) 김창흡(金昌洽),67) 순천(順天) 황익재(黃益再)68) 등이 가장 가깝게 지냈다.

또 [대사는] 선을 닦는 여가에 게송을 잘 지었고 글을 지은 것도 많았는데, 아주 중요한 것만 조금 모아 출판한다. [대사에게] 배운 제자들은 각기 그의 피부, 살, 정수를 얻어 남의 스승이 되었으며, 바위굴 속에 깊이 숨어 홀로 닦는 자도 많았지만 번거로우므로 열거하지 않는다.

[그 중에서도] 약탄(若坦)69)은 일찍이 선사의 문지방 안에 머물면서 아주 가깝게 모셨으니70) 불도에 들어온 사람에게 친절하고71) 알기 쉽게72) 가르쳤음을 알 수 있다. 그런즉 그 은혜는 천지와 같고 정은 골육보다도 깊으니, 은혜와 정이 지극하면 비록 짐승이라도 죽음으로써 그

소를 하여 제주목사로 좌천되었다. 『사고』의 계(季)는 계(啓)의 오자인 듯하다.
67) 김창흡(1653~1722) : 본관은 안동(安東), 자는 자익(子益), 호는 삼연(三淵)으로 서울 출신이다. 좌의정 상헌(尙憲)의 증손자이며, 영의정 수항(壽恒)의 셋째아들이다. 백악(白岳) 기슭에 낙송루(洛誦樓)를 짓고 동지들과 글을 읽으며 산수를 즐겼다. 은거하면서 『장자(莊子)』와 『사기』를 좋아하고 시도(詩道)에 힘썼으며, 부모상을 당한 뒤에는 불전(佛典)을 탐독해 슬픔을 잊으려 하였다. 『무용당집』 상권에 무용과 주고받은 시 4편이 실려 있다.
68) 황익재(1682~1747) : 숙종 27년(1701) 식년문과에 병과로 급제하여 중앙과 지방의 여러 관직을 거쳤다. 이인좌(李麟佐)의 반란을 평정하는 데 공을 세웠으나 모함을 받아 구성에 유배되었다. 상주의 봉산사(鳳山祠)에 제향되었으며, 저서로는 『백화재집(白華齋集)』·『서행일록(西行日錄)』이 있다. 『무용당집』에 무용이 그에게 부친 시 1수와 편지 1편이 실려 있다.
69) 약탄(1667~1754) : 영해약탄(影海若坦)이다. 조선편 제10절 참조.
70) 경해(聲咳) : 기침 소리, 인기척을 내는 헛기침, 웃으며 소곤거림 등의 뜻인데 의역했다.
71) 제이(提耳) : 귀를 끌어 가까이 가져간다는 뜻으로 친절하게 가르치고 타이른다는 의미이다.
72) 지장(指掌) : 손바닥을 가리킴과 같다는 뜻으로 알기 쉬움 또는 하기 쉬움을 비유하여 이르는 말이다.

은덕을 갚고자 할 것이다. 그러므로 눈물을 닦는 여가에 세상 사람들이 함께 보고 들은 것을 주워 모아 출판하면서 삼가 이 행장을 적는다.73)

---

73) 『무용당유고』에도 작자는 밝혀져 있지 않고, 옹정(雍正) 3년(1725) 12월에 썼다고만 되어있다.

제10절 영해대사(影海大師)

1. 행장

　대사는 고흥(高興)¹⁾ 분천(粉川) 사람이다. 이름은 약탄(若坦)이고, 자는 수눌(守吶)이며, 영해(影海)는 그의 호이다. 광산(光山) 김씨(金氏)인데, 아버지는 통정대부(通政大夫)로 이름은 중생(中生)이며, 어머니는 서씨(徐氏)이다. 아버지가 꿈에 범승(梵僧)을 본 후 [어머니가] 임신하였다. 강희(康熙) 7년 현종(顯宗) 9년 무신년²⁾ 10월 초1일 자시(子時)³⁾에 태어났는데, 몸에 탯줄을 덮어쓴 모습이 가사와 같았다. 어릴 때부터 호방하고 뛰어나 걸림이 없었다. 8세에 배우기 시작했는데 두세 번 읽으면 문득 외웠다.
　10세에 능가사(楞伽寺)⁴⁾에 출가하여 득우(得牛)장로를 은사로 삼았다. 17세에 처음으로 무용(無用)화상을 뵙고 자기도 모르는 사이에 눈

---

1) 고흥 : 전라남도 동남부의 해안에 위치한 군이다.
2) 무신년 : 1668년이다.
3) 자시 : 오후 11시부터 오전 1시 사이이다.
4) 능가사 : 신라 눌지왕 4년(420)에 아도(阿道)가 창건하여 보현사(普賢寺)라 했다고 하지만 지리적으로 보아 아도가 과연 이 절의 창건자인지는 정확하지 않다. 임진왜란 때 모두 불탄 뒤 인조 22년(1644)에 벽천(碧川)이 중창하고 능가사로 이름을 바꾸었다. 그 뒤 영조 44년(1768)과 철종 14년(1863)에 중수하였다.

물을 흘렸고 훌륭한 말과 착한 행동을 본받지 못할까 두려워했다. 18세에 삭발하고 계를 받았다. 22세에 경전을 읽는 법을 배웠는데 이로부터 진실한 마음으로 열심히 공부하니 동료들이 따라오지 못했다. 28세 이후에 '만법(萬法)이 오직 마음이다.'라는 종지를 더욱 믿어서, 침식을 잊을 정도로 참구하고 배워 마음으로 귀의하였다.

37세가 되는 갑신년5)에 봉산사(鳳山寺)6)의 요청을 받고 자수암(慈受庵)에서 처음 입실하였다. 열심히 수행하여 세상의 요청에 응하니 명성이 널리 퍼져 부르지 않았는데도 스스로 찾아온 무리가 놀랍게도 수백 명에 이르렀으니, 이는 대사가 이룩한 공적이다. 16세에 아버지가 돌아가셨고, 28세에 어머니가 돌아가셨는데, 대사가 두 번 다 매우 슬퍼하며 상례(喪禮)에 임하여 예를 다해 정성껏 장례를 마쳤다.

나이 52세가 되던 기해년7) 봄에 송광사에 있을 때 무용대사를 위하여 화엄대회를 열었는데, 전국에서 배움의 길을 묻는8) 자가 천 명이 넘어서 집 밖에서 신발을 찾는 다툼이 가득할 정도였다. 화엄대회에 보시9)한 재물이 구름처럼 쌓여 헤아릴 수 없었다. 그 해 여름이 지나고 [무용]화상이 입적하자 대사가 직접 다비하여 부도를 세우고 끝까지 정성스럽게 상을 치렀으니, 이는 대사가 절의를 본받은 것이다.

55세에 화공에게 명하여 53불(佛)을 그리게 했다. 계묘년10)에 보조국사의 부도를 옮겼고, 다음 해에 무용대사의 문집을 간행하여 유포하였다. 81세에는 능가사사적비를 세우도록 하였다. 또 지세의 흐름을 바꾸

---

5) 갑신년 : 숙종 30년(1704)이다.
6) 봉산사 : 『송광사지』(2001)에는 봉갑사(鳳岬寺)로 보았다.
7) 기해년 : 숙종 45년(1719)이다.
8) 문진(問津) : 나루터가 있는 곳을 묻는다는 뜻으로, 학문에 들어가는 길을 물음을 말한다.
9) 친전(嚫錢) : 시주한 돈이라는 뜻이다.
10) 계묘년 : 경종 3년(1723)이다.

어[11] 도랑을 파서 물길을 돌렸으니, 이는 대사가 주관한 세상 일이다. 61세 되던 무신년[12]에 학인 수백 명을 거느리고 방장산 벽송암(碧松庵)[13]에 머물렀는데 변란[14]이 일어나 대중들이 편하게 있지 못하였다. 대사가 대중에게 이르기를 "이 나라 땅의 풀을 먹으며 이러한 세상의 변란을 만났으니 진실로 나라를 돕는데 힘이 되어야 한다. 내가 형세가 여의치 않다고 하여 어찌 얕은 꾀를 내어 대중을 흩어서 옛 땅에 돌아가 숨게 하겠는가?"라 하였다. 마침내 [토벌군]이 개선하여 돌아왔으니, 이는 대사가 나라의 근심을 걱정한 것이다.

일암쇄연(日庵洒然)과는 서로 학문을 살찌우는 벗[15]이었고, 제자가 수십 명이었으나 오직 풍암(楓巖)을 바리때를 전하는 적자(嫡子)로 삼았으니, 이는 대사의 인재를 기르는 법이다. 경오년[16] 82세 때 문인 풍암의 청을 받아들여 화엄대회[17]의 우두머리가 되었는데 무용대사가 대사의 청에 응하여 대회의 법주(法主)가 되었던 것과 같으니, 이는 대사가 마지막으로 대중을 제도한 것이다.

87세 되던 갑술년[18] 정월 초이튿날 갑자기 가벼운 병을 얻었는데, 3일 자시에 목욕하고 옷을 갈아입고 대중에게 떠날 것을 알린 다음 낭랑하게 게송을 읊어 "응연한 하나의 상[19]이여, 누가 말할 수 있겠는가?

---

11) 회지축(回地軸)을 이렇게 의역했다.
12) 무신년 : 영조 4년(1728)이다.
13) 벽송암 : 경상남도 함양군 마천(馬川)에 있는 절이다.
14) 변란 : 이인좌와 정희량의 난을 가리킨다.
15) 여택(麗澤) : 연접해 있는 두 늪이 서로 물을 윤택하게 한다는 뜻으로, 벗끼리 서로 도와 학문과 덕을 닦음을 비유하여 이르는 말이다.
16) 경오년 : 영조 26년(1750)이다.
17) 잡화 : 『잡화경(雜華經)』과 같은 뜻. 잡화경은 『화엄경』의 다른 이름이다. 여기서 잡화장(雜華場)은 화엄경을 설하는 법회 모임이라는 의미로 사용되었다.
18) 갑술년 : 영조 30년(1754)이다.
19) 원일상(圓一相) : 원일상은 선문(禪門)에서 깨달음의 경지에 대조되어 나오는 원상(圓相)을 말한다.

하늘과 땅을 당당히 걸으니 분명히 드러나는구나. 자가(自家)를 밟고도 보배를 무너뜨리지 않으니, 오직 존귀함은 나를 일컫네. 하하하! 껄껄 웃나니, 이것이 무엇인가? 깨끗하고 집착이 없음은 죽어서야 얻을 수 있으리."라 했다. 단정하게 앉아 돌아가니 향로봉 아래에서 다비했다. 한 조각 뼈에서 빛이 뿜어져 나오니, 원근에서 보고 듣는 자들이 공경하지 않을 수 없었다. 탑은 능가사와 송광사 두 곳에 세웠으니, 이곳은 대사가 귀의했던 곳과 돌아가신[20] 곳이다.

대사는 일찍이 서쪽의 부사의암(不思議庵)[21]에서 기한을 정하고 기도하였는데, 꿈에 관음보살이 주먹 크기만한 천도(天桃) 3개를 주었다. 한 개는 먹고 2개는 어머니께 드리려고 품안에 감추었는데, 이것이 어찌 대사가 90세까지 살 것이라는 명확한 징조가 아니겠는가?

대사의 해박함을 말하자면 내외의 여러 책을 꿰뚫어 음양서(陰陽書)와 수학에 이르기까지 남김없이 통했다. 대사의 수행을 말하자면 종소리를 들으면 반드시 일어났는데 병이 들었어도 어기지 않았고, 법복을 몸에 입기가 괴로워도 어기지 않았으며, 부처에게 공양할 때는 공손하고 적절했으며, 대중을 대할 때는 말이 적고 장엄하고 정중했고, 예법을 스스로 지켰으며, 도덕으로써 매사에 응대했다.

그러므로 신명(神明)을 감동시켜 팔부중(八部衆)[22]이 늘어섰고, 주력(呪力)을 외우니 오부(五部)[23]가 밝게 드러났다. 삼밀(三密)[24]의 비인

---

20) 원적 : 원래는 모든 무지(無知)와 사견(私見)을 여의고 깨닫는다는 뜻이었으나 뒤에 승려의 죽음을 뜻하는 말로 되었으며, 열반(涅槃)·입적(入寂)과 같은 뜻이다.
21) 부사의암 : 전라북도 부안군 변산에 있는데 신라승려 진표(眞表)가 머물던 곳이다. 1백 척 높이의 나무사다리가 있는데, 사다리를 타고 내려오면 방장(方丈)에 이를 수 있다. 그 아래는 깊은 골짜기이며 쇠줄로 그 집을 잡아당겨서 바위에 박아두었는데, 세간에서는 바다의 용이 한 일이라고 전한다.
22) 팔부 : 팔부중은 불법을 수호하는 여덟 신장(神將)으로 천(天)·용(龍)·야차(夜叉)·건달바·아수라·가루라·긴나라·마후라가를 가리킨다.

(秘印)을 열어 오교(五敎)의 현결(顯訣)을 드러냈으니, 대사 이전에 이 같은 사람이 있다는 것은 내가 듣지 못했다. [대사는] 기개와 도량이 씩씩하고 아름다웠고 제자들25)에게 엄하고 예리하였다. 사방에서 배우러 온 자들이 대사의 질문을 한번 받으면 곧 머리를 조아렸고, 답변함에 한결같은 의미가 물이 흐르듯 하였으니, 진실로 법해(法海)의 우두머리요. 선문(禪門)의 바른 안목이었다.

공경(公卿)으로 외호하는 사람들도 많았는데, 만년에 풍원군(豊原君) 조현명(趙顯命)26)과는 마음으로 친밀하게 사귀었다. 문집 3권의 초고는 아직 목판에 새기지 못했다.

오호라! 내가 일찍이 풍암(楓巖)법사에게서 들은 것도 최후에 곁에서 직접 모실 때 들은 것이어서 경계가 높아 그 심오한 이치를 다 알지 못했다. 법유(法乳)를 마시고 근원을 찾아 흘러감에 우러러 때에 알맞은 교화27)에 젖어 봄바람이 부는 방에 앉아 그 한두 가지 정도만 들어 눈물을 닦으며 삼가 기록한다. 법손 묵암최눌이 삼가 적는다.

---

23) 오부 : 사체(四諦)의 이치에 어두운 사부(四部)와 세상의 이치에 어두운 일부(一部)를 합쳐 말한다.
24) 삼밀 : 밀교(密敎)에서 불타의 삼업(三業)인 신밀(身密)·어밀(語密)·의밀(意密)의 불사의한 작용은 전우주에 보편하며 따라서 중생의 삼업도 불타의 삼밀에 맞추어 수행한다.
25) 조아(爪牙) : 손톱과 어금니라는 뜻으로, 도와서 지키는 사람·호위무사·자기의 동아리 또는 부하·무위(武威)를 드날려 삼군(三軍)을 격려하는 일을 맡은 장병 등을 이른다.
26) 조현명(1690~1752) : 본관은 풍양(豊壤), 자는 치회(稚晦)이고, 호는 귀록(歸鹿) 또는 녹옹(鹿翁)이다. 경종 1년(1721) 연잉군(延礽君)이 왕세제로 책봉되자 세제보호론을 주창, 소론의 핍박으로 곤경에 처해 있던 왕세제 보호에 힘썼다. 영조 즉위 후 용강현령·지평·교리를 역임하고 이인좌의 난을 진압한 공으로 풍원군에 책봉되었다. 저서로 『귀록집(歸鹿集)』이 있다.
27) 시우지화(時雨之化) : 은택(恩澤)이 골고루 미침을 이른다. 초목이 비를 얻어 싹틈에 비유한 것이다.

제11절 풍암대사(楓巖大師)

1. 행장

　대사의 이름은 세찰(世察)이고 호는 풍암(楓巖)이다. 밀양 박씨(朴氏)이고, 순천 사람이다. 어머니가 꿈에 달이 품안에 들어오는 것을 본 다음 임신하여 강희 27년 무진년[1] 12월 16일에 태어났다. 콧날이 우뚝하고 봉황의 눈을 가졌으며, 용모와 행동이 크고 훤칠했다. 어릴 때 동화사(桐華寺)로 출가하여 철웅(哲雄)장로에게 계를 받았고, 무용과 영해(影海)의 문중에서 공부했다. 그러므로 무용화상이 돌아가셨을 때 대사도 상복을 입고자 했으나, 영해화상이 추대되어 [그 일을] 지휘하니 마침내 그만두었다.

　대사가 마침내 영해대사의 문중에서 반야지혜(般若智慧)[2]를 얻어 의발을 전해 받는 제자[3]가 되었다. 이로부터 옛날의 덕이 멀리까지 전해져서[4] 부르지 않았는데도 대중들이 모여들었다. 대중에게 반야지혜

---

1) 무진년 : 숙종 14년(1688)이다.
2) 둔부(鈍斧) : 무딘 칼 또는 작은 칼과 도끼를 의미하며, 반야지혜를 비유하는 말이다.
3) 전의지자(傳衣之子) : 전의는 스승이 문하의 훌륭한 제자에게 교법을 전하면서 상징적 표시로서 주는 옷 또는 그 행위를 가리킨다. 흔히 의발(衣鉢)을 전한다고 하는데, 이는 곧 법을 전한다는 뜻이다.
4) 비무익(飛無翼) : 무익이비(無翼而飛)는 날개 없이 난다는 뜻으로, 군자가 한

의 법을 널리 드날리니 이득을 얻은 자가 많았다. 조계의 법수(法水)가 멀리 해협을 적시니 어리석은 세속의 시비에 귀를 막았고 대도(大道)의 빛나는 종지를 떨쳤다. 친한 이와 친하지 않은 이를 대함에 좋고 싫음이 없었다. 경전을 강론함에 싫어하거나 게으르지 않았으며, 인재를 기를 때에는 말하지 않아도 저절로 교화되었다. 앞을 보고 뒤를 돌아보아도 특별히 뛰어나 누구도 의지하지 않았으니, 세상에 드문 진인이었다.

72세인 기묘년5) 봄에 이르러 반야지혜로 대회를 열고 신표(信標)로서 의발을 묵암대사에게 전해주었다. 이른바 불구(不龜)의 약(藥)6)은 남에게 팔지 않고 문중에서 상용하여 대대로 봉하니 그 누가 쓰이는 바가 다르다고 말하겠는가? 80세인 정해년7) 7월 8일에 보조암에서 입적하였다. 가치동(加峙洞)에서 다비하여 맹렬한 불길 속에서 불에 타지 않는 한 물건을 얻었는데, 사람들이 백옥대(白玉臺)라고 불렀다. [백옥대는] 두 개의 명주(明珠)를 머금었는데 색깔은 부처의 눈썹 털과 같았고 모양은 두 눈이 빛나는 것 같다고 한다.

아! 우리 선조께서는 평생 동안 날마다 항상 준제삼매(準提三昧)에 들어가셨다. 그러므로 40세 때 방장실 안에서 호랑이의 액을 면하셨고, 맹렬한 불길 속에서 불에 타지 않는 물건을 얻었다. 모양없는 빛 가운데서 상(相)을 드러냄을 꺼리지 않았으니, 무위법(無爲法) 가운데 분명한 효험을 크게 얻었다고 말할 수 있다. 동각(東閣)에 진영을 걸고 북쪽 기슭에 탑을 세웠다. 오호라! 불초(不肖) 교평(敎萍)8)이 세상에 늦게

번 말하면 천지 밖에서까지 응한다는 의미로 사용된다.
5) 기묘년 : 영조 35년(1759)이다.
6) 『장자(莊子)』 「소요유(逍遙遊)」에 불구수지약(不龜手之藥)이라는 표현이 나온다. 불구수는 손발에 거북등 문양처럼 금이 간 것을 가리키는데, 여기서는 집안에 비밀리에 전하는 약이나 법이라는 의미로 사용되었다.
7) 정해년 : 영조 43년(1767)이다.

태어나 일찍이 옷자락을 따르지 못하여 이전의 인연이 가려졌고 진실을 말해주는 사람이 없어서 대사의 남겨진 덕9)을 주워 모아 간략히 기록한다.

가경(嘉慶) 6년 신유년10) 6월 하순(下澣)11)
소손(小孫) 와월교평(臥月敎萍)이 삼가 적다.

2. 상찬(像讚)

최눌(最吶)이 짓다.

준제(准提)의 빛 가운데 평생을 살았고12)
용봉(龍鳳) 같은 제자들을 격려하며 경전을 전했네.
신령스러운 뼈와 구슬은 모두 그 밖의 일이었고
말없이 가르침을 이루어 여러 제자들을 타이르고 움직였다네.
상어무늬 비단에 형상을 남기니 금빛 벽에 걸어놓고
공경하는 예와 참된 의식을 올리니 [대사의] 높은 품격을 대하는 듯

---

8) 교평 : 와월교평(臥月敎萍, 1760~1832)이다. 조선편 19절 참조.
9) 유화(遺花) : 유화(遺化)의 오기(誤記)로 보인다. 유화(遺化)는 그 사람이 죽은 뒤까지 남은 인덕(仁德)이라는 뜻이다.
10) 신유년 : 순조 1년(1801)이다.
11) 하한 : 하순(下旬)과 같은 뜻이다. 한 달 가운데 21일부터 그믐날까지를 가리킨다.
12) 부앙(俯仰) : 하늘을 우러러보고 세상을 굽어본다는 뜻으로, 면앙(俛仰)과 같은 의미로 사용된다. 부앙불괴천지(俯仰不愧天地)는 천지의 신(神)에 대해서도 부끄러울 것이 없다는 의미로, 공명정대하여 세상에 부끄러울 것이 없다는 뜻이다.

하네.
여러 절에 두루 퍼져 일문(一門)이 두루 통하였으니
상즉(相卽)하지도 분리되지도 않는 도가 바로 여기에 있다네.

제12절 묵암대사(默庵大師)

1. 비문

부휴 7세 적손 전불심인(傳佛心印) 부종수교(扶宗樹敎) 묵암대선사(默庵大禪師) 비명과 서문

숭정대부(崇政大夫) 의정부(議政府) 전(前) 우찬성(右贊成)[1] 완산(完山) 이용원(李容元)[2]이 짓다.

숭록대부(崇祿大夫) 겸(兼) 병조판서(兵曹判書) 원임(原任) 규장각(奎章閣) 학사(學士) 세자(世子) 우빈객(右賓客)[3] 정기회(鄭基會)[4]가

---

1) 우찬성 : 조선시대 의정부의 종1품 관직이다. 좌찬성·좌참찬·우참찬과 함께 3의정을 보좌하고 국정에 참여했으며, 3의정 유고시에 그 임무를 대행하였다.
2) 이용원(생몰년 미상) : 1876년 우부승지 서정순(徐正淳)과 함께 동부승지로서 최익현(崔益鉉)의 흑산도 안치를 해제해 줄 것을 요청하는 상소를 올렸다. 이조판서·성균관대사성·형조판서·대사간·대사헌을 지냈다. 1890년 예조참판으로서 민씨 척족의 고종 왕위선양(王位禪讓) 모의를 항의하다가 유배당하였다가, 1894년 정치개혁이 이루어지면서 정치범을 석방할 때 흑산도에서 풀려났다. 그 뒤 이조판서와 법무아문대신·우찬성을 지냈으며, 중추원일등의관·궁내부특진관이 되었다.
3) 우빈객 : 조선시대 세자시강원의 정2품 관직으로 정원은 1인인데, 같은 품계를 가진 타직(他職)이 겸하였다.
4) 정기회(1829~?) : 본관은 동래(東萊)이며, 자는 성오(聖五)이다. 철종 9년(1858)에 별시문과에 급제했다. 오랫동안 세자시강원의 좌부빈객·우빈객·빈객 또

쓰다.
통정대부(通政大夫) 행(行) 승정원(承政院) 좌승지(左承旨)[5] 겸 경연(經筵) 시독관(侍讀官)[6] 서의순(徐誼淳)[7]이 전(篆)했다.

유교와 불교는 각기 종조(宗祖)가 있으며 그 종조는 서로 섞이지 않았으니, 마땅히 쇠퇴하고 왕성함이 고르지 않다. 그런데 어찌 공자의 [가르침이] 쇠퇴하고 여래의 [가르침이] 또한 나타났는가? 불교가 후한(後漢)시대에 들어와 동경(東京)[8]의 선류(善流)를 배출하였고 송대(宋代)에 이르러 크게 융성하였다. 염락(濂洛)[9]의 문하에 쫓아 따르던 자들이 때때로 이가(二家)[10]를 두루 돌아다녔으니 불교의 번성함을 알 수 있다.[11]

우리나라에서는[12] 사명(泗溟)[13]과 영규(靈圭)[14]가 고경명(高敬明)·

는 일강관(日講官)으로서 세자의 교육에 참여하였다. 갑오개혁 후로는 종1품으로서 왕태자궁일강관 또는 궁내부특진관으로 관직생활을 했으며, 칙임관2등에 임명되었다.
5) 좌승지 : 조선시대 승정원의 정3품 당상관직이다.
6) 시독관 : 조선시대 경연의 정5품 관직이다.
7) 서의순(1827~?) : 고종 7년(1870) 식년시에 3등으로 합격했다. 본관은 대구(大邱)이고, 자는 정사(正士)이다. 부친은 서긍보(徐肯輔)이고, 동생은 서기순(徐岐淳)이다.
8) 동경 : 후한시대의 낙양을 이른다. 전한의 수도 장안의 동쪽에 해당하기 때문이다.
9) 염락 : 염계(濂溪)에 있던 주돈이(周敦頤)와 낙양(洛陽)에 있던 정호(程顥)와 정이(程頤)를 가리키는데, 이들이 주창한 송학(宋學)을 의미한다.
10) 이가 : 여기서는 유교와 불교를 가리킨다.
11) 『사고』에는 하(何)로 되어 있으나 비문에는 가(可)로 되어 있다.
12) 『사고』에는 기호아조(曁乎我朝)로 되어 있으나 비문에는 기우아조(曁于我朝)로 되어 있다.
13) 사명 : 송운유정을 말한다.
14) 영규 : 본관은 밀양이며, 호는 기허(騎虛)이다. 속성은 박씨(朴氏)인데, 휴정(休靜)의 수제자이다. 임진왜란이 일어나자 500명의 승병을 모아 의병장 조헌과

조헌(趙憲)15)과 함께 충의(忠義)를 드러내었다. 묵암(默巖) 큰스님은 숙종16) 중엽에 태어났는데 그때는 길거리에 현사를 모시는 수레바퀴17) 소리가 잇달았는데, 유자와 불자가 거의 동일하게 대접받았다. [대사는] 모름지기18) 태어나서 죽을 때까지 음양의 도움이 있었다.

불교는 칠불(七佛)19)을 종조로 삼는데 가섭으로부터 혜능까지 33조가 된다. 그 사이에 달마가 중국에서 나왔고 혜능 다음에 5종(宗)으로 나뉘었는데, 임제종(臨濟宗),20) 운문종(雲門宗),21) 법안종(法眼宗),22) 위

함께 청주(淸州)를 수복하고 이어 금산(錦山)에 이르러 일본군과 격전 끝에 조헌 등 700의사와 함께 순국하였다. 금산의 700의총(義塚)에 묻히고 종용사(從容祠)에 제향되었다.

15) 양봉 : 고경명(高敬命)과 조헌(趙憲)을 가리킨다. 고경명(1533~1592)은 본관이 장흥(長興)이며, 자는 이순(而順)이고, 호는 제봉(霽峰) 또는 태헌(苔軒)이다. 임진왜란이 일어나자 그는 각처에서 도망쳐온 관군(官軍)을 모아 크게 활약했으며, 금산전투에서 왜적과 대항해 싸우다가 순절했다. 시호는 충렬(忠烈)이다. 조헌(1544~1592)은 본관이 배천(白川)이며, 자는 여식(汝式)이고, 호는 중봉(重峯), 도원(陶原), 후율(後栗) 등이다. 임진왜란이 일어나자 옥천에서 의병 1,600여 명을 모아, 영규의 승군과 함께 청주성을 수복하였다. 그러나 충청도순찰사 윤국형(尹國馨)의 방해로 의병이 강제해산당하고 불과 700명의 남은 병력을 이끌고 금산으로 갔다. 영규의 승군과 합진해서, 전라도로 진격하려던 고바야가와[小早川隆景]의 왜군과 싸우다가 모두 전사하였다. 후세에 이를 숭모하여 금산전투라 일컬었다.
16) 명릉 : 숙종의 능이다.
17) 포륜 : 진동을 막기 위하여 부들로 바퀴를 싼 수레를 가리키는데, 옛날 현사(賢士)를 초빙할 때 사용하였다.
18) 『사고』는 회(洄)이지만, 비문은 수(須)이다.
19) 칠불 : 석가불이 출현하기 이전의 일곱 부처로 비바시불·시기불·비사부불·구류손불·구나함모니불·가섭불·석가모니불을 이른다.
20) 임제종 : 선종 제6조 혜능(慧能)으로부터 남악(南嶽)·마조(馬祖)·백장(百丈)·황벽(黃檗)을 거쳐 임제(臨濟) 의현(義玄)에 이르러 일가(一家)를 이룬 종파이다. 의현은 황벽의 법통을 잇고, 당 선종(宣宗) 때 진주(鎭州)의 임제원(臨濟院)에 있던 승려로, 학인들을 제접(提接)하여 종풍을 떨쳤다. 송대에 황룡혜남(黃龍慧南)과 양기방회(楊岐方會)의 두 파로 갈라졌다. 방회의 문하에서 오조

앙종(潙仰宗),23) 조동종(曹洞宗)24)이었다. 임제종에는 석옥(石屋)25)이

법연·원오극조 등 우수한 선승이 배출되고, 특히 대혜가 간화선(看話禪)을 완성시킴으로써 이후 선사상을 주도하였다. 송·원·명대의 선종을 주도하였다. 한국·일본·베트남 등 동아시아 불교문화권에서 선종을 대표하는 종파로서 많은 영향을 끼쳤다.

21) 운문종 : 설봉의존(雪峰義存)의 법을 이은 운문문언(雲門文偃)을 종조로 하는 중국선종 5가 7종의 하나이다. 문언은 처음 목주도명(睦州道明)에 나아가 배우고, 이어 설봉의존에게 사사해서 그의 법을 이었다. 그 후 광동성 소주(韶州) 운문산 광태선원(光泰禪院)에서 선풍을 드날렸다. 그 문하에서 우수한 선승이 많이 배출되어 북송대에 임제종과 함께 융성하였다. 특히 불국유백(佛國惟白), 혜엄종영(慧嚴宗永), 장려종색(長蘆宗賾) 등은 각각 『건중정국속등록(建中靖國續燈錄)』, 『종문통요집(宗門統要集)』, 『선원청규(禪苑淸規)』 등을 편찬하여 송대 이후 선종사에 많은 영향을 미쳤다. 사대부와의 교류도 두드러지며, 남송 이후에는 쇠퇴하여 사라지게 되었다.

22) 법안종 : 오가칠종(五家七宗)의 하나이다. 법안종은 송(宋) 초기 청량원(淸涼院)에 머물며 오월왕(吳越王) 전씨(錢氏) 일족의 귀의를 받아 크게 선풍을 불러일으킨 법안문익(法眼文益)에 의하여 개창되었다. 그의 문하에서 덕소(德韶) 등 많은 선승이 배출되어 절강(浙江)·복건(福建)을 중심으로 크게 번창하였다. 제2조 덕소는 천태(天台)의 교학과 선을 융합하였으며, 제3조 연수(延壽)는 염불정토(念佛淨土)사상과 선의 일치를 주장하고 『종경록(宗鏡錄)』을 지어 제종을 체계화하였다. 강남(江南) 지방에서 화려하게 전개되었던 법안종도 북송(北宋) 때에 이르러, 운문종(雲門宗)의 대두와 그 융합적 성격으로 급격히 쇠퇴하였으나, 그들의 특징인 공안염롱은 운문종, 나아가 임제종에 의하여 계승되었다.

23) 위앙종 : 위산영우(潙山靈祐)와 그의 법을 이은 앙산혜적(仰山慧寂)을 종조로 하는 중국선종 5가 7종의 하나이다. 백장(百丈)의 법을 이은 위산은 당 원화(元和) 연간(806~820)에 호남성 영향현(寧鄉縣) 대위산(大潙山)에 동경사(同慶寺)를 짓고, 천여 명의 학인을 가르쳤다. 이어 앙산혜적도 강서성 원주(袁州) 앙산에서 선풍을 드날렸다. 오대(五代) 무렵 한때 번성하였으나, 송에 이르러 쇠퇴하여 사라졌다.

24) 조동종 : 청원행사(靑原行思), 석두희천(石頭希遷), 약산유엄(藥山惟嚴), 운암담성(雲巖曇晟)으로 이어지고, 운암의 법을 이은 동산양개(洞山良价)와 조산본적(曹山本寂)을 종조로 하는, 중국선종 5가 7종의 하나이다. 송 초기까지 종세가 크지 않았으나 송 중기에 투자의청(投子義靑), 단하자순(丹霞子淳) 등에 의해 부흥되었다. 주로 하북을 중심으로 성행되어 금대(金代)의 만송행수

나와 우리나라의 태고에게 전하였다.

12대를 지나 풍암에 이르러 법을 묵암에게 전하였다. 묵암은 그의 호이며 이름은 최눌(最吶), 자는 이식(耳食)이다. 속성26)은 박씨(朴氏)인데 본관은 밀양이다. 아버지는 흥양현(興陽縣)27) 장사촌(長沙村)에서 살았는데, 정유년28) 4월 18일에 대사를 낳았다.29) 5, 6세 때 땅에 떨어진 종이만 보면30) 곧 주워 벽에 붙여놓고 "내가 장차 배워서 [이것을] 알 것이다."라고 말하였으니, 이것이 그의 빼어난 조짐이었다.

14세 때 징광사(澄光寺)로 출가하였고, 18세에 만리(萬里)법사에게 오계(五戒)를 받았다. 19세에 조계산의 풍암화상에게 경전을 배웠고,31) 영해(影海)조사에게 가서 불교의 현묘한 뜻을 깨달아 얻었다. 27세에 다시 [풍암]화상에게 돌아와 대광사(大光寺) 영천난야(靈泉蘭若)에 입실하여 7, 8년 동안 내전과 외전을 닦아 학식32)을 쌓았다. 이로부터 소문이 멀리 퍼져 귀의하는 사람들이 날로 늘어났고, 선종과 교종의 [승

(萬松行秀)가 등장하여『종용록(從容錄)』을 편찬하고, 선사상을 드날렸다. 조동종의 선사상은 동산, 조산의 오위(五位) 사상이 커다란 특징이며, 복송말 이후에는 진헐청료(眞歇淸了), 굉지정각(宏智正覺) 등에 의해 묵조선(默照禪)이 제창되어 임제종의 간화선과 대립되기도 하였다.

25) 석옥청공(1272~1352) : 속성은 온씨(溫氏)이고, 소주(蘇州) 출신(出身)으로 장성하여 출가한 청공(淸珙)은 구족계를 받았다. 태고보우와 백운경한 등이 그의 법계를 계승하였다.
26)『사고』에는 없지만, 비문은 속(俗)자가 있다.
27) 홍양현 : 전라남도 고흥군의 옛지명이다.
28) 정유년 : 숙종 43년(1717)이다.
29)『묵암집』부록에 순조 1년(1801) 6월에 와월교평이 쓴 행장이 있는데, 묵암은 4세 때 낙읍(樂邑) 응계촌(鷹溪村)으로 옮겼다고 한다.
30)『사고』에는 없지만 비문은 세(歲) 다음에 견(見)이 있다.
31)『묵암집』의 행장에는 호암(虎岩), 회암(晦庵), 용담(龍潭), 상월(霜月) 등을 두루 찾아다녔다고 한다.
32) 복사(腹笥) : 뱃속에 있는 책상자라는 뜻으로, 마음 속에 기억하는 서적 곧 학문의 소양을 이르는 말이다.

려들이] 물으면 [거기에] 답하는 것이 병에서 물이 쏟아지는 것 같았다. 그 근원을 궁구함33)이 많아 이전 사람들이 드러내지 못한 것을 드러내니 모두들 그의 신이함을 칭찬했다.34)

경오년35)에 영해대사를 위해 대회를 열었고, 기묘년36)에는 풍암대사를 위해 대회를 열었다. 병술년37)에는 백암대사의 비를 세웠으니 법문(法門)에 공이 컸다. 경인년38)에 표충(表忠)의 직무를 맡았다.

경술년39) 4월 27일에 조계산의 보조암에서 입적하니 나이는 73세였다. 문도들이 진영을 걸고 탑을 세워 우러러 받들었다. 대사는 천성이 민첩하고 슬기로워 눈으로 본 것은 곧 기억하였으며, 또 성품이 깊이 연구하는 것을 좋아하였다. 시서(詩書)와 백가(百家)의 글에도 능하여 널리 통해 빠뜨린 것이 없었고 삼장(三藏)의 바다에 여유있게 노닐었다.40) 『화엄과도(華嚴科圖)』,41) 『제경문답(諸經問答)』, 『반착회요(盤錯

---

33) 『사고』는 궁처(窮處)이지만, 비문은 궁원처(窮源處)이다.
34) 이 다음에 『묵암집』의 행장에는 33세 때 금강산에 갔다는 내용이 더해져 있다.
35) 경오년 : 영조 26년(1750)이다. 『묵암집』의 행장에는 봄에 송광사에서 열었다고 한다.
36) 기묘년 : 영조 35년(1759)이다. 『묵암집』의 행장에는 가을에 송광사에서 열었다고 한다.
37) 병술년 : 영조 42년(1766)이다. 『묵암집』의 행장에는 을유년 여름에 징광사에 세웠으며, 이듬해 송광사에도 세웠다고 한다.
38) 경인년 : 영조 46년(1770)이다. 『묵암집』의 행장에는 봄에 표충사의 원장으로 부임했다고 한다.
39) 경술년 : 정조 14년(1790)이다.
40) 유인(游刃) : 『장자(莊子)』, 「양생주(養生主)」에 포정(庖丁)이 문혜군(文惠君)을 위하여 소를 잡는데 문혜군에게 말하기를, "신의 칼이 19년을 지내오는 동안에 소를 잡아 분해(分解)한 적이 수천 마리지만, 칼날이 새로 숫돌에 갈아 놓은 것 같습니다. 그 마디는 틈이 있고 이 칼날은 무디지 않으니 무디지 않은 칼로 틈이 있는 데를 찾아 들어가면 그 칼날을 놀리는데 있어 반드시 여지가 생깁니다." 하였다. 그래서 맡은 일을 잘 처리하는 것을 유인(游刃)이라 한다.
41) 『화엄과도』: 묵암최눌이 화엄사상을 도식화하여 정리한 것으로, 와월교평(臥

會要)』와 시문잡저(詩文雜著) 등 10권은 아직 간행하여 유포하지 못했다.

법선(法宣)42) 등 여러 승려들이 비를 세우기를 도모하여43) 보조와 백암 두 대사와 더불어 무궁한 [세월동안] 아름다운 행적을 전하려고, 향섭(向燮)을 [나에게] 보내어 대사의 행적을 가지고 와서 매우 간절히 글을 구하니 실린 행적을 글로 써서 알리고, [다음과 같이] 게를 짓는다.

여래여! 보살이시여!

오심이여, 몸은 마갈타44)에 의지했고 입은 비야리45)에서 다물었네.

돌아가심이여, 사라쌍수46)에서 옷을 털었고 금하(金河)47)에서 신을 벗었다네.

오호라! 묵암대사는 구름에 가려 아득하니 내가 따라갈 수 없구나.

月教萍)이 묵암이 편찬한 것을 다시 증보하여 태안사에서 간행한『제경회요(諸經會要)』에 남아 있다.
42) 구연법선(九淵法宣, 1844~1897) : 성은 박씨이고, 곡성군 석곡면 운월리에서 태어났다. 자는 삼화(三和)인데, 17세에 송광사 의영(宜映)대사에게 출가하였고, 우담화상에게 계를 받았다. 37세에 용운(龍雲)대사의 의발을 받았고, 1889년에 사성각(四聖閣)을 세웠고,『미륵하생경』을 아침저녁으로 독송했다.
43)『사고』는 추모(追慕)이지만, 비문은 추모(追謀)이다.
44) 마갈(摩竭) : 중인도의 마갈타국을 말한다. 불교와 매우 밀접한 나라로 마갈타국의 빔비사라왕은 석존과 불교교단을 잘 외호하였다. 석존이 6년간 고행하고 성도한 부다가야와 최초의 절인 죽림정사, 법화경을 설한 영축산, 그리고 최초의 결집장소가 모두 마갈타국 안에 있었다.
45) 비야(毘耶) : 중인도에 있는 비야리성(毘耶離城)을 말한다.『유마경』의 주인공인 유마거사가 거처한 곳이다.
46) 사수(娑樹) : 부처가 쿠시나가라성 밖에 있는 두 그루 사라수(沙羅樹) 나무 사이에서 열반하였으므로 이 숲을 사라쌍수(娑羅雙樹)라 한다.
47) 금하 : 니련선하(尼連禪河)의 다른 이름인데, 이 강에서 사금(砂金)이 나오므로 이렇게 부른다. 부처가 출가한 뒤 이 강 근처에서 정좌하고 6년 동안 고행수도하였다고 전한다. 그 후 고행을 버리고 이 강에서 목욕하고 몸을 깨끗이 한 뒤 이 강 언덕에 있는 보리수 아래에서 깨달음을 이루었다.

팔영산(八影山) 북쪽 송광사 옆에
천년 동안 증명할 비석이 여기에 있도다.

2. 비석의 뒷면

높은 덕과 큰 위업을 이룬 사람을 책에 기록하고 금석에 새기는 것은 진실로 후세에 알리기 위해서이다. 우리 선조 묵암선사의 뛰어난 행실과 훌륭한 업적은 이미 원래의 명(銘)에 실려 있어서 군더더기를 덧붙일 필요가 없다.

다만 지금부터 29년 전인 을미년48)에 장차 비석을 세울 것을 의논하였는데 시절이 어수선하였고, 또한 돌도 마련하지 못하여 일을 이룰 수 없었으니 그 후손들이 한탄한 지 오래되었다. 이제 다시 의논하여 계책을 세우고 힘을 합쳐 드디어 남포에서 돌을 잘라 가지고 와 공사를 마쳤다.

아름다운 빛깔의 보옥이 푸른 하늘에 우뚝 솟구치니, 우리 선조의 아름다운 업적을 사람들이 보고 듣게 되었다. 오랜 세월동안 길이 빛나리니 어찌 [대사의] 행적이 깊고 드러난 것이 멀리 후대에까지 전해지지 않겠는가? 불초 이손(耳孫)49)이 대사께서 남기신 덕을 배불리 먹고 대사께서 남기신 법유에 취하여 춤추며 뛸 듯한 기분을 이기지 못하며 기록한다.

세존 기원 2950년 계해년50) 음력 3월 보름날

---

48) 을미년 : 영조 51년(1775)이다.
49) 이손 : 현손(玄孫)의 증손(曾孫) 또는 현손의 아들을 가리킨다. 자기부터 세어 팔대가 되는 손자이다.
50) 계해년 : 순조 3년(1803)이다.

5세손 율암찬의(栗庵贊儀)⁵¹⁾가 향을 사르고 삼가 적는다.

---

51) 율암찬의(1867~1929) : 자는 남계(藍溪)이고 성은 김씨인데, 여수군 율촌면에서 태어났다. 1882년에 선암산 월주(月宙)대사에게 출가하여 1892년 원해(圓海)대사의 법을 잇고, 1926년에는 보조국사탑을 보수하였다.

제13절 응암대사(應庵大師)

　대사의 이름은 낭윤(朗允)이고, 자는 퇴옹(退翁)이며, 호는 응암(應庵)이다. 곡성(谷城) 통명리(通明里) 사람이며, 초계(草溪) 최씨(崔氏)로 아버지는 봉의(鳳儀)이고, 어머니는 이씨이다. 강희 57년 무술년[1] 4월 15일에 태어났는데 결출한 재능과 신령스러운 싹이 있었다. 일찍부터 가정교육을 받았는데 13세에 부모님[2]이 함께 돌아가셔서 몸 하나를 의지하기가 어려웠다.

　15세 때 삼신산(三神山) 청학동(靑鶴洞)[3]을 방문하여 최선(崔仙)[4]의 자취[5]를 찾다가 칠불암에 올라가 멀리 바라보며 머물만 하다고 여겨 덕균(德均)장로를 따라 머리를 깎았다. 17세에 용담(龍潭)대사에게 구족계를 받았다. 18세 되던 을묘년[6]에 조계산의 풍암강백(楓巖講伯)을 찾아가 4, 5년 동안 지기(知己)인 최눌 사형과 함께 그 스승 풍암의 법을 모두 얻었다.[7] 여러 곳을 돌아다니며 5대 종장(宗匠)을 뵙고 길거리

---

1) 무술년 : 숙종 44년(1718)이다.
2) 호시(怙恃) : 믿고 의지함 또는 부모를 이르는 말이다.
3) 청학동 : 『신증』의 진주목 산천조에는 진주의 서쪽 147리에 있다고 한다. 송시열의 「청학동기」가 전한다. 예로부터 도인들의 이상향을 가리킨다.
4) 최선(崔仙) : 최치원을 가리킨다.
5) 낭적(浪跡) : 목표 없이 여기저기 떠돌아다니거나 흔적을 감춘다는 뜻이다. 여기서는 자취나 흔적의 뜻으로 사용되었다.
6) 을묘년 : 영조 11년(1735)이다.
7) 혼식기부우(渾食其父牛)를 의역하였다.

의 술통에 만취한 것처럼 [법음(法音)에] 취했다.

26세 되던 계해년8)에 다시 풍암이 강의하는 영천암(靈泉庵)으로 돌아와 최눌 사형과 함께 같은 장소에서 건당(建幢)9)했다. 이는 이른바 사자굴(獅子窟)10)에 다른 짐승이 없다는 것이다. 두 마리 사자 새끼가 풍암대사의 문하에서 튀어나왔으니, 풍암대사가 기뻐서 크게 말하기를 "전국의 눈푸른 납자들은 이들 두려움 없는 덕을 가진 이를 따르라."라 했는데, 묵암과 응암11)의 혜해(慧解)가 이 말을 통해서도 증명된다.

대사는 갑자기 교학을 버리고 돌아와 아자방(啞字房)12)에서 7년 동안 안거(安居)하면서 지견(知見)을 드러내어 향기가 널리 퍼졌다. 방장산 사대암(四大庵), 영취산 정수암(淨水庵),13) 쌍봉산(雙峰山)14) 부도전(浮屠殿), 조계산 보조암(普照庵)15)과 은적암이 모두 대사가 종을 두드리며 불자(拂子)를 세워 [대중을 지도하던] 곳이었다.

32세에는 최눌 사형과 금강산에 갔고 경오년16)에 함께 조계산에 돌

---

8) 계해년 : 영조 19년(1743)이다.
9) 건당 : 법당(法幢)을 세운다는 뜻이다. 행해(行解)가 높아서 다른 사람의 사표(師表)가 될 만하면 전법사(傳法師)에게서 법맥을 이어 받는 것을 건당 또는 입실이라고도 한다.
10) 『사고』는 굴(崛)인데 오기일 가능성이 높다.
11) 양암 : 묵암(默庵)과 응암(應庵)을 가리킨다.
12) 아방 : 지리산 칠불암의 선원(禪院)은 아(亞)자형의 온돌방으로서 아자방(亞字房)이라고 불린다. 아자방은 신라 효공왕 때 구들도사로 불리던 담공화상(曇空和尙)이 아자형으로 축조하여 만든 것으로, 오랜 세월 동안 한 번도 고치지 않았지만 한번 불을 때면 49일 동안 따뜻하였다고 한다.
13) 정수암 : 전라남도 여수군 삼일면 영취산 흥국사(興國寺)의 암자이다.
14) 쌍봉산 : 쌍봉산은 쌍봉사의 오기인 듯하다. 쌍봉사는 전남 화순군 이양면 증리 중조산에 있는 절이다.
15) 보조암 : 조계산의 산내에 있었던 송광사의 부속암자이다. 1200년에 보조국사가 건립하여 보조암이라고 편액을 걸었다. 임진란 때 소실되었고 선조 39년에 응선(應禪) 등이 중건하였다. 몇 번의 중건과 증축이 있었으나 현재는 빈 터만 남아 있다.

아와 영해(影海)대사를 위해 대회를 열었다. 또 기묘년17)에는 은사를 위해 대회를 열고 스승으로부터 신표로 가사를 받았다. 병술년18)에 백암(栢巖)대사의 비석을 세웠는데 대사가 공사를 시작한 이래로 문도들끼리 서로 돕고19) 같은 목소리로 협력하였으며20) 믿고 비방함이 없었다.

하루는 문인 - 호명(虎鳴), 무봉(鵡峰), 금봉(錦峯) 등 - 에게 명하여 이르기를 "인생은 무상하여 몹시 빠르니 이제 떠나려 하노라.21) 너희들은 오직 삼가 조심하고 속세의 인연에 걸리지 말라."라고 하였다. 말을 마치고 문득 무성삼매(無聲三昧)에 들어가니 곧 건륭 59년 갑인년22) 3월 17일 저녁 무렵이었다. 문인 등이 슬퍼하여 색신을 받들어 빈소에 모셨다. 7일이 지나 다비한 다음 유골을 수습하여 마땅히 부도를 만들어야 했지만, 남기신 훈계를 삼가 지켜서 다만 조계암과 칠불암에 진영을 걸었으니, 나이는 78세요, 법랍은 62세였다.

7세손 보정23)이 삼가 쓴다.

---

16) 경오년 : 영조 26년(1750)이다.
17) 기묘년 : 영조 35년(1759)이다.
18) 병술년 : 영조 42년(1766)이다.
19) 동기상구(同氣相救) : 동기상구(同氣相求)의 오기로 보인다. 동기상구는 같은 사람은 서로 찾아 모인다는 뜻이다. 동기는 같은 기질을 가짐 또는 그 사람이라는 의미로 형제자매나 동포를 가리키기도 한다.
20) 동성상응(同聲相應) : 같은 소리는 서로 응한다는 뜻에서, 같은 의견을 가진 사람은 서로 친해짐을 이르는 말이다.
21) 대명(大命) : 임금의 명령, 임금이 될 운명, 목숨의 끄나풀, 군대를 출동시키는 명령 등의 뜻으로 사용된다. 여기서는 생명줄 또는 목숨이라는 의미로 명맥(命脈)과 같은 의미이다.
22) 갑인년 : 정조 18년(1794)이다.
23) 금명보정(錦溟寶鼎, 1861~1930) : 17세에 출가하여 송광사 금련(金蓮)의 제자가 되었으며, 경파(景坡)에게서 구족계를 받았다. 그 뒤 전국의 강원을 다니

면서 대종장(大宗匠)으로부터 가르침을 받아 불교의 중요 경전뿐만 아니라 육경(六經)과 노장학(老莊學)까지도 모두 섭렵하였다. 30세에 스승인 금련의 법맥을 잇고 화엄사에서 개강하였으며, 뒤에 송광사로 옮겨 후학들을 지도하였다. 『조계고승전(曹溪高僧傳)』, 『다송문고(茶松文稿)』 등 10여 종의 저술이 있다. 『사고』의 편찬은 그의 저술과 자료정리에 힘입어 이루어진 것이다.

제14절 제운대사(霽雲大師)

1. 비문

임제 32세손 조계산 송광사 제운대선사(霽雲大禪師) 비명과 서문

종이품(從二品)[1] 규장각(奎章閣) 부제학(副提學) 정만조(鄭萬朝)[2]가 짓다.

성당거사(惺堂居士) 김돈희(金敦熙)[3]가 글씨를 쓰고 아울러 전(篆)했다.

우리나라 옛 호남성(湖南省) 순천부에 조계산이 있다. 조계산에 절

---

1) 비문에는 가선대부(嘉善大夫)라 적혀 있다.
2) 정만조(1858~1936) : 본관은 동래(東萊)이며, 자는 대경(大卿)이고, 호가 무정(茂亭)이다. 서울 출신으로, 기우(基雨)의 아들이다. 강위(姜瑋)의 문하에서 수학해 문학에 일가(一家)를 이루었다. 1910년 이후 친일적인 경향을 띠어 이왕직전사관(李王職典祀官)과 조선총독부 중추원의 촉탁, 그리고 조선사편수회의 위원 등을 역임하였다. 저서로는 『무정전고(茂亭全稿)』가 있다.
3) 김돈희(1871~1937) : 서예가로 본관은 경주(慶州)이며, 자는 공숙(公叔)이고, 호는 성당(惺堂)이다. 한말에 법부 주사와 검사를 거쳐 중추원 촉탁을 지냈다. 1919년 서화협회 창립 때 발기인으로 참여하였으며, 1921년 4대 회장으로 추대되었다. 1923년의 제2회 조선미술전람회부터 서부(書部)의 심사위원으로 활약하였다. 글씨는 오체(五體)를 모두 잘 썼으나, 특히 안진경(顔眞卿)과 황정견체(黃庭堅體)의 해서에 뛰어났다.

이 있어 송광이라 부르는데, 웅장하고 아름답기가 지역에서 으뜸이었다. 고려 때 보조국사가 머무르며 조계의 선풍을 크게 열어, 이로부터 조계산이라는 이름을 얻었다. 국사가 16대까지 이어져 송광사는 승종찰(僧宗刹)로 불리게 되었다. 그 후 태고국사의 7세손인 부휴화상이 이곳에 머물렀는데, 부휴는 우리나라 선문(禪門)의 중조(中祖)이다. 6번 전하여 풍암(楓巖)화상에 이르렀고, 풍암의 문하에서 제운(霽雲) 대선사가 나왔다.

대사의 이름은 해징(海澄)이고, 제운은 그의 별호이다. 본관은 칠원(漆原)[4] 제씨(諸氏)이고, 아버지의 이름은 석준(碩俊)이며, 어머니는 배씨(裵氏)이다. 숙종 기해년[5] 10월 13일에 순천부의 송광면[6]에서 태어났다. 15세에 송광사의 법안(法顔)선사에게 출가했고, 3년이 지나서 구족계를 받았다. 이듬해 풍암대사에게 배우면서 교전(敎典)을 깊이 공부하여 교학에 막힘없이 통했고 여러 경전을 다 읽었다. 손수『화엄경』전부를 베끼는데 글자 한 자마다 매번 향을 피우고 절하였다. 사경(寫經)을 마치고 펼쳐서 확인할 무렵, 저녁에 한 줄기 광명이 붓과 벼루 사이에서 비쳤다.

이와 같이 열심히 학문을 닦고 노력한 지 7년이 된 어느 날 탄식하여 말하기를 "출가한 사람으로서 헛되이 지내며 [남의] 보물을 헤아리기만 할 뿐 온종일 거품만 쥐고 있다면 누가 나의 보주(寶珠)를 인정해줄 것인가?"라 했다. 마침내 책과 붓[7]을 내던지고 석장 하나와 바리때 하나로 여러 명산을 소요하며 흰 구름과 구석진 바위 사이에 있은 지 10년이었다. 이윽고 옛날에 머물던 보조난야(普照蘭若)로 돌아와 풍암

---

4) 칠원 : 경상남도 함안지역의 옛 지명이다.
5) 기해년 : 숙종 45년(1719)이다.
6) 『사고』는 송광(松廣)이지만, 비문은 송광(松光)이다.
7) 연참(鉛槧) : 글자를 지우는데 쓰는 호분(胡粉)과 글씨를 쓰는 분판이라는 뜻으로, 문필(文筆)을 이르는 말이다.

대사에게서 법인(法印)을 받았고, 홀로 마음의 종지를 얻어 은밀히 법의 등불을 전해 받았다. 또 교문(敎門)에서 추대하였으니 선종과 교종을 초월한 지가 50년이었다. 생계는 항상 방락(旁落)[8]하고 욕심이 없었으며 다만 계곡에 비친 달과 소나무 바람만 자기 것으로 할 따름이었다.

정조 정사년[9]에 본사 천자암(天子庵)[10]이 무너지자 두월(斗月)장로와 협력하여 다시 세우니, 이로써 천자암의 네 번째 창건주가 되었다. 순조 갑자년[11]은 86세가 되는 해인데, 9월에 때때로 병을 앓자 수제자 봉의(鳳儀) 등을 불러 이르기를 "작고 허깨비와 같은 몸이 마음대로 왔다가 가는구나. 혹시라도 성공각해(性空覺海)[12]에 이것이 있는 것이냐, 없는 것이냐? 그런즉 예전에 나의 모습을 모사(摸寫)한 것이 나로서는 [물에 비친] 달그림자[13]같은 것이니 만족스러울 수 없고, 손으로 쓴 화

---

8) 방락 : 갑자기 뚝 떨어짐을 이른다.
9) 정사년 : 정조 21년(1797)이다.
10) 천자암 : 송광사의 산내 암자로 송광사의 제9세 국사인 담당국사(湛堂國師)가 창건하였으며, 담당이 금나라 왕자였으므로 천자암이라 이름하였다고 한다. 그 뒤 인조 11년(1633) 설묵대사(雪默大師)가 중창하였고, 영조 6년(1730) 자원대사(自願大師)가 중건하였으며, 1740년 지수(指修), 자징(慈澄) 등이 만세루(萬歲樓)를 중건하였다. 정조 21년(1797) 제운(霽雲)·두월(斗月)이 중건하였다.
11) 갑자년 : 순조 4년(1804)이다.
12) 성공각해 : 성공(性空)이란 일체의 모든 법의 실상(實相)은 인연의 화합으로 생긴 것이므로 그 본성이 공(空)하다는 뜻이다. 각해(覺海)란 깨달음의 성품이 매우 깊고 담연(湛然)하므로 바다에 비유한 것이다. 그러므로 본성이 공한 깨달음의 성품은 바다와 같이 담연하다는 의미이다.
13) 제이월(第二月) : 곁달, 즉 손가락으로 눈을 누르고 달을 보면 본 달 곁에 나타나는 희미한 달을 말한다. 『원각경(圓覺經)』에 "중생들의 업식(業識)으로서는 자기 몸속에 바로 여래의 원각묘심이 있는 줄을 모른다. 만일 지혜로써 작용에 비춘다면 법계(法界)의 진실성이 없는 것은 허공에 나타나는 꽃과 같고, 중생들의 허망한 모양은 물에 비친 달과 같은 것이다. 그러므로 묘심(妙心)은 본래의 달이고 물에 비친 달은 달의 그림자인 것이다."라고 되어 있다.

엄경 같은 것도 어찌 형상 밖의 그림자가 아니겠는가? 너희들은 반드시 나의 뜻을 받아들여 내가 입적하는 날에 둘 다 타오르는 불에 던져 본보기로 청정하게 함이 마땅하지 않겠는가?"라고 했다.

　10월 6일에 갑자기 돌아가시니 법랍이 69세였다. 문하의 제자들이 대사의 명을 따라 진영과 손으로 쓴 것을 불태웠다. [그러나] 세월이 갈수록 추모함이 더욱 깊어져 대사의 모습을 보고자 하여[14] 대사의 진영을 다시 그려 사당(祠堂)에 모시고 제사지냈다. 광무(光武) 임인년[15]에 문손 동호(東湖), 추파(秋波) 등이 절의 북쪽 기슭에 탑을 세웠다. 모두 대사의 본지(本旨)는 아니지만 후인들이 그리워하는 도타움 때문에 어쩔 수 없었다.

　오호라! 대사의 타고난 성품과 선근(善根)[16]이 법문(法門)에 감화되어 마음을 밝히고 견성(見性)하였고, 가래를 빌리지 않고도 일체 소유상(所有相)을 비워버렸으며, 살아있을 때뿐만 아니라 돌아간 뒤에도 남긴 바를 모두 없애버렸으니, 어찌 텅 비어 광대하며 진실로 해탈한 사람이 아니겠는가? 대사와 같은 이라야 비로소 대선사라 부를 수 있고, 비로소 순수한 부처의 심성이라고 말할 수 있다.

　대사의 원손(遠孫) 등이 장차 돌을 다듬어 기록하려고[17] 석진(錫珍)[18]스님을 보내 정호상인(鼎鎬上人)[19]이 지은 행장의 대략을 소매

---

14) 여적의용(如覿儀容) : 의용은 몸가짐 또는 예절을 갖춘 태도를 가리킨다.
15) 임인년 : 광무 6년(1902)이다.
16) 선근 : 좋은 과보(果報)를 받을 좋은 원인이라는 뜻으로 착한 행업(行業)의 공덕(功德), 선인(善因), 선업(善業), 온간 선(善)의 근본 등의 의미로 사용된다.
17) 『사고』는 석이(石而)이지만, 비문에는 이(而)가 없다.
18) 기산석진(綺山錫珍, 1892~1968) : 성은 임씨(林氏)로 송광면 장안리에서 태어났다. 14세에 송광사 천자암(天子庵)에서 취월(翠月)을 은사로 출가하였으며, 호붕(浩鵬)에게 사미계를 받았다. 호붕의 문하에서 사미과를 수료하고 1907년 금명에게 사집과와 초등과를 수학하였다. 송광사 보통과를 이수하고 그 해 4월 금명에게 구족계를 받았다. 1913년 호붕의 밑에서 중등과를 수료하였으며,

속에 넣어가지고 와서 나에게 [비문을] 청했다. 내가 불가서(佛家書)에 익숙하지 않다고 사양하니, 석진이 말하기를 "대감선사(大鑑禪師)의 비는 하동의 류공(柳公)20)이 지었고, 천봉대사(天峯大師)21)의 탑도 수

1915년 서울 중앙학림 중학과, 1919년 불교중앙학림을 졸업하였다. 1923년에는 송광사 주지대리를 맡기도 했으며, 『사고(史庫)』를 편찬하였다. 1929년부터 송광사 전문강원의 강사가 되었고, 1932년에는 송광사 주지로 취임하였다. 이후 전라남도교구 종무원장(1949), 중앙총무원 이사(1950), 중앙총무원 원장(1954) 등을 지냈다. 1962년에는 통합종단의 초대 총무원장으로 추대되었으나 총무원장직을 사임하고 동국대학교에서 강단에 서기도 하였다.

19) 석전정호(石顚鼎鎬, 1870~1948) : 성은 박씨(朴氏), 자는 한영(漢永), 호는 영호(映湖) 또는 석전이다. 19세에 전주 태조암(太祖庵)으로 출가하여 금산(錦山)의 제자가 되었고, 21세에 장성 백양사의 환응(幻應)에게 4교(四教)를 배우고, 선암사의 경운(敬雲)에게 대교(大教)를 배운 뒤, 구암사(龜巖寺)에서 처명(處明)의 법을 이어받았다. 1896년 구암사에서 개강한 뒤 해인사·법주사·백양사·화엄사·범어사 등지에서 불경을 강의하였다. 1913년 『해동불교(海東佛教)』를 창간하여 불교 유신을 주장하고, 1914년 고등불교강숙(高等佛教講塾), 1916년 불교중앙학림의 강사가 되었으며, 1926년 서울 안암동 개운사(開運寺)에 강원을 개설하였다. 1929년 조선불교 교정(教正)에 취임하였고, 1931년 불교전문학교 교장으로 선임되었다. 1945년 조선불교중앙총무원회의 제1대 교정으로 선출되어 불교계를 이끌다가 정읍 내장사(內藏寺)에서 입적하였다. 금봉·진응과 함께 근대 불교사의 3대 강백(講伯)으로 추앙받았으며, 경사자집(經史子集)과 노장학설을 두루 섭렵하고 서법(書法)까지도 겸통한 대고승으로 평가받았다. 저서로는 『석전시초(石顚詩崇)』·『석림수필(石林隨筆)』·『석림초(石林抄)』 등이 있다.

20) 하동 류공 : 유종원(柳宗元, 773~819)이다. 자는 자후(子厚)인데, 유하동(柳河東) 또는 유유주(柳柳州)라고도 부른다. 왕숙문(王叔文)의 신정(新政)에 참여하였으나 실패하여 좌천되었다. 고문(古文)의 대가로서 한유(韓愈)와 병칭되었으나 사상적 입장에서는 서로 대립적이었다. 저서에 시문집 『유하동집(柳河東集)』(45권)·『외집(外集)』(2권)·『보유(補遺)』(1권) 등이 있다.

21) 천봉대사 : 천봉태흘(天峯泰屹, 1710~1793)이다. 자는 무등(無等)이고, 해서(海西) 서흥(瑞興) 출신으로 성은 김씨다. 영조 1년(1725)에 출가하였고, 은월우점(隱月雨霑)에게 학문을 배운 뒤 이름있는 스님들을 찾아 여러 곳을 유력하였고, 만년에 호국사로 들어가 풍계해숙(楓溪海淑)의 법을 이어받았다.

관(水觀) 이선생(李先生)22)이 명(銘)을 지었습니다. 고금을 통하여 유교와 불교는 문자로써 교류한 것이 빈번한데 어째서 굳이 사양하십니까?"라 했다. 나 또한 대선사의 소문을 익히 들었고, 석진의 정성에 감동하여 서술하고 명을 짓는다.

  유자는 독서를 좋아하고 행동함에 성경(誠敬)을 말하지만
  혹은 물정에 어둡고, 혹은 썩으니 열 가운데 아홉은 그 병이라네.
  부처 또한 가르침을 베풀고 문자로써 알렸는데
  해탈하여 깨닫지 못하더라도 때 묻고 얽매임에 떨어지지는 않네.
  유자는 세상에 알려지지 않음을 근심하여 자질구레하게 애쓰지만
  표범이 죽은 뒤에 가죽을 남기듯 죽은 뒤에 [이름을 남기는 사람23)은] 백 명 가운데 한 사람도 가능하지 않다네.
  생각하건대 대사께서 입적하실 때 진영을 거두어들이고24) 자취를 없애고자 했으나
  후인들이 대사를 사모하여 탑을 만들고 비석을 세웠네.
  유심(有心)일까? 무심(無心)일까? 그 까닭을 묻는다면
  송광사를 돌아보니 선림(禪林)이 울창하다 하리라.
  우담바라 꽃25)과 지혜의 달이 참 모습과 매우 비슷하니

---

22) 수관 이선생 : 이충익(李忠翊, 1744~1816)이다. 본관은 전주(全州)이며, 자는 우신(虞臣), 호는 초원(椒園)이다. 그는 정제두(鄭齊斗)의 학통을 계승, 연구하였는데, 이탁오(李卓吾)의 영향을 받은 공안파(公安派)의 성령문학에 기본을 두었다. 유학 이외에 노장(老莊)과 선(禪)에도 해박하였으며, 시와 음악 및 서화에도 상당한 조예가 있었다. 해서와 초서 등의 글씨도 잘 썼다. 『답한생서(答韓生書)』, 『초원유고(椒園遺稿)』 등의 저서가 있다.
23) 사표지피(死豹之皮) : 이는 표범은 죽은 뒤에 아름다운 가죽을 남기고, 사람은 죽은 뒤에 아름다운 이름을 남긴다는 '표사유피(豹死留皮) 인사유명(人死留名)'을 줄인 말이다.
24) 『사고』는 감(歛)인데, 렴(斂)의 오자로 보인다.
25) 담화 : 우담화(優曇華) 또는 우담바라화라고 한다. 불교에서 전륜성왕이 나타날 때 꽃이 핀다고 상상하는 식물이며, 3천년에 한 번 꽃이 핀다고 상상함으

천년이 지나더라도 마치 대사가 살아계신 듯하네.

2. 비석의 뒷면

금명보정이 쓰다.

공덕을 추모하는 것이 후인의 감상이고, 덕을 세우고도 공이 없다고 하는 것은 지인(至人)이 행적을 감춤이다. 무릇 비상하고 월등하게 뛰어난 덕과 공이 있는 사람은[26] 반드시 돌에 새기고 솥에 새긴다.[27]

선사의 할아버지 뻘이 되는 스승은 기인(起仁)[28]인데 시승(詩僧)[29]으로서 속세를 벗어난 이름난 승려였으며, 숙종(肅宗)대에 통정첩(通政帖)과 팔도도총섭(八道都摠攝)의 교지(敎旨)를 받았는데 시호는 자운(慈雲)이었다. 대사의 은사는 법안(法顔)으로 역시 통정첩을 받았는데, 세 번 전하여 대사에게 이르렀다. 당시에 불법이 융성함은 이 삼대의 집안에서 나왔으니, 진실로 이른바 가득 찬[30] 후에야 증험될 수 있다는 것이 이것이다.

선사는 처마 아래에 빛을 감추고[31] 호리병 안에 덕을 숨겨 사시사

로써 매우 드물다는 비유로 쓰인다.
26) 『사고』는 범유(凡有)이지만, 비문은 범인유(凡人有)이다.
27) 『사고』는 정지야(鼎之也)이지만, 비문은 정야(鼎也)이다.
28) 기인 : 『다송문고(茶松文庫)』의 「조계산보조국사감로탑이안연기평(曹溪山普照國師甘露塔移安緣起評)」에는 경종 3년(1723) 4월에 영해선사가 당시 주지인 기인에게 명하여 탑을 옮기도록 했다고 한다. 「송광사주지계보」에 따르면 기인은 1716년 봄부터 1717년 가을까지와 1723년 봄부터 그해 가을까지 주지를 지냈다.
29) 운석(韻釋) : 시(詩)를 잘 짓는 승려를 가리킨다.
30) 『사고』는 필만(畢滿)이지만, 비문은 필만(畢萬)이다.
31) 도광(韜光) : 빛을 감추어 밖에 드러내지 않음 또는 재덕(才德)을 감추어 밖에

철32) 제자들을 이끌었으니33) 불교34)의 조사였다. 뜻은 푸른 산과 맑은 물에 있었고, 아름다운 게송의 법류(法流)를 삼키고 뱉었으며, 손으로는 화엄대경(華嚴大經)을 베꼈고, 마음은 해탈의 법문을 맑게 했다. 이는 곧 일생 동안 덕을 세운 것이며, 하물며 천자암의 제4창건주가 되어 선사께서 쉴 새 없이 일하셨으니 재능이 있는35) 사람이 아니겠는가?

대사께서 열반 후 115년이 지나 증손인 경해(鏡海),36) 인봉(印峯),37) 경봉(景鳳)38) 등이 선사의 덕을 그리워하여 문손 40여 명과 함께 의논하고 의연금(義捐金) 천여 원을 지출하여 운암(云庵), 상전(祥銓) 등에게 명하여 돌을 다듬게 하고 거기에 명을 새겼다. 오호라! 돌은 남포에서 나왔는데, 돌이 무슨 말이 있으랴! 명을 한성에서 지었으니, 명 또한 매우 귀중하리라. 나의 글이 졸렬하지만 감히 선사의 크신 덕을 기록하고, 문도들의 추모하는 공덕을 기리니, 바라건대 오랜 세월에 걸쳐 [다른] 돌은 비록 닳아 없어지더라도 이 비석39)만은 길이 있을지라.

드러내지 않음을 뜻한다.
32) 설월풍화(雪月風花) : 눈, 달, 바람, 꽃을 말하는데, 1년 사시(四時)의 경치를 가리킨다. 전하여 사계절의 좋은 풍경 또는 자연의 풍광을 말하는 것인데, 여기서는 의역하였다.
33) 제시(提撕) : 후진(後進)을 가르쳐 인도함, 떨쳐 일으킴, 힘을 냄, 진작시킴, 서로 도움, 제자를 타일러 깨닫게 하여 이끔 등의 뜻으로 사용된다.
34) 금천(金天) : 오행의 금(金)이 서쪽에 해당하므로 금천(金天)은 서쪽 하늘이다. 여기서는 불교가 발생한 인도를 가리킨다.
35) 간고(幹蠱) : 부모의 잘못을 아들이 덮어 바르게 한다는 뜻으로, 허물이 있는 사람의 재지(才智) 있는 아들을 이르는 말이다. 또 일을 맡아 처리함, 기능, 재능 등의 뜻으로도 사용된다.
36) 경해관일(鏡海官一, 1844~1928) : 성은 엄씨(嚴氏)이고, 순천 주암면 갈마리에서 태어났다. 20세에 경잠(敬岑)대사에게 출가하였고, 우담(優曇)선사에게 계를 받았다. 35세에 응허(應虛)대사의 법을 잇고, 자정암과 광원암에 주석하였다.
37) 인봉 : 인봉창율(印峯昌律, 1859~1942)이다.
38) 경봉 : 경봉축정(景鳳竺靜, 1864~1941)이다.

대정 7년 무오년40) 10월 5일에 세우다.

---

39) 정민(貞珉) : 견고하고 아름다운 돌을 뜻한다. 비석의 재료로 쓰는데서 '비석'을 이르는 말이다.
40) 무오년 : 1918년이다.

제15절 벽담대사(碧潭大師)

1. 비문

임제 32세손 전불심인(傳佛心印) 부종수교(扶宗樹敎) 조계산 송광사 벽담대종사(碧潭大宗師) 비명과 서문

가선대부(嘉善大夫) 규장각(奎章閣) 전제관(典製官)[1] 훈오등(勳五等)[2] 해평(海平) 윤희구(尹喜求)[3]가 짓다.
월성후인(月城[4]后人) 김돈희(金敦熙)가 쓰고 전(篆)한다.

---

1) 전제관 : 대한제국기 궁내부(宮內府) 산하 규장각의 관원으로 칙임관(勅任官) 또는 주임관(奏任官)이다.
2) 훈오등 : 고종 37년(1900) 4월 19일에 칙령 제13호로 반포된「훈장조례」에 따르면, 훈등은 대훈위(大勳位)와 훈(勳)과 공(功)의 3가지 종류로 정하고, 훈과 공은 각기 8등급으로 나누었다(『고종실록』권40).
3) 윤희구(1867~1926) : 본관은 해평(海平)이고, 자는 주현(周玄)이며, 호는 우당(于堂)으로 참하 홍선(弘善)의 아들이다. 구경(九經)은 물론 자사(子史)까지 두루 섭렵하였다. 1897년 박학사(博學士)로 선발되어 장지연(張志淵)과 함께 『대한예전(大韓禮典)』편찬에 참여하였고, 뒤에『증보문헌비고』를 증수하였으며, 이어 규장각에 들어가서『양조보감(兩朝寶鑑)』을 편찬하였다. 국권상실 이후 중추원촉탁(中樞院囑託)이 되어 경학원부제학(經學院副提學)을 겸하였다. 1916년에는 장지연·오세창과 함께『대동시선(大東詩選)』을 교열하였다. 저서로는『우당시문선(于堂詩文選)』이 있다.
4) 월성 : 경상북도 경주를 가리킨다.

나는 유자로서 불교를 배우지 못했는데, 비록[5] 꺼린 것은 아니지만 그럴 여가가 없었다. 중림(中林) - 중앙학림(中央學林)[6] - 에 머물며 몇 년간 노닐다가 그곳에서 연로하고 학덕이 있는 사람들을 많이 알게 되었다. 조계산 승려 봉욱(奉旭)이 자기의 조사인 벽담화상(碧潭和尙)의 명(銘)을 청하였으나 내가 사양하여 "내가 어찌 그것을 맡을 수 있겠습니까?"라 했다. 봉욱이 "우리 스승의 제자가 맡아서 [그 분에 대해] 글을 쓰는 것을 저는 바라지 않습니다. 제가 행장을 가지고 있으니 삼가 써주시기만 하면 됩니다."라 했다.

내가 굳이 사양하여 "명은 영원히 전해지는 것입니다. 내가 들으니 그대들의 도는 모든 것을 공(空)한 것으로 보고 온갖 것이 환상이라 하는데, 몸이 이미 사라졌는데 영원히 전하고자 함은 무슨 까닭입니까?"라고 했다. [봉욱이] 말하기를 "아닙니다. 아닙니다. 듣지 않고자 하더라도 듣지 않을 수 없는 것이 나와 우리 스승의 도입니다. 차마 잊을 수 없어서 절대 잊을 수 없는 것이 우리들 문인 자손의 마음입니다. 우리의 도 또한 그대의 도에 상응하는 것인데 어찌 사양하십니까?"라고 했다.

[내가] 사양할 수 없어서 행장에 의거하여 "불교가 동쪽으로 오고, 또 동쪽으로 가서 우리나라에 이르렀으니, 태고, 부용, 서산, 부휴로 조사의 심인(心印)이 이어졌다. 부휴의 문인들이 조계종을 크게 열었고 8번 전하여 [벽담]화상이 크게 일으켰다.

화상의 이름은 행인(幸仁)이고, 벽담은 그의 호이다. 장씨(張氏)인데, 아버지는 봉수(鳳守)이고 본관은 인동(仁同)[7]이며 어머니는 박씨이다.

---

5) 『사고』는 불유(不唯)이지만, 비문은 불유(不惟)이다.
6) 중앙학림 : 1906년 5월 설립된 불교 전문 교육기관인 명진학교(明進學校)가 1915년에 중앙학림이 되었다. 중앙학림은 3·1운동 등 민족운동에 참여함으로서 1922년 일제에 의해 강제로 폐교되었다. 그 후 1928년 불교전수학교로 다시 개교하였는데, 현 동국대학교의 전신이다.

경종 원년8) 2월 16일에 태어났다. 화상은 어려서부터 총명하고 빼어났는데 어른과 비교하여도 뛰어났다.9) 14세에 송광사의 풍암세찰(楓巖世察)을 좇아 출가하여 그 해에 구족계를 받았다. 이듬해인 을묘년10)부터 『화엄경』 등 여러 경전11)을 배우기 시작하여 6년 만에 마치고 사산(四山)을 찾아다녔다.

기사년12) 봄에는 대광사(大光寺)에 건당하였다. 경오년13)에 보조법회(普照法會)의 강단(講壇)에 오르니 승려와 속인들이 떼를 지어 이르렀다. 또 10년 만인 기묘년14)에 대광사 대회를 주관했다. 을미년15)에는 대흥사(大興寺)16) 대회를 주관했는데, 대회에는 팔부대중(八部大衆)17)이 모여 무상대승(無上大乘)을 강설했다. 이때 12공안(公案)이 있었는데, [벽담]화상이 하나를 내었다. 정조 22년18) 9월 29일에 본사에서 입적하니 세수는 78세였고, 법랍은 65세였다.

---

7) 인동 : 경상북도 구미지역의 옛 지명이다.
8) 원년 : 신축년(1721)이다.
9) 척당 : 재기(才氣)가 높이 뛰어남을 뜻하며, 발군(拔群)과 탁이(卓異)와 같은 뜻이다.
10) 을묘년 : 영조 11년(1735)이다.
11) 잡화제경(雜華諸經)을 이렇게 풀이했다.
12) 기사년 : 영조 25년(1749)이다.
13) 경오년 : 영조 26년(1750)이다.
14) 기묘년 : 영조 35년(1759)이다. 대광사에서 건당한 지 10년이 된다는 의미로 보인다.
15) 을미년 : 영조 51년(1775)이다.
16) 대흥사 : 대둔사(大芚寺)라고도 한다. 426년 신라 승려 정관(淨觀)이 창건한 만일암(挽日庵)이라고도 하고, 또 진흥왕 5년(544)에 아도(阿道)가 창건했다고도 한다. 선조 37년(1604) 서산 이후에 크게 중창되었고 조선후기 불료를 대표하는 13대종사(大宗師)와 13대강사(大講師)를 배출한 것으로 유명하다.
17) 팔부대중 : 불교에서 대중을 2부대중·4부대중·7부대중으로 구분한다. 8부대중이라는 용어는 없으나 여기서는 다만 많은 대중이라는 의미이다.
18) 정조 22년 : 무오년(1798)이다.

화상은 성품과 행동이 과감했고, 벽처럼 우뚝 서서 [남에게] 의지하지 않았으며, 덕산(德山)과 자백(紫栢)[19]의 기풍이 있었다. 다비를 마치고 문인 등이 당에 진영을 모시고 절[20]의 북쪽 기슭에 탑을 세웠다. 또 백여 년이 흐른 뒤 봉욱(奉旭) 등이 절에 비를 세웠다.

오호라! 옛날부터 부도의 명은 많았다. 다른 것은 논하지 않더라도 조계산 한 곳만 하더라도 매우 많다. 그 색신의 기이한 징조와 몽둥이와 할의 뛰어난 공안과 인천(人天)의 부촉[21]이 많았음과 국왕과 대신들의 외호가 극진함 등의 종류는 빛나는 것이지만, 대사에게는 이러한 것이 없었다. 오호라! 이것이야말로 스승이라 부를 수 있을 것이니, 이에 명을 적는다.

무릇 우리들 배우는 자는 처음의 작은 차이가 나중에는 큰 차이가 되는 법이니[22]

그러므로 한 번은 이것이라 하고 또 한 번은 저것이라 말한다네.[23] 그런데 부처님은 그렇지 않고 물에서 법유(法乳)가 나오듯 했으니 돈점(頓漸)과 권실(權實)[24]은 하나뿐이라네.

하물며 상법(像法)과 말법(末法)시대에 마귀가 성하고 불법(佛法)이

---

19) 자백 : 달관진가(達觀眞可, 1543∼1603)이다. 오강(吳江) 출신으로 속성은 심씨(沈氏)이며, 호가 자백노인(紫栢老人)이다. 17세에 출가하였으며, 격렬한 성품의 소유자로 유명하였다. 하북성의 청량사에 주석했는데, 저서에는 『반야심경설』・『반야심경요론』・『반야심경직담』・『자백노인집』・『자백노인별집』 등이 전한다.
20) 『사고』는 보조암(普照庵)이지만, 비문은 사지(寺之)이다.
21) 부촉(咐囑) : 유촉(遺囑)이라고도 하는데, 조사가 사후에 전법을 부탁하여 위촉한다는 뜻이다.
22) 호리천리(毫釐千里) : 호리지실차이천리(毫釐之失差以千里)의 준말이다. 처음은 극히 작은 차이이지만 결과에는 막대한 차이가 생긴다는 뜻이다.
23) 『사고』는 기언(其言)이지만, 비문은 일언(一言)이다.
24) 권실 : 권교(權敎)와 실교(實敎)・방편과 진실・대승과 소승을 가리키는 말이다.

해이해지니
　이에 대사께서 사자후(獅子吼)25)를 토하셨네.
　알지 못함으로 알고 말하지 않음으로 말하니
　대사는 천 명의 성인(聖人)과 비슷하셨네.
　이것으로써 명으로 삼으니 [내가 지은] 명이 망령될 따름이니
　어찌 유자로서 이마에 땀이 흐리지 않으리오.

2. 비석의 뒷면

송태회(宋泰會)가 적다.

　지금부터 2백여 년 전에 부휴의 7세손인 풍암화상이 있었는데, 그가 [법맥을] 묵암(默庵), 응암(應庵),26) 제운(霽雲), 벽담(碧潭)에게 전했다. 일문(一門)에서 나온 세 법사(法嗣)27)가 각자 기연(機緣)28)으로 모여 당간(幢竿)29)을 높게 세웠으니, 실로 어금버금한 사이여서 어느 쪽이 낫다고 할 수 없을 정도였다. 오늘날 후손들의 번성함 또한 상하를 살펴보는 일 이외에는 더불어 비슷할 사람들도 없을 정도다.
　생각하건대 벽담화상은 원 비문에서 "성품과 행동이 과감하고 벽처럼 우뚝 서서 남에게 의지하지 않았다."라 이른 것이 그의 진면목과 매우 비슷하다.30) 가만히 생각해보니 대사는 경종31) 원년에 태어나서 세

---

25) 사자후 : 부처가 설법하는 것을 사자가 울부짖어 뭇 짐승을 굴복시키는 것에 비유한 말이다.
26) 『사고』에는 있지만, 비문에는 응암(應庵)이 없다.
27) 비문에는 일문삼사(一門三嗣)가 빠져 있다.
28) 『사고』는 연(緣)이지만, 비문은 기연(機緣)이다.
29) 당간 : 사찰에서 기도나 법회 등 의식이 있을 때 깃발을 달아두는 기둥을 가리킨다.

조정32)을 두루 겪었다. 당시부터 전해오는 것에33) 임금이 내린 지팡이, 바리때, 가사, 대사가 사용하던 흰 돌로 만든 도장 등이 있다. 그 인장에 "벽담(碧潭) 행인(幸仁) 해동(海東) 응회(應會)"라는 여덟 글자가 새겨져 있었다. 이것은 장차 목로(牧老)34)가 불교의 원융함을 발원한35) 일을 [다시] 일으키고자 한 것이다. 공의 수놓은 가사도 보물로 전할 수 있었을 텐데 애석하게도 가사와 바리때는 잃어버렸다.36) 인장(印章)이 유일하게 남아있어 만지고37) 감상하니 백년이 지난 후에도 감탄할38) 만하다.

대사의 후손에 호봉(浩峰), 위송(衛松), 호명(皓溟) 등이 있어 비석을 세울 것을 도모한 후 저축하고 모연하여, 필천(必千) 등을 간사(幹事)로 임명하여 공역(工役)을 마쳤다. 생각하건대 불법은 외롭지 않아서 형과 동생이 함께 이루었으니 마땅히 칭찬할 만하지 않겠는가? 이에 비문39)에 남겨진 것을 보충하여 후손의 요청을 따른다.40)

제자(弟資)41)

---

30) 『사고』는 야(也)이지만, 비문은 의(矣)이다.
31) 의릉(懿陵) : 조선 20대 경종과 그의 계비 선의왕후(宣懿王后) 어씨(魚氏)의 능을 말한다.
32) 삼조(三朝) : 경종(景宗), 영조(英祖), 정조(正祖)를 가리킨다.
33) 『사고』는 소전자(所傳者)이지만, 비문은 소전유(所傳有)이다.
34) 목로 : 목우자(牧牛子) 지눌(知訥)을 말하는 듯하다.
35) 『사고』는 장로(將老)이지만, 비문은 장흥목로(將興牧老)이다.
36) 『사고』는 실이(失而)이지만, 비문은 이(而)가 없다.
37) 『사고』는 마초(摩抄)이지만, 비문은 마사(摩挲)이다. 마사는 손으로 어루만진다는 뜻으로 애무(愛撫)와 같다.
38) 『사고』는 승성(勝盛)이지만, 비문은 승감탄(勝感歎)이다.
39) 『사고』는 원문(原文)이지만, 비문은 원비문(原碑文)이다.
40) 『사고』는 청(請)이지만, 비문은 청운(請云)이다.
41) 『사고』는 없으나 비문을 참조하여 추가하였다.

보월설민(寶月雪敏) 목암혜관(牧庵慧寬) 해운감심(海雲歛心)
회계휘종(會溪輝宗) 추암일학(楸庵一學) 경운유관(慶雲有寬)
영월엽홍(詠月曄洪) 도봉궤철(道峰軌哲) 덕암봉연(德庵奉演)

대정 7년[42] 월 일에 세우다.

---

42) 대정 7년 : 무오년(1918)이다.

제16절 두월대사(斗月大師)

1. 비문

임제 31세손 조계산 송광사 두월대종사(斗月大宗師) 비명과 서문

가선대부(嘉善大夫) 규장각(奎章閣) 전제관(典製官) 훈오등(勳五等) 해평(海平) 윤희구(尹喜求)가 짓다.
통정대부(通政大夫) 전행(前行) 회덕[1]군수(懷德郡守) 금성(錦城) 정대유(丁大有)[2]가 쓰다.
전 진사(進士) 호산(壺山) 송태회(宋泰會)가 전(篆)한다.

불자(佛者) 성학(聖鶴) 등이 선사인 두월대사(斗月大師)를 위하여 돌을 준비하고, 그 문도 승호(承昊)로 하여금 천리를 달려와 글을 구하여

---

[1] 회덕 : 백제의 우술군인데, 고려시대에 공주에 편입되었다. 일제시대에는 대덕군 회덕면으로 되었다가, 현재 대전시 회덕동이다.
[2] 정대유(1852~1927) : 본관은 나주(羅州)이며, 호는 우향(又香) 또는 금성(錦城)이다. 괴석(怪石)과 난죽(蘭竹) 그림으로 유명하였던 학교(學敎)의 아들이다. 1911년에 서화미술회(書怜美術會) 강습소가 개설되자 조석진(趙錫晉), 안중식(安中植) 등과 글씨와 문인화법을 가르쳤다. 1918년에 서화협회(書怜協會)를 창립하였고, 1921년에는 서화협회전람회를 개최하였다. 1922년 조선미술전람회에서 심사위원을 지냈다. 그는 예서(隸書)와 행서(行書)가 뛰어났고, 매화와 괴석을 즐겨 그렸다.

장차 기재하고자 하였다. 오호라! 살아서는 사랑하기를 지극히 하고 죽어서는 사모하기를 지극히 하는 것은, 부모 자식간이나 스승과 제자 사이가 마찬가지이다. 그러므로 [그 사랑과 사모를] 끝없이 영원히 하고자 도모하는 것이 지극하고 또 지극하다. 자식과 부모 사이에 있는 자들이[3] [조상을] 숭상하는 일도 간혹 급하게 하지 않는데, 하물며 승려들의 경우나 오랜 세월이 지난 경우에 있어서랴! 그 사람과 나도 다를 수 있는데 [하물며] 그의 스승이 되는 사람을 어찌 헤아릴 수 있겠는가?

서문에 이르기를 "대사의 이름은 우홍(禹洪)이고, 두월(斗月)은 그의 호이다. 성은 김씨인데 본관은 광산(光山)이다. 아버지는 원준(元俊)이고, 어머니는 박씨이다. [대사는] 숙종 갑자년[4] 3월 5일에 태어났다. 15세에 출가하여 승랍은 58세였으며, 세수는 73세로 영조 병자년[5] 11월 21일에 송광사 천자암에서 입적하였다. 화청(化淸)에게 머리를 깎았으며, 해담(海曇)에게 구족계를 받았고, 풍암(楓巖)과 충암(忠庵)을 참방(參訪)[6]하였으며, 화봉장로(華峰長老)[7]가 마침내 법인(法印)을 전해주었다. [대사는][8] 부휴의 7세손이며, 태고의 14세손이 된다."라고 했다.

[대사는] 종풍을 세우고 보시에 힘썼으니 달마심(達摩心)이요, 보현행(普賢行)이라 할 것이다. 그가 천자암에 있었을 때, [천자암이] 오래되어 무너진 지가 10여 년이었다. 이에 돈과 옷감을 모아 건물을 중수하여 정사년[9]에 완성했다. 이듬해에는 만세루(萬歲樓)를 창건하였다. 그 전에는 남에게 아주 작은 것도 빌리지 않았고, 절 밖을 나가지 않은

---

3) 속모이리자(屬毛離裏者) : 털이 피부에 연결되어 있는 것처럼 인간의 부모와 자식의 관계를 말한다.
4) 갑자년 : 숙종 10년(1684)이다.
5) 병자년 : 영조 32년(1756)이다.
6) 『사고』는 이어(而於)이지만, 비문은 이(而)만 있다.
7) 화봉장로 : 화봉회변(華峰懷卞)이다.
8) 비문은 개(蓋)가 있다.
9) 정사년 : 영조 13년(1737)이다.

지 40년이나 되었다. 일찍이 흉년이 들어 도둑 떼가 절의 식량을 훔치는 것을 알고는 가만히 불러내어 자기 양식을 몰래 주어 대신 먹게 하고 남들이 알지 못하게 했다. 도둑이 감동하여 눈물을 흘리며 마침내 원래대로 양민이 되었다.

무릇 40년간 [절 밖을] 나가지 않은 것은 무엇 때문에 그렇게 정했던 것인가? 절이 무너진 것을 애통해 하고 몸소 보시하여 큰 역사(役事)를 하였고 은혜를 도적에게 미친 것은 무엇 때문에 그러한 공덕을 닦았는가? 이것이 어찌 남들이 몽둥이를 들고 할(喝)하는 것을 겉모양만 갖춰 계승한 것이랴? 자기를 이롭게 하고 남을 이롭게 하는 것을 화두로 삼았으니 다른 사람과 달랐다.

명하여 이르기를
"도라는 것은 있어도 있지 않는 것이
그 대사의 제자들이며,
이름하고자 하여도 이름할 수 없는 것이
어찌 나에게 있겠는가?
오히려 그 공덕이 있는 것을
아! 어찌 그들이 하지 않고 유자에게 맡기는가?"라 한다.

2. 비석의 뒷면

우산(寓山) 사문 정호(鼎鎬)가 삼가 쓰다.[10]

[사람들이] 말하기를 "이름이 높으면 굳이 [돌에] 새기지 않더라도 사람들의 입에 오르내리는 것이 비(碑)이다."라고 한다. 하물며 우리 불

---

10) 『사고』는 지(誌)이지만 비문은 근지(謹識)이다.

교의 가풍은 청정함을 최고로 치고 헛된 이름과 환상을 골짜기의 메아리와 불에 뛰어드는 사슴과 같이 대하는데,[11] [대사가] 홀로 물외(物外)에 초월했다.

두월장로의 선열(禪悅)이 아니었다면 만개의 홀(笏)과 같은 청산이 빛남을 어찌 볼 수 있겠는가? 두월장로의 법음(法音)이 아니었다면 백 번 꺾이는 청계(淸溪)의 소리가 돈원(頓圓)함을 어찌 들을 수 있겠는가. 변변치 못하지만 다듬어진 돌 하나를 얻어서 오래도록 전해져 영원히 잊혀지지 않기를 도모한다.

그리하여 법손인 한붕상인(漢朋上人)[12]이 삼매(三昧)의 원상(圓相)을 두루 갖추어[13] 일문(一門)에 해탈하였음에도 불구하고 매우 높고[14] 비할 바 없는 나라로부터 이 세간 윤리의 영역에 들어와 여러 문인들을 모아 말하기를 "우리 두월 옹사(翁師)의 선의 정수와 참된 자비는 참으로 천지와 더불어 저 허공 중에 숨겨져 있다. 누가 하나의 등불로 인도하여 무리들의 몽매함을 열어주겠는가? 우리들이 어찌 노력하지 않겠는가?"라 했다.

이에 위토와 향수(香需)를 절약하여 천 원의 자금을 마련하였다. 소사(小師)[15] 승호(承昊)를 시켜 서울로 가서 대가에게 비명을 구하고 문필가에게 글을 청하여 비석을 세우니, 조계의 법보로 이어지기를 기대하노라. 아! 이 밖에는 기록할 것이 없도다!

---

11) 녹애(鹿愛) : 아지랑이 또는 신기루를 말한다. 양염(陽炎·陽焰)·녹갈(鹿渴)이라고도 한다. 직역하면 '사슴의 갈애(渴愛)'라는 뜻으로 목마른 사슴이 이것을 물로 착각하고 달려간다는 뜻이다.
12) 한붕상인 : 한붕성학(漢鵬聖鶴, 1864~?)인 듯하다.
13) 『사고』는 구족삼매(具足三昧)이지만, 비문은 구족상삼매(具足相三昧)이다.
14) 『사고』는 태상지(太上之)이지만, 비문은 태상(太上)이다.
15) 소사 : 구족계(具足戒)를 받은 지 10년이 안 된 나이 어린 비구 또는 승려가 자신을 겸손하게 부르는 말이다. 혹은 스승에 상대한 제자를 일컫는 말이기도 하다.

대정 7년16) 11월 일에 세우다.

---

16) 대정 7년 : 무오년(1918)이다.

제17절 봉암대사(鳳巖大師)

1. 행장

　대사의 이름은 낙현(樂賢)이고, 성은 김씨이며, 곡성 석곡(石谷) 사람이다. 어려서 어버이를 여의고 속세를 떠나, 지리산 화엄사의 지성장로(智性長老)에게 의지하여 출가하고 구족계를 받았다. 또 지팡이를 짚고 남쪽으로 가서 조계산의 묵암당(默庵堂) 아래에서 4, 5년 동안 법우(法雨)[1]에 흠뻑 젖었는데, 비범한 기상이 있어[2] 그의 법인(法印)을 이어받았다.[3]
　경술년[4] 봄에 신표(信標)로서 의발과 반야지혜를 부촉 받고,[5] 막중한 법은(法恩)에 혹시라도 보답하기 어려울까 두려워 [묵암]화상의 문

---

1) 법우 : 중생에게 불타의 교법이 초목에게 비와 같다는 뜻으로 사용한다.
2) 식우(食牛) : 호랑이 새끼가 소를 먹어치울 만한 기상을 뜻하니 어려서부터 뛰어난 준재를 말한다. 『두시(杜詩)』에 "어린아이 다섯 살에 기상이 소를 먹을 만하다(小兒五歲氣食牛)."라고 했다.
3) 가경(嘉慶) 6년 즉 순조 1년(1801) 6월에 발문이 쓰여진 『묵암집』에는 작자가 밝혀지지 않은 「봉암대사행장」이 있다. 여기에는 봉암이 묵암의 입실제자가 되었지만, "때가 이롭지 못하여 도가 펴지지 않았다(時未利 道不化)."라고 했다.
4) 경술년 : 정조 14년(1790)이다.
5) 『묵암집』의 「봉암대사행장」에 의하면, 묵암이 성봉(聖峰)을 시켜 봉암에게 의발을 전했다고 한다.

하에 돌아와 수년 동안 쉬지 않고 모셨다. 또 상례(喪禮)와 탑을 세우는 일에도 일의 시작과 마지막6)을 잘 경영하여 다스렸다.

훗날 남쪽으로 갔다가 대흥사(大興寺) 성도암(成道庵)에 가서 소림가풍(少林家風)을 이어 문을 닫고 벽관하면서 다만 무상만을 구하기가 몇 년이었다. 갑인년7) 3월 3일 병도 없이 갑자기 돌아갔다. 다비하는 날 밤에 상서로운 빛이 하늘에 뻗치고 구슬 한 개가 잿더미에서 나왔는데 제자 가운데 알지 못하는 자가 깨뜨려버렸으니, 오호라 슬프고 슬프도다!

금명보정이 쓰다.8)

---

6) 원시요종(原始要終) : 일의 시작을 깊이 궁구하고 일의 마지막을 알아차린다는 뜻이다.
7) 갑인년 : 정조 18년(1794)이다.
8) 묵암(1717~1790)의 시문집인 『묵암집』에 작자 미상의 「봉암대사행장」이 있는 것을 토대로 금명보정이 몇 구절을 가감하여 다시 지은 것으로 보인다.

제18절 환해대사(幻海大師)

1. 비문

묵암 2세 화엄대강종(華嚴大講宗) 환해대선사(幻海大禪師) 비명과 서문

전 진사(進士) 호산(壺山) 송태회(宋泰會)가 짓고 쓰다.
전 통훈대부(通訓大夫)[1] 법무아문(法務衙門)[2] 법무랑(法務郎) 진양(晉陽)[3] 강진희(姜璡熙)[4]가 전(篆)하다.

---

1) 통훈대부 : 조선시대 문신 정3품 하계(下階)의 품계명이다.
2) 법무아문 : 조선 말기 법무 행정을 관장하던 중앙관청이다. 고종 31년(1894)에 갑오개혁이 추진되면서 의정부 아래 내무·외무 등 8아문을 설치하여 아문관제에 따라 직무를 관장하도록 하였다. 법무아문은 조선시대 형조와 전옥(典獄)·율학(律學)의 사무를 포함하여 사법행정·경찰·사유(赦宥) 및 고등법원 이하 각 지방재판소를 관장하였다.
3) 진양 : 경상남도 진주 지역에 있었던 지명이다.
4) 강진희(1851~1919) : 서화가로 본관은 진주(晉州)이며, 호는 청운(菁雲)이다. 1886년 일본공사접응관차(日本公使接應官差)를 거쳐, 1887년 주미공사수원(駐美公使隨員)으로 미국에 다녀온 뒤 법부주사(法部主事)를 지내고, 1905년에는 학부위원(學部委員)을 역임하였다. 1911년에 설립된 서화미술회(書畵美術會)의 교수진에 참여하여 글씨와 전통화법을 가르쳤다. 1918년 민족서화가들의 단체인 서화협회(書畵協會) 창립 발기인으로 참가했다. 글씨는 전서(篆書)와 예서(隸書)에 능했고, 매화를 즐겨 그렸으나 전하는 작품이 별로 없다.

동방의 종찰(宗刹)로는 송광사가 으뜸이다.5) 산의 이름처럼 석덕(碩德)이 배출되었는데, 16명의 국사가 서로 법을 전한 것은 말할 것도 없다. 태고의 종맥을 부휴가 번성시켰는데, 부휴가 6, 7번 전하여6) 풍암(楓巖)과 묵암에 이르렀다. 묵암의 뛰어난 제자가 18명이 있었다고 하는데, 물과 우유가 섞이듯 서로 화합하고 꼭두서니와 쪽이 각기 빼어남을 다투듯 각각 뛰어나지 않음이 없었다. 그러나 오직 양종을 융합하는 이는 비유컨대 우모(牛毛) 속의 인각(麟角)7)에 도달한 것과 같은데, 불심(佛心)을 증명하여 그 정수를 얻은 자는 환해대사(幻海大師)뿐이다.

환해는 그의 호이고, 법린(法璘)은 이름이다. 속성은 임씨(林氏)인데, 아버지의 이름은 만창(萬昌)이고, 어머니는 류씨(柳氏)이다. 영조 25년 기사년8)에 홍양현(興陽縣)9) 남면(南面) 분천리(粉川里)에서 태어났다. 대사는 골상이 특이했으며, 타고난 자질이 뛰어나고 총명하여 어렸을 때 시(詩)와 사(史)에 통달했다. 16세에 홍양현 능가사의 한총선사(翰聰禪師)를 은사로 모셨다. 18세에 머리를 깎고 계를 받았다. 승평군 송광사에 갔는데, 묵암화상이 한 번 보고는 뛰어난 인물임을 알고 배울 것을 허락하니 오래지 않아 삼장을 두루 통하여 대계(大戒)10)를 받고 의발을 전해 받았다.

28세에 송광사 보조암에서 개당하니 배우려는 자가 떼를 지어 모였다. 이로부터 능가사의 만경암(萬景庵),11) 태안사(泰安寺)12)의 봉서암

---

5) 『사고』는 즉기일야(卽其一也)이지만, 비문은 즉(卽)이 없다.
6) 『사고』는 없지만, 비문에는 부휴와 육칠 사이에 而가 있다.
7) 인각 : 학업에 뜻을 두는 사람은 쇠털처럼 많지만 이를 성취하는 사람은 기린의 뿔처럼 적다는 뜻으로 '극히 드묾'을 비유한다.
8) 기사년 : 영조 25년(1749)이다.
9) 홍양현 : 지금의 전라남도 고흥군이다. 세종 23년(1441)에 장흥부의 두원현(荳原縣)과 보성군의 남양현(南陽縣)을 합쳐 홍양현이라 하였다.
10) 대계 : 구족계(具足戒), 비구계와 같이 쓰인다.

(鳳栖庵) 및 호남과 영남 사이에 설법하는 곳13)에 우뚝 솟으니 [배우고 자 하는 이들이] 바람이 달리듯 구름처럼 모여들었고 마치 배고픔과 목마름을 다투듯 하여 뒤쳐질까 두려워했다. 만년에는 더욱 힘써 선지 (禪旨)를 참구하였고 틈틈이 글을 써서 문장을 이루었다.

그의 성몽사(醒夢辭)14)에 이르기를 "꿈속에서 꿈을 이야기하니 참으로 꿈이로다. 깨고 난 뒤에도 깸을 말하니 아직 깨어나지 못했네. 꿈에서 깨어나 모든 것을 잊으니 세상 밖이더라. 이것을 진실이라 이름하니 본래의 정이라네."라 했다. 유고시(遺稿詩)는 대개 이런 종류여서 세상의 일을 말하고 들어서 종지로 남겼다. [나와 대사가] 서로 멀리 떨어져 있기에,15) 어버이에게 효도하고 스승을 공경하고 몸으로 계율을 지키고 사찰을 수호하는 등의 일은 모두 적을 수가 없다.

순조 18년 무인년16) 만경암으로 다시 돌아왔으며, 경진년17) 5월 21일에 입적하니, 세수는 72세요, 법랍은 56세였다. 다비를 마치고 사리 3매18)를 얻어 송광사의 비전(碑殿)에 탑을 세웠다. 법손 침명(枕溟)19)

---

11) 만경암(萬景庵) : 전라남도 고흥군 점암면(占岩面)에 있는 팔영산 능가사의 암자이다.
12) 태안사 : 전라남도 곡성군 죽곡면 원달리 동리산(桐裏山)에 있는 절로, 대안사(大安寺)라고도 한다. 신라 경덕왕 때 창건하였고, 동리산파(桐裏山派)의 개산조인 혜철국사(慧徹國師)가 머물렀다. 고려 태조 때 광자대사(廣慈大師) 윤다(允多)가 중창하였다.
13) 단점(壇坫) : 제후들이 맹약(盟約)을 맺는 곳이나 외교장(外交場)을 뜻한다. 그러나 여기서는 제사를 지내는 곳이나 설법을 하는 곳이라는 뜻이다.
14) 『사고』는 성(惺)이지만, 비문은 성(醒)이다.
15) 천연(天淵) : 하늘과 못 또는 하늘과 땅이라는 의미로 썩 멀리 떨어졌음을 말한다.
16) 무인년 : 1818년이다.
17) 경진년 : 순조 20년(1820)이다.
18) 비음(碑陰)에는 23개로 적혀 있다.
19) 침명 : 침명한성(枕溟翰惺, 1801~1876) : 본관은 경주이고, 성은 김씨이다. 고흥에서 태어났고, 15세에 출가하여 팔영산의 영봉(影峯)대사에게 건당했으며,

이 가풍을 계승하여 불법을 흥성케 하고 나라에 크게 떨쳤는데, 일찍이 대사의 진영을 노래[20]하기를 "도량은 밝고 커서 푸른 바다에 달처럼 빛났으며, 기상은 크고 건장하여 산이 솟은 듯 높았다네.[21]"라 했으니 실제를 기록한 것이다.

4세손 호붕(浩鵬)[22]이 나와서 대강백이 되었는데, 수제자 포당(布堂)과 함께 힘써[23] 정성스럽게 재물을 모아 함께 비를 세우기를[24] 도모하고 나에게 명을 청하였다. 나는 불교는 잘 알지 못하지만[25] 일찍이 송광사[26]가 대도량이 됨에 감탄하였다. 대사 또한 그 사람 가운데 한 분이므로 이에 명하기를

"마음과 말이[27] 하나인가? 둘인가?

상법과 말법이라 말하지 말라, 이때에 대사가 있도다.

바른 법안(法眼)으로 대종주(大宗主)를 계승하여

번뇌 많은 이 세상을 벗어나[28] 뛰어났으니

돌에 새겨 찬미하노라.

선암사 대승암에서 30여 년 동안 강론하였다.
20) 『사고』는 찬(讚)이지만, 비문은 찬(贊)이다.
21) 운구(雲衢) : 구름이 흐르는 길로 운로(雲路)와 같이 쓰이며, 전하여 벼슬하여 높은 지위에 오름을 비유하기도 한다. 여기서는 높다는 의미로 의역했다.
22) 호붕진홍(浩鵬振弘, 1863~1937) : 본관은 경주이고, 성은 김씨이며, 자는 부요(扶搖)이다. 14세에 능가사의 영호(影湖)대사에게 출가하였고, 19세부터는 송광사 구연(九淵)화상에게 경전을 배웠다. 만년에는 청진암(淸眞庵)에서 염송하면서 보임하였고, 1919년에 환해(幻海)대사의 비를 세웠으며, 1929년부터 송광사 자정암(慈靜庵)에 주석하였다.
23) 『사고』는 육력(戮力)이지만, 비문은 육력(僇力)이다.
24) 『사고』는 수(樹)이지만, 비문은 수(豎)이다.
25) 『사고』는 불상(佛甞)이지만, 비문은 불이상(佛而甞)이다.
26) 『사고』는 송광(松廣)이지만, 비문은 광(廣)이 없다.
27) 『사고』는 여심(與心)이지만, 비문은 여어(與語)이다.
28) 초화(超火) : 화는 화택(火宅)으로 번뇌가 많은 이 세상을 불타는 집에 비유한 말이다.

구름 높고 달 떠올라 조계에 비춰네.29)"라 했다.

2. 비석의 뒷면

화상의 큰 덕과 업적은 대개30) 염재(念齋) 송(宋)선생31)이 찬한 명문에 적혀 있으니 덧붙일 필요가 없다. 다만 화상의 후예를 살펴보니32) 수제자 해연(海蓮)이 수고롭게 쉬지 않고 일하여 삼보를 지키고 가람을 보수하여 그 공이 컸다. 해연의 제자가 세 사람 있었는데, 기성(琦城)은 계율을 지키고 효행에 뛰어났고, 영암(影巖)은 정성을 다하여 부처님을 모시는데 주력했으며, 영호(影湖)는 자상하고 겸손함이 으뜸이었다.

이 밖에도 여러 운손(雲孫)과 잉손(仍孫)이 많이 배출되어 각기 잇따라 융성하여 가업과 가풍을 널리 전파했다. 또 화상의 증손인 화산(華山)33)은 침명(枕溟)의 제자였는데, 효로 이름이 높았으며 인자하고 자비로운 마음을 지녔다. [그가] 입적한 후에 다비하여 사리 23매를 얻었는데,34) 참으로 말법의 시대에 신령하고 상서로움을 보였으니 종문의 경사였다. 이 모두는 [환해]화상의 법연(法緣)35)이 광대하고 지초(芝草) 뿌리와 감로의 원천이 후계자들에게 향기를 남긴 것이 아님이 없었다.

---

29) 『사고』는 현재(現在)이지만, 비문은 시재(視在)이다.
30) 『사고』는 기(旣)이지만, 비문은 개(槪)이다.
31) 송염재 : 송태회를 가리킨다.
32) 『사고』는 고(考)이지만, 비문은 교(巧)이다.
33) 화산선오(華山善旿, 1823~1913) : 성은 김씨로 순천시 주암면 운곡(雲谷) 사람이다. 침명화상에게 출가하였다. 동생 익운(益運)도 함명(函溟) 대사의 제자가 되었다. 형은 효행으로 이름났고, 동생은 재덕(才德)으로 유명했다.
34) 『사고』는 후(後)이지만, 비문은 후득(後得)이다.
35) 『사고』는 법연 다음에 지(之)가 있지만, 비문은 지(之)가 없다.

오호라! 화상이 입적하신 해에는 겨를이 없이 지내다가 오늘에 이르러 포당권일(布堂權一)이 발심하고 힘을 다하여 서울에서 돌을 운반하여 조계산에 비를 세웠다. 참으로 추모함이 매우 아름답다고 이를 수 있으며 막대한 법은에 보답함을 알 수 있다. 이 돌과 조계산의 물은 함께 끝없이 전하리니, 아! 어찌 옳지 않으랴!

세존 응화(應化) 2946년 기미년36) 정월37) 일에 4세손 호붕진홍(浩鵬振弘)이 삼가 적는다.

대정 9년38) 3월에 세우다.

---

36) 기미년 : 1919년이다.
37) 원월(元月) : 정월(正月)을 가리킨다.
38) 대정 9년 : 1920년이다.

제19절 와월대사(臥月大師)

　대사의 성은 지씨(池氏)이고, 곡성군 석곡면 운월리(雲月里) 사람이다. 아버지는 득룡(得龍)이고, 어머니는 이씨이다. 영조 36년 경진년[1] 4월 15일에 태어났다. 나이 12세 때 고아가 되어 의탁할 곳이 없어 산과 들을 전전하였다. 동리산의 태안사에 이르렀는데, 무성(無性) 수좌가 그를 가엾게 여겨 길렀다.
　머리를 깎고 출가하여 교평(敎萍)이라고 불렀는데, 주문을 읽고 염송함이 노련하고 익숙하였다. 15세가 되던 갑오년[2]에 봉암(鳳巖)대사를 좇아 불경을 배운 지 4, 5년이 되지 않아 능숙하게 통달하니, '아침에 태어난 봉황 새끼가 도리어 늙은 봉황을 이긴다.' 라고 이를 만했다.
　20세 되던 기해년[3]에 조계산의 묵암대사를 찾아뵙고 배웠다. 위의가 높은 승려들이 이곳에 많이 모였는데, 오직 대사의 빼어남만이 창암(蒼巖)의 묘법과 혜해(慧解)를 빼앗아 안광(安光)의 토론을 드러내 보였으니, 묵암대사가 묵묵히 허락하여 제자로 삼았다.
　25세 되던 갑진년[4]에 봉암대사의 부름을 받고 동리산으로 돌아와 혜철(慧徹)[5]국사의 도량에서 건당하고, 봉암대사의 문중에서 인가받고

---

1) 경진년 : 1760년이다.
2) 갑오년 : 영조 50년(1774)이다.
3) 기해년 : 정조 3년(1779)이다.
4) 갑진년 : 정조 8년(1784)이다.

와월(臥月)이라고 이름하였다. 봉서암(鳳瑞庵)[6]에서 개당하고 방외자를 널리 사귄 지 수년이었다. 경술년[7] 봄 조계산에서 묵암대사를 다비하여 장례할 때 곡하고 절차를 지휘하여 잘 마쳤다.

갑인년[8] 2월에 봉암(鳳巖)대사가 성도암(成道庵)에서 돌아가셨다는 소식을 듣고 밤인데도 불구하고 달려갔으나 다비가 이미 끝났고 유감스럽게도 구슬 한 개를 미친 중이 파괴해버렸다. 오호라! 슬프다. 무상 중에 상(相)이 나타났으나 다시 무상(無相)으로 돌아가 근원으로 되돌아가는 자취조차 없어졌도다! 같은 해 4월 본암(本庵)이 무너질 것을 염려하여 신도들을 불러 모아 보수하여 정사년[9]에 완공했다. 그 시에 이르기를 "전각을 옛 터에 다시 지으니, 찬란하여 새로 지은 것과 다름 없네."라 했다.

가경 6년 신유년[10]에 묵암대사가 지은 『화엄품과(華嚴品科)』, 『제경회요(諸經會要)』[11] 및 시집(詩集)과 『금강경간정기(金剛經刊定記)』[12]의 목판을 새겼는데, 간정기의 판본은 본사(本寺)에 보관하고 시집 목

---

5) 혜철(785~861) : 신라 승려로 속성은 박씨(朴氏)이다. 자는 체공(體空)이고, 호는 혜철(慧徹)이며, 동리화상(桐裏和尙)이라고도 부른다. 어려서 출가하여 영주 부석사에서 화엄학을 익히고 22세 때 비구계를 받았다. 선종이 전해지기 전인 헌덕왕 6년(814)에 당나라로 가서 남종선(南宗禪) 계통의 지장선사(地藏禪師) 문하에서 공부하였다. 문성왕 1년(839)에 귀국하여 무주(武州) 동리산(桐裏山) 태안사(太安寺 : 지금의 泰安寺)에 머무르면서 교화를 폈다. 시호는 적인(寂忍)이다.
6) 『사고』에는 봉암(鳳庵)으로 약칭하였다.
7) 경술년 : 정조 14년(1790)이다.
8) 갑인년 : 정조 18년(1794)이다.
9) 정사년 : 정조 21년(1797)이다.
10) 신유년 : 순조 1년(1801)이다.
11) 『제경회요』 : 여러 경전의 요지를 도식(圖式)으로 정리한 책이다.
12) 『금강경간정기』 : 당나라 때 규봉종밀이 주석한 『금강반야경소론찬요』 2권을 송나라 때(1038년) 자선(子璿)이 다시 주석한 『금강경찬요간정기』 7권을 가리킨다.

판은 조계산으로 옮겼다. 또 시에 이르기를 "누각 위의 간경(刊經)은 두 달13)을 겪었으니, 노력하고 재물을 소비한 것은 형용하기 어렵네. 앞서 편찬하지 않았다면 [어찌] 길이 세상에 전하고 금강석처럼 만고에 빛났을까?"라 했다. 대사의 선사께서 시작하신 일을 맨발로 돌아다니며 불러모으지 않음이 없었으니, 가히 불교의 우담바라요 종문(宗門)의 중심14)이라 부를 만하다.

선업(先業)을 두루 마치고 공업(功業)을 좋아하더라도 어찌 정업(淨業)의 안락함과 같겠는가? 갑자기 문필을 버리고 깨끗한 곳에 혼자 앉아15) 먼저 맑은 향을 태우고 서늘한 차를 마시며 낮에는 독서하고 밤에는 생각하며 다만 무상을 구한 지 십여 년이었다.

하루는 문도에게 일러 "허깨비 같은 몸으로 [진리를] 보존하기는 어렵지만, 세상의 인연은 쉽게 끊을 수 있는데, 나는 어찌 [이토록] 오래 살았나? 너희들은 조심하라."라고 말했다. 말을 마치고 갑자기 돌아가니 도광 12년 임진년16) 12월 15일이었는데, 세수는 73세이고, 법랍은 57세였다.

금명보정이 삼가 쓰다.

---

13) 두달(二月) : 두월(斗月)과 와월(臥月)을 가리킨 듯하다.
14) 추기(樞機) : 추는 문지도리, 기는 쇠뇌의 방아쇠로 사물의 요긴한 곳을 뜻한다.
15) 타좌(打坐) : 타는 어세(語勢)를 강하게 하는 어조사로 좌선하는 것을 말한다.
16) 임진년 : 순조 32년(1832)이다.

제20절 회계대사(會溪大師)

대사의 이름은 휘종(輝宗)이고, 호는 회계(會溪)이며, 성은 장씨(張氏)다. 아버지의 이름은 문칠(文七)이고, 어머니는 이씨이다. 본관은 남원인데, 곡성군 서면(西面)에 살았다. 어머니가 성인(聖人)의 가르침으로 태교하여 건륭 24년-영조 35년-기묘년[1] 2월 15일에 [대사가] 태어났다. 대사의 골상은 매우 특이했으며 장난치며 놀지 않았다. 8세 때 향교에 들어갔는데 배운 것을 외우지 못하는 것이 없었고, 재주와 명성이 마을에 떠들썩하였다. 어머니의 훌륭한 지도를 받아 가정에서의 가르침[2]이 많았으며 또한 출진(出塵)[3]의 도도 가르쳤으니 어찌 맹모지천(孟母之遷)의 가르침[4]만이 간절하겠는가?

어머니가 편지로 부탁하여 14세 되던 임진년[5]에 조계산에 가서 벽담(碧潭)대사의 문하에 예를 올리고 머리를 깎고 구족계를 받았다. 갑오년[6] 봄에 비로소 경전을 공부하기 시작했는데 8년이 되지 않아 심오

---

1) 기묘년 : 1759년이다.
2) 정훈(庭訓) : 가정에서의 가르침 또는 집안사람에 대한 교훈을 뜻한다. 공자(孔子)가 아들 이(鯉)가 뜰을 달려갈 때 불러 세우고, 시와 예를 배워야 한다고 가르친 고사에서 나왔다.
3) 출진(出塵) : 세속을 벗어나 불도를 수행하고자 하는 것을 이른다.
4) 천교 : 맹자의 어머니가 맹자를 가르치기 위하여 세 번 이사했다는 고사이다.
5) 임진년 : 영조 48년(1772)이다.
6) 갑오년 : 영조 50년(1774)이다.

한 뜻을 모두 얻어 스승을 능가했다.7) 임인년8) 봄에 보조의 방에 들어가 은사의 법인(法印)을 받아 법맥을 이어받고 당(幢)을 세우고 [제자를] 두루 접하고 종지를 크게 떨친 지 십 수년이었다.

정조 22년 무오년9) 9월 29일에 은사가 입적함에 곡하니 하늘이 무너지는 듯한 슬픔과 땅을 치는 망극함이 번갈아 이르렀다. 3년 동안 상복을 입은 후 경신년10)에 은사의 영주탑(靈珠塔)을 보조암의 풍암탑(楓巖塔) 왼쪽에 세웠다. 66세 되던 병술년11) 봄에 문인 등과 조계산에서 대회를 열자 전국에서 사람들이 구름처럼 몰려들었고, 사부대중에게 교화가 널리 퍼졌다.

도광 15년 헌종 원년 을미년12) 11월 9일에 이르러 문인 등에게 "나는 가고자 하노라. 너희들은 삼가라."라 말한 다음, 보조암의 방장실에서 입적하셨다. 다비하여 사리 2매를 얻어 보조암의 서북방13) 귀퉁이 풍암탑의 오른쪽에 부도탑을 만들었는데, 세수는 77세요, 법랍은 64세였다.

금명이 쓰다.

---

7) 원문은 남천괴색(藍茜壞色)이다. 『순자(荀子)』 권학(勸學)편에 "푸른 물감은 남초(藍草)에서 취하지만 남초보다 더 푸르고, 붉은 물감은 천초(茜草)에서 취하지만 천초보다 더 붉다"는 내용이 나오는데, 제자가 스승보다 더 뛰어남을 뜻한다.
8) 임인년 : 정조 6년(1782)이다.
9) 무오년 : 정조 22년(1798)이다.
10) 경신년 : 정조 24년(1800)이다.
11) 병술년 : 순조 26년(1826)이다.
12) 을미년 : 헌종 1년(1835)이다.
13) 건(乾) : 방위로는 서북방을 가리킨다.

제21절 퇴은대사(退隱大師)

　대사의 성은 칠원(漆原) 제씨(諸氏)인데, 아버지의 이름은 한성(漢城)이고, 어머니는 강씨(姜氏)였다. 대대로 진해(鎭海) 하구리(河口里)에 살았는데, 할아버지 대부터 순천에 살았다. [대사는] 건륭 32년 – 영조 43년 – 정해년1) 5월 17일 을유일에 태어났는데 처음에 어머니가 꿈에 신이한 승려를 보고 임신하였다. 어려서부터 냄새나는 채소2)를 좋아하지 않았고, 장난하는 것도 즐기지 않았다.
　14세 되던 경자년3)에 조계산의 운한(雲閑)장로를 찾아가 머리를 깎고, 해암(海巖)선사를 계사(戒師)로 삼아 법명을 봉의(鳳儀)라고 했다. 정조 임인년4)에 묵암대사를 뵙고 5, 6년을 배워 삼장의 법유(法乳)를 맛보았다. 24세 되던 경술년5)에 남쪽으로 유력하면서 달마산(達摩山)6)과 두륜산(頭崙山)7)에서 12강사를 찾아뵈었다.

---

1) 정해년 : 1767년이다.
2) 훈(葷) : 매운 채소라고도 하는데, 생강, 파, 부추, 마늘 따위를 가리킨다. 육식(肉食)에서 나는 비릿함을 뜻하기도 한다.
3) 경자년 : 정조 4년(1780)이다.
4) 임인년 : 정조 6년(1782)이다.
5) 경술년 : 정조 14년(1790)이다.
6) 달마산 : 전라남도 해남군 송지면 및 북평면에 있는데, 미황사(美黃寺)가 그 가운데 있다.
7) 두륜산 : 전라남도 해남군 삼산면・현산면・북일면에 걸쳐 있는 산이다. 원래 두륜산은 대둔사(大芚寺)의 이름을 따서 대둔산이라 칭하다가 대둔사가 대흥

30세 되던 병진년8)에 은사인 제운(霽雲)대사에게 의발을 전수받고, 퇴은(退隱)이라고 호를 짓고 보조암에서 개당했다. 무오년9)에 이르러 동리산의 요청으로 봉서암(鳳瑞庵)에 머물렀으며, 이듬해에 혜철암(慧徹庵)으로 옮겨 화주하는 인연이 적당한 때가 되어 동지가 모였다. 동지들이 가재(家財)를 내놓기를 원하여 5, 6년 동안 불우(佛宇)을 짓거나 수리했고, 불상과 시왕(十王) 등의 상을 새로 만들어 일일이 혁신하니 이는 모두 대사의 덕풍에 따라 메아리친 것이다.

갑술년10)에 조계산 은적암에서 하안거를 했으며, 을해년11)에는 동리산 미타전(彌陀殿)에서 안거했다. 정축년12)에 환응(喚應)장로와 함께 금강산 여행을 떠나, 설악산, 낙가산13) 등의 명승지를 유람한 다음 가을에 동리산으로 돌아왔다. 신사년14) 겨울에 조계산으로 옮겼는데, 청나라 고승이 와서 절하며 말하기를 "대사께서는 원하는 것이 있습니까?"라 했다. [이에 대사가] "특별히 원하는 것은 없지만 다만 『자휘(字彙)』15)가 필요합니다."라 했는데, [그 책은] 우리나라의 기이한 보배였다. 그 승려가 승낙하고 귀국하여 약속한대로 『자휘』를 보내주었다.

갑신년16)에 명적암(明寂庵)에 머무르며 직접 초당(草堂) 한 채를 얽어 만들고 참선하다가 남는 여가에 『법화경』 1부를 손으로 베꼈다. 매

사(大興寺)로 바뀌자 대흥산으로 불리기도 하였다.
8) 병진년 : 정조 20년(1796)이다.
9) 무오년 : 정조 22년(1798)이다.
10) 갑술년 : 순조 14년(1814)이다.
11) 을해년 : 순조 15년(1815)이다.
12) 정축년 : 순조 17년(1817)이다.
13) 낙가산 : 강원도 양양에 있는 낙산을 가리킨다. 여기에 신라시대 의상이 세운 낙산사(洛山寺)가 있다.
14) 신사년 : 순조 21년(1821)이다.
15) 자휘 : 일정한 체계로 글자를 모아 놓은 책으로 자전(字典)과 같이 쓰인다. 여기서는 명나라의 매응조(梅應祚)가 지은 자전을 가리킨다.
16) 갑신년 : 순조 24년(1824)이다.

행마다 한 번씩 절을 올리면서 책을 완성하여 묶어서 가지고 다니며 읽었는데, 다른 평범한 책에 비하면 필적이 하늘과 땅처럼 차이가 났다.

계묘년[17] 겨울에 송광사 대법당의 점안불사(點眼佛事)[18]에 증명법사(證明法師)로 초청받았는데, 물리쳐 말하기를 "나의 죽음이 가까웠도다. 청정한 불사(佛事)를 더럽힐까 두렵다."라 하고, 끝내 가지 않고 허주덕진(虛舟德眞)[19]으로 하여금 대행하게 했다. 다음 해[20] 2월 11일에 마침내 질병도 없이 입적했으니, 그 신령한 헤아림이 대개 이와 같았다. 동리산의 기슭에서 다비했으니, 세수는 78세요, 법랍은 64세였다.

금명보정이 삼가 쓴다.

---

17) 계묘년 : 헌종 9년(1843)이다.
18) 점안 : 불상(佛像)을 조성한 다음 진언을 외우며 불상의 눈동자를 찍는 의식이다.
19) 덕진 : 조선편 24절 참조.
20) 다음 해 : 헌종 10년(1844) 갑진년이다.

제22절 기봉대사(奇峰大師)

1. 비문

임제 32세손 조계산 송광사 중창 대공덕주(大功德主) 기봉대선사(奇峰大禪師) 비명과 서문

통정대부(通政大夫) 승정원(承政院) 우부승지(右副承旨) 지제교(知製敎) 겸 경연참찬관(經筵參贊官) 춘추관(春秋館) 수찬관(修撰官) 여규형(呂圭亨)[1]이 짓다.[2]
통정대부(通政大夫) 전 검사(撿事) 김돈희(金敦熙)가 글씨를 쓰고 전(篆)한다.

---

[1] 여규형(1848~1921) : 본관은 함양(咸陽)이며, 자는 사원(士元)이고, 호는 하정(荷亭)이다. 고종 19년(1882)에 문과에 급제하여 외아문주사(外衙門主事)에 임명되었다가, 교리를 제수받았다. 구한말 사립학교인 대동학교(大東學校)에서 교사로, 뒤에는 관립한성고등학교에서 한문교사를 지냈다. 시(詩), 서화(書畵), 불경(佛經)에 모두 능통하여 살아 있는 '사문유취(事文類聚)'로 칭송을 받았다. 1916년 오세창(吳世昌)·장지연(張志淵) 등과 『대동시선(大東詩選)』을 편집하였고, 광대들이 부른 「춘향가」를 중국의 『서상기(西廂記)』 문체를 모방하여 희작(戲作)한 『춘향전(春香傳)』이 전한다. 문집에 『하정집』 4권이 있다. 그는 『소요당집(逍遙堂集)』을 중간(重刊)하는 서문도 썼는데, 스스로를 항양거사(恒陽居士)라고 칭했다.
[2] 『사고』는 찬(撰)이지만, 비문은 찬(讚)이다.

선사의 법명는 장오(藏旿)이고, 자는 은옹(隱翁)이며, 기봉(奇峰)은 그의 법호이다. 속성은 최씨(崔氏)인데, 공신(功臣) 경회(慶會)3)의 11세 손이다. 대대로 호남4)의 전주에 살았는데, 후에 화순(和順)으로 옮겼다. 아버지의 이름은 보석(寶錫)인데 무안(務安)현감(縣監)5)을 지냈으며, 어머니는 조씨(曺氏)이다.

꿈에 별이 떨어지고 호랑이가 울부짖는데 어떤 승려가 선장(禪杖) 하나를 주었다. 깨어난 뒤 임신이 되어, 영조 병신년6) 10월 초2일에 대사를 낳았다. [대사는] 뛰어나고 기이한 몸을 지녀 씻지 않아도 피부가 윤택했으며 옥처럼 깨끗했다. 6세에 입학하여7) 12세까지 경전을 두루 읽었는데, 특히 『남화경(南華經)』8)을 좋아해서 한 곳도 남김없이 통달하여 마을에서 최장자(崔莊子)라 불렸다.9)

부모가 돌아가시자 몹시 애통해 함이 보통의 정도를 넘어,10) 묘소를 지키며 3년 복(服)을 마친11) 후에도 남은 슬픔12)을 잊지 못해 맛있는

---

3) 최경회(1532~1593) : 본관은 해주(海州)이고, 자는 선우(善遇)이며, 호는 삼계(三溪) 또는 일휴당(日休堂)이다. 임진왜란이 일어나자 의병을 규합하여 금산과 무주 등지에서 일본군을 격파하였다. 이 공로로 경상우병사에 임명되었다. 1593년 6월 가토(加藤淸正) 등이 진주성을 다시 공격하여 오자 김천일(金千鎰), 황진(黃進), 고종후(高從厚) 등과 함께 진주성을 사수하였으나 9일 만에 성이 함락되자, 남강에 투신자살하였다. 시호는 충의(忠毅)이다.
4) 비문에는 호남(湖南)이 없다.
5) 현감 : 조선시대 최하위의 지방행정구역 단위였던 현(縣)의 종6품직 관직이다. 태종 13년(1413) 군현제 개편 강화작업의 일환으로 설치하였는데 원래 그 전신은 고려 예종 이후부터 지방에 파견되었던 감무(監務)이다.
6) 병신년 : 영조 52년(1776)이다.
7) 비문에는 육세입학(六歲入學)이라는 구절이 없다.
8) 남화경 : 『장자(莊子)』의 다른 이름이다. 당(唐)의 천보(天寶) 원년(元年)에 장자에게 남화진인(南華眞人)이라는 호를 추증하고, 그의 책을 『남화진경(南華眞經)』이라고 불렸다.
9) 비문에는 일향칭최장자(一鄕稱崔莊子)가 없다.
10) 비문에는 훼척과상도(毀瘠過常度)가 없다.

음식을 먹을 때면 문득 울면서 먹지 않으니 사람들이 기이하게 여겼다. 어린 동생이 있었는데 숙부에게 맡기고 아울러 재산도 부탁하고, 집을 나와 글방에 머물면서 학문에 전념했다. 후에 현감이 임기를 마치고 돌아가는 일행을 따라 함께13) 서울로 올라가 태학(太學)14)에서 공부하다가 해를 넘겨 돌아왔다.

개연히 도를 구하는데 뜻을 두고 전주 봉서사(鳳捿寺)에 들어가 궤운(軌雲)화상에게서 머리를 깎고 봉곡(鳳谷)강사에게 구족계를 받았다. 순천 송광사의 보조암으로 옮겨 묵암화상에게 배웠는데, 그에게 법을 전해준 스승은 본사의 두월(斗月)선사였다.

두월선사15)는 건당식(建幢式)을 베풀어 두 사람에게 당을 세워주었는데, 하나는 대사였고 또 하나는 대사의 사제인 기운(奇雲)16)이었다. 대사가 조실(祖室)에 머무니 남북의 납자들이 몰려들어 4년 동안 크게 모였다. [그 후] 낙안 징광사의 설선당(說禪堂),17) 곡성 태안사의 봉서암,18) 남원 천은사(泉隱寺)의 수도암(修道庵)19) 등지로 옮겨서 13년간 강의했다.

두월선사의 명으로 다시 본사로 돌아왔는데, 두월선사께서 입적하시자 기운(奇雲) 사제(師弟)와 함께20) 제문을 쓰고 재를 베풀기를 극진하

---

11) 『사고』는 묘(墓) 다음에 종(終)자가 있지만, 비문은 終자가 없다.
12) 『사고』는 복(服) 다음에 관(關)자가 있는데, 비문은 결(関)이다.
13) 『사고』는 있지만, 비문은 지체귀자동(之遞歸者同)이라는 구절이 없다.
14) 태학 : 성균관을 가리킨다. 조선시대 국립대학격의 유학교육기관이다.
15) 『사고』는 두월사(斗月師)이고, 비문은 두월선사(斗月禪師)이다. 조선편 16절 참조.
16) 비문에는 이인수당일즉사일즉사지제기운야(二人竪幢一則師一則師之弟奇雲也)라는 구절이 없다.
17) 비문에는 없다.
18) 비문에는 없다.
19) 비문에는 없다.
20) 비문에는 없다.

게 삼가고 정성스럽게 하니21) 산과 하천에 별빛이 비치는 이적이 있었다. 이윽고 [대사가] 구례의 화엄사에 가서 3년 동안 강의하더니, 한숨을 쉬며 탄식하여 말하기를 "삼장의 가르침의 바다를 변론하는 것이 비록 미혹한 윤회에 빠진 중생을 인도하는 자비의 배22)이지만 서쪽에서 온 밀지(密旨)23)를 밀쳐 두는 것은 헛되이 일생을 허비하는 것이다."라 했다. 한 번에 언어와 분별을 버리고 이로부터 마음을 조사의 영역에 두니, 스스로 낸 언구(言句)가 조사의 기풍에 합당하였다.

그 후 하동 칠불암(七佛庵)에 유력하다가 돌아와24) 본사25)의 삼일암(三日庵)에서 말을 하지 않고 몇 년을 지냈다. 문도들을 가르칠 때 먼저 불법의 지견을 결정하는 것을 가르쳤으며, 알음알이의 병통을 깨뜨려 마음이 상쾌해지게 한 후에 여섯 토막의 법어로 참구의 요체로 삼았다.

임인년26) 3월 절에 뜻밖의 불이 났는데, 때마침 폭풍이 몰아쳐 3시 무렵에 불우(佛宇) 5전(殿)과 승료(僧寮) 8방, 공사(公舍) 11소 및 2,152칸27)이 모두 불에 타서 재가 되었다. 대중 3백여 명이 서로 얼굴만 쳐다보고 앞장서서 중건하자는 자가 없었는데, 대사가 "내가 그 책임을 사양하지 못하겠노라."라고 말했다.

그때 대사의 나이는 70세였는데 부지런히 탁발하였다. 서울로 가서 당시 재상이었던 권돈인(權敦仁)28)을 만나29) 송광사가 나라의 선종 거

---

21) 건성(虔誠) : 삼가고 정성스러운 일을 뜻한다.
22) 자항(慈航) : 부처가 자비심으로서 중생을 제도함을 배에 비유한 말이다.
23) 『사고』는 없지만, 비문에는 서래(西來) 다음에 지(之)자가 있다.
24) 비문에는 없다.
25) 『사고』는 본사(本寺) 다음에 지(之)자가 있지만, 비문에는 없다.
26) 임인년 : 헌종 8년(1842)이다.
27) 비문에는 2,151칸이다.
28) 권돈인(1783~1859) : 본관은 안동(安東)이고, 자는 경희(景羲)이며, 호는 이재(彝齋), 우랑(又閬), 우염(又髥), 번상촌장(樊上村庄), 과지초당노인(瓜地草堂

찰인데 화재30)를 당했으니 다시 고치는 일이 급하며 버려둘 수 없다는 뜻을 말했다. 비분강개하여 보고 듣는 이들을 부추기니 후손과 수계(受戒)제자 용운당(龍雲堂) 등이 여러 지방을 두루 돌아다니며 오가기를 전후 세 차례나 했다. 동시에 여러 관리들이 외호하기를 한결같은 말로 도와 공명첩(空名帖)31) 700장을 급히 보내주었고 모연(募緣)한 재물을 보내주었다. 3년이 지나 큰 역사(役事)가 완성되니 새롭게 되어 전과 비교해도 훌륭하였다. 이에 대사께서 사무를 용운당에게 오로지 맡기고 물러나 자정별실(慈靜別室)에 머무르면서 9년 동안 면벽(面壁)하였다.

계축년32) 8월 16일에 목욕하고 깨끗한 가사로 갈아입은 다음, 문인 등을 불러 말하기를 "세간법은 무상하니, 나는 오늘 마땅히 돌아가리라."라 하고, 결가부좌한 채 고요히 입적하니, 세수는 78세요, 법랍은 62세였다. 법손 허주덕진(虛舟德眞) 화상이 행록을 지었고, 그 후 본사 대중들이 의논하여 대사의 비를 세우고 대사의 남긴 자취를 기록하였다.

대사의 4세 법손인 두성상인(斗性上人)이 서울에 와서 나의 글을 구

老人) 등이다. 순조 13년(1813) 증광시에 병과로 급제하고 정자와 헌납을 거쳐, 1845년에 영의정에 올랐다. 서화에 능하여 일생을 친밀히 지냈던 김정희(金正喜)로부터 뜻과 생각이 뛰어났다는 평을 들었다. 또 예서체(隷書體) 비문에 관해서는 동국(東國)에 전혀 없었던 신합(神合)의 경지라는 칭찬을 받았다. 시호는 문헌(文獻)이다.

29) 『송광사지』(2001)에 의하면 당시의 재상인 조인영(趙寅永)을 만나 도움을 받았다는 설이 있다.
30) 회록(回祿) : 불의 신(神)을 가리키는데, 바뀌어 화재(火災)를 이른다.
31) 공두칙(空頭勅) : 공백(空白)의 조서(詔書)인데, 여기서는 공명첩을 가리킨다. 공명첩은 받은 사람의 이름을 적어 넣지 않은 백지 임명장을 말한다. 국가재정의 고갈을 해결하거나 구휼사업을 위하여 또는 사찰을 중수하는 기금을 마련하기 위해 발행하였다.
32) 계축년 : 철종 4년(1853)이다.

해 명으로 삼고자 했다. 나는 유자이다. 비록 내전(內典)을 좋아하더라도 유교와 불교는 다른 내용이어서 유자로서 내전을 좋아하는33) 사람은 내전의 극지처(極至處)는 유교와 합일하여 둘이 아니라고 생각한다. 지난 날34) 유자로서 불교를 논하는 자는 반드시 "불교는 육친(六親)35)과 인연을 끊는다."라고 말하거나, "[불교는] 문자의 상(相)에 집착하지 않는다."라 말하거나 "[불교는] 기세간(器世間)36)을 허망한 것으로 보고 공중누각37)에 생각을 둔다."라고 말한다.

기봉(奇峰)선사는 어릴 때 어버이에게 지극히 효도했으며, 동기(同氣)에게 우애가 있었고, 숙부에게 재산을 양보했으며, 학문에 전념했으니, 이는 대사의 참된 성정이었다. 대사가 삼교에 널리 통했으며, 소요(逍遙), 제물(齊物)의 책38)을 좋아한 것은39) 선지(禪旨)에 가까웠으니, 이는 대사께서 진정한 학문을 했음이다. 대사는 맹렬한 대화재로40) 절의 건물들이 모두 불타버리자41) 선장(禪杖) 하나로 하늘에 가득 찰 대도량을 건립하였다. 위로는 깨끗하고 아름다운 백천(百千)의 제사를 잇게 했고 아래로는 후대에 오는42) 무궁한 사람들에게 가르침을 베풀어 삼보에 귀의하게 하여 수많은 사람들이 우러러보게 했으니, 이는 대사의 진정한 사업이었다.43) 성정, 학문, 사업의 세 가지 큰 인연이 한 몸

---

33) 『사고』는 수호(雖好)지만, 비문은 아호(雅好)이다.
34) 비문에는 왕일(往日) 다음에 지(之)자가 있다.
35) 육친 : 여섯 가지 친족이라는 뜻으로, 부・모・형・제・처・자나 부・자・형・제・부(夫)・부(婦)를 말한다.
36) 기세간 : 일체 중생이 살고 있는 세상이라는 뜻이다.
37) 공중누각 : 공중에 누각을 세운 것 같이 보이는 것 또는 허구의 문장 또는 근거가 없는 가공적인 사물을 비유하는 말이다.
38) 소요・제물의 책 : 『장자(莊子)』를 가리킨다.
39) 『사고』는 없지만, 비문에는 자(者) 다음에 이기(以其)가 있다.
40) 『사고』는 맹화(猛火)이지만, 비문은 대맹화(大猛火)이다.
41) 비문에는 없다.
42) 『사고』는 후래(後來)이지만, 비문은 내후(來後)이다.

에 모인 것이니, 대사와 같은 사람을 어찌 선문에서만 높이 받들겠는가? 실로 '함삼위일(函三爲一)'44)의 대교문(大敎門)에서 논할 만하다.

삼가 행록에 쓰인 것을 대략 모아보니, 대사께서 일찍이 직접 자기의 진영에 글을 쓰기를 "마른 나무의 썩은 뿌리가 완전히45) 죽었으니, 평범한 병과 바리때만 게으르게 들고 다닌다네. 날리는 꽃과 새 울음46)은 봄이 장차 가려 함을 알리지만,47) 명산이 아니더라도48) 약 캐러갈 것을 기약하네."라 했다.

이때 해인사의 인파(印波)가 대사의 공덕을 찬양하여 게를 지어 이르기를 "법계가 장엄한 송광사여, 8인49)이 하룻밤 사이에 짊어지고 갔다네. 기봉(奇峰)대사께서 일흔의 나이에 기묘한 계책을 내어, 천고(千古)의 조계에 다시 달을 당겼네."라 했다. 이 찬(讚)과 게는 본래의 행록에는 실려 있지 않았으나, 대사의 기연(機緣)50)이 있는 어구(語句)와 비의 실제 사적을 뭇사람들의 입에서 볼 수 있었다.

명하여 이르기를

"선과 교는 하나이지 둘이 아니니,
성정을 벗어난 것도 문자를 떠난 것도 아니며,
정변각(正偏覺)이요, 진실의(眞實義)라네.
세간과 출세간에서 일대사(一大事)에 인연 맺어,

---

43) 『사고』는 없지만, 비문에는 지(之) 다음에 유(有)자가 있다.
44) 『사고』는 있지만, 비문은 함삼위일(函三爲一)이라는 구절이 없다.
45) 『사고』는 십혜(十兮)이지만, 비문은 십분(十分)이다.
46) 『사고』는 호조(唬鳥)이지만, 비문은 제조(啼鳥)이다.
47) 『사고』는 막(暯)이지만, 비문은 만(晩)이다.
48) 고부(辜負) : 배반함, 위배함, 상대의 뜻을 거스름 등의 뜻인데, 이렇게 의역했다.
49) 팔인(八人)은 화(火)의 파자이다.
50) 기연 : 선(善)의 기근(機根)이 있어서 부처의 가르침을 받을 인연이 되는 일이나 기회, 계기 등을 의미한다.

조계의 위에 물 맑고 산 푸르러,
큰 비 하나를 세우니 하늘을 떠받치고 땅을 밟으리라."라 한다.

2. 비석의 뒷면

진사 송태회(宋泰會)가 삼가 쓴다.

내가 일찍이 스승 조소아(趙小雅)51) 옹이 지은 용운대사비문(龍雲大師碑文)에 서술된 사원중창전말(寺院重創顚末)을 보니 매우 자세하여 [용문대사의] 공덕이 조계산을 밝게 비침을 드러내 보이기에 충분했다.52) 그런데 가만히 생각해보니 고봉(高峰)화상이 말한 바와 같이 선찰(禪刹)을 다시 짓는 일은 혼자만의 힘으로 담당할 수 있는 것이 아니기 때문에 그 역사(役事)는 반드시 더불어 서로 돕는 자가 있었을 것이다. 근래에 내가 송광사에서 노닐었는데 기봉(奇峰)대사가 실제로 노력하였다는 말을 조금 들을 수 있었다.

대개 [기봉]대사는 용운대사의 계사(戒師)이며, 용운대사는 당시에 나이도 젊고 기운이 왕성하여 힘써 공사를 했다고 할 수 있지만, 생각하건대 [기봉]대사는 70세의 나이로 분발할 수 없었을 것이다. 부서진 곳을 세우고 무너진 곳을 고치는 일을 주관하여 마침내 절53)이 다시 훌륭해지는 것에 대해서 문도들이 대사에게 의지하는 것 또한 어려웠을 것이다.

---

51) 조소아 : 조성희를 가리킨다.
52) 『사고』는 족유(足有)이지만, 비문은 족가(足可)이다.
53) 금지(金地) : 금전(金田)이라고도 하는데, 절의 다른 이름이다. 수달장자(須達長子)가 가타림에 황금을 깔고 땅을 사서 기원정사를 지었다는 고사에서 유래한다.

하물며 [기봉]대사는 어려서는 효도하고 널리 배웠고 출가해서는 이름난 학자들을 찾아다녔으며, 교를 버리고54) 선을 닦아 깨닫고 공업(功業)을 이루고도,55) [그곳에] 머물지 않고 고요한 곳으로 옮겨서 9년 동안 면벽했다. 이는 마땅히 우리 스승께서 중히 여겨서 또 한 둘을 찬술하였으며, 용운대사의 비문과 더불어 아름답게56) 둘 다 전했다.57)

때마침58) 대사59)의 후손인 두성(斗性)이 여하정(呂荷亭)60) 거사에게 명문을 구하고 같은61) 후손인 제봉(霽峯), 금송(錦松)과 함께 의논하였고, 재물을 내놓아 비석을 새겼다. 아! 이 세 사람은 [공을 드러낼] 생각을 내지 않고 힘써 큰 공역을 이어 마쳤으니, 이는 대사와 후손들에게 있어62) 그 공덕이 끝내 없어질 수 없는63) 것이 이와 같다.

대정 7년 무오년64) 월 일에 세우다.

---

54) 비문은 사(舍)로 되어 있다.
55) 『사고』는 없지만, 비문은 지(至) 다음에 약(若)자가 있다.
56) 『사고』는 괴미(媿美)이지만, 비문은 비미(媲美)이다.
57) 『사고』는 전야(傳也)이지만, 비문에 야(也)자는 없다.
58) 『사고』는 선(禪)이지만, 비문은 이적(而適)이다.
59) 『사고』는 없지만, 비문은 사(師) 다음에 지(之)자가 있다.
60) 여하정 : 여규형(呂圭亨)이다.
61) 『사고』는 협동(恊同)이지만, 비문은 제동(諸同)이다.
62) 『사고』는 여후(與後)이지만, 비문은 유후(有後)이다.
63) 『사고』는 대민(待泯)이지만, 비문은 종민(終泯)이다.
64) 무오년 : 1918년이다.

제23절 우담대사(優曇大師)

[대사는] 영남 안동군의 권중국(權重國)과 어머니 조씨(趙氏)의 아들이다. 이름은 홍기(洪基)이고, 호는 우담(優曇)이며, 도광 2년 - 순조 22년 - 임오년[1] 3월 3일에 태어났다. 15세[2]에 출가하기로 마음먹었으나 부모가 허락하지 않자, [석가모니가] 성벽을 넘었다는 옛 일을 가만히 생각하였다. 순흥현(順興縣)[3]의 소백산 희방사(希芳寺)[4]에 이르러 자신(自信)장로에게 의지하여 머리를 깎았다.

절의 사정이 어려워 배울 수 있는 여건이 되지 못했다. [이에] 마음에 맞는 도반들과 팔공산에 이르러 혼허(渾虛)대사를 뵙고 몇 권의 경전을 배웠다. 이에 머무르지 않고 점차 남쪽으로 가서 조계산의 옛 길상사에 도착하여 지봉(智峰)장로의 자량위(資糧位)[5]를 얻었으며, 인파(仁坡)[6]와 침명(枕溟) 등의 선과 교의 종장들을 찾아뵈었다.

---

1) 임오년 : 1822년이다.
2) 지학 : 『논어(論語)』에 나오며, 학문에 뜻을 두는 나이라는 의미로 15세를 가리킨다.
3) 순흥면 : 경상북도 영주지역의 옛 지명이다.
4) 희방사 : 소백산에 있는 절은 희방사(喜方寺)다. 『사고』의 희방(希芳)은 오자로 보인다.
5) 자량(資糧) : 필수품 또는 준비라는 뜻이다. 곧 깨달음을 향해 나아가는데 밑천이 되는 것을 의미한다. 유식종(唯識宗) 등에서는 수행의 계위를 5위(位)로 나누고, 그 제1위를 자량위라고 한다.
6) 인파 : 인파영준(仁坡英俊)이다.

27세 되던 무신년⁷⁾에 연월(蓮月)은사의 방에서 법인(法印)을 전수받고, 광원암(廣原庵)⁸⁾에서 향을 피우고 개당했다. 교학의 안목은 설인연묵(雪仁蓮默)의 글의 날카로움보다 뛰어났고, 선 방망이는 진구백초(眞龜白草)의 망치⁹⁾보다 앞섰다. 격식에 맞게 문장을 풀어 뜻을 해석하는 데는 기운이 펄펄 생기는 듯했고,¹⁰⁾ 실마리를 일으키고 응대하고 토론하는 데는 방향이 명확했다. 저술로는 『선문증정록(禪門證正錄)』¹¹⁾ 1권과 잡저(雜著), 문집 1권이 세상에 간행되었다.

계보를 살펴보니 부휴의 11세손이며, 벽담(碧潭)¹²⁾의 7세손이다. 광서(光緒) 7년 신사년¹³⁾ 9월 8일에 가벼운 병이 있었는데, 문인 관훈(寬訓) 등을 불러 "내가 이제 가야겠으니, 너희들은 마땅히 진중하라."라

---

7) 무신년 : 헌종 14년(1848)이다.
8) 광원암 : 송광사의 광원암(廣遠庵)이 있는데, 『사고』의 광원(廣原)은 오기로 보인다.
9) 겸추(鉗鎚) : 겸은 쇠집게이고, 추는 망치로, 대장장이가 쇠붙이를 단련하는데 쓰는 연장을 가리킨다. 사장(師匠)이 학인(學人)을 다루는 엄한 수단이라는 뜻이다.
10) 비공생풍(鼻孔生風) : 비두출화(鼻頭出火)는 콧구멍에서 불을 뿜는다는 뜻으로 기운이 펄펄한 모양을 가리킨다. 이와 비슷한 의미로 추측해 본다.
11) 『선문증정록』 : 고종 11년(1874) 승려 홍기(洪基)가 선문의 시비를 분별하기 위하여 저술한 책이다. 조선 후기의 선에 관한 논쟁은 긍선(亘璇)이 『선문수경(禪門手鏡)』을 출간한 뒤 의순(意恂)이 『사변만어(四辨漫語)』를 지어 긍선의 주장을 논박하면서 시작되었다. 그 40년 뒤, 홍기가 사문(師門)을 반조한다는 의미에서 이 책을 저술하였다. 이 글은 처음에는 『소쇄선정록(掃灑先庭錄)』이라 불러 저자가 자신의 사문인 긍선의 사상을 논파하고 의순의 처지를 찬동하는 내용을 담았음을 시사하였다. 중심내용은 여래의 삼처전심(三處傳心)을 먼저 밝히고, 이어서 여래선(如來禪)·조사선(祖師禪)·의리선(義理禪)·격외선(格外禪) 등 사변(四辨)의 기초문제를 제시하였다. 다음으로 살인도(殺人刀)와 활인검(活人劍)에 관한 설, 삼구(三句)와 일구(一句)에 관한 설을 차례로 설명하였다.
12) 벽담 : 조선편 제15절 참조.
13) 신사년 : 고종 18년(1881)이다.

고 말하고 갑자기 돌아가시니, 세수는 60세요, 법랍은 45세였다.

금명보정이 삼가 쓰다.

제24절 허주대사(虛舟大師)

[대사의] 이름은 덕진(德眞)이고, 호는 허주(虛舟)이다. 성은 김씨이고, 어머니는 박씨인데, 가경 20년 을해년¹⁾ 3월 13일에 태어났다. 광서(光緖) 14년²⁾ 무자년 10월 12일에 입적하니, 세수는 74세요, 법랍은 63세였다.³⁾ 어릴 때⁴⁾ 어버이를 모두 여의고, 가까운 친족이 없어서 인가(人家)⁵⁾를 돌아다니며 걸식하며 생계를 유지했다. 조계산의 자응방(慈應房)에 이르러 선(禪)을 하는 곳에 의탁하여 얻어먹었다.

11세 되던 을유년⁶⁾에 어떤 남루한 옷을 입은 수좌⁷⁾가 [대사를] 보고

---

1) 을해년 : 순조 15년(1815)이다.
2) 원문의 광서 4년은 무인년(1878)이다. 무자년은 광서 14년으로 고종 25년(1888)이다. 『동사열전(東師列傳)』에도 고종 25년에 입적한 것으로 되어 있으므로 광서 14년으로 고친다.
3) 백양사 화담(華曇)대사가 기록한 허주의 행장이 『송광사지』(2001)에 전한다. 이에 따르면 허주는 17세에 득봉(得逢)에게 출가하였고, 이듬해에 경상도 함양 묵계암(默溪庵)의 충국(忠國)에게 수계받았고, 고종 20년(1883) 정월에 입적했다고 한다. 이에 대해 기산석진은 송광사에 전하는 허주에 관한 이야기는 전설이고, 화담의 전기는 실제 역사에 가깝지만 연대가 잘못되었다고 부기하였다.
4) 구오지년(驅烏之年) : 구오는 새를 쫓는 사미(沙彌)를 의미한다.
5) 천문(千門) : 천문만호(千門萬戶)의 줄임말로 대궐에는 궁전이 많음을 이르거나 많은 인가(人家)나 시중(市中)의 인가가 조밀함을 뜻하므로 이렇게 의역했다.
6) 을유년 : 순조 25년(1825)이다.

기뻐 말하기를 "너는 어째서 늦게 왔느냐? 나와 함께 불문(佛門)의 스승과 제자의 인연을 맺는 것이 어떠냐?"라 했다. [대사가] "그렇게 하지요."라고 했다. 수좌가 "나는 송곳을 세울 땅도 없는데, 너 또한 송곳이라. 살아갈 길이 없으니 어찌 하랴?"라 했다. [대사가] "수많은 마을이 있으니 어디가 우리의 양식이 아닐 것이며, 남쪽 시장과 북쪽 상점에 어찌 내 옷이 없겠습니까? 옷과 양식은 두렵지 않으니 오직 잘 이끌어서 모범이 되어 주시기 바랍니다."라고 했다.

이에 머리를 깎고 삼일암(三日庵)의 부처님 앞에서 구족계를 받으니, 마치 연꽃이 진흙에서 나오는 것 같았으며 미꾸라지가 용이 되는 듯했다. 어깨에는 바리때를 걸고 요령을 흔들며 마을을 돌아다녔는데, 사람들[8]이 기쁜 마음으로 하는 시주가 일일이 거론할 수 없었다. 이로 말미암아 스승과 제자의 옷과 양식이 풍족해졌다. 사방을 돌아다니던 시절에도 선방에서 공부하기를 생각하다가 스스로 강원(講院)에 돌아가 침명(枕溟)대사를 뵙고 경전을 배웠다.

인파(印波)대사에게 예를 올리고 선을 배우게 되자 문자와 같은 보잘 것 없는 것을 깊이 이해하기를 구하지 않고 다만 참구하여 경전의 뜻과 이치를 분명하게 알았으나, 사람들은 대사의 뜻을 헤아리지 못하였다. 삼일암(三日庵)에서 안거하려 할 때에 양식과 돈이 도둑맞은 것을 보고 [사람들이] 매우 애통하게 여겼다. 대사는 "돈을 가져간 자가 요긴하게 쓸 것이므로, 어찌 근심하겠는가? 다시 걸식하는 것은 어렵지 않다."라고 말했다. 이에 눈을 밟고 서리 위에서 자면서 10일이 못 되어 석 달치 양식을 준비하여 안거에 지장이 없었으니, 참기 어려운

---

7) 『송광사지』(2001)에는 삼일선원(三日禪院)의 귀암(歸庵)선사였다는 이야기가 전한다.

8) 장삼이사(張三李四) : 중국에서 가장 흔한 성인 장씨의 셋째 아들과 이씨의 넷째 아들이라는 뜻으로, 신분도 이름도 나지 않은 사람 또는 평범한 사람을 말한다.

것을 능히 참음이 무릇 이와 같았다.

30세에 은적암에서 당을 세우고 정담당(靜潭堂)의 법을 얻었다. 본암(本庵)에 머무를 때 배우려는 자가 떼를 지어 모여들었다. 강의할 때 어려운 것에 대답하는 것이 항상 어두운 눈을 밝혀 깨우쳐줌이 있었다.9)

하루는 학도들이 산으로 놀러갔는데, 대사가 방 안에 불(佛)자를 크게 써 두고 방장실에 가만히 앉아서 그것을 아는지 모르는지 시험했다. 여러 학인들이 보고 소리쳐 말하기를 "이 불자는 누가 썼을까?"라 했다. 대사가 나와서 "그대들이 이미 불자를 알았으니, 내 글씨 또한 쓸 만하다."라 하였다.

대중들이 각기 그 원래 있던 곳으로 돌아갈 때 [대사는] 지장보살에게 기도하였는데, 7일 만에 꿈에 시루떡 한 사발을 얻었다. 이로부터 자비와 복덕이 몸에 가득했고 총명과 지혜가 남보다 뛰어났으며, 망념이 일어나지 않는 지혜를 얻어 우리나라의 이름난 곳에 선풍(禪風)을 멀리 퍼뜨렸는데 이르지 않음이 없었다. 물욕을 끊고 머무는 곳이 일정하지 않았는데, 팔영산(八影山)의 서불사(西佛寺),10) 고산(高山)11)의 화암사(花巖寺),12) 구례의 오산사(五山寺), 곡성의 길상사(吉祥寺)13)가 하안거하는 절이었다.

남녀 신도들이 모여들자, 광명처럼 널리 비추는 지혜로 설법하니 감탄하여 "얼굴을 뵈니 듣는 것 보다 백배나 낫다."고 말했다. 여산(厲山)14)의 심곡사(深谷寺)15)에 머무를 때, 하루는 뜰에 나가 거닐다가 세

---

9) 참정절철(斬釘截鐵) : 못을 끊고 쇠를 자른다는 뜻으로, '의연한 태도'를 이른다.
10) 서불사 : 전라남도 고흥군 점암면 팔영산 능가사의 암자이다.
11) 고산 : 전라북도 완주군 고산면이다.
12) 화암사 : 전라북도 고산(지금의 완주군) 주줄산(珠崒山)에 있다.
13) 길상사 : 전라남도 곡성군 곡성면 동락산(動樂山) 도림사(道林寺)의 암자이다.

숯대야의 물을 한 입 가득 마셨다. 어떤 여신도가 보고 놀라 "이 더러운 물을 스님께서는 왜 마십니까?"라 물었다. 대사가 "그 맛은 하나이니라."라 하니, 근기에 맞게 행하는 법어가 대개 이와 같았다.

무자년[16] 가을에 부탁을 받고 서울에 올라가 동별궁(東別宮)에서 보광회(普光會)를 베풀고 7일 동안 귀비(貴妣)[17]를 위해 기도하고 축원하니, 중신들이 향을 꽂고 대사에게 예를 올리지 않음이 없었다. 보광회를 마치고 대사가 이르기를 "속세의 번화한 길거리는 진신(縉紳)들이 사는 곳이요, 푸른 돌계단과 붉은 궁궐이 어찌 승려가 오래 머무를 곳이랴? 원컨대 산에서 노니는 새와 바다 속의 용과 같이 되고자 하는 나의 마음[18]을 허락해 주십시오."라 했다.

이에 동문 밖의 대원사(大原寺)를 하산소로 삼았는데, 중사(中舍)[19]로 하여금 모셔가도록 했다. 가마가 흥국사(興國寺)에 이르자, 뒤따르던 벼슬아치와 궁속(宮屬)들의 행렬이 끊이지 않아 10여 리에 이어졌다.

10월 10일에 이르러 [대사께서] 가벼운 병을 보이자 상궁(尙宮) 천씨(千氏)[20]가 친히 약 시중을 들고 의사를 불렀으며 약을 점검했다. 대사

---

14) 여산 : 전라북도 익산 지역의 옛 지명으로, 여량(礪良)과 낭산(朗山)이 합쳐져 생긴 지명이다.
15) 심곡사 : 전라북도 익산시 낭산면 낭산리 미륵산(彌勒山)에 있는 절이다. 신라 말기에 무염(無染)이 창건하였고, 조선시대 중기에 허주(虛舟)가 중건하였다.
16) 무자년 : 고종 25년(1888)이다.
17) 귀비 : 고종의 양어머니인 조대비(1808~1890)로 보인다. 조대비 사후의 기록이므로 비(妣)자를 썼다.
18) 미침(微忱) : 작은 정성이라는 뜻으로, 자기의 성의를 겸손하게 이르는 말이다.
19) 중사 : 중사인(中舍人)을 말하는데, 중사인은 동궁에 소속된 관리를 가리킨다.
20) 상궁 천씨 : 천일청(千一淸)으로 추정된다. 이회광(李晦光)이 세운 원종(圓宗) 종무원은 현재의 수송동 중동학교 교문 자리에 있던 각황사(覺皇寺)에 있었다. 이 터는 원래 동녘 궁(宮) 터였는데, 이를 상궁 천일청의 도움으로 왕실로

가 물리쳐 말하기를 "사는 것이 죽는 것이요 죽는 것이 사는 것이니, 바닷물 거품이 일어나고 사라짐과 같고, 오는 것이 가는 것이요 가는 것이 오는 것이니, 산봉우리의 구름이 모였다가 흩어짐과 같다. 열반하는 길이 여기에 있는데 어찌 약을 쓰겠는가?"라 하고, 이어서 약과 음식을 끊었다. 이튿날 새벽에 목욕하고 옷을 갈아입고 게송을 설한 다음 갑자기 입적하였다.

귀비(貴妃)와 신첩(臣妾)들이 듣고 몹시 슬퍼하며 말하기를 "배21)의 노가 먼저 부러졌으니 우리들을 누가 건너게 해 주리요?"라 하였다. 향, 등, 종이, 초, 직물, 베와 비단, 모전(毛氈), 예물 등이 구름처럼 쌓였다. [재(齋)에] 참석하지 못한 궁비(宮妃), 부녀들, 청정하고자 하는 사람들이 향을 보냈고 멀리서 참석한 사람과 물건이 모이니 도성이 흔들리고 기우는 듯했다. 이때 임금22)이 괴이하게 여겨 물으니, 환관이 아뢰기를 "허주대사가 돌아가셨기 때문입니다."라 아뢰었다. 왕이 말하기를 "승려의 장례식이 곧 국장(國葬)과 같구나."라 했다.

다만 종이와 초와 향을 썼을 뿐인데도 다비할 때 불이 더욱 세게 타올라 밤새도록 일정했으며, 상서로운 빛이 하늘에 뻗치자 도성 사람들이 눈을 크게 뜨며 믿었다. 제자 퇴운(退雲), 효배(孝痞) 등이 영골을 수습하여 조계산에 귀한 옥돌로 탑을 세웠다.

금명보정이 삼가 쓰다.

부터 희사받았다.
21) 허주(虛舟)를 빗대어 말한 것이다.
22) 금상(今上) : 현재의 임금 또는 당대(當代)의 임금으로, 여기서는 고종을 이른다.

제25절 용운대사(龍雲大師)

1. 비문

공조판서(工曹判書)[1]를 추증받고 아울러 팔도의 승풍(僧風)을 바로잡고 영남과 호남의 표충사(表忠祠)의 도총섭(都總攝)이며, 도내도승통(道內都僧統)으로 일곱 사찰의 중창주인 대각등계(大覺登階) 용운대종사(龍雲大宗師)의 비명과 서문

통훈대부(通訓大夫) 행(行) 무주부사(茂州府使) 적상진수성장(赤裳鎭守城將) 겸 토포사(討捕使)[2] 함안(咸安) 조성희(趙性熹)[3]가 짓다.

자헌대부(資憲大夫)[4] 겸 법종찰(法宗刹)의 선의(禪議)이며, 승종찰

---

1) 공조판서 : 산택(山澤), 공장(工匠), 영조(營造), 도치(陶冶)를 관장하는 공조(工曹)의 우두머리로 정2품의 관직이다.
2) 토포사 : 조선 후기 특수관직으로 도적을 수색, 체포하기 위하여 지방의 특정 수령이나 진영장(鎭營將)에게 겸임시킨 관직이다. 현종 때 홍명하(洪命夏)의 건의로 수령이 겸직하는 것을 폐지하고 그 대신 각 도의 진영장으로 하여금 겸임하게 하였다. 그러나 진영장의 대부분은 수령들이 겸직하였는데, 이러한 까닭으로 보통 겸토포사로 호칭되었다.
3) 조성희 : 『고종실록』 29년 6월 7일조에 전 목천(木川)현감이었던 조성희를 표창한다는 기록이 있다.
4) 자헌대부 : 조선시대 문신 정2품 하계의 품계명이다.

(僧宗利)의 도섭리(道攝理)인 금명보정이 쓰다.
보국숭록대부(輔國崇祿大夫)[5] 의정부(議政府) 참정(參政)[6] 겸 규장각(奎章閣) 제학(提學) 훈일등(勳一等) 서정순(徐正淳)[7]이 전(篆)하다.

오호라! 법문이 쇠퇴하여 미약해지니 불법을 더럽히고 도둑질하는 자들이 겨우 한 구절과 반 토막 게송을 깨달아 다투어 개당하여 불자(拂子)를 세운다. 바른 법령을 제창하지 못하면서 헛되이 겉을 꾸미는 일[8]을 숭상하여 마침내 지혜가 다하고 [불법의] 정수가 고갈되게 하니 어찌 슬프지 않았으랴?

생사의 바다에서 능히 대원력을 내어 진실한 마음으로 힘쓰며 진실한 도를 깨달아 굽은 것을 바로잡고, 팔을 걷고 벽돌을 메고 기와를 옮

---

5) 보국숭록대부 : 조선시대 정1품 하계의 품계이다. 1392년 7월 문산계(文散階)·무산계(武散階)가 제정될 때 문산계의 정1품 상계는 특진보국숭록대부, 정1품 하계는 보국숭록대부로 정했다.
6) 참정 : 대한제국기 의정부(議政府)의 관직이다. 1896년부터 1907년까지의 의정부 직원이며, 의정대신 다음 서열이다. 1896년 9월 신설 당시의 명칭은 참정이었고, 1905년 2월 참정대신으로 바뀌었다. 칙임관으로 1898년 6월까지는 내부대신이 당연직으로 겸임하다가 1898년 6월 이후 별도로 임명되었으며, 1907년 6월 의정대신과 함께 폐지되었다.
7) 서정순(1835~1908) : 본관은 달성(達城)이고, 자는 원중(元仲)이며, 긍보(兢輔)의 아들이다. 1894년 김홍집(金弘集) 내각의 공무아문대신으로 활약하였다. 1895년 중추원의관·빈전제조(殯殿提調)·시종원경(侍從院卿)을 거쳐 강원도관찰사·함경남도관찰사가 되었다. 1898년 중추원의관·의정부찬정·임시서리의정을 지내고 독립협회의 요구에 따른 개각 때 박정양(朴定陽) 내각의 법무대신 겸 고등재판소재판장이 되었다. 1899년 중추원 부의장으로 법규교정소의정관(法規校正所議定官)이 되어 대한국국제(大韓國國制) 제정에 노력하였고 태의원경(太醫院卿) 궁내부 특진관을 지냈다. 시호는 효문(孝文)이다.
8) 문구(文具) : 문방제구·빗 상자를 가리키는데, 오로지 법문(法文)을 갖추는 일 또는 겉만을 꾸미는 일을 뜻한다.

거 화엄누각을 열어서 순식간에 세상의 방편에 맞추어 행동하여 만물을 이롭게 하는 사람을 누가 진제(眞諦)9)가 아니라고 말할 수 있으랴!

내가 보기에는 용운(龍雲)대선사가 바로 그 사람이다. 대사의 이름은 처익(處益)이고, 자는 경암(警菴)이며, 용운은 그의 호이다.10) 속성은 완산(完山)11) 이씨(李氏)이며, 효령대군(孝寧大君)12)의 후손이다. 남원에서 [이사하여13)] 곡성에서 살았는데, 아버지의 이름은 춘필(春弼)이고, 어머니는 밀양 박씨이다. 대사는 순조(純祖) 계유년14) 10월 7일에 태어났으며, 지금의 임금－이태왕(李太王)15)－무자년16) 5월 5일에 입적하니,17) 세수는 76세요, 법랍은 61세였다.

처음에 어머니 박씨가 꿈에 어떤 범승이 금란가사를 입고 문에 이르러 예를 올리는 것을 보고 임신하여 대사를18) 낳았다. [대사는] 골상이 보통이 아니었고, 눈매가 날카롭게 빛나 마치 암하전(巖下電)19)이라고

---

9) 진제 : 진실한 도리, 평등 무차별의 이치, 출세간의 법을 의미한다.
10) 『사고』는 기호야(其號也)이지만, 비문에는 야(也)가 없다.
11) 완산 : 전라북도 전주의 옛 지명이다.
12) 효령대군(1396~1486) : 태종의 둘째 아들로 세종 11년(1429) 관악사(冠岳寺)를 삼창(三創)하고, 약사여래상(藥師如來像), 미륵존상(彌勒尊像) 및 3층 석탑을 조성하는 등 다양한 불사를 하였다. 1464년 5월 회암사에서 원각법회(圓覺法會)를 개최했으며, 그 해 5월부터 이듬해 4월까지 원각사 조성도감 도제조로 활동하였다. 『법화경』・『선종영가집(禪宗永嘉集)』・『반야바라밀다심경(般若波羅蜜多心經)』・『금강경』을 언해하고, 『원각경』을 교정하였다.
13) 『사고』는 남원(南原) 다음에 이(移)가 있지만, 비문은 移가 없다.
14) 계유년 : 순조 13년(1813)이다.
15) 『사고』는 있지만, 비문은 이태왕(李太王)이 없다.
16) 무자년 : 고종 25년(1888)이다.
17) 『사고』는 시적(示寂)이지만, 비문은 시(示)가 없다.
18) 『사고』는 사생(師生)이지만, 비문은 사(師)가 없다.
19) 암하전 : 진(晉)나라의 왕융(王戎)의 안광(眼光)이 번쩍번쩍 빛남을 배해(裴楷)가 이른 말이다. 바위 밑은 어두운 곳이라, 그 곳에서 발하는 전광(電光)이 특히 밝고 번쩍인다. 일설에는 왕융의 이마가 높음을 바위에 빗대어 이른 것이라고도 한다.

불린 사람과 같았다. 어릴 때부터 총명하고 출중하여 글을 배우면 외우지 못하는 것이 없을 정도였다. 15세에 조계산 송광사에 출가하여 남일(南日)장로를 스승으로 삼았는데, 계잠동지(戒岑同知)는 그의 할아버지뻘 스승이다. 17세에 머리를 깎고 기봉(奇峰)대사에게 계를 받았으며, 제봉(霽峰)대사에게 선(禪)을 배웠고, 침명(枕溟), 성암(惺庵), 인파(印波) 대사 등을 찾아다니며 배웠다. 27세 때 보봉(寶峰)대사에게 법을 이어 받았다. 기해년[20]에 해남(海南)의 표충사(表忠祠)[21]에서 제사지내는 일을 하다가 아버지가 병들었다는 소식을 듣고, 급히 달려가 손가락을 베어 [아버지의] 수명을 조금 늘렸다.

임인년[22] 봄 밤에 동북풍[23]이 불어 화재가 크게 일어나[24] 경보를 알렸으나, 대웅전, 불우, 승료 등 2,152칸이 흔적도 없이 잿더미가 되어버렸다. 인천(人天)이 모두 근심하고 슬퍼했으며, 승속이 함께 비통해 하고 탄식했다. 당시 대사의 나이는 30세였는데, 복구에 힘을 써서 일찍 일어나고 늦게 잤으며, 스스로 맹세하여 법력이 미치는 데까지 보시를 거두어 모았다. 그 해 여름부터 갑진년[25] 봄까지 3년이 못되어 보궁과 법당을 고쳤으며, 다음에는 승료와 공사(公舍)를 을사년[26]까지 크게 고쳤고, 정미년[27]까지 그 나머지 여덟 암자와 일곱 전각이 남김없이 옛

---

20) 기해년 : 헌종 5년(1839)이다.
21) 표충사 : 해남 대흥사에 있는데, 서산대사, 사명당, 처영의 화상을 함께 봉안하고 있다. 절에서는 보기 드문 유교형식의 사당이다. 처음 건립된 것은 정조 13년(1789)이지만 현재 건물은 철종 12년(1861) 다시 옮겨 지은 것이다. 1859년부터 용운이 표충사의 총섭으로 있었던 사실로 볼 때 그가 건물 이전을 주관하였다고 보인다.
22) 임인년 : 헌종 8년(1842)이다.
23) 융풍(融風) : 동북풍을 뜻하는데, 입춘(立春)에 부는 바람을 가리킨다.
24) 『사고』는 울유(盍攸)이지만, 비문은 울유(鬱攸)이다.
25) 갑진년 : 헌종 10년(1844)이다.
26) 을사년 : 헌종 11년(1845)이다.
27) 정미년 : 헌종 13년(1847)이다.

모습을 회복했다. 훼손된 곳은 보수하고 없어진 곳은 새로 세운 누각
은 너무 많아서 이루 다 헤아릴 수 없을 정도였다.

해남 표충사(表忠祠)의 어필비각(御筆碑閣), 산양(山陽)[28]의 죽원암
(竹原庵), 곡성의 길상암(吉祥庵)과 천태암(天台庵),[29] 운봉(雲峰)[30]의
백장암(百丈庵), 통도사[31]의 계단(戒壇),[32] 해인사의 경각(經閣),[33] 광
주(廣州)의 봉은사(奉恩寺)에 이르기까지 앞뒤로 인연에 따라 건축하
고 수리했으며, 금구(金溝)[34] 금산사(金山寺)[35]의 장육불(丈六佛)[36]과

---

28) 산양 : 경상북도 문경의 옛 지명이다. 본래 신라의 근암현(近末縣, 또는 近品
縣)이었는데 경덕왕 때 가유현(嘉猷縣)으로 고쳐 예천군(醴泉郡)의 영현으로
삼았다. 고려 현종 9년(1018)에 산양현으로 고쳐 상주(尙州)의 임내(任內)로
하였다.
29) 천태암 : 전라남도 곡성군 목사면(木寺面) 아미산(峨嵋山)에 있다.
30) 운봉 : 전라북도 남원지역의 옛 지명이다. 본래 신라의 모산성(母山城, 또는
阿英城・阿莫城)이었는데, 경덕왕 16년(757)에 운봉으로 고쳐 강주도독부(康
州都督府) 관내 천령군(天嶺郡 : 지금 함양군)의 영현으로 삼았다.
31) 통도사 : 경상남도 양산시 하북면 지산리 영축산(靈鷲山)에 있는 절이다. 우리
나라 삼보사찰(三寶寺刹) 가운데 하나인 불보(佛寶) 사찰이다. 신라 선덕여왕
15년(646) 자장율사(慈藏律師)가 창건하였다. 자장율사가 당나라에서 귀국할
때 가지고 온 불사리, 가사, 대장경 400여 함(函)을 봉안하였다.
32) 계단 : 금강계단(金剛戒壇)이라고도 한다. 선덕여왕 15년(646) 자장이 불상을
따로 모시지 않고 금강계단을 설치하여 부처의 진신사리를 모신 단이다. 통
도사 금강계단은 국보 290호로 지정되어 있다.
33) 경각 : 조선전기에 만든 해인사의 경판고이다. 고려대장경의 판전으로 남쪽
건물은 수다라장(修多羅藏), 북쪽 건물은 법보전(法寶殿)이다.
34) 금구 : 전라북도 김제지역의 옛 지명이다.
35) 금산사 : 전라북도 김제시 금산면 금산리 모악산(母岳山)에 있는 절이다. 『금
산사사적(金山寺事蹟)』에 의하면 백제 무왕 1년(600)에 창건되었으며, 금산사
가 대찰의 면모를 갖추게 된 시기는 진표(眞表)가 중창을 이룩한 경덕왕대 이
후로 보고 있다. 고려 문종 33년(1079) 혜덕(慧德)이 주지로 부임하여, 대찰의
면모를 갖추었다. 임진왜란 때 완전히 소실된 후 1601년 수문(守文)이 복원공
사를 시작하여 인조 13년(1635) 낙성하였다.
36) 장육불 : 『금산사사적기(金山寺事蹟記)』에 의하면 미륵전에는 신라 경덕왕 23
년(764) 진표(眞表)에 의하여 시주(始鑄)되어서 혜공왕 2년(766)에 완성된 불상

전주(全州) 송광사의 삼존불(三尊佛)을 개금(改金)하였는데, 둘 다 빛을 발하고 상서로움을 나타냈다.

기미년37)에 해남 표충사에 총섭(摠攝)으로 다시 갔을 때, 도내도승통(道內都僧統)의 고질적인 폐단을 관찰사(觀察使)38)에게 말하고 [도내도승통의] 도장을 없애서 수십 년 동안의 폐해를 제거하였다. 병인년39)에 서양 선박이 들어와40) 서울을 뒤흔드니 전국에 계엄이 내려지고, 본도(本道)의 직지사(直指使)41)가 [대사에게] 의승장(義僧將)으로서 [승병들을] 독려해 불러들이기를 요청하므로, [대사가] 어쩔 수 없이 의승장으로 갔으나 얼마 뒤 서양 선박이 물러나자 그만두었다.

대사에게 유감이 있는 어떤 승려가 나한(羅漢)42)에게 기도하다가 꿈을 꾸었는데, 푸른 옷을 입은 사람이 글을 전해주며 "용운대사는 소백산43) 신령이 사문으로 내려온 분인데, 승풍을 바로 잡으려 한다."라 말하기를 3일이나 했다. 병술년44)에 동방장(東方丈)을 수리하여 삼대전(三大殿)45)의 위패(位牌)를 봉안하였다.

이 있었으나, 정유재란 때 불탔다.
37) 기미년 : 철종 10년(1859)이다.
38) 관찰사 : 조선시대 각 도에 파견되어 지방 통치의 책임을 맡았던 최고의 지방 장관이다. 관찰사는 외관(外官)의 규찰과 지방 장관의 기능으로, 모든 외관의 상급 기관으로, 도내의 모든 군사와 민사를 지휘, 통제했고, 독자적으로 일을 처리할 수 있도록 상당한 정도의 직단권(直斷權)을 가졌다.
39) 병인년 : 고종 3년(1866)이다.
40) 서양선박 : 1866년 흥선대원군의 천주교 탄압에 대한 보복으로 프랑스군이 침입한 사건으로 병인양요(丙寅洋擾)라고 한다.
41) 직지사 : 암행어사를 가리킨다.
42) 나한 : 아라한(阿羅漢)의 준말로 의역하여 살적(殺賊)・응공(應供)・응진(應眞)이라고 한다.
43) 『사고』는 소태백산(小太白山)이지만, 비문은 소백산(小白山)이다.
44) 병술년 : 고종 23년(1886)이다.
45) 『사고』는 삼전(三殿)이지만, 비문은 삼대전(三大殿)이다. 삼전은 보통 왕, 왕비, 대비를 가리킨다.

오호라! 이는 모두 대사의 애씀이요, 진실상으로서 부처님의 은혜를 갚음이다. 삿된 스승과 종지에 어두운 이들이 억지로 사자후를 흉내내어 근본 요지를 함부로 도둑질하는 자와는 마치 하늘과 땅처럼 머니, 대사는 진정 법문에 큰 공이 있다고 이르는 것이 지나친 말이 아니다.

대사는 일찍이 시구에 이르기를 "맑고 시원한 비가 삼천세계에 내리고, 적막한 등불은 사오기(四五機)에 타오르네."라 하였다. 이미 끊어진 종지(宗旨)를 널리 제창하니, 당시의 벼슬아치들이 그를 추앙하여 존경하였다.

권이재(權彛齋) 상국(相國),46) 신위사(申韋史)47) 상서(尙書), 심채석(沈茝石) 시랑(侍郎) 등이 특히 친했는데, 마치 옛날에 시랑(侍郎)48)과 이참정(李參政)49)이 대혜(大慧)에게 했던 것과 같았다. 내가 서울에서 동명(東溟)50)과 사귈 때 매우 총명하고 도리를 아는 자로 알고 있었는

---

46) 권이재 상국 : 권돈인이다.
47) 신위사 : 신석희(申錫禧, 1808~1873)를 가리킨다. 본관은 평산(平山)이고, 자는 사수(士綬)이며, 호가 위사(韋史)이다. 헌종 14년(1848)에 급제하였고, 1849년 11월에 홍문록(弘文錄)에 올랐으며, 이후 황해도암행어사·규장각직각·도청응교(都廳應敎) 등을 역임하였고, 1854년에는 순천부사로서 수재피해 수습에 진력하기도 하였다. 이듬해 6월 성균관대사성으로 전보된 이후에는 홍문관부제학·이조참의·규장각직제학·이조참판·황해도관찰사·도총관·예조판서·한성부판윤 등을 거쳐 1863년 형조판서에 이르렀다. 고종 1년(1864) 김병학(金炳學)·강시영(姜時永) 등과 함께 실록교정청의 당상이 되었으며, 홍문관제학·예문관제학·대사헌·규장각제학·이조판서·예조판서·수원유수 등을 역임하였다. 같은 해 2월 예문관제학을 역임하였다. 시호는 효문(孝文)이다.
48) 시랑 : 성은 증(曾)이고, 이름은 개(開)이며, 자는 천유(天游)이다. 증개는 예부시랑의 관직에 있었다.
49) 이참정 : 이름은 병(邴)이고, 자는 한로(漢老)이다. 참정은 참지정사(參知政事)의 약자이다.
50) 동명지선(東溟智宣, 1839~1889) : 성은 김씨이고, 14세에 송광사 계월(桂月)대사에게 출가하였고, 운계(雲桂)대사에게 계를 받았으며, 우담(優曇)대사에게

데, [그는] [용운]대사의 뛰어난 제자였다. 그 후 내가 동복현(同福縣)으로 수령이 되어서 수선사(修禪社)에 갔을 때 처음 [용운]대사와 서로 만났는데, 이른바 누대에 걸쳐 사귄51) 것 같았으며 물과 우유가 섞이듯이 서로 맞아 깊이 위로가 되었다.

바람 앞의 등불처럼 갑자기 스승과 제자가 함께 돌아가셨으니, 마치 창려(昌黎)52)가 마씨(馬氏) 집안의 삼대가 모두 죽은 일을 겪고 슬피 눈물을 흘리며53) 참으로 세상을 살아갈 홍취가 없어진 것과 같았다. 절의 사중(四衆)이 [대사의] 덕과 공을 잊을 수 없어 장차 비를 세우고 후대에 알리기 위해 행장을 짓고, 문도 영우(靈佑)와 율암(栗庵)으로 하여금 글을 가지고 달려와 나에게 명을 청하였다.

오호라! 대사의 깊은 자비심과 바라밀행은 굳이 글로 써야 하며, 나는 마음이 서로 맞아 사귀었으니 외롭게 할 수가 없다. 대사의 명을 내가 사양할 수 없어서 이에 명을 지어 이르기를

"세상의 장엄함은 쓸모없는 사람을 기르지 않고,

배웠다. 23세에 보조암에서 건당하여 용운(龍雲)대사의 의발을 전해 받았다. 광주(廣州) 청계사에 머무를 때 궁궐의 신도가 많이 귀의했다.
51) 기군지교(紀群之交) : 누세(累世)의 사귐을 뜻한다.
52) 창려 : 당나라의 한유(韓愈)의 봉호(封號)이며, 자는 퇴지(退之), 당(唐)의 남양(南陽) 사람이다. 덕종(德宗) 때에 진사에 올라 감찰어사(監察御史)를 거쳐 이부시랑(吏部侍郞)에 이르렀다. 이단(異端)을 배척하고 노자와 불교를 배격하였으며 경사(經史)와 백가(百家)에 두루 통하여 스스로 일가의 문장을 이루었다. 세칭 한문공(韓文公)이라 하며, 송학(宋學)의 원류가 되고 저서로 『한창려전집(韓昌黎全集)』이 전한다.
53) 한유가 친구인 마소감(馬少監)의 묘지문(墓誌文)에 쓰기를, "내가 아직 심하게 노쇠하지도 않았고 처음부터 지금에 이르기까지 아직 40년이 되지 않았건만, 그 사이에 그 할아버지와 아들과 손자 3대를 곡하여 보내었으니, 이 인간 세상에 대해서 대체 어떤 감회가 들겠는가. 사람들이 죽지 않고 이 세상을 보면서 살고자 하는 것은 어째서인가."라 하였다(『창려집(昌黎集)』, 「전중소감 마군묘지(殿中小監馬君墓誌)」).

사람의 거짓된 맺음은 얼음과 숯을 섞는 것 같다네.
말법의 흐름이 도도하니 누가 난세를 제도하랴?
마음이 곧 부처이니, 곧 피안으로 건너가리라.
대사는 서리와 우박도 [자신을] 이롭게 길러주는 것으로 생각하며 공안으로 삼았고,
대사는 강풍54)이 불어와도 흔들리지 않네.
빗장과 망치로써 예전과 같이 하니 절이 다시 빛나고,
영산에 모이니 엄숙하여 흩어지지 않았네.
[대사는] 오직 불제자로서 성실히 일을 주관55)하였으니
비석에 새겨 오래도록 전하니 나의 말이 속되다고 탓하지 말라"라 한다.

2. 비석의 뒷면56)

화상의 충효, 도덕, 공업은 이미 원래의 명에 실려 있는 것과 같다.57)
보국(輔國)58) 조영하(趙寧夏)59) 공이 특별히 글을 써서 이르기를 "[대

---

54) 비람(毘藍) : 천지가 개벽할 때나 멸망할 때 일어난다는 강풍을 가리킨다.
55) 유고시간(唯蠱是幹) : 간고(幹蠱)로 보았다. 간고는 부모의 잘못을 아들이 덮어 바른다는 뜻으로, '허물이 있는 사람의 재지(才智)있는 아들'을 이르거나 일을 맡아 처리함, 기능, 재능 등의 뜻으로 사용된다.
56) 『사고』는 비음(碑陰)이지만, 비문은 중수음기(重修陰記)이다.
57) 『사고』는 이(而)이지만, 비문은 이여(而如)이다.
58) 보국 : 보국숭록대부(輔國崇祿大夫)를 가리키는데, 정1품 하의 품계이다.
59) 조영하(1845~1884) : 본관은 풍양(豊壤)이고, 자는 기삼(箕三)이며, 호는 혜인(惠人)이다. 현령 병석(秉錫)의 아들로 병기(秉夔)에게 입양되었으며, 신정왕후(神貞王后) 조대비의 조카이다. 1873년 민씨 일족과 결탁하여 최익현(崔益鉉)과 함께 대원군세력의 축출에 앞장섰다. 이후 요직을 역임하였고, 1882년 임오군란으로 대원군이 다시 집권하자 지삼군부사로 좌천되었다가, 접견대관

사는] 늘 자연에 머물 것을 말하였는데, 어려서부터 승려의 기풍[60]이 있었다. 공평무사하게 일을 처리하여 믿을 만하고 속이는 일이 없었다."라고 하였다.

법손 화성주혼(華性湊忻),[61] 금산영수(錦山英秀), 회성영우(檜城靈佑)[62] 등이 능히 대사의 행적을 이어서 서술하였으니, 사자굴에 다른 짐승이 없는 것 같았다. 화성주혼[63] 공이 찬하여 이르기를 "[대사의] 덕은 송령(松嶺)에 걸린 둥근 달과 같으니, 이 땅에서의 공적과 명성은 영원히 불멸하리라. 조계의 법수(法水)는 영구히 흐를지니, 옥돌은 천년이나 오래되어 영원토록 없어지지 않으리라."라 했다.

지금으로부터 30년 전인 갑오년[64]에 비석을 세우고자 고흥군(高興郡)에서 돌을 잘랐으나 불행히도 돌의 중심이 맞지 않아 원래의 명을 새기지 못하여 항상 마음속으로 원망하였다.

회성영우 공이 대사의 위대한 발자취가 세월이 오래되어 없어질까

으로 대청외교의 사무를 전담함으로써 국왕과 민씨 척족의 신임을 받고 사대보수 세력의 수령급 인물이 되었다. 그 후 관리통리기무아문사(辦理統理機務衙門事)・독판교섭통상사무(督辦交涉通商事務) 등을 역임하고, 1883년 독판군국사무(督辦軍國事務)과 공조판서를 거쳐, 이듬해 지중추부사에 올랐으나 갑신정변 때 피살당하였다. 시호는 충문(忠文)이다.

60) 소순(蔬筍) : 채소와 죽순을 뜻하며, 소순지기(蔬筍之氣)는 채소나 죽순만 먹고 육식을 하지 않는 사람의 풍도(風度)와 기상을 가리키며 흔히 승려의 기풍을 말한다.
61) 화성주혼(1854~1927) : 성은 김씨이고, 낙안군에 살다가 송광면 삼청리로 옮겼다. 처음 이름은 성진(性眞)이었고, 자는 병연(丙淵)이고, 처음 법호는 법해(法海)였다. 12세에 송광사 은적암에 들어갔고, 14세에 한운(漢雲)장로에게 출가하였으며, 침연(枕淵)화상에게서 경전을 배웠다. 풍수에도 밝았으며, 손에는 항상 108염주를 들고 천수경을 외웠다.
62) 회성영우(1870~1937) : 「송광사주지계보」에 의하면 1905년, 1908년에 판사(判事)를 지냈다.
63) 『사고』에는 주(湊)가 빠져 있다.
64) 갑오년 : 고종 31년(1896)이다.

두려워 여러 문인에게 자문하였다. [그 후] 남포에서 돌을 다듬어 대사의 실제 자취를 새겨, 화상의 공덕이 영원히[65] 빛나게 했다. 이 모두는 대사의 덕을 심은 것이 깊었고 공(功)을 세움이 높았던 증거이다. 법문의 승보(僧譜)를 후대까지 걸어두니 영구히 보라.

　　세존 응화 2,951년 갑자년[66] 음력[67] 5월 5일에
　　문손(門孫) 율암찬의(栗庵讚儀)가 삼가 쓰다.

---

65) 『사고』는 천추(千秋)이지만, 비문은 천추자(千秋者)이다.
66) 갑자년 : 대정 13년(1924)이다.
67) 『사고』는 없지만, 비문에는 음(陰)이 있다.

제26절 이봉대사(离峰大師)

1. 비문

유명(有明) 조선국(朝鮮國) 전불심인(傳佛心印) 부종수교(扶宗樹敎) 대각등계(大覺登階) 이봉대화상(离峰大和尙) 비명과 서문

통정대부(通政大夫) 승정원(承政院) 우부승지(右副承旨) 겸 경연참찬관(經筵參贊官) 춘추관(春秋館) 기주관(記註官)[1] 지제교(知製敎)[2] 완산(完山) 이건창(李建昌)[3]이 짓다.

---

[1] 기주관 : 조선시대 춘추관의 정·종5품의 관직이다. 사관의 하나로 역사의 기록과 편찬을 담당하였다. 태종 1년(1701) 관제를 개혁하여 예문춘추관을 예문관과 춘추관으로 분리할 때, 춘추관에 기주관의 명칭이 처음 보인다. 의정부·육조·홍문관·사헌부·사간원·승문원 등의 해당 품계의 관원이 겸임하였다. 정조 때 규장각 설치 이후에는 규장각의 5품관원도 겸임하였다. 그 뒤 고종 즉위 초에 사헌부·사간원의 관원이 기주관을 겸임하는 예는 폐지되었다.

[2] 지제교 : 조선시대 왕에게 교서(敎書) 등을 기초하여 바치는 일을 담당한 관직으로 고려시대의 지제고(知制誥)가 개칭된 것이다.

[3] 이건창(1852~1898) : 본관은 전주(全州)이며, 자는 봉조(鳳朝, 鳳藻)이고, 호는 영재(寧齋)이다. 1874년 서장관(書狀官)으로 발탁되어 청나라에 가서 황각(黃珏), 장가양(張家驤), 서보(徐郙) 등과 교유하여 이름을 떨쳤다. 그의 저서『당의통략(黨議通略)』은 파당을 초월하고 문벌을 초월해 공정한 입장에서 당쟁의 원인과 전개과정을 기술한 명저로 높이 평가되고 있다. 또 시문집인『명

염재거사(念齋居士) 호산(壺山) 송태회(宋泰會)가 쓰고 아울러 전(篆)한다.

승평(昇平)[4] 대각암(大覺庵)[5]의 승려 혜근(惠勤)이 보성(寶城)의 귀양살이하고 있는 집으로[6] 나를 찾아와 그의 스승인 이봉화상의 행장을 청하여 말하기를 "명(銘)을 써 주시기를 원합니다."라고 했다. 혜근은 바르고 신중하며 유가서(儒家書)도 통달했고, 더욱이 시를 잘 지었는데, 나와 매우 가깝게 지내어,[7] 나는 기꺼이 승낙하였다.[8]

또 편지를 보내 말하기를 "저의 은사는 불교의 교리에 정통하셨으며, 사찰에 끼친 공적도 매우 컸다고 말할 수 있습니다. 그런데 제가 평소 듣건대 사대부의 문장은 격식이 있어서 승려를 위하여 과장하는 말을 짓는 것을 좋아하지 않는다고 하니 저로서는 감히 억지로 권할 수 없으나, 제 은사는 일생동안 마음에 충효를 생각함이 또렷하여 없어지게 할 수 없습니다. 어떤 사람은 군자라면 거부하지 못할 바가 아니겠는가라고 말합니다."라 했다.

내가 그 말과 혜근의 정성을 가상히 여겨[9] 행장을 살펴보니[10] "대사의 이름은 낙현(樂玹)이고, 자는 천연(天然)이며, 이봉(离峰)은 그의 호이다. 선조는 가락국(駕洛國)의 왕족인데, 아버지는 김원중(金願中)이고, 어머니는 박씨였다. 영암(靈巖)[11]에서 나주(羅州)로 이사하여[12] 순

미당집(明美堂集)』이 전한다.
4) 『사고』는 순천(順天)이지만, 비문은 승평(昇平)이다.
5) 대각암 : 전라남도 순천시 쌍암면 조계산에 있는 선암사의 산내암자이다.
6) 비문에는 방여(訪余) 다음에 우보성지적로(于寶城之謫廬)라는 구절이 있다.
7) 『사고』는 식췌(息悴)이지만, 비문은 심환여(甚驩余)이다.
8) 비문에는 의(矣) 다음에 기(旣)가 없다.
9) 『사고』는 내(乃)이지만, 비문은 내(迺)이다.
10) 비문에는 장(狀) 뒤에 왈(曰)이 없다.
11) 영암 : 전라남도 서해안에 위치한 군이다. 신라통일 이후 경덕왕 때 영암군으

조 4년 갑자년13)에 대사를 낳았다. 어릴 때부터14) 아름답고 총명했는데, 부모15)가 점쟁이의 말을 듣고 출가시켰다. 13세에 본군(本郡) 쌍계사(雙溪寺)16) 은월장로(隱月長老)에게 머리를 깎았다. 여러 곳을 돌아다니다가 30세에 이르러 설하화상(說何和尙)에게서 법을 잇고17) 당에 올라 가르치기 시작하여 종풍을 크게 떨쳤다.

중년 무렵에 금강산18)과 태백산19)을 유람했고,20) 두류산21) 옥부대(玉浮臺)22)에서 좌선했으며, 장흥의 보림사(寶林寺)에 주석했다.23) 만년에는 순천 송광사 보조암24)에 머물렀다. 세수 87세25)가 되던 해 윤2월 12일에 가벼운 병이 있었는데26) 직접 게를 쓴 다음 붓을 내던지고 입적하였다. 3일이 지나 동쪽 봉우리 아래에서 화장했으니27) 지금 임금 27년28)이다."라고 했다.

로 개칭했다.
12) 이(而) 다음에 비문에는 순묘사년갑자(純廟四年甲子)라는 구절이 빠져 있다.
13) 갑자년 : 1804년이다.
14) 비문에는 유(幼) 다음에 즉(卽)이 없다.
15) 비문에는 혜(慧) 다음에 부모(父母)라는 글자가 있다.
16) 『사고』는 청계사(淸溪寺)이지만, 비문은 본군쌍계사은월장로(本郡雙溪寺隱月長老)이다.
17) 비문에는 삼십(三十) 다음에 수법어설하화상(受法於說何和尙)이라는 구절이 있다.
18) 비문에는 금강(金剛) 앞에 동지(東至)가 없다.
19) 『사고』는 대소백산(大小白山)이지만, 비문은 태백(太白)이다.
20) 비문에는 유(遊) 앞에 원(遠)이 없다.
21) 『사고』는 두류지(頭流之)이지만, 비문은 두류(頭流)이다.
22) 옥부대 : 경남 하동군 화개면 법왕리에 있는 칠불암의 언덕이다.
23) 비문에는 옥부대 다음에 인주장흥보림(因住長興寶林)이라는 구절이 있다.
24) 비문에는 보조암(普照庵)이 없다.
25) 『사고』는 지세(之歲)이지만, 비문은 지(之)이다.
26) 비문에는 미질(微疾) 앞에 시(示)가 있다.
27) 『사고』는 화우(火于)이지만, 비문은 다비(茶毗)이다.
28) 『사고』는 덕수궁이십팔년야(德壽宮二十八年也)이지만, 비문은 금상이십칠계

대사는 나이 17세에 부모님의 상을 거듭 당하여[29] 애통하게 슬피 울어 파리하고 쇠약하여 마른[30] 포 같았다. 3년 동안 젓갈을 맛보지 않으니 이웃들이 효동(孝童)이라고 불렀다.[31] 평생 동안 반드시 자시(子時)에 일어나[32] 북쪽을 향해[33] 대궐을 바라보면서 네 번 절했는데, 비바람이 불고 병이 들었어도 그만두지 않았다. 나라에 큰 상(喪)이 있으면 번번이 직접 재초(齋醮)를 베풀어 정성을 다하여 빌고 축원하였다.

어떤 사람이 묻기를[34] "부처님의 법은 도로써 즐거움을 삼는데, 그대는 어째서 이와 같이 겉모양만 꾸미는가?"라 했다. 대사가 눈을 휘둥그렇게 뜨고 "자네는 도로써 즐거움을 말하는데, 도란 어떤 물건인가?"라 했다. 그 사람이 "오직[35] 마음일 따름이다."라고 대답했다. [이에] 대사가 "무릇 마음이란 만루(萬累)가 비록 공(空)이지만 만리(萬里)가 갖추어져 있다. 만약 마음에 이치가 없다면 저울에 눈금이 없는 것 같을 것이니, 무엇을 좇아 도라 하겠는가? 충효는 이치가 본래 갖고 있는 것인데, 공적(空寂)[36]에 빠져 충효를 잊어 생각하지 않는 것이 심하다[37] 할 것이다. 대장부가 때를 만나 등용되면 조정의 충이 있고,[38] 때를 만나지 못해 숨어서 드러나지 않으면 산림(山林)의 충이 있으니, 내

야(今上二十七季也)이다. 고종 27년은 1890년이다.
29) 『사고』는 상(喪) 다음에 자이형훼불가이위례(自以形毀不可以爲禮)가 있지만, 비문에는 없다.
30) 『사고』는 고고(枯槁)이지만, 비문은 고(槁)가 없다.
31) 『사고』는 효동(孝童) 다음에 혹위효승(或謂孝僧)이라는 구절이 있지만, 비문에는 없다.
32) 『사고』는 기(起) 다음에 선(先)이 있지만, 비문에는 없다.
33) 『사고』는 북향(北鄕)이지만, 비문은 북향(北向)이다.
34) 『사고』는 혹문(或問)이지만, 비문은 혹유문(或有問)이다.
35) 『사고』는 성(性)이지만, 비문은 유(唯)이다.
36) 『사고』는 적(寂)이만, 비문은 공적(空寂)이다.
37) 『사고』는 심야(甚也)이지만, 비문은 심(甚)이다.
38) 『사고』는 칙(則)이지만, 비문은 칙유(則有)이다.

가 아침저녁으로 열심히39) 닦는 까닭이요, 임금의 은혜에 보답하기를 맹세하는 것은 내가 도를 행하는 까닭이다.40)"라 말했다.

　아아! 이는 혜근이 말한 바 없어져 버리게 할 수 없어서 내게 구한 말인 듯하구나. 그런데 내가 들으니41) 임진왜란42)에 선조가 서쪽을 공격하려 할 때 청허대사 휴정(休靜)이 도중에 엎드려 아뢰기를 "신(臣)은 이미 늙었습니다.43) 청컨대 두 제자를 불러 보시기 바랍니다."라 했다. 이에 송운유정이 사신으로 일본에 가서44) 웅변으로45) 교활한 오랑캐를 억눌렀고, 기허영규(騎虛靈圭)는 조중봉(趙重峰)46) 선생을 따라 금산(錦山)의 전투47)에서 죽었으니,48) 송운의 공적과 기허의 충렬은 청허대사가 가르친 것이다.

　또 들으니 남한산성으로 피난 갔을 때49) 효종은 봉림대군(鳳林大君)이었는데 심양(瀋陽)에 볼모로 잡혀갔다. 장사(壯士) 김여준(金汝俊)50)

---

39) 『사고』는 중수(重修)이지만, 비문은 훈수(熏修)이다.
40) 『사고』는 오이(吾以)이지만, 비문은 오소이(吾所以)이다.
41) 『사고』는 문(聞) 다음에 재(在)가 있지만 비문에는 없다.
42) 용사의 난 : 진(辰)의 해와 사(巳)의 해를 이르는데, 여기서는 임진년(1592)과 계사년(1593)을 가리킨다.
43) 『사고』는 노(老) 다음에 불능종(不能從)이라는 구절이 있지만, 비문은 노의(老矣)이다.
44) 비문에는 사(使) 다음에 입(入)이 없다.
45) 『사고』는 구설(口舌)이지만, 비문은 웅변(雄辯)이다.
46) 중봉 : 조헌(趙憲)이다.
47) 금산전투 : 임진왜란 때인 1592년 7월부터 8월 사이에 의병장 고경명(高敬命)과 조헌(趙憲)이 거느린 의병이 왜군과 금산에서 싸운 두 차례의 전투를 가리킨다.
48) 비문은 선생사어(先生死於)이다. 또 『사고』는 역(役) 다음에 집간과이(執干戈而)라는 구절이 있으나, 비문에는 없다.
49) 비문에는 행성(行成)으로 적혀 있지만 행성(行城)이 옳은 듯하다.
50) 김여준(생몰년 미상) : 본관은 김해(金海)로 광해군 3년(1611) 광해군을 몰아내고자 한 김직재(金直哉)의 옥사에 연루되어 유배되었다. 인조 15년(1637) 봉림대군·소현세자·인평대군과 함께 인질로 심양(瀋陽)에 갈 때 옥하관(玉河

이 행차를 따라갔다가 만주인이 베푼 큰 잔치에서 장사가 술을 많이 마시고 거칠게 욕하니, 만주인이 분하게 여겼지만 감히 해치지 못했다. 그 후 효종이 대궐에 있을 때 가을바람에 기러기 우는 소리를 듣고 한탄하며 김장사(金壯士)를 그리워했다는[51] 가요가 전한다.

[이봉]대사는 장사의 후손이며,[52] 청허대사는 그의 법조(法祖)이다. 충의의 성품은 세간과 출세간에 있는 것이 아니라 그것이 스스로 오는 까닭이 있지 않겠는가? 비록 그렇지만 청허는 이미 사직에 공이 있고, 김장사의 이름은 오히려 야사에 밝게 비친다.

[이봉]대사와 같은 이는 태평한 세상[53]을 만나 한평생[54] 은거했으니 비록 스스로 산림의 충이 있다고 했지만[55] 누가 능히 그를 알 수 있겠는가? 그러나[56] 내가 근세의 사대부를 보니 조상의 공적에 의지하여 군주의 봉록(俸祿)[57]을 받고 남의 손을 빌려 출세하는 것에 지나지 않는다. 아첨하는 환관[58]의 작은 충성은 또한 정성에서 나오는 것이 항상 적고 이익에서 나오는 것이 항상 많다. 그러므로 대사가 바라보고 절하며 기원한 것은 사람들이 알 수 없는 경지이다. 늙고 죽음에 이르

關)에 이르러 「월명비안(月明飛雁)」이라는 시를 읊은 것으로 유명하다. 무용(武勇)으로 이름을 떨쳐 심양에 있을 때 청나라 장수 우거(禹巨)가 그의 무용을 인정하고 두 사람이 씨름을 하다가 우거가 죽었으나 군법(軍法)이라 하여 죄를 받지 않았다. 본국으로 돌아와서는 벼슬에 나가지 않고 전라남도 영암에서 일생을 마쳤다.

51) 『사고』는 전(傳) 앞에 지금(至今)이 있지만, 비문에는 없다.
52) 비문에는 장사(壯士) 다음에 위(爲)가 있다.
53) 승평(昇平) : 세상이 조용하고 잘 다스려짐 또는 나라가 태평함을 의미한다.
54) 몰치(沒齒) : 한평생 또는 생애를 뜻하며, 몰세(沒世) 또는 종신(終身)과 같이 쓰인다.
55) 『사고』는 자위(自謂)이지만, 비문에는 위(謂)가 없다.
56) 『사고』는 수연(雖然)이지만, 비문에는 수(雖)가 없다.
57) 총록(寵祿) : 총애하여 봉록을 많이 주는 일을 뜻한다.
58) 『사고』는 부(娟)이지만, 비문은 미(媚)이다.

러서도 늦추거나 게으르지 않았으니 현인이라 할 만하다.59)

명에 이르기를
"훌륭한 문장으로 진신(縉紳)에게 이름났고,
아름다운 보시로 덕이 가난한 백성에게 미쳤으며,
엄격한 계율로 항상 몸을 지켰다네.
기이한 행적은 많지만 나는 다 말하지 않고,
그의60) 충효를 적었으니 비석을 보라."

고종 31년 갑오년61) 2월 일62)

2. 비석의 뒷면

불초63) 문인 예운혜근(猊雲惠勤)이 삼가 쓰다.

옛날 우리 선조인 소요(逍遙)대선사의 이름은 태능(太能)인데 일찍이64) 부휴대사에게 대경(大經)65)을 전수받아 세상에서 법문의 삼걸(三傑)이라 일컬었다. 그 후 청허대사의 심인(心印)을 계승하고66) 번성하

---

59) 『사고』는 이위(以謂)이지만, 비문은 이위(以爲)이다.
60) 『사고』는 이(以)이지만, 비문은 기(其)이다.
61) 갑오년 : 고종 31년(1894)이다.
62) 『사고』는 없으나, 비문에는 상지삼십일년갑오이월일(上之三十一年甲午二月日)이 있다.
63) 『사고』는 없으나, 비문에는 불초(不肖)가 있다.
64) 『사고』는 없으나, 비문에는 휘태능조(諱太能早)가 있다.
65) 대경 : 『화엄경』을 말한다.
66) 『사고』는 대경(大經) 다음에 후승청허심인(後承淸虛心印)이라는 구절이 이어지는데, 비문에는 이 구절이 삼걸(三傑) 다음에 들어가 있다.

여 동방 선교(禪敎)의 정종(正宗)이 되었다.

법등이 대대로 전하여 문도들이 참으로 번성했는데, 그 법통이 전해진 것이 제월수일(霽月守一),[67] 화월현옥(華月玄玉), 모은지훈(慕隱智熏), 설담자우(雪潭自優),[68] 청은영원(淸隱永瑗), 면암유정(勉庵有情), 쌍운신잠(雙運信岑), 설하정훈(說何正訓)이라고 한다.

오직 우리 [이봉]화상만이 설하(說何)대사의 반야지혜를 친히 받아 소요대사로부터 9세의 걸출한 적자가 되었다. 화상이 80세의 나이에도 개당하여 널리 설법하고 현관을 닫고 선정에 들었으니, 공은 교리에 있고 교화는 인천에 가득했으니 선(禪)의 역사에 두루 기재해야 할 것이다.

이제 비명을 살펴보니 다만 충효의 문장만 취하여 유자들이 즐겨 나타내는 것과 가까우니, 혹 [대사가 행한] 불사(佛事)를 자랑하는 것을 싫어했던 것이 아닐까?

법제자로는 충봉인오(忠峰印悟), 임성도은(任性都殷), 능파행연(綾坡

---

67) 제월수일(1683~1743) : 달성서씨(達城徐氏)이며, 호는 명진(冥眞)이다. 16세에 설주산(雪住山) 용장사(龍藏寺)로 출가하여 현각(玄覺)의 제자가 되었고, 19세에 보원(寶圓)으로부터 구족계(具足戒)를 받았다. 그 뒤 25세까지 삼장(三藏)을 공부하였고, 다시 고승들의 지도를 받았다. 이때 도안(道安)의 회상(會上)에 들어가서 화엄의 일승묘지(一乘妙旨)와 선가(禪家)의 심법(心法)을 얻었다. 그러나 가장 수승한 제일의(第一義)를 깨닫지 못했음을 스스로 간파하고 깊은 산속으로 들어가서 40년 동안 좌선에만 몰두하였다.

68) 설담자우(1769~1830) : 성은 김씨, 자는 우재(優哉), 법호(法號)는 설담(雪潭)이다. 전라남도 담양 출신으로 옥천 복천사(福泉寺) 서암(瑞巖)의 제자가 되었고, 모은(暮隱)으로부터 구족계를 받았다. 그 뒤 방장산 호암(虎巖)의 법석(法席)에 참석하였고, 가야산으로 옮겨 공부하였다. 정조 20년(1796) 가을에 모은이 죽자 강석(講席)을 주재할 것을 청하였지만 사양하고, 남쪽의 설봉(雪峯)을 찾아가 수행하였다. 1798년 가을에 영암 월출산 도갑사(道岬寺) 동림암(東林庵)에서 모은을 위하여 염향(拈香)하고, 강석을 열어 소요문파(逍遙門派)의 법맥을 계승하였다. 만년에 복천사의 연대(蓮臺)에 돌아와 머무르다가 입적하였다. 저서에는 『설담집』 2권이 있다.

幸淵), 송암천순(松庵天順), 침운윤오(枕雲允悟) 등이 있는데, 모두 [대사보다] 먼저 죽었다. 자월만오(慈月萬悟), 춘암대영(春庵大榮), 호연신화(浩然愼華), 석하일준(石霞一俊) 등은 모두 대사의 업을 계승했다. 현재 법손인 유산희운(酉山禧芸), 우화부전(寓和富典), 우송선명(友松善明) 등이 힘껏 정성을 다하여 이 일을 도와 천의(天衣)로 돌을 스치듯 영원히 송광사 문중에 빛나도다. 아아! 가상하다.

대정 7년 무오년[69] 10월 일에 세우다.

---

69) 무오년 : 1918년이다.

제27절 통허대사(洞虛大師)

대사의 이름은 치성(致性)이고, 통허(洞虛)는 그의 호이다. 성은 김씨이고, 용성(龍城)[1] 사람이다. 아버지의 이름은 상록(尙淥)이며, 도광 갑진년[2] 10월 21일에 태어났다. 어려서 부모를 여의고 13세 때 방장산 천은사(泉隱寺)의 덕성(德誠)장로에게 머리 깎고 출가하였다.

임술년[3] 가을에 조계종의 벽하(碧霞)화상을 찾아가 법부(法父)로 삼고, 우담(優曇) 강백에게 가르침을 받았으며, 영산(影山)선사에게서 선(禪)을 배웠고, 허주(虛舟) 대덕(大德)을 찾아뵙고 문득 무상을 깨달았다. 본사 자정암(慈靜庵)에서 만일회(萬日會)[4]를 열었는데, 기묘년[5] 4월에 시작하여 을유년[6] 봄에 보제당(普濟堂)으로 만일회를 옮기니, 재

---

1) 용성 : 전라북도 남원이다.
2) 갑진년 : 헌종 10년(1844)이다.
3) 임술년 : 철종 13년(1862)이다.
4) 만일회 : 일반적으로 1만 일을 기한으로 아미타불을 염(念)하여 극락정토에 왕생하기 위해 조직되는 신행(信行) 모임으로 염불만일회(念佛萬日會) 또는 염불계(念佛契)라고도 한다. 우리나라에서는 신라시대 건봉사(乾鳳寺)에서 최초로 개설되었으며, 조선 중기 이후에 크게 성행하였다. 조선시대의 불교는 선종이 주류를 이루고 있었으나 서산대사(西山大師)에 의하여 염불권수(念佛勸修)의 뜻이 확인되자 염불수행도 많이 행하여졌다. 특히 조선 후기에는 염불수행의 풍조가 널리 유행하여 많은 사찰에서 만일회를 시설하여 극락왕생을 빌었다.
5) 기묘년 : 고종 16년(1879)이다.
6) 을유년 : 고종 22년(1885)이다.

화가 풍족했고 법을 따르는 대중들이 넘쳤다.

　신축년7) 5월 1일에 하루 한 끼 공양을 일과로 삼기 시작하여, 비록 맛좋고 훌륭한 반찬이 있더라도 반드시 시간을 기다려 한 번만 먹었다. 7월 7일에 이르러 가벼운 병을 보이고, 9일 해질 무렵에 입승(立繩)8)을 불러 대중에게 이르기를 "내가 장차 갈 것이다."라 하시고, 사성례(四聖禮)9)를 부르면서 입으로 소리를 끊이지 않고 고요하게 돌아갔으니, 세수는 58세요, 승랍은 45세였다. 빈소에서 한 갈래 상서로운 빛이 서쪽에서 나와 3일 동안 방을 비쳤고, 다비하는 곳에도 이틀 밤을 비췄으니 원근의 사람들이 공경하고 복종하여 달려와 위로하는 자가 많았다.

　이것을 보건대 화상의 매우 엄격한 고행과 정밀하게 계율을 지키는 것은 이미 말할 것도 없고, 결사한 이래 23년 동안 빛을 내고 극락에 돌아간 자와 앉아서 입적한 자가 이루 헤아릴 수 없을 정도로 많았다. 화엄산림과 정토산림을 합하여 15개였으니, 중생을 제도한 것과 원력(願力)10)이 보감(寶鑑)에 있는 것은 낱낱이 들어 말할 수 없을 정도였다. 상족 태민(泰敏)이 당에 진영을 걸었으니, 대사의 덕이 영원하리라.

　금명보정이 삼가 적는다.

---

7) 신축년 : 광무 5년(1901)이다.
8) 입승 : 절 안의 기강을 맡은 소임으로 대중의 진퇴와 동작을 지시하는 소임이다.
9) 사성례 : 정토종에서 극락세계에 있는 아미타불·관세음보살·대세지보살·대해중보살에게 절하는 일을 가리킨다.
10) 원력 : 본원(本願)의 작용으로 본원력이라고도 한다. 정토교에서는 아미타불의 구제력을 말한다. 즉 아미타불의 원력 회향(廻向)으로 중생이 정토에 왕생하는 인(因)도 정토에서 얻는 과보도 모두 아미타불의 서원(誓願)의 힘을 의미한다.

부록

원감국사(圓鑑國師) 일적(逸蹟)

[국사는] 고려 고종조(高宗朝) 무신년11)에 장원으로 급제하여 관직이 한림학사(翰林學士)12)와 추밀원(樞密院)13) 부사(副使)에 이르렀다. 후에 출가하여 법호를 법환(法桓)이라 했다가 훗날 충지(沖止)로 고쳤으며, 시호(諡號)는 원감국사(圓鑑國師)이고, 당호(堂號)는 복암(宓庵)이다.

첫째 동생인 문개(文凱)14)도 기유년15)에 장원급제하였다. 이때 공이 시에 이르기를 "달 가운데 붉은 계수나무 가장 높은 가지를, 작년과 올해 형제가 꺾었다네."라 했다. 그 후 동생이 평양(平陽)-순천-에 수령 노릇할 때, 공이 노래를 지어 이르기를 "청운(靑雲)이 노래하자 백운(白雲)이 좋아하는데, 그대는 어째서 돌아가려는가, 나는 돌아가

---

11) 무신년 : 고종 35년(1248)이다.

12) 한림학사 : 고려시대 한림원(翰林院 : 藝文館)의 정4품 관직이다. 정4품으로 정원은 2인이었다. 왕명을 받들어 외교문서를 작성하고 과거를 관장하며 서적을 편찬하고, 서연관(書筵官)으로서 왕에게 강의하고 시종관(侍從官)으로서 왕의 거둥에 시종하는 등의 임무를 맡았다. 관원 중 정예 가운데 정예였으므로, 한림학사를 역임한 자 중 약 7할이 재추(宰樞)에 올랐다. 1298년(충렬왕 24) 충선왕이 사림원으로 개칭하면서 정3품으로 올렸으며, 다시 문한서(文翰署)로 개칭할 때 학사를 고쳐 사학(司學)이라고 하였다.

13) 추밀원 : 고려시대 왕명의 출납과 궁중의 숙위·군기를 맡아보던 중추원의 후신이다. 숙종 즉위년(1095)에 중추원을 추밀원으로 바꾸었는데, 추밀원은 송나라의 추밀원의 명칭을 모방하여 설치한 관청이다.

14) 위문개(생몰년 미상) : 원종 12년(1271)에 국자박사(國子博士)로 대장군 곽여필(郭汝弼)과 함께 서경에 가서 도망한 백성을 찾는 일을 담당하였으며, 충렬왕 6년(1280)에는 쌍성(雙城)에 가서 민호(民戶)의 쇄환(刷還)을 추진하였다. 1283년에 정랑으로 낭장(郎將) 김위량(金位良)과 함께 개원로(開元路 : 지금의 만주지방)에 가서 인물을 추쇄한 공으로 이듬해 왕으로부터 말 두 필을 상으로 받기도 하였다.

15) 기유년 : 고종 36년(1249)이다.

지 않으려네."라 하고, 평양 송광사 감로암에 들어갔으니 비지(碑誌)
와 시집에 [그 내용이] 있다.

지금 장흥군의 주봉을 장원봉(壯元峰)이라고 부르는 것은 대개 공의
형제 때문에 이름을 얻었다고들 말하는데,16) 봉우리 아래가 바로 공
의 집이었다. 그 오른쪽 봉우리를 거말봉(居末峰)이라고 부르는 것
또한 막내 동생인 신개(信凱)―선(璇)은 자인 듯하다―도 급제하여
관직이 추밀원 당후관(堂後官)17)에 올랐기 때문에 그렇게 이름을 지
었다고 말한다.

당시 사람들이 시에 이르기를 "바위 아래 조그만 집에서 하늘 못의
몇 마리 용을 길렀음을 누가 알랴"라 했다는 말이 지금까지 전한다.
공의 진영이 장흥군 부산면 구룡리의 병풍바위에 남아있는데, 흰 구
름과 푸른 이끼가 끼며 천년이 흘렀어도 완연하여18) 눈으로 볼 수
있다. 추모하고 숭상하는 곳에 감히 한 절구(絶句)를 지어 붙이니,
혹시라도 고명하신 분의 용서와 고증을 바라노라.

---

16) 위원개는 처음에 출가하였다가 뒤에 어머니의 뜻에 의하여 환속하였다. 뒤에
장원급제하였고, 아우 문개(文凱)도 역시 장원급제하였다. "황금방 첫머리를
내 일찍 차지했는데(黃金榜首吾曾占) / 단계의 높은 가지 그대 또한 얻었구
려(丹桂嵬枝子亦收) / 천만 년 이래 드물게 있는 일이라(千萬古來稀有事) /
한 집안이 두 낱의 용두를 낳다니(一家生得兩龍頭)"라는 시가 『성호사설』에
전한다. 지금 장흥읍 북쪽에 장원봉(壯元峯)이 그가 살던 터라 한다. 원개는
어머니가 죽은 뒤에 다시 출가했다.

17) 당후관 : 고려시대 중추원(中樞院)의 관직이다. 문종 때 정7품으로 정하여 2인
을 두었는데, 승선(承宣) 밑에서 왕명출납에 관한 실무를 맡아보았다. 당후관
의 구체적인 직책은 『고려사』 백관지(百官志)에 규정되어 있지 않지만, 조선
왕조실록을 보면 그 윤곽을 알 수 있다. 『정종실록』 2년 4월조에 중추원승지
를 승정원으로 독립시킬 때 당후관을 왕명을 출납하는 승정원에 소속시키고
그 뒤 이름을 주서(注書)라고 고친 점을 생각하면, 당후관은 고려시대에도 승
지 밑에서 필사, 즉 사관(史官)의 임무를 맡아보았음이 확실하다.

18) 완연 : 결점이 없는 모양, 완전한 모양, 자득(自得)한 모양 등의 뜻으로 쓰인
다.

사직에 나아가서는 성의를 다했고,
산림에 머무를 때는 세상 인연을 끊었네.
돌이끼와 구름 그림자가 끼어도 청소하는 이 없었으니,
길이 여생동안 한없이 슬퍼하노라.

후손 위국량(魏國良)

무진년[19] 늦은 겨울 장흥군 부산면 기동리에 사는 위원량(魏元良)이 본사를 방문하였을 때, 기산(綺山)스님이 족보에 있는 국사의 행적과 바위 표면에 새겨진 국사의 상을 모으고 촬영하는 일을 부탁했다.
기사년[20] 정월 9일에 동생 국량(國良)을 시켜 다만 족보에 있는 행적만 뽑아서 기록했고, 촬영하는 일은 수십 장 높이 바위인데다가 풍상을 겪어 어렴풋하고 식별하기 어려워서 사진을 찍어 보내지 못했다고 하니 애석하고 애석하다.
용은(龍隱)[21]이 쓴다.

동고록(同苦錄)

고문(顧問) : 주지 율암찬의(栗庵贊儀) 지난 4월 29일에 입적하였다.
고문 : 전 강사 해은재선(海隱裁善)[22]

---

19) 무진년 : 1928년이다.
20) 기사년 : 1929년이다.
21) 용은 : 용은완섭(龍隱完燮, 1897~?)으로, 속성은 주씨(朱氏)이고 본관은 신안(新安)이며, 완산부 방천리에서 태어났다. 14세에 송광사 금명(錦溟)에게 출가하였고, 1920년부터 4년간 일본에 유학하였다. 1925년에는 태안사 총무를 역임했고, 이듬해에는 주지를 지냈다. 1929년에는 송광사 불교강원의 교사로 있으면서 『화엄강요』 1권을 출판하였다.

교열(校閱) : 전 강사 금명보정

편집(編輯) : 당시 강사 기산석진(綺山錫珍)

외호(外護) 감무(監務) : 석호형순(錫虎炯洵)[23]

외호 법무(法務) : 용파상철(龍波相哲)[24]

외호 감사(監事) : 구산삼준(丘山三俊)[25]

서사(書寫) : 당시 강사(講師) 용은완섭(龍隱完燮)

소화(昭和) 4년[26] 음력 5월 12일

서기(書記) : 금당재순(錦堂在順),[27] 영환(永桓)[28]

사감(寺監) : 석운태홍(石雲泰洪)[29]

---

22) 해은재선(1890~?) : 성은 김씨로 화순군 벽송리에서 태어났다. 1907년에 송광사 용암(龍嵓)선사에게 출가하였고, 금명에게 구족계를 받았다. 1917년부터 7년간 하동 쌍계사에서 안거하였고, 1922년에는 송광사 건물 37동을 새로 짓거나 보수하였다. 1945년 12월부터 1948년 1월까지 주지를 역임했다.

23) 석호형순(1887~?) : 성은 임씨이고, 곡성군 석곡면에서 태어났다. 1902년에 송광사 경해(鏡海)선사에게 출가하였고, 원봉(圓峯)대사에게 구족계를 받았다. 1918년 가을에 백양사 강사를 역임하였고, 1924년에는 송명학관의 장을 지냈으며, 1929년에는 곡성 도림사 주지를 역임했다.

24) 용파상철(1898~?) : 법호를 현파(玄波)로도 하였으며, 성은 김씨이고, 전남 보성군 벌교에서 태어났다. 1913년 월초학선(月初學仙)에게 출가하였다.

25) 구산삼준(1897~?) : 성은 양씨로 전남 순천시 송광면 출생이다. 1916년 용주(龍舟)스님을 은사로 출가하였고, 송광사 감무(監務)와 감사(監事)를 역임했다.

26) 소화 4년 : 1929년이다. 소화는 일본천황의 연호이다.

27) 금당재순(1899~1973) : 성은 최씨로 전남 순천시 송광면 출생이다. 1912년 월곡(月谷)스님을 은사로 출가하여 1921년 대승계를 받았다. 1928년부터 31년까지 여수 은적암 주지를 역임하였다. 1940년부터 송광사 법무(法務)를 지냈고, 1956년부터 1963년까지 송광사 주지를 지냈다.

28) 의운영환(1905~?) : 성씨는 손씨로 전남 순천시 외서면 출생이다. 1918년 맹훈(孟訓)스님을 은사로 출가하였다. 1932년에는 벌교 송명학교 교원이었으며, 1940년에는 전남도청 학무과 서기를 지냈다.

29) 석운태홍(1901~?) : 사고는 석문(石文)이지만, 승적부는 석홍(石洪)이다. 성씨는 전씨로 전남 순천시 송광면 출신이다. 1916년 금송(錦松)스님을 은사로 출

불감(佛監) : 철호맹조(哲浩孟祚)30)
임무(林務) : 춘강종기(春岡種基)31)
산감(山監) : 도암유섭(道庵有涉)32), 운저선기(雲渚善基)33), 중기재형(重基在亨)34)

제책원(製冊員)
최법정(崔法晶) : 전주(全州) 봉서사(鳳棲寺) 학인
유영하(劉映河) : 고창(高敞) 문수사(文殊寺)35) 학인
김학진(金學縉) : 장성(長城) 백양사(白羊寺) 학인
이강섭(李康瀟) : 통영(統營) 용화사(龍華寺)36) 학인
최환권(崔煥權) : 본사(本寺) 학인

당시 대중은 150여 명이었다.

가하였다. 1916년 대승계를 받았다.
30) 철호맹조(1907~?) : 사고는 맹수(孟洙)이지만, 승적부에는 맹조(孟祚)이다. 성씨는 김씨로 전남 순천시 송광면 출생이다. 1915년 금하(錦霞)스님을 은사로 출가하였다. 류당(柳堂)스님을 법사로 건당하였다.
31) 춘강종기(1896~?) : 성은 박씨로 전남 순천시 송광면 출생이다. 1911년 수산(守山)스님을 은사로 출가하여, 1911년 대승계를 받았다. 1924년 송광사 법무를 역임했다.
32) 도암유섭(1895~?) : 성씨는 박씨로 전남 순천시 송광면 출생이다. 향운(香雲)스님을 은사로 출가하였다.
33) 운저선기(1900~?) : 성씨는 신씨로 전남 순천시 송광면 출생이다. 1915년 송파대홍(松坡大洪)스님을 은사로 출가하였고, 1925년 대홍스님을 법사로 건당하였다.
34) 중기재형(1904~?) : 성씨는 최씨로 전남 순천시 송광면 출생이다. 1925년 영운준찰(榮雲俊察) 스님을 은사로 출가하였다.
35) 문수사 : 전라북도 고창군 취두산(鷲頭山)에 있다. 『신증』에는 취령산(鷲嶺山)이라고 적혀 있으며 현의 남쪽 15리에 위치한다.
36) 용화사 : 경상남도 통영군 산양면(山陽面) 미륵산에 있는데, 조선 인조 6년(1628)에 행선(幸善)선사가 창건했다.

참고문헌

(1) 資料

『三國史記』
『高麗史』
『高麗圖經』
『世宗實錄地理志』
『新增東國輿地勝覽』
『韓國文集叢刊』
『海東金石苑』
『韓國金石文追補』
『韓國金石文大系』
『韓國寺志叢書』
『高麗大藏經』
『大日本續藏經』
『禪藏』
『韓國中世社會史資料集』
『高麗墓誌銘集成』
『朝鮮佛敎通史』

『三國遺事』
『高麗史節要』
『朝鮮王朝實錄』
『東文選』
『高麗名賢集』
『大東金石書』
『朝鮮金石總覽』
『韓國金石遺文』
『韓國金石全文』
『朝鮮寺刹史料』
『大正新修大藏經』
『佛敎大藏經』
『韓國佛敎全書』
『韓國上代古文書資料集成』
『全國寺刹所藏木板集』

(2) 辭典類

諸橋徹次, 『大漢和辭典』 全13卷, 大修館書店, 1986.
『漢語大字典』 全8卷, 四川辭書出版社・湖北辭書出版社, 1986.
『漢語大辭典』 全11卷, 上海辭書出版社, 1986.
『アジア歷史辭典』 全12卷, 平凡社, 1985.
古賀英彦, 『禪語辭典』, 思文閣出版, 1991.
『新版禪學大辭典』, 大修館書店, 1985.
『望月佛敎大辭典』 全10卷, 世界聖典刊行協會, 1974.

『佛敎美術辭典』, 東京書籍株式會社, 2003.
『觀音信仰辭典』, 戎光祥出版, 2001.
天納傳中・岩田宗一・播磨熙浩・飛鳥寬栗,『佛敎音樂辭典』, 法藏館, 1995.
中村元,『佛敎語大辭典』, 東京書籍, 1975.
『佛敎文化辭典』, 佼成出版社, 1989.
小野玄妙・丸山孝雄,『佛敎解說大辭典』全13卷, 大東出版社, 1968.
『宗敎學辭典』, 東京大學出版部, 1973.
『中國思想文化事典』, 東京大學出版會, 2001.
『伽山佛敎大辭林』(1~8권), 가산불교문화연구원, 1998~2006.
檀國大學校 東洋學硏究所,『韓國漢字語辭典』, 檀國大學校出版部, 1995.
李政,『한국불교인명사전』, 불교시대사, 1993.
李政,『한국불교사찰사전』, 불교시대사, 1996.
小泉袈裟勝,『單位の歷史辭典』, 柏書房, 1989.
한국학중앙연구원,『한국민족문화대백과사전』, 1991.

(3) 저서

권희경,『고려의 사경』, 글고운, 2006.
崔貞煥,『高麗史 百官志의 硏究 −譯註 高麗史 百官志』, 경인문화사, 2006.
趙明濟,『高麗後期 看話禪 硏究』, 혜안, 2004.
심재룡,『지눌연구−보조선과 한국불교−』, 서울대 출판부, 2004.
황인규,『고려후기・조선초 불교사 연구』, 혜안, 2003.
장희정,『조선후기 불화와 화사 연구』, 일지사, 2003.
吉熙星,『知訥의 禪思想』, 소나무출판社, 2001.
노명호 외,『韓國上代中世古文書硏究』(상・하), 서울대출판부, 2001.
伊吹敦,『禪の歷史』, 法藏館, 2001.
古鏡,『曹溪山 松廣寺志』, 송광사 출판사, 2001.
柳田聖山,『初期禪宗史書の硏究』, 法藏館, 2000.
柳田聖山,『禪佛敎の硏究』, 法藏館, 1999.
윤용출,『조선후기의 요역제와 고용노동』, 서울대출판부, 1998.
韓基汶,『高麗 寺院의 構造와 機能』, 民族社, 1998.
順天市史編纂委員會,『順天市史』, 順天市, 1997.
李晋吾,『韓國佛敎文學의 硏究』, 민족사, 1997.
李智冠,『校勘譯註 歷代高僧碑文』全5卷, 伽山佛敎文化硏究所, 1997.

許興植,『眞靜國師와 湖山錄』, 民族社, 1995.
許興植,『韓國中世佛敎史硏究』, 一潮閣, 1994.
椎名宏雄,『宋元版禪籍の硏究』, 大東出版社, 1993
이재창,『한국불교 사원경제연구』, 불교시대사, 1993.
오희복,『봉건 관료기구 및 벼슬이름 편람』, 여강출판사, 1992.
入矢義高 등,『碧巖錄』(上中下), 岩波書店, 1992~1996.
石井修道,『禪語錄』(『大乘佛典』12), 中央公論社, 1992.
蔡尙植,『高麗後期佛敎史硏究』, 一潮閣, 1991.
石井修道,『中國禪宗史話』, 禪文化硏究所, 1988.
高翊晋,『韓國撰述佛書의 硏究』, 民族社, 1987.
石井修道,『宋代禪宗史の硏究』, 大東出版社, 1987.
權熹耕,『高麗寫經의 硏究』, 미진사, 1986.
許興植,『高麗佛敎史硏究』, 一潮閣, 1986.
金甲周,『朝鮮時代 寺院經濟硏究』, 동화출판사, 1983.
韓基斗,『韓國佛敎思想硏究』, 一志社, 1982.
許興植,『高麗科擧制度史硏究』, 一潮閣, 1981.
權相老 編,『韓國寺刹全書』, 동국대 출판부, 1979.
江田俊雄,『朝鮮佛敎史の硏究』, 國書刊行會, 1977.
李載昌,『高麗寺院經濟의 硏究』, 亞細亞文化社, 1976.
韓國佛敎硏究院,『松廣寺』, 一志社, 1975.
金斗鍾,『韓國古印刷技術史』, 探究堂, 1974.
李智冠,『韓國佛敎所依經典硏究』, 보련각, 1969.
柳田聖山 등,『禪の語錄』시리즈(전 19권), 1969~1981.
忽滑谷快天,『朝鮮禪敎史』, 春秋社, 1930.
大屋德城,『鮮支巡禮行』, 1930.
高橋亨,『李朝佛敎』, 寶文館, 1929.

(4) 논문

강순애,「順天 松廣寺 四天王像의 腹藏典籍考」,『書誌學硏究』27, 2004.
盧基春,「새로 發見된 <注金剛般若波羅蜜經>과 松廣寺 寺名에 관한 硏究」
『書誌學硏究』29, 2004.
박명희,「順天 松廣寺의 불가문학 전개와 의미」,『호남문화연구』34, 2004.
노기춘,「순천 송광사 開板佛事에 관한 연구 1, 2 - 임진왜란 유간기(有刊記)

　　　　　불서를 중심으로-」,『서지학연구』25, 26, 2003.
오경후,「조선후기 불교계의 변화상」,『경주사학』22, 2003.
朴明姬,「順天 松廣寺 간행 고승문집 연구」,『東方漢文學』24, 2003.
李智冠,「校勘·譯註 順天 松廣寺 浮休堂 善修大禪師碑文」,『伽山學報』11, 2003.
趙明濟,「12-13世紀における南宋·高麗禪宗界の現實對應とその思想的基盤」(上,下)『普門學報』第18, 19期, 臺灣佛光山, 2003.11, 2004.1.
中村淳·森平雅彦,「韓國·松廣寺所藏の元代チベット文法旨」,『內陸アジア史硏究』, 2002.
椎名宏雄,「『禪門拈頌集』の資料價値」,『印度學佛敎學硏究』第51卷 第1號, 2002.
정병삼,「19세기 불교계의 사상적 추구와 불교예술의 변화」,『한국사상과 문화』16, 2002.
김순석,「조선후기 불교계의 동향」『국사관논총』99, 2002.
박재현,「보조지눌의 화엄론절요 연구-믿음(信)과 바람(願)을 중심으로-」,『한국철학회』70, 한국철학회, 2002.
조명제,「13世紀 修禪社의 현실 대응과 看話禪」,『韓國禪學』1, 2000.
趙明濟,「高麗後期『蒙山法語』의 受容과 看話禪의 展開」,『普照思想』12, 1999.
이정주,「조선 태종 세종대의 억불정책과 사원건립」,『한국사학보』6, 1999.
印鏡,「知訥 禪思想의 體系와 構造」,『普照思想』12, 1999.
蔡尙植,「고려·조선시기 불교사 연구현황과 과제」,『韓國史論』28, 국사편찬위원회, 1998.
정병삼,「진경시대 불교의 진흥과 불교문화의 발전」,『우리문화의 황금기 진경시대』, 돌베개, 1998.
박병선,「조선후기 願堂考」『백련불교논집』5·6합집, 1996.
신규탁,「懶翁和尙의 禪思想」,『東洋古典硏究』6, 東洋古典學會, 1996.
崔柄憲,「조선후기 浮休善修系와 松廣寺;普照法統說·太古法統說 葛藤의 한 사례」,『同大史學』1, 同德女子大學校 人文大學 國史學科, 1995.
金煥泰,「조선 전기의 度僧 및 負役僧 문제」,『불교학보』32, 1995.
박영제,「원 간섭기 초기 불교계의 변화」,『14세기 고려의 정치와 사회』, 민음사, 1994.
趙明濟,「牧隱李穡의 佛敎認識」,『韓國文化硏究』6, 부산대 한국문화연구소,

1993.
兪瑩淑,『高麗後期 禪宗史 硏究』, 동국대 박사학위논문, 1993.
李東埈,「慧諶 看話―門의 構造와 그 意義」,『국사관논총』42, 국사편찬위원회, 1993.
李炳熙,「高麗 武人執權期 修禪社의 農莊經營」,『典農史學』1, 1993.
許興植,「修禪社重創記의 史料價値」,『고문서연구』4, 1993.
李東埈,『高麗 慧諶의 看話禪 硏究』, 동국대 박사학위논문, 1992.
이정주,「권근의 불교관에 대한 재검토」,『역사학보』130, 1991.
秦星圭,「眞覺國師 慧諶의 修禪社 活動」,『中央史論』5, 1987.
여은경,「조선후기의 대사찰의 總攝」,『교남사학』3, 1987.
여은경,「조선후기 산성의 僧軍總攝」,『대구사학』32, 1987.
여은경,「조선후기의 사원침탈과 僧契」,『경북사학』8, 1986.
秦星圭,『高麗後期 眞覺國師 慧諶 硏究』, 중앙대 박사학위논문, 1986.
朴英淑,「知訥의 撰述禪書와 그 所依典籍에 관한 硏究」,『書誌學硏究』1, 1986.
高翊晋,「碧松智嚴의 新資料와 法統問題」,『佛敎學報』22, 1985.
李萬,「談禪法會에 관한 硏究」,『韓國佛敎學』10, 1985.
張東翼,「慧諶의 大禪師 告身에 대한 檢討」,『韓國史硏究』34, 1981.
朴宗基,「13세기 초엽의 村落과 部曲」,『韓國史硏究』33, 1981.
박용숙,「조선조 후기의 僧役에 관한 고찰」,『부산대인문사회과학대학논집』31, 1981.
洪淳鐸,「松廣寺 圓悟國師 奴婢帖」,『湖南文化硏究』8, 전남대학교 호남문화연구소, 1976.
閔賢九,「月南寺址 眞覺國師碑의 陰記에 대한 一考察」,『震檀學報』36, 1973.
任昌淳,「松廣寺의 高麗文書」,『白山學報』11, 1971.
中吉功,「松廣寺の小佛龕像について」,『朝鮮學報』5, 1953.
池內宏,「再び朝鮮松廣寺本の大般涅槃經疏について」,『東洋學報』14-2, 1924 ;『滿鮮史硏究』2, 1937.
菅野銀八,「高麗曹溪山松廣寺の十六國師の繼承に就いて」,『靑丘學叢』9, 1932.

찾아보기

ㄱ

『가송(歌頌)』 35
각굉(覺宏) 183
각범(覺範) 138
각성(覺性) 268
각암(覺庵) 225
각웅(覺雄) 233
각흘(覺屹) 291
『간정기(刊定記)』 311
『간화결의(看話決疑)』 273
감로사(甘露社) 130
강대수(姜大遂) 285
강진희(姜璡熙) 363
개당법회(開堂法會) 179
개천사(開天寺) 215
개흥사(開興寺) 313
거조사(居祖寺) 28
경공대사(景空大師) 103
경관(慶觀) 215
경봉(景鳳) 347
경일(敬一) 51
경절문(徑截門) 31
경지(鏡智) 103
경찬낙성회(經讚落成會) 228
경참법석(慶懺法席) 48
경해(鏡海) 347

계송(繼松) 209
계잠동지(戒岑同知) 397
고경명(高敬明) 328
고봉(高峰) 230, 236
고봉사(高峯寺) 51
고운암(孤雲庵) 211
고한희언(孤閑熙彦) 262
고해(枯骸) 226
관불삼매(觀佛三昧) 71
관훈(寬訓) 387
광륵(廣泐) 292
광명사(廣明寺) 172, 181, 202
광암사(光巖寺) 214, 216
광원사(廣原寺) 79
광제사(廣濟寺) 179
굉묵(宏默) 124
구곡(龜谷) 299
구룡리(九龍里) 417
구마라집(鳩摩羅什) 83
구봉서(具鳳瑞) 262
구산삼준(丘山三俊) 419
구자무불성(狗子無佛性) 화두 73
권근(權近) 186
권돈인(權敦仁) 380
권수정혜결사문(勸修定慧結社文)』 32
권이재(權彛齋) 400
권중화(權仲和) 171

427

궤운(軌雲) 379
귀정사(歸正寺) 52
규봉난야(圭峰蘭若) 31, 75
규정도총섭(糾正都摠攝) 261
『금강경(金剛經)』 30
『금강경간정기(金剛經刊定記)』 370
금강굴(金剛窟) 196, 264
『금강기(金剛記)』 297, 305
『금강반야경(金剛般若經)』 62
금당재순(錦堂在順) 419
금대암(金臺庵) 72
금명보정(錦溟寶鼎) 346, 362, 376, 388, 393, 395, 419
금봉(錦峯) 338
금산사(金山寺) 398
금산영수(錦山英秀) 403
금송(錦松) 385
금장암(金藏庵) 203
급암(及庵) 178
급암(汲巖) 277
기봉(奇峰) 382, 397
기산석진(綺山錫珍) 418, 419
기성(琦城) 367
『기신기(起信記)』 297
기운(奇雲) 379
기인(起仁) 346
기일보(忌日寶) 62, 64
기허영규(騎虛靈圭) 409
길상사(吉祥寺) 30, 184, 196, 391, 398
김가진(金嘉鎭) 239
김구(金坵) 99
김군수(金君綏) 22, 39
김돈희(金敦熙) 340, 349, 377
김문곡(金文谷) 296
김상복(金相福) 294

김상숙(金相肅) 294
김여준(金汝俊) 409
김육(金堉) 292
김중구(金仲龜) 65
김진(金振) 39
김창흡(金昌洽) 316
김형오(金亨五) 129
김호담(金浩淡) 131
김황(金璜) 211
김효인(金孝印) 69

ㄴ

낙성법회 117
남명천(南明泉) 226
남일(南日) 397
남한도총섭(南漢都摠攝) 277
남호곡(南壺谷) 296
『남화경(南華經)』 378
낭월사(朗月社) 145
낭형(朗烱) 314
내불당(內佛堂) 213
노수신(盧守愼) 240
노인수(盧仁綬) 64
능가사(楞伽寺) 305, 318
『능엄경(楞嚴經)』 82, 196, 210
능인전(能仁殿) 311
능파행연(綾坡幸淵) 413

ㄷ

단속사(斷俗寺) 77, 102, 117
단하천연(丹霞天然) 70
달예(達睿) 181
담선법회(談禪法會) 116

담원(湛圓) 218
당두(堂頭) 230
대각(大覺) 87
대각암(大覺庵) 406
대감(大鑑) 105
대감(大鑑)선사 53
대광사(大光寺) 305, 331, 351
『대명법수(大明法數)』 297, 305, 311
대원사(大原寺) 120, 126, 392
『대원사기(大元寺記)』 126
『대혜보각선사어록(大慧普覺禪師語錄)』 29
『대혜어록(大慧語錄)』 31
대혜종고(大慧宗杲) 74
덕균(德均) 336
도내도승통(道內都僧統) 399
도대선사(都大禪師) 271, 278
도선(道詵) 54
도암유섭(道庵宥涉) 420
『도중결의(圖中決疑)』 260
동명(東溟) 400
동호(東湖) 343
동화사(桐華寺) 323
두류산(頭流山) 240
두성(斗性) 385
두성상인(斗性上人) 381
두월(斗月) 342, 379
득우(得牛) 318

_ㄹ

류신(柳伸) 22

_ㅁ

마곡사(麻谷寺) 54, 78
『마곡사적(麻谷寺蹟)』 54
만경암(萬景庵) 364
만리(萬里) 331
만우(卍雨) 220
만일회(萬日會) 414
만호장로(萬浩長老) 132
면암유정(勉庵有情) 412
명적암(明寂庵) 375
모은지훈(慕隱智薰) 412
몽산덕이(蒙山德異) 145
몽여(夢如) 79
무봉(鵡峰) 338
무성(無性) 369
무애지(無碍智) 88
무용(無用) 318, 320, 323
무자(無字) 화두 263
무차회(無遮會) 230
묵암(默庵) 250, 324, 353, 361, 364, 369
문극겸(文克謙) 91
문수사(文殊寺) 420
미륵회(彌勒會) 230
미타전(彌陀殿) 311, 314
민기(敏機) 292

_ㅂ

반룡사(盤龍寺) 286
『반착회요(盤錯會要)』 333
백곡처능(白谷處能) 249
백납(百衲) 226
백련사(白蓮社) 51
백산개도량(白傘盖道場) 216
백암(栢庵) 43, 49, 300, 310
백암사(白巖寺) 159, 160, 338

『백암산정토사사적(白巖山淨土寺事蹟)』 163
백양사(白羊寺) 420
백운암(白雲庵) 31, 214
백장암(百丈庵) 398
『범음집(梵音集)』 96
범일(梵日) 54
법선(法宣) 333
법안(法顔) 341
법안종(法眼宗) 329
『법어(法語)』 35
법언(法言) 120
법왕사(法王寺) 204
법융(法融) 70
법장(法藏) 223
법주사(法住寺) 249, 264
법천사(法泉寺) 197
『법화경(法華經)』 89, 210, 375
벽계(碧溪) 299
벽담(碧潭) 250, 353, 372
벽송(碧松) 299
벽송암(碧松庵) 320
벽암(碧巖) 245, 247, 268, 273, 277, 280, 281, 282, 286, 300
벽하(碧霞) 414
변계량(卞季良) 192
변청우(邊靑牛) 100
보광회(普光會) 392
보국사(輔國寺) 217
보림사(寶林寺) 407
보문사(普門寺) 28
보정(寶晶) 254
보정노사(寶晶老師) 269
보제(普濟) 224, 227
보제당(普濟堂) 414

보제사(普濟寺) 118
보제존자(普濟尊者) 225
보조(普照) 50, 54, 73, 88, 90, 161, 224, 227, 235, 341
보조난야(普照蘭若) 337, 341, 407
보조법회(普照法會) 351
보창(寶昌) 39
보현도량(普賢道場) 89
복천사(福川寺) 152
봉산사(鳳山寺) 319
봉서사(鳳捿寺) 379, 420
봉서암(鳳栖庵) 365
봉서암(鳳瑞庵) 370, 375
봉암(鳳巖) 369
봉욱(奉旭) 350
봉은사(奉恩寺) 270, 398
봉의(鳳儀) 342, 374
봉인사(奉印寺) 244
부도전(浮屠殿) 337
부모기신재(父母忌晨齋) 65
부사의암(不思議庵) 321
부용(芙蓉) 240, 299
부용영관(芙蓉靈觀) 273
부휴(浮休) 273, 248, 254, 257, 269, 280, 299, 341, 364, 411
불갑사(佛岬寺) 158, 160
『불거기(佛居記)』 120
불대사(佛臺寺) 121, 127
불안(佛眼)선사 104
불정회(佛頂會) 217
불호사(佛護寺) 213
비능(斐能) 277
빈주구(賓主句) 199

ㅅ

『사경지험(四經持驗)』 305
『사대사소록(四大師所錄)』 297
사대암(四大庵) 337
사명(泗溟) 328
『사집(私集)』 300
『사집(四集)』 305
삼보당(三寶堂) 62
삼일암(三日庵) 380, 390
삼장사(三藏社) 145
삼장사(三藏寺) 289
삼중대사(三重大師) 100
상궁(尙宮) 천씨(千氏) 392
『상당록(上堂錄)』 35
상무주암(上無住庵) 28
상선암(上仙庵) 262
상우(尙愚) 228
상원암(上院庵) 258
상전(祥銓) 347
상제(尙濟) 225, 228, 230, 233, 236
색신(色身) 204
서불사(西佛寺) 391
서운사(瑞雲寺) 184, 211, 214
서의순(徐誼淳) 328
서정순(徐正淳) 395
석복암(釋宓菴) 134
석운태홍(石雲泰洪) 419
석진(錫珍) 343
석하일준(石霞一俊) 413
석호형순(錫虎炯洵) 419
선교도총섭(禪敎都摠攝) 192
『선문염송(禪門拈頌)』 288
『선문증정록(禪門證正錄)』 387
선수(善修) 239
선암사(仙巖寺) 300
선원사(禪源社) 101, 116, 130, 145

『선원집도중결의(禪源集圖中決疑) 273
설담자우(雪潭自優) 412
설두중현(雪竇重顯) 72
설묵(雪默) 254, 268
설선당(說禪堂) 379
설암(雪巖) 178
설월용섭(雪月龍爕) 250
설인연묵(雪仁蓮默) 387
설하(說何) 407, 412
설하정훈(說何正訓) 412
성공각해(性空覺海) 342
성능상인(性能上人) 305
성도암(成道庵) 362, 370
성암(惺庵) 397
성적등지문(惺寂等持門) 31
성총(性聰) 42, 295
성학(聖鶴) 356
『세심경(洗心經)』 83
소래사(蘇來寺) 138
소안(紹安) 219, 220
소요(逍遙) 255, 411
소융(小融) 112
소재법석(消災法席) 217
소지(小止)선사 195
송암천순(松庵天順) 413
송운(松雲) 255, 269, 273
송월응상(松月應祥) 255
송태회(宋泰會) 239, 250, 353, 356, 363, 384, 406
수국암(壽國庵) 257
수다사(水多寺) 151
수선사(修禪社) 30, 401
승대장(僧大將) 260
『승문족보(僧門族譜)』 276
『승주정혜사사적(昇州定慧社事蹟)』 58

승호(承昊) 356, 359
시안(時眼) 134
식영감(息影鑑) 210
신광사(神光寺) 180, 184, 200
신극정(申克貞) 89
신담(信淡) 230
신덕암(神德庵) 300, 304
신륵사(神勒寺) 175
신명(信明) 장로(長老) 240
신불암(新佛庵) 310
신성암(神聖庵) 211
신위사(申韋史) 400
신주(信珠) 230
신찬(信贊) 230
신최(申最) 286
신흥사(神興寺) 258, 297, 306, 312
심곡사(深谷寺) 391
『심요(心要)』 75
심원사(深源寺) 288
심채석(沈茝石) 400
쌍계사(雙溪寺) 295
쌍계정사(雙溪精舍) 261
쌍봉사(雙峯寺) 100
쌍운신잠(雙運信岑) 412

─ㅇ

아자방(啞字房) 337
약탄(若坦) 316
양중공안(兩重公案) 141
여규형(呂圭亨) 377
여하정(呂荷亭) 385
연복사(演福寺) 203
연월(蓮月) 387
연회암(宴晦庵) 210

염불갑(念佛岬) 52
영간(靈幹) 83
영규(靈圭) 328
영산(影山) 414
영아행(嬰兒行) 205
영암(影巖) 367
영암사(靈巖寺) 197
영우(靈佑) 401
영원사(瑩源寺) 174
영천난야(靈泉蘭若) 331
영천암(靈泉庵) 337
영해(影海) 323, 331, 338
영호(影湖) 367
영환(永桓) 419
예운혜근(猊雲惠勤) 411
오산사(五山寺) 391
오서파(吳西坡) 296
오준(吳竣) 266
와룡사(臥龍寺) 102
완주(玩珠) 226
용담(龍潭) 336
용문사(龍門寺) 194, 205, 284
용운당(龍雲) 381, 384
용은완섭(龍隱完燮) 419
용파상철(龍波相哲) 419
용화사(龍華寺) 420
우담(優曇) 414
우송선명(友松善明) 413
우인렬(禹仁烈) 215
우화부전(寓和富典) 413
운곡(雲谷) 233, 255
운문종(雲門宗) 329
운비(雲庀) 225
운암(云庵) 347
운저선기(雲渚善基) 420

운한(雲閑) 374
운흥사(雲興社) 145
원각경(圓覺經) 243
원감국사(圓鑑國師) 416
원돈관문(圓頓觀門) 28
원돈신해문(圓頓信解門) 31
원두표(元斗杓) 261
원묘국사(圓妙國師) 51, 52, 87
원오국사 118, 131, 145, 159
원원사(遠源寺) 225
원정사(元淨寺) 287
원증국사(圓證國師) 167
원진국사(圓眞國師) 103
원통암(圓通菴) 55
원효암(元曉庵) 199
월남사(月南寺) 81, 159
월등사(月燈寺) 78
위국량(魏國良) 418
위송(衛松) 354
위앙종(潙仰宗) 330
위호(魏瓠) 58
유관(惟寬) 36
유산희운(酉山禧芸) 413
유정(有正) 236
유정(惟政) 241
유향보(油香寶) 63, 66
육미(六眉) 230, 231, 233, 236
『육조단경(六祖壇經)』 27, 30
윤눌(潤訥) 276, 278
윤우갑(尹遇甲) 288
윤희구(尹喜求) 349, 356
율계(律戒) 274
율암(栗庵) 401
율암찬의(栗庵贊儀) 335, 418
율암찬의(栗庵讚儀) 404

은미(隱微)선사 37
은봉(隱峰)선사 36
은봉암(隱峰庵) 313
은월(隱月) 407
은자원(銀字院) 149
은적암(隱寂庵) 304, 310, 312, 337, 375, 391
응(應)선사 234
응암(應庵) 250, 353
의상(義湘) 90
의승장(義僧將) 399
의안대군(義安大君) 203
이간(李偘) 24
이건창(李建昌) 405
이경석(李景奭) 265
이광좌(李光佐) 314
이규보(李奎報) 68, 81, 97
이달충(李達衷) 156, 163
이득근(李得根) 86
이색(李穡) 53, 170, 184, 193
이소한(李昭漢) 285
이시방(李時昉) 262
이시중(李侍中) 161
이식(李植) 292
이안눌(李安訥) 291
이용원(李容元) 327
이익배(李益培) 114, 127
이제현(李齊賢) 144, 148, 162
이존비(李尊庇) 125, 163
이종성(李宗城) 242
이종성(李宗誠) 255
이지온(李之蘊) 285
이진유(李眞儒) 315
이참정(李參政) 400
『인공음(印空吟)』 205

인봉(印峯) 347
인파(印波) 383, 390, 397
인파(仁坡) 386
일암쇄연(日庵洒然) 320
일전어(一轉語) 301
『임간록(林間錄)』 138
임경(臨鏡) 235
임상덕(林象德) 315
임성도은(任性都殷) 412
임유후(任有後) 292
임제(臨濟) 299, 329

ㅈ

자각국사(慈覺國師) 159
자수암(慈受庵) 319
자신(自信)장로 386
자운사(慈雲寺) 102
자월만오(慈月萬悟) 413
자웅방(慈應房) 389
자장(慈藏) 54
자정암(慈靜庵) 414
잡보(雜寶) 62
장년보(長年寶) 62
장연사(長淵寺) 52
장유(張維) 283
장자온(張子溫) 173
적상산성(赤裳山城) 261
적취암(積翠菴) 31
전장법회(轉藏法會) 164
점안불사(點眼佛事) 376
정기회(鄭基會) 327
정담당(靜潭堂) 391
정대유(丁大有) 356
정대하(鄭大夏) 276

정동명(鄭東溟) 296
정만조(鄭萬朝) 340
정분(鄭奮) 94
정수암(淨水庵) 337
정안(靜眼) 134
정안(鄭晏) 80
정이안(丁而安) 97
『정토보서(淨土寶書)』 297
「정토사교루기(淨土寺橋樓記)」 164
『정토서(淨土書)』 311
『정토찬백영(淨土贊百詠)』 300
『정혜결사문(定慧結社文)』 35
정혜사(定慧寺) 284
정혜사(定慧社) 32, 101
「정혜사입원축법수소(定慧社入院祝法壽疏)」 95
정호(鼎鎬) 358
정호상인(鼎鎬上人) 343
『제경문답(諸經問答)』 332
『제경회요(諸經會要)』 370
제봉(霽峯) 385
제봉(霽峰) 397
제운(霽雲) 250, 341, 353, 375
제월수일(霽月守一) 412
조계암 338
조계원(趙啓遠) 267
조동종(曹洞宗) 330
조문발 153
조문발(趙文拔) 152
『조선명승기(朝鮮名勝記)』 57
조성희(趙性熹) 394
조소아(趙小雅) 384
조쌍중(趙雙重) 210
조영하(趙寧夏) 402
조월암(祖月菴) 31

조인규(趙仁規) 128
조주(趙州) 197
조중려(趙重呂) 291
조중봉(趙重峰) 409
조헌(趙憲) 329
조현명(趙顯命) 322
종휘(宗暉)선사 26
좌선상법석(坐禪上法席) 228
주경유(周景遊) 57
주륵사(朱勒寺) 151
죽원암(竹原庵) 398
준제삼매(準提三昧) 324
중기재형(重基在亨) 420
중앙학림(中央學林) 350
중인(中印) 227
중흥사 167
『증도가(證道歌)』 138, 226
지단(志端)선사 37
지봉(智峰) 386
지성장로(智性長老) 361
지숭(志崇) 223, 224
진각(眞覺) 53, 88, 90, 106, 117
진명국사 117, 118
진병보(鎭兵寶) 62
진불암(眞佛庵) 203
진원사(珍源寺) 285
징광사(澄光寺) 295, 305, 311, 331, 379

_ㅊ

찬기(贊奇) 204
『참상선지(參商禪旨)』 260
창복사(昌福寺) 117
창성사(彰聖寺) 53
창파각(滄波閣) 305, 312

처능(處能) 238
천눌(天訥) 292
천봉대사(天峯大師) 344
천은사(泉隱寺) 276, 379
천자암(天子庵) 235, 342
천태암(天台庵) 398
철웅(哲雄) 323
철조(喆照) 292
철호맹조(哲浩孟祚) 420
청계사(淸溪寺) 258
청량암(淸凉庵) 223
청룡사(靑龍寺) 210, 218
청원사(淸源寺) 27
청은영원(淸隱永瑗) 412
청진국사 100
청진암(淸眞庵) 94
청평사(淸平寺) 181
청허(淸虛) 247, 273, 410, 411
초암(草庵) 200
총섭(摠攝) 271
최계옹(崔季翁) 315
최눌(最訥) 298, 325, 331, 337
최이(崔怡) 63
최자(崔滋) 109, 140
최창대(崔昌大) 315
최치옹(崔致翁) 23
최탁(崔鐸) 102
최항 118
최홍윤(崔洪胤) 76, 85
추파(秋波) 343
축성보(祝聖寶) 62, 63, 66
춘강종기(春岡種基) 420
춘암대영(春庵大榮) 413
충경(冲鏡) 95
『충경왕사제문』 95

충봉인오(忠峰印悟) 412
충암(忠庵) 357
충지(冲止) 124, 129
취미(翠微) 42, 280, 295, 300
취봉(鷲峯)선사 121
취암사(鷲巖寺) 300
『치문(緇門)』 296
칠불암(七佛庵) 244, 257, 298, 380
칠중(七衆) 273
침굉(枕肱) 309
침명(枕溟) 365, 367, 386, 390, 397
침운윤오(枕雲允悟) 413

_ㅌ

태고(太古) 248
태민(泰敏) 415
태안사 379
통정첩(通政帖) 346
퇴운(退雲) 393

_ㅍ

판선교도총섭(判禪敎都摠攝) 270
팔도도승통(八道都僧統) 277
팔도도총섭(八道都摠攝) 271, 346
팔방도총섭(八方都摠攝) 259
포당(布堂) 366, 368
표충사(表忠祠) 398
품일(品日) 105
풍암(楓巖) 236, 320, 322, 323, 331, 336, 341, 353, 357, 364
풍암세찰(楓巖世察) 351
『필삭기(筆削記)』 305
필천(必千) 354

_ㅎ

하지장(賀知章) 77
한붕상인(漢朋上人) 359
한총선사(翰聰禪師) 364
해담(海曇) 357
해란(海蘭) 292
해불암(海佛庵) 304
해선(海禪) 233
해암(海巖) 374
해연(海蓮) 367
해은재선(海隱裁善) 418
해인(海印) 228
해인사(海印寺) 242, 261, 264, 383
향섭(向燮) 333
허주(虛舟) 414
허주덕진(虛舟德眞) 376, 381
『현등사사적(懸燈寺事蹟)』 55
혜감국사(慧鑑國師) 195
혜공(慧空) 309
혜관(惠寬) 309
혜근(惠勤) 406
혜명국사(慧明國師) 195
혜성(惠性) 230
혜소(慧沼) 105
혜철암(慧徹庵) 375
호명(虎鳴) 338
호명(皓溟) 354
호봉(浩峰) 354
호붕(浩鵬) 366, 368
호연신화(浩然愼華) 413
혼수(混修) 207
혼수국사(混修國師) 207
혼허(渾虛)대사 386
홍각등계(弘覺登階) 246

홍석구(洪錫龜) 289
홍수(洪綏) 164
홍수(洪修) 228, 230
홍연(洪延) 230
홍인(洪仁) 230
『화방사지(花芳寺誌)』 89
화봉(華峰) 357
화산(華山) 367
화성주흔(華性湊忻) 403
화암사(花巖寺) 391
『화엄경』 262, 305
『화엄경소초(華嚴經疏鈔)』 297
『화엄과도(華嚴科圖)』 332
화엄대회(華嚴大會) 300, 319
『화엄론』 31
화엄사(華嚴寺) 260, 264
『화엄소초(華嚴疏鈔)』 298, 311
『화엄연의(華嚴演義)』 311
『화엄품과(華嚴品科)』 370
화엄회(華嚴會) 312
화월현옥(華月玄玉) 412
화청(化淸) 357
환암(幻庵) 172, 299
환응(喚應) 375
황익재(黃益再) 316
황희(黃喜) 126
회성영우(檜城靈佑) 403
회암사(檜巖寺) 173, 181, 183, 184, 194, 202, 203
『회현기(會玄記)』 297, 305
효배(孝培) 393
휴정(休靜) 409
휴휴암(休休庵) 210
흥국사(興國寺) 392
『흥국사사적(興國寺事蹟)』 56

흥선사(興善寺) 36
희고상인(希古上人) 283
희방사(希芳寺) 386
희선장로(希善長老) 58
희옥(熙玉) 277